国家出版基金项目

国家重大出版工程项目
"十三五"国家重点图书

中国传统聚落
保护研究丛书

# 广东聚落

陆琦 著

中国建筑工业出版社

# 总编委会

顾　问：

张锦秋　　陆元鼎　　王建国　　孟建民　　王贵祥　　陈同滨

编委会主任：

常　青

编委会副主任：

沈元勤

总主编：

陆　琦　　胡永旭

委　员：（按姓氏笔画排序）

| 王　军 | 王金平 | 韦玉姣 | 冯新刚 | 朴玉顺 | 刘奔腾 | 关瑞明 |
| 李群(女) | 李群(男) | 李东禧 | 李树宜 | 杨大禹 | 吴小平 | 余翰武 |
| 张兴国 | 张鹏举 | 陆　峰 | 范霄鹏 | 金日学 | 周立军 | 郑东军 |
| 单晓刚 | 赵之枫 | 姚　赯 | 贾　艳 | 高宜生 | 郭　建 | 唐　旭 |
| 唐孝祥 | 黄　耘 | 黄文淑 | 黄凌江 | 韩　瑛 | 靳亦冰 | 雍振华 |
| 燕宁娜 | 戴志坚 | 魏　秦 | | | | |

## 《中国传统聚落保护研究丛书　广东聚落》

陆　琦　著

审　稿：陆元鼎

序一

## 一、引子

中国传统文化将一个地方的环境气候和风俗民情的特质和韵味称为"风土"。《国语·周语上》韦昭注："风土，以音律省土风，风气和则土气养也"，即从当地方言的乡音民谣中便可感知一方土地、民风的文化气息，因而"风土"一词与英文的Vernacular近义。"风"指风习、风俗、风气，"土"指水土、土地、地方，所谓一方水土养育一方人，供奉一方神，从这个意义上，"风土"与西方的"场所精神（Genius Loci）"也有一定的关联性。日本近代哲学家和辻哲郎著有《风土》一书，他对"风土"的定义是自然环境气候诸因素加上"景观"，这里的"景观"应指审美角度的自然和人文两个方面，二者相融合的文化景观就是一种典型的传统聚落。

然而，在当今乡村振兴的时代大潮中，传统聚落最常见的关键词是"乡土"而非"风土"，差不多已约定俗成了。"乡土"一词是中国农耕社会中故乡、家乡、老家和乡下的意思，至今中国社会还延续着这个传统的语义。但中文"乡土"与英文Vernacular的语境存在差异，因为西方并不存在以宗法制为基础的传统乡民社会，其乡村也就不会有类似于中国"乡土"的概念内涵。而乡村的发展前景是要走出农耕语境的乡土，留住文化记忆的乡愁，延续场所精神的风土，再造生态文明的田园。再说自近代以来，乡土并不包括城里的传统聚落，比如北京的胡同，西安、成都、苏州的巷子，上海的弄堂等属于"风土"而非"乡土"的范畴。

自1930年朱启钤先生发起成立中国营造学社以来，在梁思成和刘敦桢两位学科巨擘的引领下，我国建筑界对传统民居和乡土建筑的研究持续推进，成就斐然，形成了传统建筑研究的一大专业领域。但如何使这些研究更多地关联和影响城乡建设的进程，对整个建筑类学科都是一个很大的挑战。

## 二、中国传统聚落的源流与特征

### 1. "匝居"与城乡同构

中国传统聚落营造的信史可追溯到商周时期的聚落遗址。其中有关"营造"的最早文字记载见于《诗·大雅·灵台》："经始灵台，经之营之"。这里的"经"，是策划、管控的意思；而"营"，原意即"匝居"，是围而建之的意思，例如"营窟""营市（阓、阛）""营垒""营国"等一系列聚落营造范畴的词汇。因此，古代聚落即以"匝居"的方式，形成血缘的乡村聚落，地缘的城邑聚落，以至作为国家统治中心的都邑聚落——都城。这些华夏聚落以宗庙或祠堂为空间秩序的中心，以城垣壕堑为空间领域的边界，虽层级和功用不同，但从深层构成看却大多同构，保持和发展着"匝居"的聚落营造方式，从而部分地诠释了城乡一体的"亚细亚生产方式"学说。因为，一方面，许多乡村聚落拥有城垣、堡楼、街坊、庙宇等要素，俨如一座座城邑，如从汉代的"坞堡"到明清的庄寨、围堡均是如此；另一方面，城邑甚至都邑虽然看上去坚固伟岸，依然不过是政治权力和经济活动高度集中，等级制度极为森严，壕堑防卫更加严密，水平向扩展开来的巨型村寨而已，是乡村聚落的放大升级版。

## 2. 聚落原型与变换

从"匝居"的外在方式到聚落的内在构成，可以看到中国传统聚落源于商周"井田制"的"井"字形空间概念及其原型意象。所谓"井田制"，即以王室收取贡赋为目的的土地经营制度和划分方式。如周代王室拥公田，公卿以下据私田，遗有周代理想的营国制度，以百亩为夫，九夫为井，九井为国（都邑）。据此制度，田野的纵横阡陌就演变为聚落内经纬交错的街衢，并围合成间、里等空间尺度及单位。后世的里坊、厢坊、街坊，以及后来的胡同、街巷和弄堂等都是这样演变而来的。但这一"井"状网格空间原型的聚落并非处处趋同，而是因地制宜，异彩纷呈，依循了"因天材，就地利，故城郭不必中规矩，道路不必中准绳"（《管子·立政篇》）的变通法则，适应地理环境和地貌条件的差异而产生拓扑变换。这就犹如某种语言，尽管"方言"各异，但"句法"和"语义"相通。或许以这样的解读，方可辩异认同、知恒通变，把握住中国传统聚落的结构本质及其演变方向。

## 3. 水系与聚落分布

中国传统聚落源于近水的邑居，据《史记·五帝本纪》："禹耕历山……一年而所居成聚，二年成邑，三年成都"。其中，对水畔、雷泽、河滨等的劳作场所描述，均寓意了聚落是伴水而生的文化地景。甲骨文中的"邑"字右边旁加三撇表示傍水，即"邕"字的金文来历，同样表示聚落即环水的邑居。除了统治与防卫上的考虑，古代聚落选址的首要地理条件，是必须依傍满足漕运需要，方便物资供给的水系。因此，自上古以来聚落选址一般都位于大河的二级台地或其支流的一级或二级台地上。在物流以漕运为主的古代，这些水系可以说是聚落生存的命脉，对于都城而言尤甚，如长安、洛阳、汴梁（开封）沿黄河及其支流东西走向一字排开，建康（南京）、江都（扬州）濒临江淮，北京（涿郡）和临安（杭州）则处于南北大运河的两端。实际上历代中心聚落——都城在空间上的移动，均因应了文化地理的条件和漕运线路的兴衰，并与社会动荡、族际战争和人口迁徙相伴随。

### 4. 乡村风土聚落

在中国古代，与城邑聚落不同的是，乡村聚落社会是按血缘关系和经济共同体为纽带所形成的聚居系统，聚族而居的社会秩序和居住形式仰赖宗法制度维系，特别是自宋代以来，程朱理学倡导"敬宗收族"，形成了以祠堂、族田和族谱为核心的宗族组织及其聚居制度，宗法的社会结构更加趋于自组织化。但由于特定地域下的自然环境（如气候、地貌、水土、材料等）和人文环境（如宗法、宗教、数术、仪式等）的差异，聚落中的宗法秩序和空间布局亦有着同中有异的呈现方式，营造活动很少有统一法式的约束，较之城邑营造更加因地制宜，灵活多变，因而在与自然地景融为一体的有机生长中，保留了纯朴的古风和浓郁的地方性，可以说是千姿百态，谱系纷呈，表现了与西方的"场所精神"相类似的地方特质。以下按地理纬度和等降水量线，将中国各地域的聚落建筑分为四个区段。

1）农耕—游牧混合地区，即400毫米等降水量线以北半干旱北方地区的聚落建筑。如昆仑山南北侧和蒙古草原上游牧民族的帐幕、蒙古包；塔里木盆地周缘突厥语族—东伊朗民族的木构平顶阿以旺住宅；青藏高原上的藏式碉房，甘青地区各族建筑元素相混合的"庄窠"式缓坡顶两合院与三合院，以及青藏高原东部边缘的羌式碉房及合院等。

2）西北、华北和东北地区，即400毫米等降水量线以南至800毫米等降水量线以北之间半湿润北方地区的聚落建筑。如豫、晋、陕、甘各式窑洞，木构坡顶及包砖土坯（胡墼）墙房屋组成的晋系狭长四合院；东北、京、冀、鲁、豫木构坡顶、平顶、囤顶建筑构成的宽敞四合院等。

3）西南、江淮、江南地区，即800毫米等降水量线以南湿润地区的聚落建筑，如川、黔、桂、滇地区，以穿斗体系、干阑—吊脚为显著特征的楼居及合院，藏缅语族各民族的"土掌房""一颗印"（"窨子屋"）"三坊一照壁"等合院；湘、赣、闽北地区"四水归堂"的天井合院或"土库"建筑；江淮地区介于南北方之间的合院和圩堡；徽州地区以堂楼为中心，高耸的马头墙、墙厦、精工木雕、楼面地砖为特色的天井合院；江浙地区穿斗—抬梁混合式的多进厅堂和宅园等。

4）华南地区，即大部处于1600毫米等降水量线范围的高湿多雨地区聚落建筑，如闽南、粤北地区客家、潮汕（闽系）聚落以夯土墙和木屋架构成的大厝、土楼、土堡、围龙屋；粤南广府地区大屋、天井、冷巷构成的合院群等。

总体而言，延续至今的乡村传统聚落基本上都是明清以来的遗存，说明经过两晋南北朝开始的由北而南为主流的历次民族、民系大迁徙，明清时期各地乡村建筑相对稳定的地域分布格局已基本形成，可以从民间流传的营造匠书和聚落族谱中得到印证。如元明之际的《鲁般营造正式》、明万历年间的《鲁班经匠家镜》和清末民初的《营造法原》等，对江南地方的民间建筑影响尤其广泛。

至于少数民族地区的乡村传统聚落，因源于不同的文化传统，其构成及相互关系比较复杂，与汉民族聚落也存在交融现象。比如，明清两代逐渐推进"改土归流"，在南方的少数民族地区以"流官"管理制取代"土司"世袭制，推进了汉族与少数民族的异质文化交融，但后者的"熟化"（或"汉化"）程度，大大超过了前者的"夷化"。

自1930年中国营造学社成立以来，在梁思成和刘敦桢两位学科巨擘的引领下，建筑史界对乡土民居的研究成就斐然，形成了传统建筑研究的分支领域。跨世纪以来，建筑史界对传统民居的人文地理背景和建筑形态分布区系已有一些学术探讨，并有过以传统建筑结构类型为主线的地域区划专题研究。但是这些研究成果怎样对城乡改造中的遗产保护难题产生积极影响，还有待实践中的借鉴和运用。

## 三、城乡改造与传统聚落

### 1. 消亡中的乡愁载体

自19世纪末以来，直到改革开放之前，传统中国逐渐从农耕文明走向了工业文明，演变进程是相对缓慢曲折的。尽管传统聚落的宗法社会结构已经崩解，但血缘和宗族关系依然得以延续，聚落的空间结构和传统风貌依然大致如故。随着近30年来城镇化和城乡改造浪潮的冲击，传统聚落的文化特征已发生巨变，大部分古城只保留着少量的历史文化街区。作为乡村传统聚落的大多数村镇，经过撤并集聚或自发式改造，使原有的自然和社会生态系统瓦解或巨变，残留下来比较完整、较多保留着原生态风貌的多在边远山区，占比很大的部分已破败不堪，或被低质化改造，总体上正以极快的速度趋于消亡。

据中外学者的研究，民国时期的城镇化水平不过10%左右，中华人民共和国成立直到改革开放前也只达到17%左右。20世纪70年代末改革开放以来，城镇化开始飞速地发展，城镇化率2018年已达59.58%，其中城镇户籍人口42.35%（包括拥有宅基地的部分镇人口和城中村人口），与欧美约75%～85%及日本93%的城镇化率相比仍差距明显。截至2016年，我国乡村自然村仍有244.9万个，基层自治管理单位"村民委员会"52.6万个，乡村户籍人口7.63亿，常住人口5.6亿，在本地和外地谋生的农民工约2.88亿。2017年全国城乡人均收入倍差2.72，一些贫困的山区和边远地区农村人均收入与全国城乡平均收入倍差则远高于这个数字，这些地方的衰败或空村化现象更加严重（数据来源自2017年、2018年国家统计局公布的数据）。

虽然这种文明进程在任何一个走向现代化的农耕社会迟早都会发生，但是中国作为人类文明诸形态中唯一保持了连续性进化的国家，文化传统的基因和源头即存在于城乡传统聚落之中。这一"乡愁"载体的消亡，不但会使国家和地方失去身份认同的文化根基，而且会使城乡一体化发展的战略目标发生偏差。

## 2. 风土建成遗产

在中国传统聚落的话语体系中，"民居"是对功能类型而言，"乡土"是对乡村聚落而言，而"风土"是对城乡聚落及其文化地理背景而言，三者均属同一范畴。因此，乡村聚落也是最具文化载体性的风土聚落，呈现了各个地域环境、气候和民族、民系背景下异彩纷呈的风土特质。西方的风土建筑研究可以追溯到法国18世纪新古典主义理论家德·昆西（Quatremère de Quincy），他最早指出了建筑语言的风土（Vernacular）和习语（Idiom）属性。到了当代，英国建筑理论家兼乡村爵士乐作曲家鲍尔·奥利弗（Paul Oliver，1927—），集风土建筑研究大成，在1997年出版了覆盖全球的《世界风土建筑百科全书》（Encyclopedia of Vernacular Architecture of the World），他认为研究风土建筑不只是为了记录过往，对未来的文化和经济可持续发展也是不可或缺的。随后R. 布伦斯基尔（Brunskill R. W.）在2000年出版《风土建筑：一部图解的历史》一书，把20世纪以前定义为"风土建筑时代"，以大量的插图详解了数百年来英国风土建筑在农耕时期和工业化早期的形态特征。

"建成遗产"是经由营造活动所形成的建筑、聚落、景观等文化遗产本体的总称。1999年，国际古迹遗址理事会（ICOMOS）在《风土建成遗产宪章》（Charter on the Built Vernacular Heritage）中，首次提出了"风土建成遗产"的概念，即特定风俗和土地上所建造的文化遗产，其保护价值今已成为全球共识。首先，"聚落建筑"作为风土建成遗产的第一保护对象，是城乡历史环境的栖居场所，也是民族民系身份认同和乡愁记忆的空间载体，携带着可识别的中国传统文化基因。其次，"营造技艺"蕴含乡遗的工巧智慧精华，是对其进行保护、传承和再生的意匠源泉，而只有将传统聚落的营造技艺真正传承下去，保护才是可持续的，才能使聚落遗产长存下去。再次，"文化地景"（或文化景观Cultural Landscape）呈现聚落的环境因应特征，是人工与天工相交融的在地景观。韩国建筑师承孝相，为了表达地景建筑创意，生造了"Landscript"（地文）一词，本意是强调人的活动在土地上留下的印记，就如大地书写一般。显然，"地文"需要保护和续写，即像日本的"合掌造"民居、中国的西递—宏村那样，严格保护好聚落遗产标本，激活历史环境的"场所精神"（Spirit of Place），在新建筑中创造性地转化风土建成遗产的原型意象。

3. 国家级聚落遗产

根据住房和城乡建设部和国家文物局颁布的最新保护名录，中国传统聚落列入国家保护名录的有三大类，均可看作风土建成遗产。其一为100多处"国家重点文物保护单位"身份的传统聚落；其二为国家历史文化名城、名镇、名村，包括135座"名城"、312个"名镇"和487个"名村"；其三为6819个部分由国家财政资助保护的"传统村落"。此外，皖南古村落西递—宏村、福建土楼、开平碉楼与村落，以及红河哈尼梯田文化景观等4项乡村传统聚落及景观被收入世界文化遗产名录。

这其中的传统村落数量最为庞大，部分还同时具有国家级历史文化名村及重点文物保护单位的身份。其分布特点为：南方约占全国总量的78%，大大多于北方；山区多于平原、盆地，如晋、湘、滇、黔、闽的山区占比超过全国总量的二分之一；方言区多于官话区，如晋系方言区约占北方各官话区总和的40%左右；工业化、城镇化起步较晚的地区多于起步较早的地区，如西北地区多于东北地区；城乡人均收入倍差相对较高的地区多于发展水平相近的较低地区，如贵州、云南处于全国传统村落数量排名前列。

上述的三大类传统聚落遗产保护系列中的前两类，有着相应的国家保护法规及实施细则，生存问题相对无虞。而第三类——传统村落量大面广，没有直接的相应保护法规作保障，其生存问题看似有国家财政资助，实际状况则堪忧。

## 四、传统聚落的保护与活化

1. 模式与问题

对风土建成遗产的专项保护，比较典型的首推北欧斯堪的纳维亚半岛的挪威和瑞典，这里在第二次世界大战前最早以民俗博物馆的方式，保护和展示当地的风土建筑，这种方式随后风靡欧洲大陆和英国。1952年英国"古迹委员会"将18世纪以前的风土建筑均纳入了保护名录，特别值得注意的是，英国将乡村划为120个自然区和181个特色景观区，这是可以借鉴的乡村文化地景谱系保护策略。日本于20世纪70年代兴起的"造村运动"，是通过农业升级改造、乡村特色塑造和技术培训投入，提振乡村经济社会活力和磁力，最终使乡村聚落得到活化和再生。聚落遗产保护和传承是其中的一个部分，如长野县的妻笼宿和岐阜县的马笼宿，其风土建成遗产在存真、修缮、翻建、活化等方面皆有坚定的价值坚守和丰富的保护经验，可供中国乡村风土建成遗产保护和再生实践学习借鉴。

我国城乡风土建成遗产保护与活化前后已历20载左右，经验和教训并存，其中数量占大多数的乡村聚落遗产保护与活化主要有三种模式。第一种为国家文博体系和大型国企主导的乡村博物馆模式，如山西的丁村、陕西的党家村、湖南的张谷英村、福建的田螺坑土楼群及玉井坊郑氏大厝等，经费、法规、导则等条件较为完善，部分村民通过村委会组织参与经营活动受益。第二种为社会企业主导的风土观光综合体模式，乡村聚落遗产由企业与当地政府、村自治体——合作社以契约形式合作及分成，如安徽黟县宏村、浙江松阳县村落、山西沁水县湘峪村、福建连江县杜棠古村三落厝等。第三种为村自治体主导风土生态体验区模式，以由村自治体所属企业及乡村活化能人掌控风土观光资源，进行乡村聚落开发，村民参与其中的相对较多，受益也相对大一些，如安徽黟县西递村、山西平遥县横坡村、陕西礼泉县袁家村、山西晋城市皇城村、福建屏南县北村等。

不可忽视的是，乡村聚落遗产在保护和活化中存在一些带有普遍性的问题和挑战：一是大多没有以乡村经济、社会的改造升级为根本前提，而是过多地依赖于旅游资源的消耗；二是管理政出多门，既条块分割，又一事多管，造成一些村落一村多名，准入标准和处置方式交错低效；三是原住民生活资料——集体土地、宅基地和房屋处于不确定的流转状态，所有权和使用权分离，但土地与房屋租金普遍低廉，收益分配不成比例，原住民的公平共享诉求难以兑现，存在着大量的权益矛盾和法律纠纷，潜在的社会风险已然存在；四是维修和民宿化改造等多为村民自发行为，存在严重的安全隐患，如结构安全意识薄弱，涉及公众安全的强制性技术规范和安全施工监管缺位，消防间距、人身防护不合规范的状况随处可见，声、光、热等室内环境控制指标大都达不到基本使用要求；五是宅基地内滥建低质楼监管缺失，低质翻建率常在一半以上，严重的达70%~80%，使村落风貌严重失控，而招揽观光的利益驱动导致拆真造假现象也随处可见；六是薪火相传趋于中断，大部分营造技艺面临失传，由于种种原因，"非物质文化遗产传承人"名誉并未起到明显的弥补作用，传统意匠及技艺存续与再生尚待突破，新旧修复材料融合手段薄弱等问题普遍存在；七是同质化严重，社会资金普遍投入乡村聚落保护与再生项目的可能性有限，而传统村落依赖国家财政扶持也是很有限的，且不可持续。

## 2. 标本保存谱系化

当下我国城乡风土建成遗产的保护与活化，首先并不是个建筑学问题，而是涉及保护什么，如何保护，怎样活化的实质性问题，与经济、社会的可持续发展背景息息相关。从物种标本保存的战略眼光看，传统聚落保护与活化的前提是对聚落遗产标本的保存和研究。

少量被定格在某个历史时期或文化样态下的聚落遗产，比如平遥、丽江古城以及各地名镇、名村一类进入各种遗产名录，是受到严格保护的风土建成遗产标本。但这些遗产标本只是聚落遗产中极小的一部分，我们认为，实际上需将我国城乡风土建成遗产按民族、民系的语族区或方言区进行全覆盖，成体系地作分类分级梳理，为后世存续完整的风土建成遗产谱系标本，兹事体大，关及国家和地方历史身份和文化传承的根基。因此，应依风土建成遗产谱系统一甄别、筛选和认定聚落遗产，再以地景修复、聚落修补和技艺传承为基础，将之纳入再生过程。当务之急，是应对其谱系构成缘由与分布有比较系统的认知。

由于语言作为文化纽带的重要性仅次于血缘，而风土在语言学上的含义，即连接一个地方聚居群体的交流媒介"语缘"，既可代表不同的文化身份，也可作为判断各文化身份间亲疏关系的参照。因此，从文化地理学和人类学的角度，可尝试以民系方言和语族—语支为参照，对各地风土建筑做出以"语缘"为纽带的谱系分类区划。总体上看，历史上语族相近，说明有相关的文化渊源；语族的方言或语支相通，说明血缘和地缘存在关联性。传统的汉语族—方言和少数民族的语族—语支是在漫长的历史变迁中，由于地理阻隔及民族、民系迁徙所形成的。虽然建筑谱系和语言谱系是否完全对应确是个问题，但设若不同族群在语言上可以交流，则其聚落及建筑一般也会存在交互关系。

参照语言人类学家的语缘区划，汉藏语系的汉语族民族民系聚落及建筑谱系主要可分为：其一，东北、华北、西北、江淮和西南等五大官话区建筑谱系；其二，华北的晋语方言区建筑谱系；其三，江南的吴语、徽语、赣语和湘语四大方言区建筑谱系；其四，华南的闽语、粤语和客家语三大方言区建筑谱系。少数民族语族区聚落及建筑谱系主要可分为：其一，西南地区汉藏语系藏缅语族17个民族的建筑谱系，壮侗语族9个民族和苗瑶语族3个民族的建筑谱系；其二，北方地区阿尔泰语系突厥语族7个民族，蒙古语族6个民族和通古斯语族5个民族的建筑谱系等。此外，还有少量西北地区印欧语系斯拉夫语族和伊朗语族的民族的建筑谱系，以及华南地区南亚语系和南岛语系民族的建筑谱系。以这样的谱系认知方式，对风土建成遗产谱系遗产的标本系列进行谱系化的保护，是有重要意义的一种尝试。

| 突厥语族区建筑 | | 其他区建筑 | 蒙古语族区建筑 | | 其他区建筑 | 通古斯语族区建筑 | | 其他区建筑 |
|---|---|---|---|---|---|---|---|---|
| 定居区 | 游牧区 | | 定居区 | 游牧区 | | 定居区 | 渔猎区 | |
| 北方官话区西部建筑 | | | 晋语方言区建筑 | | | 北方官话区东部建筑 | | |
| 河西 | 关中 | | 北部 | 中部 | 东南部 | 京畿 | 胶辽 | 东北 |
| 西南官话区建筑 | | | 北方官话区中部建筑 | | | 江淮官话区建筑 | | |
| 滇 | 黔 | 川 | 鄂 | 豫 | 鲁 | 淮 | 扬 | |
| 藏缅语族区建筑 | | | 湘语方言区建筑 | | 赣语方言区建筑 | | 徽语方言区建筑 | | 吴语方言区建筑 | |
| 藏区 | 羌区 | 彝区 | 其他 | 湘西 | 湘中 | 湘东 | 豫章 | 临川 | 庐陵 | 歙县 | 婺源 | 建德 | 苏州 | 东阳 | 台州 |
| 壮侗语族区建筑 | | | 客家方言区建筑 | | | 闽语方言区建筑 | | |
| 壮区 | 侗区 | 其他 | 西部 | 中部 | 东部 | 闽中 | 闽东 | |
| 苗瑶语族区建筑 | | | 粤语方言区建筑 | | | 闽语方言区建筑（闽南） | | |
| 其他区建筑 | | | 桂南 | 粤西 | 广府 | 潮汕 | 南海 | 台湾 |

我国民族民系风土建成遗产谱系分布示意图

## 3. 大量性传统聚落的出路

除了经典传统聚落风土建成遗产谱系的标本保存，大量性的传统聚落，特别是乡村聚落，总体上面临着景象劣化、原有建筑被大量低质改建、乡村经济和民生有待振兴的境况。因此，需要将聚落有机更新和文化地景再造，作为未来发展的主要方向。实际上，对大量性传统聚落的可持续发展而言，实践中应考虑保存有标本价值的聚落典型建筑，延承风土营造谱系所曾依存的地貌特征、空间格局和尺度肌理，再造出隐含着基质原型、适应生活变迁的新风土聚落及文化地景。

此外，传统聚落遗产管理系统和遗产归口的合理化，遗产运作的信托化，遗产基金、社会"领养"

和活化途径的模式化，营造技艺传承的制度化，以及保护技术的系列化等，都应作为传统聚落保护与再生的改进方面加以关注和实施。

## 五、关于丛书编纂

这部丛书是第一部关于中国传统聚落特征与保护的大型研究集锦，内容覆盖了各省市自治区传统聚落的历史溯源、地域特征与现存状态、保护与活化的方法与途径，以及未来走向的展望等。丛书中的"传统聚落"聚焦于狭义的"村"和"镇"，并可选择性地涉及"城"，即"县"或"市"的老城区，如北京的胡同和上海的弄堂。书中内容兼顾理论观点和叙述方式的历史性、逻辑性和独特性，引述材料要求真实可靠，体例同中有异，充分表达地域特征，并将之纳入史地维度和经济、社会发展的叙事语境。保护与活化内容要求选取兼顾普适性和典型性的工程实践案例，对乡村振兴中的建成遗产存续和再生问题进行全方位的讨论。由于本丛书仍是以行政区划单位作为各分册的研究范畴，难免存在少量跨省市区之间的互涵和重复内容，但作为一部大型丛书，总体上还是完整统一的，其中不少篇章都可圈可点，对乡村振兴和传统聚落的未来探索有多方面的参考价值。

（本文主要内容及参考文献见《建筑学报》2019年12期）

中国科学院院士、同济大学教授
己亥夏至于上海寓所

# 序二

聚落，是人类聚居和生活的场所，《汉书·沟洫志》曰："或久无害，稍筑室宅，遂成聚落"。聚落这一概念最早出现时是为了描述区别于都邑的居民点，现在已泛指人类生活地域中的村落和城镇。聚落是在各个地域内发生的社会活动、社会关系和特定的生活方式，并且是由共同的人群所组成相对独立的生活空间和领域。传统聚落主要是指具有一定历史性的城乡聚落，拥有物质形态和非物质形态的文化遗产，是先人运用自己的智慧，依据自然、气候、地理、习俗等环境因素建立的适宜的居住空间，同时具有较高的历史、文化、科学、艺术、社会、经济价值，能够反映一定历史时空的社会物质文化与精神文化的重要载体。

传统聚落是人们与自然协调过程中不断地尝试和调整所形成的，是在一定的时空条件下的总结。传统聚落是一定地域空间范围内的人文现象，它既是一种空间系统，也是一种复杂的经济、文化现象和社会发展过程。其起源、形成、发展均在特定地理环境和社会经济背景中，通过人类活动与自然相互作用下的结果，是对自然地理条件、社会治理结构、文化机制作用等多方面的缓慢调整适应，既是人类不断地适应、改造自然环境的实践积淀和智慧结晶，也是特定地域环境人地关系的空间反映。正如本套丛书之一《云南聚落》编写作者杨大禹教授所说："几乎所有的传统聚落，作为联系自然环境和人文环境的中介，从它们的地理分布、外部整体形态、内部空间结构，到聚落与周围自然环境、山水地形的紧密关系，都体现出因地制宜、和谐有机的共同规律。"这些共识是协调当地的地理条件、社会风俗与生活方式等积累而成的。在以聚居为主的生活模式下，都会充分考虑到聚落的环境特点，尽量找到资源配置最为合理、微气候最为和谐的场所。聚落形态与民居建筑形式的存在，与人们应对自然环境的生理、心理需求有着千丝万缕的联系。所以，传统聚落都能反映出在一定的地域空间环境、一定的民族和一定的历史时期所承载的建筑文化底蕴。

传统聚落作为中华文明的一种载体，凝聚着具有地域性、民族性与艺术性的布局特色和建筑风采，以及文化习俗下构成的聚落分布、空间格局、生产模式、景观形态等风情各异、千姿百态的元素。传统聚落是先人们长期适应自然，与自然和谐相处的历史见证，凝聚着中国悠久的农耕文明，展示着人们自古至今的生存智慧，可以说，传统聚落承载着中华文化精华和中华民族精神。所以，保护传统聚落就是维系中国传统文化的延续，就是在保护中华文明的根。

对于聚落空间的研究，既要把控聚落自身各种要素以及各要素之间的相互关系，也要关注聚落内部空间与聚落外部空间之间的关系，从而进一步了解单个聚落与同一个地域内其他聚落之间的关系，以便获得对聚落空间完整概念的把握。通过对传统聚落特色的系统研究，包括将传统聚落的不同历史发展阶段，各种历史文化要素和不同形态载体归纳合一，作为相互交融、贯通的体系来研究，从理论层面上梳理传统聚落各种有关形成、发展、演化的普遍规律和地区特征，挖掘其精神文化及生命智慧，发现其内在的文化价值，尊重其自身的运营机制，肯定其在现代聚落发展中的积极作用，以丰富我们对于人类聚居的认识。

长期以来，我们的先人经过不断的实践，运用了他们的丰富智慧，无论在聚落总体布局或在民居建筑技术、艺术方面都取得了很高的成就，积累了丰富的经验。传统聚落生存智慧拥有中国优秀传统文化的内核，是体现传统建筑智慧最具特色的代表。如何重新再认识传统聚落所具有的地域性、民族性与文化多样性特征，进一步发掘潜藏其中的营建技艺、理论精华和创造智慧，寻求传统聚落的持续发展相应的理论支撑，是我们当前重要的课题。当然，蕴含着中华文化基因的传统聚落更是当代建筑文化特色形成的基础，值得我们去进行研究、总结、学习和借鉴。

"中国传统聚落保护研究丛书"各卷作者综合运用文献研究法、调查研究法、比较研究法、定性分析法等科学研究方法，建构传统聚落研究的基本思路。采用文献分析、田野调查、理论研究与实证分析结合、系统化分析等方法，通过对学术文献、地方志、文书族谱等史料资料进行梳理筛选，对现有传统聚落进行建筑测绘、口述访谈，在吸取前人研究成果的基础上，归纳总结我国传统聚落发展特点及其背后蕴含的丰富文化和物质内涵，从整体上考虑多元文化影响下的传统聚落特征。丛书作者在编写过程中，借鉴历史学、社会学、建筑学、城乡规划学、文化地理学、景观生态学等跨学科交叉的思路，采用融合融贯的研究模式，既对传统聚落的基本共性特点归纳总结，也对受各区域条件影响的传统聚落比较分析，从整体上来把握研究对象。

在新时代的聚落发展和建设中，对传统聚落的保护与研究就显得尤为重要。传统聚落所呈现出来的优秀空间格局与营造技艺，不仅能给聚落的保护更新提供更为合理的方法途径，同时也能为新时代的聚落建设提供更多的方式方法及可能性。探究历史文化基因的内在联系，研究传统聚落的起源、演变、特点和价值，为传统聚落的传承提出依据，以便于更好地加以保护与利用。与此同时，在弘扬与传承优秀传统文化的基础上，探寻传统聚落发展模式及其保护的策略与原则，对保护与更新提出更为具体的要求与措施，构建整体保护的格局理念，以及与其相适应的、分级分类的传统聚落保护体系，更好地把握传统聚落在当代的发展道路与方向。

"中国传统聚落保护研究丛书"的编写希望以准确翔实的史料、精确细腻的测绘、真实生动的图片来全面展示中国传统聚落悠久的历史、灿烂的文化、淳朴的民风。由于各地区的状况不同和民族差异，以及研究基础也会参差不齐，故在编写中并未要求体例、风格完全一致，而以突出各地区传统聚落自身特色，满足各地区建设的需求为主。同时，丛书的编写，也希望对全国各省、直辖市、自治区传统聚落保护与传承、历史街区与传统村落建设，以及城乡人居环境提升起到重要的参考与指导作用，这是本套丛书研究编写的目的和意义所在。

2020年11月16日

# 前 言

广东省位于我国大陆最南部，简称"粤"。它北邻江西、湖南，东北接福建，西接广西，南临南海，东南和西南分别与台湾省和海南省隔海相望，在珠江口东西两侧分别与香港、澳门接壤。广东省陆地面积17.98万平方公里，民族以汉族人口最多，除汉族外，境内居住的还有瑶、壮、回、满、畲、苗等少数民族。广东地属岭南地区，所谓岭南，是指五岭以南，五岭包括大庾岭、骑田岭、越城岭、萌渚岭和都庞岭（一说揭阳岭），它又称南岭。

岭南襟山带海，地处较低纬度，大部分在北回归线以南，是我国最接近赤道的地区，太阳辐射热量大，日照多。由于濒临南海，受海洋暖湿气流的调剂，所以气候温和，夏长冬短，雨量充沛，四季常青，生物种类繁多。岭南沿海海岸线曲折绵长，内陆河流众多，土地肥沃，资源丰富。岭南境内地形复杂，有山地、丘陵、台地、平原等，主要以山地和丘陵为主，平原较为分散，珠江三角洲与韩江三角洲是岭南主要的平原区。其地表形态特征为：南岭北峙，地势南倾；丘陵广布，丘顶平缓；水乡泽国，河网纵横；海岸曲长，港湾众多。五岭是岭南山脉的高峰，连绵起伏、怪石嵯峨，形成了一道天然屏障，横亘在两广与湘赣交界地带，成为长江与珠江的分水岭，华中与华南气候的分界线。

岭南古为百越之地，是百越民族居住的地方。广东聚落与汉族民系的形成，是不断南迁的中原汉族人民与当地土著长期融合的结果，这种融合，发轫于秦汉乃至更早的时期，历经两晋唐宋时期，至元明之际渐趋完成。中原汉人的大量南迁，不但使人口迅速增多，大片土地获得了较快的开发，促进广东地区社会生活发生变化，同时也加快了民情风俗汉化的步伐。阮元在《广东通志·舆地略》中说道："自汉末建安至于东晋永嘉之际，中国之人，避地者多入岭表，子孙往往家焉，其流风遗韵，衣冠习气，熏陶渐染，故习渐变，而俗庶几中州。"南迁汉人在与越族土著民杂处、共同生活过程中，潜移默化地传播了中原的礼乐教化和先进生产技术，促进了中原民族与越族的融合和文化交流。

两宋时期渐露端倪的汉族各民系至明代已初步形成。这种以地方方言为基本依据，具有特殊的发音、词汇构成和语法结构系统的语言，是各民系自己区别于其他民系的一个根本性的特征。作为民族语言的一种地域分支，方言是特定群体中的人们相互使用的交际工具，是人们思维和思想的直接表现形式。而地域文化的特色，除了通过民俗民风和民众创造力得以表现外，最有代表意义的就是方言的特征。广府、潮汕方言既保留了古粤语、古闽语的多种特点，同时亦具有古楚语、古吴越和汉语的许多特点。客家民系也是在不断的南迁中形成，是汉民族中以客家方言为主要交流媒介，有着中原血缘和地缘历史渊源，并以共同的生活方式、习俗、信仰、价值观念和心理素质紧密结合的人类社会群体。客家人主要是由中原地区南迁的汉族为主体，并与当地一些民族长期融合，而于明清时期最终形成，其具有独特的大体相同且保留着古代汉语雅音成分的客家方言。

民系是民族内部文化区域性传播的独特结果。从文化人类学的角度来看，它具有以下三点内涵和特质：共同的方言；共同的地域；共同的生活方式及共同的心理素质。这三点是一个有机的整体，它通过民系的物质文化和精神文化的特点表现出来。由于广东汉族内部各族群迁徙时间、入粤路径、目的地不同，同时生活习俗等也有所差异，因而形成不同的民系。北方汉族从秦代开始，在不同时期迁徙到广东各个地区，并与当地土著人融合，自唐宋以来，逐渐形成了具有不同生活习俗、不同文化意识和不同性格特征的广府、客家和潮汕、琼雷等民系。它们的主要区别在于其不同的方言，即广府民系所操的是以广州方音为标准的广州语，客家民系所操的是以梅县方音为标准音的客家语，潮汕民系所操的是以潮州方音为标准的潮汕语。以闽南方言为源的地区，实际上除潮汕地区外，还有雷州半岛和海南方言区。民族民系上的生活方式和方言不同，相互之间交流的多少与深浅，都给人们生存的聚落带来较大的差异。

广东汉族各民系之间有着相对稳定的居住地和聚居范围，而各民系聚落形态与建筑造型也相对固定，有着自己独特的风貌特征。广东汉族民系尽管各有各的聚居范围，但除核心地区外，相互之间也会有渗透，成为岛状的居住地。

广府典型传统聚落规划控制感强，其梳式布局街巷横平竖直整齐有序，所有建筑朝向统一，结构严谨的街巷体系和天井院落让聚落具备了完善的、人工化的空间组织，无论是聚落的社会系统、生态系统还是具有居住实用效果的通风系统、排水系统，都是将有限的资源予以整合，既依赖人工又亲和自然，反映了人造环境与自然环境和谐互融的规划特点和居民恬静有序的生活姿态。

与广府聚落构成单元的高度同一化相比，潮汕聚落及大型建筑的构成单元却丰富多样。潮汕聚落基本上都以宗族为主体，祠堂建筑系统在聚落中成为重要的空间节点。人多地少的环境限制，使得潮汕地区的聚落呈现出明显的密集性，不仅单个居住单元建筑组群内部组织布局密集，聚落群的密度也很大。在建筑群体的布局上，府第式大型建筑保留了中原早期合院式建筑中的向心围合性，以及强调布局对称均衡的特色。各类传统建筑形制在恪守中轴对称等儒家文化特征的同时，也十分强调空间的等级秩序。

客家传统建筑布局与潮汕建筑的突出中轴、向心围合等特点有相同之处外，更重要的是在聚落与建筑上以其防卫性能而闻名。其防卫的对象不仅仅是盗匪贼寇，还兼顾有山洪、地震等各类自然灾害，其防御部位也不仅仅是外墙，而是包含建筑内外的整体空间。客家人通过尊祖敬宗、祭祀祖先的活动来加强宗族内部团结，客家聚落围屋内必设有祖堂以供奉先灵，达到收族固宗的目的。一般来说，不管房屋规模如何，采用何种平面布局形式，祖堂都居于平面的几何中心。客家聚落古朴自然，建筑并不追求华丽装饰，其质朴的风格源于客家人求实的生活态度。

琼雷传统聚落布局，虽以广府民系布局为主要形式，但又具有自己特点，形成了一种既有别于闽潮又不同于广府的具有强烈本地特色的建筑语汇。其聚落建筑格局常以与广府"三间两廊"同构的"三合六方"单元为基础，加入闽潮建筑横向拓展的个性，却又并不严守中轴对称的法则，形成开敞疏朗、明亮活泼的院落组合。而建筑造型，将潮汕的"五行山墙"与广府的"镬耳墙"融合，再融入闽南原生建筑文化，呈现出更加生动多元的形象。

少数民族的村寨，在平原地区的村落基本上都已汉化，融入了汉族当地民系特征的聚落模式和建筑风格。仅有偏远山区地带的村寨，还保留着自己的居住特点，如粤北、粤西北瑶、壮等村寨，布局多以联排式沿坡地等高线层层布置。民居几乎都建在山坡上，所以有"半边楼"之称，建房的墙体材料有石、烧砖、泥砖、木、竹等，根据其经济条件和取材方便来选择。但现在山区村寨，基本都已重建或迁建。

留存至今的传统聚落和居住模式，是人们与自然不断协调过程的总结，是在不断地尝试和调整中形成的，它并不是一蹴而成的，而是需要长期的历史考验，由数代人不断继承和发展而形成的共识。这些共识是协调当地的地理条件、社会风俗与生活方式等积累而成的，是一种大家固守的整体规则。聚落的形态及民居的形式，与人应对自然地形变化的方式有着千丝万缕的联系。在以聚居为主的生活模式下，无论村落选址还是民居营建都要充分考虑整体聚居的环境特点，尽量找到资源配置最为合理、微气候最为和谐的场所。在这个既考虑实际因素又具备心理暗示的营建基础步骤中，逐渐形成了理想的选址格局。这个理想格局一方面要以青山环绕形成相对独立的空间，另一方面以基地前的流水或池塘提供生活的水源，整个基地有丰富的物种多样性以满足其生活需求。

尽管中华民族有共同的认识观，传统聚落和民居建筑沿用了以往的营建经验，拥有整体和谐的特点，但因为其营建的条件各有不同，且人为参与的不可控性，给本身就具有拓扑结构的营建过程带来了更多的可变性，使聚落形态包括民居建筑得以最终呈现出多样统一的特点，而这一特点即是中华人文精神中崇尚的"和而不同"的体现。

本书内容共分为八个章节。从传统聚落的历史发展、南粤汉族民系聚居地理、分布，详细剖析聚落选址、格局、类型、功能、景观等，总结传统聚落形成原因与特点，阐述对传统聚落发展保护的认知。长期以来，我们的先人经过不断的实践，运用了他们的丰富智慧，无论在聚落总体布局或在聚落建筑技术、艺术方面都创造了很高的成就和积累了丰富的经验。传统聚落生存智慧拥有中国优秀传统文化的内核，是体现传统建筑智慧的最具特色的代表。其蕴含的中华文化基因的传承发展更是当代建筑文化特色形成的基础，是"中华民族生生不息、发展壮大的丰厚滋养"，值得我们今天进行总结、研究、学习和借鉴。

2020年8月于广州华南理工大学

# 目 录

序 一
序 二
前 言

## 第一章　历史发展与民系聚居

第一节　历史发展 —— 002
　一、历史沿革 —— 002
　二、早期聚落 —— 004
　三、聚落发展 —— 009
第二节　民系演变 —— 021
　一、秦汉时期的南下汉人 —— 021
　二、隋唐时期的民族融合 —— 022
　三、宋明时期的民系形成 —— 024
第三节　民系聚居 —— 026
　一、广府民系 —— 026
　二、潮汕民系 —— 030
　三、客家民系 —— 031
　四、琼雷民系及其他 —— 034

## 第二章　地理环境与聚落构成

第一节　地理环境与聚落选址 —— 038
　一、地理环境特征 —— 038
　二、城镇聚落选址 —— 042
　三、乡村聚落选址 —— 047
第二节　珠三角水乡聚落 —— 055
　一、民田区水乡聚落 —— 055
　二、沙田区水乡聚落 —— 059
第三节　其他地区聚落 —— 064
　一、粤东平原地区聚落 —— 064
　二、粤北山区客家聚落 —— 073
　三、粤北山区瑶族聚落 —— 074
　四、粤西丘陵台地聚落 —— 080

## 第三章　城镇聚落空间格局

第一节　机能构成 —— 084
　一、衙署行政中心 —— 084
　二、寺观学庙分布 —— 087
　三、城镇商住街区 —— 093
第二节　府城格局 —— 094
　一、广州府 —— 095
　二、潮州府 —— 098
　三、雷州府 —— 107
第三节　乡镇格局 —— 112
　一、龙川佗城 —— 113
　二、佛山古镇 —— 115
　三、开平赤坎 —— 120

## 第四章　乡村聚落类型特点

第一节　村落形态类型 ——— 126
　一、梳式布局 ——— 126
　二、网格式布局 ——— 141
　三、放射式布局 ——— 142
　四、密集式布局 ——— 149
　五、组团式布局 ——— 158
　六、混合式布局 ——— 164
　七、散点式布局 ——— 170
第二节　村落文化类型 ——— 173
　一、农耕文化 ——— 174
　二、商业文化 ——— 179
　三、疍民文化 ——— 182
　四、军屯文化 ——— 185

## 第五章　聚落民居组群空间

第一节　聚落民居平面组合 ——— 192
　一、广府民居基本类型与组合 ——— 192
　二、潮汕民居基本类型与组合 ——— 202
　三、客家民居基本类型与组合 ——— 212
　四、雷州民居基本类型与组合 ——— 222
第二节　聚落特色民居类型 ——— 228
　一、府第式院落民居 ——— 228
　二、庭园式园林民居 ——— 235
　三、围楼式大型民居 ——— 245

## 第六章　聚落建筑功能构成

第一节　气候环境之适应性 ——— 256
　一、通风体系 ——— 256
　二、防热措施 ——— 258
　三、防灾处理 ——— 261
第二节　聚落围居之防御性 ——— 262
　一、围居形成原因 ——— 262
　二、围村围寨 ——— 264
　三、围屋围楼 ——— 273
　四、碉楼 ——— 276
第三节　乡村宗祠之核心性 ——— 279
　一、承前启后理念 ——— 279
　二、宗族血缘凝聚 ——— 281
　三、聚落宗祠布局 ——— 283
第四节　乡村庙宇之多元性 ——— 290
　一、水神崇拜 ——— 290
　二、社神崇拜 ——— 293
　三、其他神祇 ——— 296

## 第七章　乡村聚落景观构成

第一节　村落环境景观 ——— 300
　一、自然环境与景观 ——— 300
　二、农业对环境影响 ——— 301
　三、农业的景观类型 ——— 304
第二节　村落人文景观 ——— 307

一、人文景观成因 —— 307
　　二、人文景观内涵 —— 309
第三节　村落形象风貌 —— 312
　　一、广府民系村落风貌 —— 313
　　二、潮汕民系村落风貌 —— 318
　　三、客家民系村落风貌 —— 324
　　四、雷州民系村落风貌 —— 327

## 第八章　传统聚落保护传承

第一节　传统聚落的发展问题 —— 332
　　一、城镇历史街区 —— 332
　　二、乡村传统聚落 —— 333
　　三、乡村景观困境 —— 335

第二节　传统聚落的要素特点 —— 336
　　一、聚落内涵与构成要素 —— 336
　　二、传统聚落之价值取向 —— 340
第三节　传统聚落的保护实践 —— 346
　　一、古城街区保护更新 —— 346
　　二、多村连片发展规划 —— 355
　　三、乡村人居环境提升 —— 365

附　录 —— 379
索　引 —— 394
参考文献 —— 397
后　记 —— 399

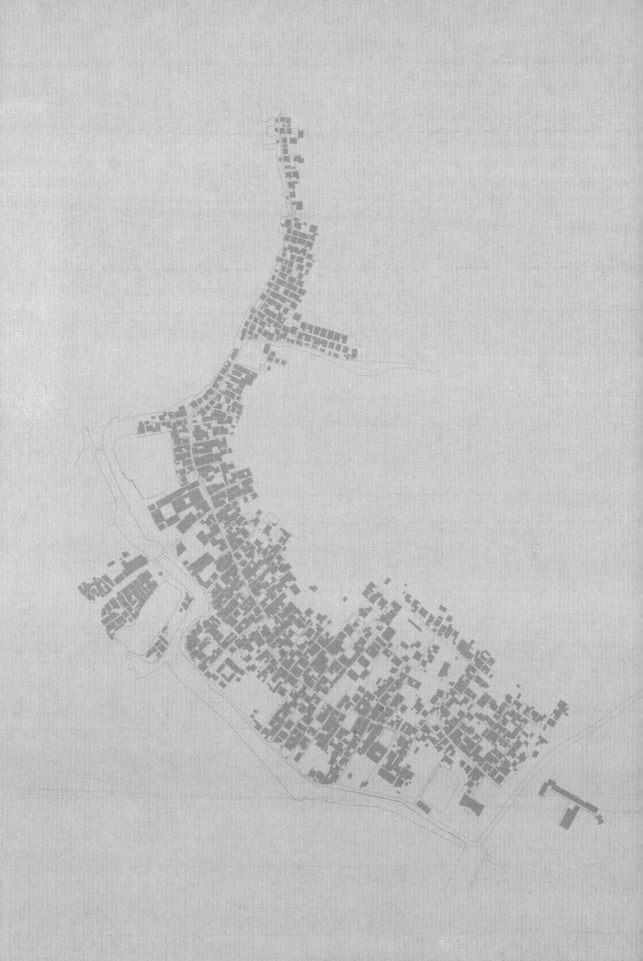

# 第一节　历史发展

## 一、历史沿革

公元前221年，秦王嬴政统一六国后，派屠睢率领50万秦军攻打岭南，受到岭南越族的激烈抵抗，屠睢战死。再由任嚣和赵佗统兵，于公元前214年平定岭南。设"南海、桂林、象"3个郡，南海郡治番禺，桂林郡治布山（今贵港一带），象郡治所在越南北部。现广东粤北部分地区属当时的长沙郡。

汉初，代行南海郡尉赵佗并桂林郡、象郡，建立南越国。汉武帝平定南越后，将南越地划分为南海、苍梧、郁林、合浦、交趾、九真、日南、儋耳、珠崖9个郡。西汉时，合浦是我国"海上丝绸之路"的始发港之一。为了便于监督各郡官吏，汉朝设立常驻监察机构，其中设在苍梧郡广信县（今广东封开）的交趾部，专门负责纠核岭南九郡。东汉汉献帝建安八年（公元203年），交趾部改为交州，除监察权外，还拥有军政大权，成为郡上一级政府，地方行政制度也就从郡县二级变为州、郡、县三级。

汉献帝建安十五年（公元210年），吴国的孙权任命步骘为交州刺史，率兵抵番禺。建安二十二年（公元217年），步骘把交州州治从广信东迁番禺。吴景帝永安七年（公元264年），东吴为便于治理，又把南海、苍梧、郁林、高梁4个郡（今两广大部）从交州划出，另设广州，州治番禺，广州由此得名。粤语的发展成熟便主要在广州一带。西晋时，粤北属荆州，雷州半岛和海南岛属交州。隋初，设广州、循州（今惠州）两个总管府统领诸州。隋炀帝废州为郡，改为郡、县两级。

唐初地方设州、县。岭南45州分属广州、桂州、容州、邕州、安南5个都督府（又称岭南五管）。唐高宗永徽六年（公元655年）以后，5府皆隶于广州，长官称为五府（管）经略使，由广州刺史兼任。唐朝中期潮州汕头一带曾经隶属福建，属闽州都督府和福建节度使等。唐肃宗至德元年（公元756年），升五府经略使为岭南节度使。唐懿宗咸通三年（公元862年），岭南道划分为岭南东道和岭南西道，东道治广州，西道治邕州（今南宁市），是两广分为东、西的开始。

五代十国时期，公元917年，清海、靖海两军节度使刘岩立国，国都广州，国号初名大越，年号乾亨，次年改国号为汉，史称南汉。南汉立国后，承袭唐朝典章制度，并大体沿用唐代官制。升广州为兴王府，在粤东和粤北增置一府四州。南汉后期，全境共辖60州214县。南汉历四主55年，存在时间较长，在"十国"中仅次于吴越。广西则为楚与南汉长期争夺之地。

宋朝在岭南先设置广南路，宋太宗至道三年（公元997年）分广南路为广南东路和广南西路，"广东""广西"即广南东路、广南西路的简称，东路治所在广州，西路治所在桂州，地方行政制度分路、州（府、军）、县三级。

元朝地方行政制度分省、路、府（州、军）、县四级，另有道，是省以下、路府之上的承转机构。广东道道治在广州，隶江西行中书省，海北海南道道治在今雷州市，属湖广行中书省。现广西区域属湖广行中书省，元至正二十三年（1363年），设置广西行中书省，为广西建省之始。

明朝洪武二年（1369年），改广东道为广东等处行中书省，并将海北海南道改隶广东，包括原属广西所辖的廉州、钦州划拨广东统辖，广东成为明朝的十三行省之一。而且，过去长期与广西同属一个大区的雷州半岛、海南岛划拨广东统辖，广东设10府1直隶州，统辖7州75县。洪武九年（1376年）明朝撤销元朝的行省之名后，设司、府（州）、县（土州）三级区域制。全国划分为13个布政使司。广东行中书省为广东承宣布政使司，广西行中书省为广西承宣布政使司。明宪宗在梧州创建总督府，到嘉靖四十五年（1566年），两广总督由梧州改治广东肇庆。澳门于明嘉靖三十二年（1553年）被葡萄牙人借口船舶遭风浪波涛，请求借地晾晒货物，并贿赂地方官员，取得澳门的赁居权。

清初承袭明制，但将明时的布政使司改称为省，分省、道、府（直隶厅）或州（直隶州）、县4级。清设总督管辖广东、广西两省，称"两广总督"，初驻肇庆，乾隆十一年（1746年）总督府移广州。清代广东省最南的辖境是南海诸岛的曾母暗沙、西沙群岛和南沙群岛等，属于广东省琼州府的万州管辖（图1-1-1）。

1842年，鸦片战争中清政府战败，被迫签订《中英南京条约》，时属新安县的香港沦为英国的殖民地。

清光绪十三年（1887年）葡萄牙获"永驻管理澳门"的特权。1898年在北京签订的《展拓香港界址专条》，将1860年英国所夺占的尖沙咀以外的九龙半岛的其余部分租与英国。

1914年，民国政府废府、州、厅而设道，广东省设6道：粤海道、岭南道、潮循道、高雷道、钦廉道、琼崖道；广西省设6道：桂林道、柳江道、南宁道、苍梧道、镇南道、田南道。1920年撤销各道，只有省县两级建制，省县之间或设公署。1949年中华人民共和国成立后，1952年，将广东的北海市及钦州专区划归广西，广西的怀集县划入广东。1955年，广西的北海市和钦州专区所属各县又划归广东省，并更名为合浦专区。1965年，北海市及合浦专区所属各县再次划归广西壮族自治区至今。1979年，原属惠阳地区的宝安县改设深圳市，原属佛山地区的珠海县改设珠海市，均由

图1-1-1　清代广东州府示意图（来源：李丰延　绘）

省直辖。1988年，中央政府将海南行政区从广东省划出，另设海南省。

## 二、早期聚落

考古发现在距今约13万年以前的岭南就有人类活动。迄今为止，岭南以至华南地区发现最早的古人类化石是广东省韶关市曲江区马坝镇狮子岩洞所发现的"马坝人"（图1-1-2）。和马坝人一起发现的有大熊猫、剑齿象等17种南方古动物群化石。这些古动物化石的出土，表明当时南越是气候温暖湿润，草木遍野，森林茂密，水源充足和动物种类繁多的地方。

随后，在广西发现"柳江人""麒麟人""灵山人""都安人"以及广东的"封开人""阳春人""乐昌人"等，可以看到岭南"古人"演进到"新人"的历史阶段。

旧石器时代，南越先人依靠狩猎和采集为生，就自然岩洞而居。原始人类最初的栖身之所就是华南石灰岩地区喀斯特地貌的溶洞，水对石灰岩的不断溶解形成许多洞穴，成为岭南先民最主要的生活地理条件。

洞穴可说是远古岭南先民重要的居住形态，主要分布于孤峰和峰丛山麓。岭南远古人类以洞穴为居度过了漫长的时期，遗址内的堆积显示，他们有了相对稳定的生活。对于渔猎和采集群体来说，食物来源完全依赖自然界，防卫能力较弱，所以选择生活地点是相当重要的。

图1-1-2　广东马坝人头骨正、侧面（来源：《先秦两汉岭南建筑研究》）

---

① 曹劲. 先秦两汉岭南建筑研究［M］. 北京：科学出版社，2009.

早期洞穴遗址都位于石灰岩丘陵地区的一些较为宽阔的山间盆地或谷地，居住洞穴多在盆地或谷地的石灰岩残丘或孤峰的下部，附近则有长流不断的小溪河流，靠近水源，洞口高出当地河水面10~20米不等，防止涨水时受淹。远古人类御寒能力是很低的，故洞口背寒风，方向一般是向南或向东，在岭南这样的低纬度地区，这种朝向不仅利于避风寒，同时纳日光，能得到充足的光线，白天依靠自然光在洞口活动。洞口大小适中，一般宽、高5米左右，太小出入不便，过大不便堵塞，野兽易于侵入。洞穴前面是开阔谷地，附近有小河以及岗丘林木，为他们提供狩猎、捕捞和采集的天然资源，可就近采集野果、块根，狩猎飞禽走兽和进行浅水捕捞，获取食物。

洞穴空间作为岭南原始人类最早的居所，也体现出最初的空间分化和对生活空间品质的追求。干与湿的区分是原始空间最初的分化，对"干"的感受和追求是以洞穴为居的人们最本能的选择，这种"趋干避湿"的特性，在上万年之后，至今仍然影响着我们对环境的判断和取舍。选择钟乳石较少的喀斯特溶洞，洞内较干燥，湿度较低，以利生存。生活遗迹表明，居住使用接近洞口的部分。人们生活集体起居使用靠近洞口比较干燥的地方，白天日照充足，不需照明即可进行日常活动，如修制工具、处理猎物或采集的植物、缝制衣物等，而且空气流通，氧分充足。考古发现洞口内堆积的灰烬和炭屑是用火遗迹，火也成了连接各成员情感的纽带，取暖煮食，并能赶走野兽，带来安全。而石灰岩洞穴深部和底部常有地下河和地下水，属潮湿阴暗的水流环境，空气稀薄，没有日照，这样的环境不宜生者居住。在洞穴内部黑暗而深凹潮阴之处，往往被保留用以埋葬死者（图1-1-3），举行有关生命、死亡以及死后世界的仪式。①

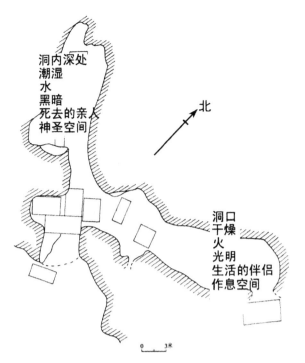

图1-1-3 山冈洞穴遗址的空间划分推测（来源：《先秦两汉岭南建筑研究》）

洞里一般可容一二十人至数十人栖息。当时人们使用的生产工具主要是打制的砍砸器、敲砸器和刮削器，还有砾石钻孔石器、石锤、石片和少量磨制的切割器（图1-1-4），并能利用兽骨、鹿角和蚌壳等，磨制成镞、锥和针，已会缝制兽皮或其他东西来蔽体遮羞。

新石器时代基本上是以原始农耕、畜牧、定居、制陶、磨制石器及钻孔技术为主要的文化特征。就岭南而言，这个时代开始于约公元前8000年。从新石器时代早期开始，人们在长期生产实践中逐步掌握了磨制石器和烧造陶器等新技术，生产力发展较快，利用和征服自然的能力也逐步提高，出现原始农业，并开始种植稻谷。随着农业的发展，生产力进一步提高，大片土地得到开发，人们的活动范围更加广阔，营造观念的发展和建筑技术的成熟使定居成为可能，岭南早期人类在农耕文明的发展下逐步壮大聚落的空间和内涵。

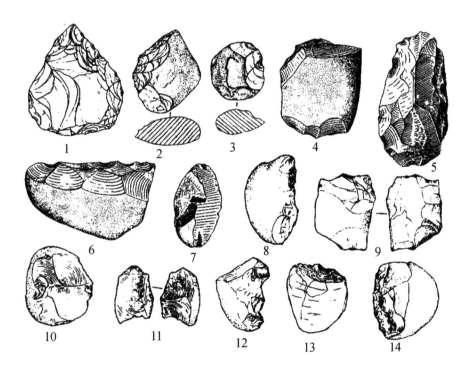

1，7，9，12，13. 刮削器；2~6，8，14. 砍砸器；10. 石核；11. 石片
（1~3. 封开罗沙岩；4~7. 桂林宝积岩；余均田东定模洞）

图1-1-4 两广山洞旧石器晚期砾石石器（来源：《先秦两汉岭南建筑研究》）

伴随着农业生产的不断进步，岭南先民走出洞穴，选择地势平坦、土地肥饶、对发展农业生产更有利的地方建造住房，开始在山冈台地栖息。石器技术的进步使他们可以盖起了半穴居和木构住房，居住条件大为改善。生产力的发展促成了木构建筑的诞生，而居住条件的改进，生活范围的扩大，又使更大面积的土地得到开发，农业生产得到进一步的发展，粮食来源有了可靠的保证，使定居人口数量稳步增长，人们也开始建造更加坚固的房子，安顿他们自己的家园。

从天然的岩洞住居发展为依山傍水的聚落，可看到新石器时代岭南早期聚落的选址已具有明显的"环境选择"的倾向，其选择居住环境大致要考虑五个因素：第一是靠近淡水资源。古代遗址大多在河边台地、河流转弯、河流交汇处，不仅便于生活用水的取用，而且有利于原始农业生产的开展。第二是有无食物资源，是否适宜于从事生产。第三是安全因素，住处是否会被淹，避免受洪水侵袭，凶猛的野兽多不多。第四是避风和向阳的选择，住宅避开谷口、山头。第五是交通考量，进出要方便，要有活动的空间，视觉要宽敞。[①]

早期聚落具有明显突出的共性：分布在各地区山丘和平原的过渡地带，依山傍水，既有利于农业生产，也是渔捞、狩猎和采集的良好场所，自然资源丰富，是一种兼及猎捕采集的农耕生活。如广东曲江石峡遗址，位于韶关市曲江区马坝镇西南约2.5公里处，坐落在北面的狮头岩与南面的狮尾岩两座石灰岩孤山之间的山腰峡地，俗称石峡。常年多雨，气候湿润，农作物生长期长，野生稻资源丰富。在"石峡文化"地层的遗址和墓葬中均发现有栽培稻遗迹和稻米、谷粒，以及石器生产工具。农业工具、谷物加工工具和栽培稻遗迹的发现，说明以稻作为特征的农业已处于比较发达的阶段。马坝河两岸有起伏的山冈，为石峡人狩猎的好场所。

从考古发现来看，岭南当时屋舍的形式有干阑、半穴居和地面式建筑，这些建筑既有10平方米左右面积的小房子，也有数十米长的木骨泥墙长屋。山冈遗址聚落的面积从数千到一两万平方米不等，多分布在江河及其支流两岸的山冈及其坡地上或山间小盆地，一般地面高程为10~40米，少数高达70~80米，以河流的转弯和支流的汇合处最多，这里有肥沃的土地，丰富的水源，山上有丰富的野果和野生动物等，对外交通亦较为方便。位于普宁市下架山镇汤坑水库东侧山坡上的牛伯公山遗址，发现遗迹有灰坑、水沟、蓄水池、柱洞及红烧土硬面等，而从柱洞的排列走向看，房址平面可能是圆形的；而位于揭东县地都镇后田村蜈蚣山遗址，有少量石箭镞、残戈及磨光锛等，显示仍处于渔猎为主、耕种为辅的生产阶段，遗址内有不规则柱洞，为屋柱残迹。属于居住性质的遗存都不会在较高的山冈或低矮山丘的顶部，而是在低矮山冈的低坡处，尤以东、南面居多。这主要是因为地势平缓适宜于耕种作业，而东南方位的选择，则是为了获得更多的日照和避开冬季的寒风。

因定居生活而生成的山冈聚落内部，随着社会生活的逐渐丰富而产生空间分化，分为一般起居、集体聚会以及生产加工等生活空间。石峡遗址是岭南最有代表性的山冈遗址，从石峡遗址新石器时代中期考古发掘的居住内容来看，聚落已经有生活区、墓葬区、生产区和公共空间等，显示出一定的空间划分和空间秩序，以及与农业生活日益密切相关的丰富的生产和社会文化生活内容。在石峡遗址已发掘的约4000平方米面积中，发现至少两座木骨泥墙房屋及大量灰坑、柱洞、灶坑和有用火现象的红烧土堆等，都与居住行为有密切关系（图1-1-5），其中有残长40.7米，进深8.6米的长屋，这种有隔间的长屋应该是聚族而居的居址，长屋内的居

---

① 曹劲. 先秦两汉岭南建筑研究[M]. 北京：科学出版社，2009.

图1-1-5 广东石峡遗址房基柱洞（来源：《先秦两汉岭南建筑研究》）

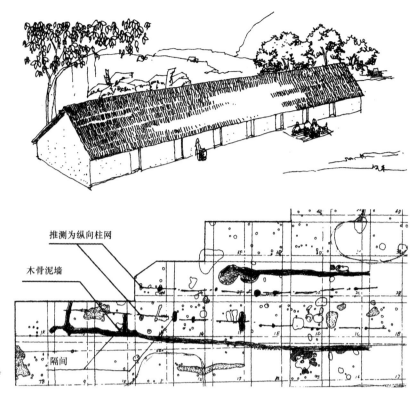

图1-1-6 广东石峡遗址长屋复原图（来源：《先秦两汉岭南建筑研究》）

民可能是来自同一大家族的成员（图1-1-6）。

除了食饮、休憩等一般生活性的空间外，岭南山冈先民的聚落生活还包括了公共生活的空间内涵。石峡遗址的两座房子和其他一些墙基槽的残段，显示其布局是向心的，并可能由此形成广场。广场上发现有成片的红烧土硬面和红烧土堆遗迹，极有可能与当时人类的集体公共生活具有密切的关联。这种向心布局所形成的公共性聚会场所领域，可能就是最早的围合空间——庭院。

石峡遗址有种类繁多的陶器，烧成温度约1000℃，工艺先进。地层堆积中罐类器皿较大，直径至少都有20厘米，在当时来说制作的难度非常大。由此推测，当时可能已有较为专业的手工制陶工坊的存在。石峡遗址还有众多的石锛和凿，包括4件一套的卷刃凹口凿，锛是加工粗大的木料使其光滑的，有卷刃凹口凿说明有圆卯圆榫，制作这些工具同样也是需要专业的手工作坊。

石峡遗址也发现了氏族公共墓地，分布在遗址东部岗顶平缓处，东西长60米，南北宽55米，大约3300平方米范围内，发现有100多座墓葬，均为东西向长方形土坑墓。包括一次葬墓和二次葬墓，以二次葬（迁葬）墓最具特色。二次葬墓的墓穴均经过火烧，即在墓穴壁上留有一层薄薄的红烧土，壁和墓穴里遗留有炭屑灰烬，再把一次葬墓的部分尸骨和随葬品迁置于二次葬墓的墓底。二次葬（迁葬）墓有两套随葬品，构成了石峡文化墓葬自身最显著的特点。居住区与墓葬区的分离是人类走向文明时代的一个重要标志。

随着个体劳动和个人经营在生产中的作用日益增大，逐渐在财产公有制的氏族公社内部将生产资料和生产品变为个人的私有财产，从而导致私有制的产生。聚落形态表现形式之一是原来居住的房屋，由氏族大家庭的大房子转变为个体家庭的小房子。在岭南山冈聚落遗址文化层中，都发现过面积约为一二十平方米的方形或圆形房屋遗址。私有财产的逐渐增多出现了贫富分化，这时墓地的随葬品无论从数量和质量上都与以前有着质的差别。石峡文化的第三期44座墓葬中，随葬品达百件左右的就有4座，随葬品中有相当数量的生产工具。石峡墓地里面有非常明显的大墓和小墓，这个阶段已是不完全平等的社会，开始产生贫富分化和社会地位的分化。

贝丘、沙丘遗址也是岭南早期人类居住遗址的一种。贝丘遗址是以包含有大量的先民食用后遗弃的贝壳为特征；沙丘遗址是在沙堤、沙滩、沙洲上的古文化遗存堆积遗址。贝丘及沙丘遗址是富有地域特色的聚落遗存，揭示了岭南先民不断开拓和壮大，逐步走向海洋的空间发展历程。距今4500~3500年的新石器时代晚期，无论是在珠江三角洲腹地还是在沿海地区，都发现了数量众多的史前遗址，从文化面貌上反映出农业在此时处于更发达的阶段，是人类在拥有了农业技术后开始由洞穴沿着河流向平原地区扩展，并逐步进入到沿海地区（图1-1-7）。贝丘遗址主要属于新石器时代的中、晚期，少量属于青铜器时代，在贝壳的文化层之中除了夹杂着动物遗骸和石器、陶器等文化遗物外，往往还发现房基和墓葬，主要分布在沿海的海河岸边的山冈坡地和台地上，其中以珠江三角洲和韩江三角洲发现最多。

位于三水市白坭镇银洲村豆边岗的银洲遗址，考古年代为新石器时代晚期至青铜时代早期，遗址面积25000平方米，文化层厚1.5米，部分堆积有大量的贝

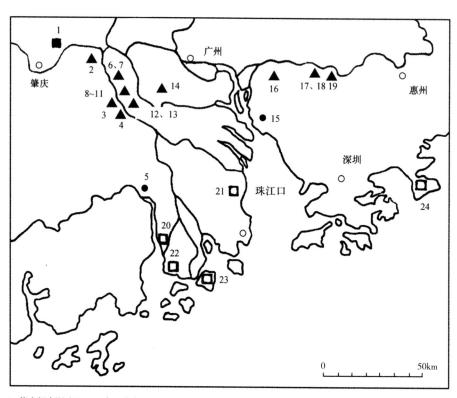

1. 肇庆蚬壳洲遗址　2. 高要茅岗遗址　3. 高明覆船岗遗址　4. 高明鲤鱼岗遗址　5. 新会罗山嘴遗址　6. 三水银洲遗址　7. 三水把门岗遗址　8. 南海通心岗遗址　9. 南海船埋岗遗址　10. 南海蚬壳岗遗址　11. 南海鱿鱼岗遗址　12. 南海邓岗遗址　13. 南海镇头遗址　14. 佛山河宕遗址　15. 东莞村头遗址　16. 东莞蚝岗遗址　17. 东莞圆洲遗址　18. 东莞龙眼岗遗址　19. 东莞万福庵遗址　20. 新会梅阁遗址　21. 中山龙穴遗址　22. 珠海草堂湾遗址　23. 珠海棠下环遗址　24. 深圳咸头岭遗址

图1-1-7　珠江三角洲地区史前地理环境及遗址分布示意图（来源：根据《先秦两汉岭南建筑研究》改绘）

壳，主要是蚬和文蛤。聚落有墓葬78座，灰坑90个，房址5座，房址四周有基槽，底部排列密集的柱洞。东莞市虎门镇村头遗址，年代为青铜时代早期，遗址面积约10000平方米，内有房址、壕沟、水沟、灰坑、窖穴、墓葬等。房子有圆形与近方形两种，居住地面经火烤。壕沟环绕着遗址，遗址内有多条水沟与壕沟相接通。位于高要市金利镇茅岗村茅岗山南北面山脚下的茅岗遗址，为青铜时代早期，遗址面积20000多平方米，文化层厚约1米，堆积中含大量贝壳及动物遗骸，包括有蚝、蛤、螺和猪、牛、鹿、羊、象、刺猬、青鱼、龟、鳄等。还发现有干阑式木构建筑三组，平面为长方形，分左右两排竖木柱，间距为1.7米。其中甲组建筑残存木柱14根，左排6柱，右排8柱，柱距0.7～1.4米不等，两排木柱相距1.64～1.7米。木柱多有凿榫，榫眼中穿套圆木条，构成梁架和居住面，用树皮板、茅草铺垫居住面或铺盖房顶。还有佛山南海区九江镇灶岗遗址，年代相当于商时期，堆积厚达2米，含大量贝壳，发现房址3座，有硬土居住面、火塘、柱洞等遗迹。这些贝丘遗址，整体而言有类似的生产方式和生活方式：石器生产工具是以小型为主，表明农业生产在经济生活中占的比例不大，贝丘居民以贝壳为生活的主要来源，同时捕捞河中的水生动物作为食物，因靠近内陆，亦可能采集山上的野果或猎取动物作为补充。

从山冈走向海洋的历程，也是不断适应环境的进程。进入沿海地带的人类从农耕、狩猎等获取基本食物的模式，转变为多种成分的混合型经济，除了陆地上的农耕及狩猎，还有通过近海捕捞，以及沿岸线采集贝类及其他软体动物来获取食物。独木舟、竹筏等简单航海工具的使用，使岭南远古先民获得了更多的海洋生物资源，同时扩大了人类的活动空间。

沙丘遗址是南越先人在熟练掌握舟楫和渔捞之术后，走向海洋寻找更大的生活空间的历史见证。沙丘遗址主要分布在沿海海湾岸边的旁有小河、背后环山的沙丘上。史前和先秦时期，现代三角洲发掘的沙丘遗址所处地理环境应是孤悬在珠江河口外海上群岛。

农业耕作的发展和渔捞技术的进步，在岭南沿海的沙丘遗址中开始出现了使用较长时间的建筑遗迹。深圳市龙岗区大鹏镇咸头岭遗址，为新石器时代中期。遗址面积10000多平方米，发现有房基柱洞、红烧土堆积、灰坑出土等遗迹。位于珠海市高栏岛风猛鹰山西南坡的宝镜湾遗址，年代为新石器时代晚期至青铜时代早期，遗址面积约2000平方米，遗址堆积厚1～2米，有数量很多的柱洞，也有少量灰坑、墓葬。从柱洞的排列形状观察，可能属于平面为圆形的干阑式建筑。珠海市香洲棱角咀大沙堤北半段的棱角嘴遗址，也是新石器时代晚期至青铜时代早期，文化层最厚1.5米，发现有灰坑、木骨泥墙等遗迹。还有深圳市南山区茶光村南面的叠石山遗址，年代相当于周代，面积约30000平方米，发现干阑式建筑遗迹1处，有49个柱洞。这些发现说明岭南聚落的分布与特点，并能因地制宜建造各种房屋，干阑与陆筑共存，逐步形成多姿多彩的建筑文化。

## 三、聚落发展

秦始皇统一中国后，在南越地区设置了南海郡、桂林郡和象郡。秦、汉时期，南越国割据岭南，修筑城池以维持统治，在广州先筑任嚣城，后扩建为南越赵佗城。南越国都城北倚越秀山，南临珠江，宫殿区和宫苑区的位置顺应地形地势分布，宫殿区在西北部地基条件较好的高地，宫苑区在东南部临近河涌低洼地带。同时在南粤各地设关筑城（图1-1-8）。这些古城大体分为两类，一类是以政治功能为主的郡县城，如秦建龙川县城，东汉建增城县城等。龙川为秦南海郡首设县之一，首任县令赵佗筑城设县治，《元和郡县志》河源县条记："龙川故城为土城，周长800多米，至宋扩建为砖城。"另一类是军事据点的关隘或城堡。

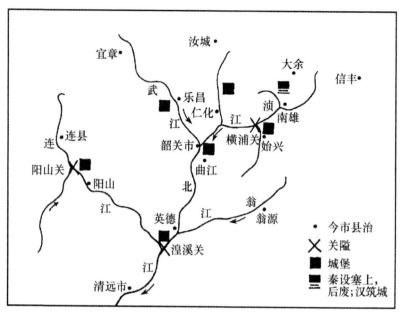

图1-1-8 秦汉在粤北设关筑城示意图（来源：根据《先秦两汉岭南建筑研究》改绘）

秦汉时期的粤北乐昌洲仔城址，位于北江支流武水的南岸，临河高踞，城址主体部分已被武水所淹没，现仅存城南墙的一部分，呈东西走向。南侧边缘垒砌较为整齐，西南角向北转折，为残存的一段城墙基址，残高0.03～0.40米，宽2米，东西向残长13米。城墙筑造是先挖墙基槽，再栽柱，然后夯土，夯土层约11厘米一层，城墙外还有壕沟的遗迹，极有可能为任嚣、赵佗所筑的城堡。而汉代的粤北始兴的罗围城堡遗址，位于浈水与墨水的交汇处。城址依山傍水，平面近圆形，城墙周长420米，东西最长120米，南北最宽70米，面积有10000多平方米。城墙利用悬崖陡壁险要地势，不设墙基槽，直接在山体起夯，墙外也有壕沟的遗迹。据考古探测，发现有3个城门，其中北门城门处有红烧土遗迹，其构造类似福建闽越王城的城门结构。浈水是秦时由横浦关进入岭南的水上交通命脉，罗围堡地处浈水中段，是扼守门户的咽喉，具有重要的军事用途。

位于现广东五华县华城镇塔岗村的狮雄山宫殿建筑遗址，属西汉南越国时期，遗址面积10000多平方米。"在山冈东面平台揭露出一处回廊形宫殿基址，东回廊依山势而筑，北高南低，全长34米，内宽2米，廊外侧为土筑墙体，墙高0.5～1.3米不等，宽1.6米，外沿用河卵石砌散水面。墙内有柱洞遗迹，柱距2～2.5米。南回廊残长11米，北回廊残长17米，宽度不明。三面回廊围绕着一处高台，主体建筑已被毁，各处回廊均有通向高台的踏平台阶。整体面积约为1400平方米。""据遗址位置、遗物年代及有关文献记载综合分析，应是南越国赵佗所筑'长乐台'行宫。"[①]

汉初以来，越人在经济上有了显著的提高，南越"多犀象玳瑁珠玑银铜果布之凑"[②]，早已吸引了许多北方的商人。汉代以后中原和南越一直维持着关市贸易，铁农具和耕畜通过关市，源源不断地输入南越，促进了南越的农业生产。经济的发展对于建筑类型的丰富

---

① 曹劲. 先秦两汉岭南建筑研究[M]. 北京：科学出版社，2009.
② 汉书·地理志.

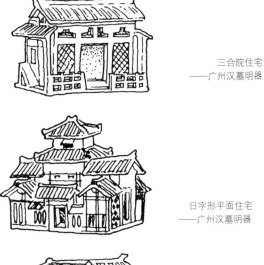

三合院住宅
——广州汉墓明器

日字形平面住宅
——广州汉墓明器

曲尺形住宅
——广州汉墓明器

图1-1-9 干阑式住宅——广州汉墓明器

图1-1-10 广州汉墓明器陶屋

起着重要作用。

广东民居的最早形式，没有实物留下，史书记载也不多，但从广州近郊出土的汉墓明器中，可以反映出当时广东民居的形式、结构及其构造特征。早期有干阑式建筑，栏下养牲畜，二楼住人（图1-1-9）。它的平面形式有三合院、四合院，还有复杂的日字形、曲尺形和碉堡形（图1-1-10）等。此外，从明器中还可以看出穿斗式结构，这种结构方式是同气候、地理等条件有关的。

魏晋南北朝时期，中原陷入内乱与混战，岭南相对稳定。南下移民潮使岭南本地文化有所变化，岭南建筑处在融入以中原文化为主的外地文化的发展进程。城市建设扩大，是这一时期岭南政治、经济、军事、文化发展的集中表现。广东、海南现存从秦到南北朝时期20多座古城遗址，除少数为秦、汉古城址外，大多数为六朝时期所建。古城址及聚居遗址，集中分布在粤西，这与南北朝时期在粤西大量设置郡县有关，也反映了这一地区重要的政治、军事地位。这些古城规模不大，未成定制，城墙为夯土修筑，多数只具军事、政治职能。聚居地遗址多分布在粤北、粤西，有的聚居点面积达数万平方米，是移民南迁合族而居的痕迹。在粤东揭阳九肚山发现的全木结构晋代住屋遗迹，与采集到瓦当、板瓦的粤西聚居遗存相比，别具一格。建筑工艺的飞跃发展，在为数众多的墓葬遗存中得到实证，南朝墓葬中出现长方形双棺室、三棺室合葬墓，墓室内竖砖柱、左右壁及后壁辟灯龛和直棂假窗，部分墓壁砌菱角牙子，不少墓室前端设有水井和地下水道，其建筑工艺相似于岭北文化先进地区。从出土明器如广州沙河顶太熙元年（公元290年）晋墓明器陶卧房、作坊、禽舍，还有连州永嘉六年（公元312年）晋墓明器屋宇等，可见地面民居建筑达到新的水平。

隋唐南汉时期岭南建筑的发展，突出地体现在城市建设（南汉王宫）、寺庙建筑等方面。在南汉王国封建割据的政治中心兴王府，掀起规模空前的都城建设，宫殿、寺庙、园林建筑迸发出一时的辉煌。在融入中原建筑文化的基础上，已经渐趋自觉地雕琢着岭南特有的建筑风格，对宋以后的岭南建筑有着较为重要的影响。

在岭南建筑诸类型中，唯宗教建筑始终为盛。佛教在西汉末年东汉初年传入中国，受汉朝重视，官方将驿站更改为佛寺，赐名白马寺，此为佛教正式传入的开始。佛教在中国南北朝时期得以弘扬，至唐代达到鼎盛。佛寺不但在郊外名山胜地修筑，在城内聚落群内也大量建造，其中有不少规模宏大。今存的岭南古代寺庙建筑，如广州光孝寺大雄宝殿（图1-1-11）、潮州开元寺大雄宝殿（图1-1-12）、南雄三影塔（图1-1-13），尚可以见到唐之遗风。隋、唐敕建南海神庙，规模宏大，后世虽屡有修建，基本规制却无以逾越。南汉时期佛教建筑遗构，有今存于广州光孝寺的西铁塔和东铁塔，及存于梅州的千佛铁塔，是一批全国现存有确切铸造年代的最早铁塔，形体硕大，工艺精湛。

宋元时期是广东大规模开发的时期，汹涌南下的移民潮，使岭南产生重大的变化，大大缩小了岭南社会生活同岭北的差距，至南宋以后，基本达到同步发展。宋元以后岭南的居民已衍化为以汉族为主体。与北方相比，南方显得更为稳定繁荣。在这种背景下，岭南城市建设呈现出蓬勃向上的新气象。广州宋城于宋代时将原

图1-1-11 广州光孝寺大雄宝殿

图1-1-12 潮州开元寺大雄宝殿

图1-1-13 南雄三影塔

图1-1-14 肇庆梅庵大殿室内

图1-1-15 潮州许驸马府厅堂院落

来分置的三城合并，面积为唐城4倍以上，奠定了延续至明清的城墙基本格局，其设施更为完善，中、东城皆以官署为中心，街道布局呈丁字形，而面积最大的西城建为呈井字形的商业市舶区，并修通了城市供水、排水系统"六脉渠"，使延入城中的南濠、清水濠和内濠等河涌兼有通航、排涝及防火功能。1995年在广州中山五路地铁工地地下2米深处，发现宋代城墙遗迹，顶宽约3米，城墙砖经过烧制，较唐以前使用的黏土压成的坯砖坚硬。广州宋城城内建筑雄伟，中城城门双门被称为"规模宏壮，中州未见其比"。潮州宋城经过三次主要修整，奠定了延至明清的基本格局，肇庆古城也是在宋时奠定基本格局。至元代时，朝廷下令修复广州城隍，整治濠池，架设桥梁。在潮州修复临江城墙，谓之"堤城"。

宋代以后城镇聚落建筑类型丰富。现宋代木构建筑遗风有肇庆梅庵（图1-1-14）、广州光孝寺大雄宝殿以及保留了宋代民居格局的潮州许驸马府（图1-1-15），元代的有德庆学宫大成殿（图1-1-16）等。梅庵大殿的明、次间比例及用材高、厚比例，基本符合宋代官方颁布的建筑规范《营造法式》的规定，斗栱配置、梭形柱、檐柱侧脚、生起等做法，更是完整地保留了宋代木构架形制，在局部装饰上则呈现出地方特色。中国砖石塔建筑结构，到了宋代达到顶峰，岭南砖石塔同样，其南雄三影塔、广州六榕寺花塔均采用了穿壁折上式结构，是一种相当先进的结构。六榕寺花塔既体现宋塔特色，又更有岭南地方色彩，对岭南的楼阁式塔产生深远的影响，后将这类塔称之为"花塔"（图1-1-17），这类塔并不同于北方那种将塔身饰成花束的花塔。石塔形式也是多样。潮州开元寺阿育王石塔（图1-1-18），与泉州开元寺阿育王塔如出一辙。南雄珠玑巷石塔上的浮雕佛像，造型线条简练而神态生动，是殊为难得的元代人物浮雕（图1-1-19）。饶平柘林镇风塔是建于元至正年间的石塔，高7层，比例匀称，各层设有石栏

图1-1-16 德庆学宫大成殿

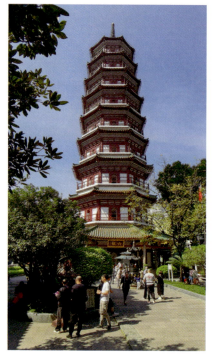
图1-1-17 广州六榕寺花塔

图1-1-18 潮州开元寺阿育王石塔

图1-1-19 南雄珠玑巷石塔（来源：高海峰 摄）

杆，出檐构件美观。此塔历600余年仍完整无缺，反映了元代石构工艺的高超。宋元岭南建筑的蓬勃发展，也表现在宋元时期雕塑工艺水平上。广州光孝寺大殿后石栏杆望柱头石狮，为南宋遗构，雄健威严。今存南雄博物馆门面的一对红砂岩宋代石狮，高1.2米，雄狮左前脚踩石球，雌狮右前脚抚一小狮，这种模式流传至近代。1976年在紫金城郊林田乡高敏顶山宋墓出土的红褐色砂岩石雕随葬品，圆雕石狗形象逼真，毛发刻画细致。浮雕石板龙虎凤鸣，张牙舞爪，线条流畅，形象生动，表现出雕塑者高度的艺术想象力。南雄珠玑巷元代名塔塔身上的浮雕，打破了菩萨跌坐的规例，或交谈，或挖耳，充满生活气息，有呼之欲出的艺术魅力。

明初，"革元旧制，自京师达于郡县，皆立卫所。"广东也开始建置卫所。洪武十七年（1384年），"又以岛夷之患"，增设广东沿海卫所。卫、所的设置，根据军事上的重要程度而定。凡属军事上重要的地方设卫，次要的地方设所。大体上卫下设千户所，千户所之下设百户所。每百户所112人，千户所1120人。卫统率5个千户所，共5600人。广东省城，设广州左卫、右卫、前卫、后卫等4卫，屯驻较多的兵力，起着枢纽的作用。另设南海、清远、惠州、肇庆、潮州、碣石、广海、神电、雷州、廉州、海南等11卫。广东总共设立15卫和100余千户所。广东卫所的军士，七分守城，三分屯田。屯种的粮食分别作为官俸和兵粮。广东各卫所屯田的共达702400多亩，纳米189623石。[1]可见明朝军队是一种耕战结合的队伍，卫城、所城成为驻军的聚落。

明代时期，随着商品经济的发展和对外贸易的兴旺，广东沿江、沿海出现了一批新兴的城镇，对广东社会经济的发展起了重要的作用。佛山是从宋代开始，逐渐由乡村圩市发展为工商业市镇，至明景泰年间，佛

---

[1] 蒋祖缘，方志钦. 简明广东史［M］. 广州：广东人民出版社，1993.

山已经是"几(乎)万余家",商贩从各处到那里做生意。由于工商业的发展和居民的增加,以及各地商人的聚集,开始出现了以店铺为基础的区域划分,全镇分为二十四铺。佛山市场上的商品种类繁多,主要有铁锅、铁线、铁钉、农具、瓷器、丝棉织品、荔枝、龙眼、糖、槟榔、食盐、药材、成药、竹木藤器、珠宝、粮食等。广州府属新会县的江门、东莞县的石龙、增城县的新塘,都是明代后期的新兴城镇。江门在成化年间是"日日来鱼虾"和"商船夺港归"的热闹圩市,而到崇祯年间已成为"客商聚集,交易以数百万计"的巨镇。高州府茂名县的梅菉圩创始于万历以前,最初是"各方商贾辐辏,坐肆列市",由于处在"水陆交驰"的有利位置,遂发展为岭西一大都会,"南北商贾聚此交易"。

农村圩市更是遍布全省各地。据嘉靖年间的数字统计,广东各府州县共有圩市439个。其中广州府136个,惠州府37个,潮州府41个,肇庆府49个,廉州府19个,雷州府7个,琼州府66个。在上述各府中,广州府属各县的圩市居于首位。南海、顺德、东莞、新会等县都是商品经济发达和交通便利的县,因而圩市也就较多。嘉靖以后,顺德的圩市由11个发展到36个,东莞由12个发展到29个,南海从19个发展到25个,新会从16个发展到25个。明代后期,广东的圩市,有搭卷篷的圩场,有架阁的圩场。架阁圩场由圩主将架阁租赁给别人开店,且有一批固定字号的商店从事商业经营。由于这类圩市已经起了商品集散市场的作用,所以有的圩市进而发展为城镇。

鸦片战争以前的明清时期,中国封建社会的政治、经济、文化发展到了它的顶峰。岭南建筑文化也形成具有鲜明地方特色的体系,随着社会生活的变化,建筑种类在扩展,而建筑布局趋向大型组群,建筑装饰达到高超的水平。明清时期城市建设连续不断。各州县相继兴建或扩建城墙,相应兴建了宏伟壮观的城市景观建筑,如广州誉为岭南第一楼的镇海楼、潮州的广济门城楼等。各类宗教建筑、坛庙如雨后春笋般出现,兴建了广州海幢寺等一大批寺庙。而广州光孝寺、华林寺、三元宫(图1-1-20)、五仙观(图1-1-21)、潮州开元寺等一批名寺、名观得到修葺,如光孝寺大殿从五间扩建为七间。关帝庙、天后庙、城隍庙、真武帝君庙等遍及岭南城乡,地方性神祇的三山国王庙、龙母庙、金花娘娘庙等也越建越多,不可胜数。建成的大型民间宗教建筑有佛山祖庙(图1-1-22)、悦城龙母庙(图1-1-23)、广州仁威庙(图1-1-24)、三水芦苞祖庙

图1-1-20　广州三元宫三元宝殿

图1-1-21　广州五仙观后殿

图1-1-22 佛山祖庙前殿拜亭空间

图1-1-23 德庆悦城龙母庙大殿院落

图1-1-24 广州仁威庙

图1-1-25 三水芦苞祖庙

（图1-1-25）等富丽堂皇的庙宇。

广东汉族民系形成了各自特色的民居建筑体系，广府民居的三间两廊、"竹筒屋""西关大屋"，潮汕民居的"竹竿厝""下山虎""四点金""四马拖车"布局格式，还有客家民居的围屋土楼，以适应不同地区的地形环境、气候条件、经济水平和生活特点。私家园林在吸收江南园林的特点上，突出了地方特色，形成与北方、江南园林并提的三种风格流派。

晚清后期至民国时期岭南城乡聚落建筑，融入了西方的建筑文化特点。其实在明后期及前清，岭南已开始出现西式建筑。由于广州自唐宋以来，一直为对外通商口岸，较早受到外来文化的影响，出现了西式建筑十三夷馆以及用欧洲人物形象、罗马字钟、大理石柱为建筑装饰，采用套色玻璃等进口材料。鸦片战争以后，又有汕头、海口开埠通商，广州沙面、香港、澳门、广州湾（今湛江）被租借或割占。西方文化加大了传入的势头。直至清末，在岭南兴建了一批西式建筑，有教会兴建的教堂及附属的医院、学校、育婴堂、修道院等，广州石室圣心大教堂是远东最大的哥特式石构教堂（图1-1-26）。还有外国人居住的领事馆、

图1-1-26 广州石室圣心大教堂

别墅，以及海关和银行、商行等金融、贸易机构。清末，近代交通发展，建有火车站、汽车站及近代码头等。在口岸城市和侨乡，出现了一批中西结合的城镇聚落建筑，如住宅、茶楼、酒家等中西风格融汇的建筑与园林。

从清末到民国时期，虽然传统形式的建筑仍有所修建，但结构、装饰趋向简化。民国初年，兴起大规模拆城墙建马路热潮，迅速形成以骑楼为主要特征的街市（图1-1-27）。公园、戏院等公共场所的开辟，令城镇面貌有大的变化。这一时期的建筑，处于激烈演变的阶段，建筑风格主要有三大类：①传统建筑：在岭南的许多地方仍有修建，比如修建宗祠、庙宇等，仍沿袭传统形制，采用传统的工艺技术。当然，也不是全部一成不变。如有的雨亭、梁桥，就采用了混凝土与砖石结合的混合结构，在局部装饰上，有的采用了西方纹饰。②西式建筑：进入20世纪后，在大中城市中出现行政、会堂、金融、交通、文化、教育、医疗、商业、服务行业、娱乐业等各种半封建半殖民地社会公共建筑的新类型。如银行、领事馆、海关、百货大楼、大酒店、图书馆、博物馆、火车站、邮电局等。广州的沙面、长堤一带最为集中，呈现出西方不同国家不同时期的风格。沙面租界现存的150多幢西式建筑，有新古典式、新巴洛克式、券廊式、仿哥特式等建筑。仅在广州就建有哥特式建筑风格特点的石

图1-1-27　广州龙津西路骑楼街

室教堂；新古典主义风格的粤邮政大楼、粤海关大楼、大新公司、嘉南楼、广东大学大钟楼；古典折中主义风格的省财厅大楼、广东咨议局；还有现代风格的永安堂大厦、爱群大厦；东山一带则是近代"花园式洋房"的集中地。广东其他各地建有湛江广州湾商会、海口钟楼、江门"帝国海关"旧址、北街火车站旧址、台山新宁火车站旧址、开平关族图书馆等西式建筑。③民族固有形式建筑：以吕彦直、杨锡宗、林克明为代表的中国建筑设计师，探索民族形式与新的建筑材料、建筑功能的结合，在广州的代表性建筑有中山纪念堂、市府合署大楼、中山图书馆北馆、广州东征阵亡烈士墓，中山大学的一些教学楼和宿舍，这类建筑与原来的民族传统建筑造型和功能状况都有所不同。西方传教士为了面向中国人传教，在教会建筑上采用了中西合璧的形式，突出了中国传统建筑的大屋顶，在门窗、基座栏杆上也采用了斗栱、雀替、云鹤纹望柱头等中国传统的装饰手法，其代表性建筑有岭南大学（今广州中山大学）的建筑（图1-1-28）。

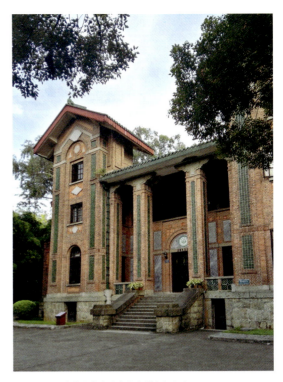

图1-1-28　岭南大学（现中山大学）怀士堂

沿街道路的居住建筑，除了商业购物中心地带的骑楼建筑风格外，还有多层的楼居住宅形式，像广州西关多宝路、宝源路的民居建筑（图1-1-29），这种民居形式是在内巷民居的基础上发展的，其平面布置改动很少，但在立面上吸收了西洋的一些建筑风格。内巷而置的居住建筑，多为联排设置的民居，层数单层或双层，立面多为传统的中式风格，后来改造加建的民居也有吸收西洋风格的，如广州逢源路宝盛大街10号民居，其平面布置是传统的竹筒屋形式，只是在入口处加建了有西方柱式造型的西洋格调门楼。

在内巷里而置的，还有独院式的别墅和园林建筑。独院式花园别墅完全摒弃了传统的线状密集排列模式，多为富豪和华侨居住的公馆，造型主要也是受西方文化的影响。如广州东山梅花村的陈济棠公馆（图1-1-30）、西关逢源北街84号的陈廉仲公馆等。陈廉仲的公馆还带有1100多平方米的庭园，庭园内除种有大叶榕、黄皮、龙眼、桑树、竹树、玉兰、荷花等岭南花木，还有池水、凉亭及岭南风格石山（图1-1-31、图1-1-32）。

图1-1-29　广州西关宝源路近代沿街民居

图1-1-30 广州东山梅花村陈济棠公馆

图1-1-31 广州西关逢源北街陈廉仲公馆

图1-1-32 陈廉仲公馆庭园

# 第二节 民系演变

民系是一种亚民族的社会团体,是民族内部交往不平衡以及文化区域性传播的独特结果。每个民系都有自己的方言、相对稳定的地域和程式化的风俗习惯及生活方式。广东汉族民系的形成,是不断南迁的中原汉族人民与当地越族人长期融合的结果,这种融合,发轫于秦汉乃至更早的时期,历经两晋唐宋时期,至元明之际渐趋完成,最终形成具有相同生活习俗、文化意识和性格特征的广东汉族民系,包括广府、潮汕、客家、琼雷等民系。早期生活在岭南的百越各族,其族体和文化在经过汉族的辐射下慢慢地失去了其原有的独特性。文化的形成与以下一些因素有关,如历史上民族聚居地之间的互相迁徙;各个地区不同的自然环境对群体生活方式产生的重要影响;不同时期集聚于某一地区的不同群体之间、不同文化之间,互相影响、相互交融,最后形成了源于百越族、百越文化而被汉文化辐射的汉民族民系文化。民族学认为,不同的民族是以其语言、生活方式、风俗、民情、宗教信仰及文化特点来区分的。

## 一、秦汉时期的南下汉人

在遥远的年代,我国南方由于社会经济落后于中原,故被称作"南蛮"。春秋后期,越王勾践灭吴,称霸江东,南蛮人开始以"越"称,自战国时期始,南方各族统称为"百越"。先秦时期的岭南先民虽在越文化的影响下,从原始状态过渡到青铜文明社会,但他们之中的大多数人仍以部落为群,散居在林密谷深的溪洞里,彼此争斗,各自为政。

中原人入粤约始于西周中期,这个时期岭南地区的文明受外界环境影响很小。但在春秋战国时期,岭北越人受到楚人势力的压迫而被动越岭南迁,相比长居岭南的越人,他们更早受到中原文化及楚文化的影响。随着南迁的中原人逐渐增加,中原地区的思想文化、语言习俗,包括一些先进的生活用具、生产工具及生产技术也随之入粤,使中原文化在岭南特殊的自然环境下得到传播。

公元前214年,秦始皇在统一六国之后,发兵50万,一举平定百越,设置桂林、象、南海三郡,首次将岭南置于中原封建主义中央政府的集权统治之下,以利统一管理。其南海郡的治所在番禺(今广州)。为了有效地控制岭南地区,秦始皇除了在经济文化较为发达的中心区域设置郡县之外,还在一些落后的山区和滨海地带设立了军事性质的戍所。

秦始皇在平定百越过程中,在广西开凿运河——灵渠,沟通长江与珠江两大水系,并且在岭南各地修筑了沟通南北交通的"新道"。同时还采取开发岭南的战略性移民措施,战乱结束后,让50万远征军将士长期驻守岭南,从而落籍岭南。据《史记·淮南衡山列传》载,远征军统帅之一赵佗为使驻军能在岭南安家落户,曾向秦皇请求"女无夫家者三万人,以为士卒衣补。秦皇帝可其万五千人。"即将数万中原女子发配至岭南与留守将士作妻子。这几十万北方人便在岭南定居下来,并且与本地越人通婚,繁衍子孙。同时推行"移民实边"政策,大量"军人、赘婿、贾人"等强徙岭南,《越绝书·记地传》有云:"是时徙大越民置余杭伊攻□故鄣,因徙天下有罪谪吏民置南海故大越处,以备东海外越。"这是岭南区域先民的第一次移民浪潮,多向珠江三角洲、北江、东江、桂江沿岸的河谷平原和通往中原的路线上靠拢。

这批先民占尽地利,主要定居在水陆交通最方便也是最富庶的珠江三角洲一带。从此,汉人与越人共同开发了珠江流域。秦始皇的移民措施，不仅使岭南增添了开发和建设所需的人口和劳动力，而且给岭南带来了中原先进的铁器和工艺技术，作为首批抵达岭南地区的中原移民，他们在与越族土著民杂处、共同生活过程中，潜移默化地传播了中原的礼乐教化和先进生产技术，促进了中原民族与越族的融合和文化交流。

秦国末年，中原地区群雄逐鹿，战乱四起，大批民众被迫背井离乡。秦军统帅今河北人赵佗宣布独立，建南越国称王。南越疆域辽阔，赵佗吸取秦灭亡的教训，尊重百越地方风俗，鼓励汉越通婚。为促进地方发展和加强官府治理，任用越人为官，参与政事。这些举措使汉文化和南越文化得以有效交流。由于岭南至中原地区路途遥远，交通不便，加上西汉初期南越与汉朝基本上没有什么直接交流，处于隔绝或对峙状态，因此中原移民没有返乡可能。南越国的建立使南迁的中原人在岭南地区扎根发展，成为岭南地区的统治民族。岭南开始由荒蛮之地逐渐向富庶之乡转变，经济和社会文明有了长足的发展，为后代进一步开发岭南打下坚实的物质基础。

汉元鼎六年（公元前111年），汉武帝发兵攻打南越国，两广西江中游有不少居民因此得以迁入珠三角，但规模不大。灭南越后，汉武帝亦效仿秦的做法，将一部分罪犯流放迁移至岭南。秦汉两代迁移的中原人对粤地区的开发建设及文化变迁产生了深刻的影响，为越汉融合提供了有利的条件。西汉后期，西瓯、南越等一些族称慢慢淡化，同时发生越汉融合的南海及苍梧二郡编户大增，这些新增的编户可以说就是广府民系的先民。

西晋末年，先有永嘉年间的"八王之乱"，后有北方匈奴贵族的大举入侵，接着西晋王室也仓皇渡江，在建康（今南京）建立了东晋政权。社会动荡不安，百姓生活在水深火热之中，为避战乱，寻找一块足以安居乐业的净土，汉人被迫南下。当时无论是地位优势的衣冠望族，或是普通的平民百姓，从中原各地纷纷南迁，形成历史上中原人民第一次南迁高潮。

这些史籍所称的"流人"，有一部分流入粤北和珠江流域。清道光《广东通志》载："东晋南朝，衣冠望族，向南而迁，占籍各郡。"据清人洪亮吉《东晋疆域志》和《人口论》所述，永嘉年间中原人民向南迁徙，并就地落籍的，以三吴为最多，交州广州其次，闽江流域再次。道光《广东通志·舆地略十》记载："自汉末建安至东（西）晋永嘉之际，中国人避地者多入岭表，子孙往往家焉"。明嘉靖《广东通志·事记》也有相关陈述："建兴三年（公元315年），江、扬二州经石冰、陈敏之乱，民多流入广州。诏加存恤。"在广州、韶关等地的一些西晋遗址和墓葬中，都发现了当时移民的物证。刻着"永嘉世，九州荒，如广州，平且康"文字的晋代砖块，反映了当时和平而富足的岭南，对饱受战乱之苦的中原人民具有强大吸引力之客观状况。

迁移过来的汉人大多是为了免受战乱之苦的"流人"以及生活在阶级底层的农民。他们有些从陆路迁徙，有些则通过水路渡船而来，这点可以从《晋书·庾亮传》中"时东土多赋役，百姓乃从海道入广州"得到引证。据《晋书·陶横传》记载："广州南崖，周旋六千馀里，不宾服者乃五万馀户，至于服从官役，才五千馀家。"这部分入粤汉人多迁移到今珠江三角洲一带。珠江三角洲地势平坦，土地肥沃，水量充沛，交通便利，自然环境优越，因而成为迁移的聚集地。大量外来人口入住增加了汉族先民的人口数量，分布范围也比之前更加广泛，促使汉语言及文化从西江中游不断向东传播，在西江流域至珠江三角洲一带通行。

## 二、隋唐时期的民族融合

先秦时期的岭南越族土著，由于长期处于原始部落状态，各自为政，互不相属，分支极多，社会经济落后。自秦汉至隋唐，由于中原移民的大批涌入，已经呈现汉越相互融合的趋势，但这种融合的过程，汉族在文化上占有显著的优势，实际上是越族逐渐汉化的过程。到了唐代，除了个别退居深山峻林、保留百越文化特征的少数民族外，大部分土著已经汉化。

隋朝的建立虽结束了中原地区自西晋开始的三百多年动乱，然而太平短暂，此后中州仍频现战祸，如隋末动乱、安史之乱、黄巢起义等，使得流民四起。而同时代的岭南地区，总体安稳而日渐繁荣，吸引大量汉人南迁，特别是战乱之地的流民。尽管在先秦两汉之时已有汉人入迁岭南，其数量远不可与隋唐以至两宋这段汉人发展高速期相比。元大德《南海志》残本记载："广州为岭南一都会……大抵建安、东晋永嘉（原文如此，应为"西晋永嘉"）之际至唐，中土人士避地入广者众……至宋承平日久，生聚愈盛。"

特别是唐开元四年（公元716年），粤北人张九龄[①]奉诏开凿了大庾岭路之后，自中原南迁岭南的北人大增。这条道路再次沟通了长江水系和珠江水系，成为唐宋以来五岭南北最重要的交通驿道。南迁移民先由淮河入长江中下游到达今苏浙皖长江一线，当这里人满为患后，后来者便被先来的强有力者排挤，不得不继续转徙，于是又顺赣江，从大余上岸，走一日旱路，过大庾岭，到达今赣州南雄珠玑巷一带落脚。这条路线直，路程短，而且梅岭"坦坦而方正轨，闾闾而走四通，转输以之化劳，高深为之失险"[②]，因而甚受移民偏爱，也成了中原地区联结海上丝绸之路的走廊。商贾由此出入，官宦公干亦取道此路，遇到战乱时，更成流民的活命之途。这样，入粤人口连年激增。据田方等人所著《中国移民史略》记载："总计由隋至元，广东的人口由131280户，增至548759户，共约增加3倍，远远超过了全国人口增加的速度（0.5倍）。"

大量汉民南迁也大大推进了岭南百越民族与汉人的融汇化合。百越人更深入地习汉俗，学汉艺。据《新唐书》记载，百越人本以竹茅搭屋棚居住，常常失火，汉民教其制造陶瓦，以瓦盖屋，火患就绝了，竹茅屋便渐渐减少。在隋唐这一时期，百越民族经数百年的融合后终于汇入早期粤汉民族。

广东的第二次民族融合即俚汉融合对汉族的发展起到决定作用。事实上越人的社会发展很不平衡，即便在大部分越人和汉族融合成为粤民之后，仍有相当部分居住于环境较为封闭的山区，和汉族的交流不多，受汉文化的影响较少，保留原有的生活习俗和地方文化。随着历史的发展，人们对这部分人的称呼由越人转变为"俚"，或"俚僚""夷僚"，有时也统称为"蛮夷"。

虽然早在东汉时广东就已出现俚人融于汉，但是到了晋时，广东俚人才进入编户，可以说俚汉融合是始于晋而发展于南朝。由于俚人不认同封建社会的治理模式，在历史发展的长河中发起多次起义，再加上其人口数量庞大，在社会中占据一定地位，所以对社会的发展起到决定作用。南朝灭亡后，岭南地区没有统一的势力，数郡共拥冼夫人为首领，称之为"圣母"。冼夫人推从"戒约本宗，使从民礼"的理念，推动俚汉融合，使俚人社会基本汉化。大量的俚人融合成为汉族，使原本只占广东人口少数的汉族反客为主，一跃成为广东人口最多的民族。

六朝时期，岭南越人多称为俚人。他们"尚仍蛮俗""各有长帅"。居住在粤西、粤中地区的俚人，占有当地人口的很大比重。《晋书·陶璜传》称："广州南岸，周旋六千余里，不宾服者乃五万余户……至于服从官役，才五千余家。"《宋书·蛮夷传》云："广州诸山并俚僚，种类繁炽"。到梁朝，仅粤西冼氏统领的山洞

---

① 张九龄（678—740）字子寿，唐朝韶州曲江人（今广东省韶关市），唐中宗景龙初年进士，始调校书郎。玄宗即位，迁右补阙。唐玄宗开元时历官中书侍郎、同中书门下平章事、中书令，于开元二十一年辅佐玄宗为宰相。
② （唐）张九龄. 开凿大庾岭路序.

部落就达十余万家。

南朝在采用武力征剿的同时，对接受招抚的俚人也加强了控制。一方面，在俚汉杂居的地方把俚人纳入郡县编户，征收赋税，又"以孝义训海溪洞蛮俗"；另一方面，在俚人聚居的粤西、南路，则以原来部落和溪洞作为基层单位，设立众多的郡和县。在合浦设立越州，"以威镇俚僚"。把高凉郡升为高州，作为对付俚人的重镇。从东晋开始实行"以俚治俚"，大量敕封俚人渠帅。南朝敕封的俚人，爵位至公、侯，官职至将军、刺史、太守、县令等，让他们统治本地区的俚人，同时将俚人纳入郡县编户，使俚区社会较为安定。汉俚关系的和睦，有利于民族的进一步融合，并促使俚人地区逐渐向封建制发展。

高凉郡俚人女渠帅冼夫人，善于团结部众，得到远近部落10余万家的拥护，连海南岛1000多洞俚人也慕名归附。冼氏同高凉郡太守冯宝联婚后，受汉族封建礼教熏陶，在部落中推行封建法治，以改造俚人的旧俗。冼夫人经历梁、陈、隋三朝，境内汉人俚人相安无事。隋朝时期向各部俚人宣讲隋文帝的诏书，故其所到之处，俚人闻风归顺。以冯氏、冼氏为代表的汉人长官和俚人渠帅的这些活动，有利于民族隔阂的进一步消除，汉俚长期通婚以及封建礼制的渗透，使俚人大量融合到汉人中去，"越""蛮""俚"等古代岭南少数民族的泛称逐渐从史籍中消失，一部分溪洞俚人则仍然保留自身的特点，以"瑶""僚""壮""畲""黎"等专称载入史册。冼夫人对维护国家统一，促进民族团结和民族融合作出了贡献。唐朝之后，岭南各地的大小俚汉豪酋等封建领主在中央政权的打击下逐渐消失，只有少部分存留下来，使得当地不少俚、汉人民获得"解放"。众多的俚人成为自由的小农，他们在郡县官吏的直接管理下，与汉民更易接近、混杂，从而加快了汉化的步伐。

宋初的《太平寰宇记》所载岭南各族的情形，实是唐、五代时期的有关史实：卷一百六十一至一百六十九，共记俚人七处，其中广东仅有雷州一处，余六处皆在广西境内及其与广东相邻之地。此时俚人的分布已不是跨州连郡，而是星星点点。可知广东西部俚人已基本消失，绝大部分与汉人及其他族融合[①]。

## 三、宋明时期的民系形成

北宋末年金人入侵，中州人民流离失所，又掀起一波南迁浪潮。南宋建炎三年至四年（1129~1130年）和绍兴初年，金军和北方流民武装集团在长江以南的平原地带作战，这一带已无安全可言，只有四川、两广、福建以及江浙、两湖的山区较为安全，迫使部分移民及一些南方人向这些地区迁移，导致原居住在长江以南的一些北方移民，又向更南的安全区域迁移。受移民迁移影响，南方"万山所环，路不通驿，部使者率数十年不到"的山区，也"居人流寓，恃以安处"，不但江浙、两湖、赣闽，且两广、海南等偏远地区，也是北方人口避难的乐园。"时中原士大夫避难者多在两广"，连广西非汉民族居住的沿边十三州也有北方移民。曾在各地流徙的北方诗人张嵲记录当时的情景："十年敌骑遍寰海，北客走到天南陬。天高地迥岂不广，南来北去皆离忧。"庄绰《鸡肋编》卷上说："建炎之后，江、浙、湖、湘、闽、广，西北流寓之人遍满。"这些都反映了当时北方移民遍布南方的情形。[②]

吴松弟的《南宋人口史》认为：广东路和广西路是南方移民的主要迁入地之一，广东路辖有今广东省除粤西南以外的区域，明代以后，依照语言和文化的差

---

① 方志钦，蒋祖缘. 广东通史[M]. 广州：广东高等教育出版社，1996.
② 吴松弟. 南宋人口史[M]. 上海：上海古籍出版社，2008.

异,这一区域的人民被分成广府、福佬(闽语)和客家三大民系,而广西路的东南部诸州,即今天的粤西南和海南省,也多属福佬语系的分布区域。宋代外来移民的迁入,对广府、福佬两个民系的形成产生重大影响,宋末及元代大批迁入的客家人则奠定了客家在广东发展的基础。此外,广西路靠近今天粤西南的沿海地区,以及靠近今天湖南省的区域,南宋时也有一定数量的南方移民。但宋代移民主要迁居广东珠江三角洲为主(尤以广州为最),或岭南商业重镇。"北宋元丰三年(1080年),广南东路15州共579253户,有143261户集中于广州,占了全路的24.7%;广南西路26州(军)共258382户,有66344户集中于桂州,占了全路的25.7%。南宋时,这种现象更加突出。绍兴三十二年(1162年),广南东路总户数为513711户,较元丰三年减少了11.3%。与此同时,广州、潮州等地的人口却明显增加。宋孝宗淳熙(1174~1189年)年间,广州在籍人口已有185713户,较元丰三年增加了29.6%;南宋中后期,潮州户口也增至135998户,较元丰初年增长了82.1%。"[1]

南宋北方移民走大庾岭路入岭南,一路流播到珠江三角洲一带。而南宋末期景炎年间,元兵袭略,一路南侵,甚至入了粤东,驱赶移民继续西行进入广府区域,文天祥等人的"勤王运动"更是带着一批先民一路从粤东北转至广府地区南部沿海,部分人从此留居于此,从而化入广府民系。

南雄珠玑巷是岭南移民史上的一个重要的地域节点。珠玑巷由于近大庾岭路,位处"南北之咽喉",自身又有一定的商业、手工业基础,是入徙岭南的移民的首选驻居之地。至宋代时,由北地南迁至此的新户已远远超过当地人,成为珠玑巷地区的主体。此时的珠玑巷居民大约可分为三类:一是当地土著,他们是百越人的后裔。这些土著后来大部分与迁入的汉人融汇化合,成为客家人或广府人。二是先秦两汉到达这里并定居下来的汉民,但他们人数较少,已受土著同化。三则是晋以后,尤其是唐大庾岭路开通后大量南迁的汉民。

这样数百年的移入浪潮后,在南宋末至明初的约两百年里(12~14世纪),珠玑巷出现了一个移出的高潮,目的地以北江、西江下游三角洲为多,其次是东江,几乎遍及整个珠江水网,充实了当时还地广人稀的珠江三角洲。据1981年的调查,当时广州黄埔、东圃、南岗等地十多个村都说是南雄珠玑巷宋代南下移民的后裔。由隋至元,珠江三角洲主要地区的人口一直呈上升趋势,其中上升最快的便是宋、元时期。珠玑巷人迁移的原因仍与战乱相关。与隋唐时期相比,宋元的战乱多次南下,连连扰袭珠玑巷所在的赣闽粤边界,如南宋末年,降元宋将吕师夔率大兵南下,连陷南雄、韶州,从岭北而来、已于珠玑巷繁衍数代的移民不得不再次南迁,前往繁荣安稳的广州城与珠江三角洲地区。

珠玑巷人原已孕育出初步的客家性格,但迁至广府地区之后,语言、经济实力、社会地位等均处于劣势,而且从山岭梯田来到桑基鱼塘的新环境,农作的技术与经验都需向当地人学习。珠玑巷人在如此境地下,自然不可能同化广府人,相反要多受广府人影响,逐步改变自己的民系特征,融入广府民系,成为广府民系的一部分,甚至是主体部分。曾昭璇先生说:"今天岭南文化主体即以广府语系文化区为代表,以珠玑巷迁民后代为主体"[2]。在广府民系的移民过程中,粤北南雄珠玑巷起过重要作用,珠玑巷是由大庾岭路进入岭南的必由之路,也是中原移民南下途中首选的定居地。在宋代历史变迁中,迁居珠玑巷的中原人而后又陆续流徙岭南腹地,落籍珠江三角洲一带。珠玑巷因此成

---

[1] 陈国灿. 南宋城镇史[M]. 北京:人民出版社,2008.
[2] 曾昭璇,曾宪珊. 宋代珠玑巷迁民与珠江三角洲农业发展[M]. 广州:暨南大学出版社,2009.

为联系中原和岭南，具有民族南迁象征意义的地方。

两宋时期的移民浪潮，促使广东的人口构成90%已是汉族。两宋时期由中原南迁的移民，无论在移民的数量还是力度上，都大大超过了两晋南北朝时期。通过这次移民浪潮，促使岭南土著的汉化程度大为提高。北宋前期，辽、金族先后多次兴兵攻宋，金灭辽国之后于1126年攻陷北宋京城开封，掳走徽、钦二帝。北宋亡后，中原的无数平民和豪门大户，纷纷渡江南下，形成了两宋时期中原移民浪潮中的第一次高潮；而蒙古族南侵，建立元朝，于1276年攻陷南宋京城临安，江南地区遭战火的蹂躏，大量灾民再次涌向岭南，形成了两宋时期移民浪潮中的第二次高潮。两宋期间南迁的移民，其迁徙的路线为陆路的移民，多从唐朝宰相张九龄主持开凿的大庾岭新道进入粤北。

元代始祖忽必烈推行了一系列的汉化政策，使中原汉文化在新的形势下得以弘扬，这在客观上也有利于境内少数民族的进一步与汉族融合。明朝建立以后，朱元璋采取一系列措施，竭力恢复汉儒教育，从而使人的文化素养得以全面的提高。除了壮、瑶、畲、黎、苗等少数民族仍保持其原始部落状态外，两广汉族地区境内的古越族已基本上汉化。元末明初，再次掀起了广东南雄珠玑巷人南迁的移民潮。这些移民进一步充实了珠江三角洲地区和其他地区。

# 第三节　民系聚居

民系又称"次民族""亚民族"，指一个民族内部的分支，分支内部有共同或同类的语言、文化、风俗，相互之间互为认同，是同一民族下对不同文化群体的划分。汉族民系的认同，通常是有着自己独特文化、语言、风俗和建筑格局、风格的统一和相近。当然民系的认同也有包括各族群内部语言、文化、风俗等较为差异稍大的地区。广东境内汉族民系主要为广府民系、潮汕民系、客家民系、琼雷民系（图1-3-1、图1-3-2）。

## 一、广府民系

广义的广府民系，主要分布于广东中部、西南、北部和广西的东南、东部，香港、澳门等地区。广府人的基本特征是说粤语，即以各种不同的粤语分支为母语，有着自己独特的广府文化、语言、风俗和建筑风格的汉族民系。早于三国东吴时分交州而置广州，宋代设广南路分为广南东路与广南西路，广南东路治所在广州。随着明朝改路为府，广州府辖南海、番禺、顺德、东莞、新安（今宝安）、三水、增城、龙门、香山（今中山）、新会、新宁（今台山）、从化、清远、连州、阳山、连山等1州15县，"广府"之名遂成为广州府一带汉族的俗称。由于广府人以讲粤语为特征，故粤中、粤西南以及桂东南讲粤语的汉族均被称为广府人。粤语又称"广州话"，或称"广府话"。

"广府"一词之所以成为广府人的俗称，是因广州的中心地位所决定的。广州地处珠江三角洲平原北端，位于东、西、北三江的汇合处，濒临南海，历史悠久，商业繁荣，文化发达。从汉初赵佗建南越国开始，广州就是南方政治经济中心，早在西汉，广州已是南海海上丝绸之路的基地和起点，《汉书·地理志》云："番禺处近海，多犀象、玳瑁、珠玑、银、铜、果布之

图1-3-1 广东省的汉语方言分布（来源：李丰延 绘）

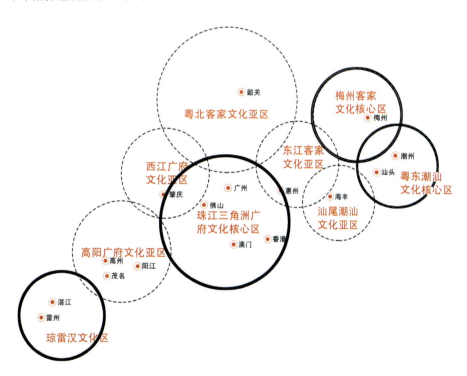

图1-3-2 广东民系分布图（来源：《中国传统建筑解析与传承 广东卷》）

凑,中国往商贾者多取富焉。番禺其一都会也。"唐代商业更是兴盛不已,史称"高地要会,俗号殷繁,交易之徒,素所奔凑"[1],"番禺巨镇,雄藩夷之宝货,冠吴越之繁华"[2]。明清以来,广州商业和对外贸易繁荣昌盛,且久盛不衰直至今日。

广州是岭南的文化中心,历史上更主要是广府文化的核心。赵佗建南越国后,采取"与越杂处""和辑百越",推行中原地区先进的汉文化,使得秦汉时的上古汉语与少数民族的古台语汉化而形成了最早的粤语,在语言上产生了互相同化的现象。无论两汉,还是六朝;也无论隋唐,还是宋元,或明清,凡迁入珠江三角洲一带的汉族移民无不被粤语文化所吞没。广州从古至今在政治、经济和文化上所处的这种中心地位,决定了广府人在其孕育的整个过程中,都以广州为中心,故"广府"成为讲粤语的汉族族群的名称是十分自然的。[3]两宋时期渐露端倪的汉族各民系至明代已初步形成,这种以地方方言为基本依据,具有特殊的发音、词汇构成和语法结构系统的语言,是各民系自己区别于其他民系的一个根本性的特征。作为民族语言的一种地域分支,方言是特定群体中的人们相互使用的交际工具,是人们思维和思想的直接表现形式。而某种地域文化的特色,除了通过民俗民风和民众创造力得以表现外,最有代表意义的就是方言的特征。广府方言既保留了古粤语的多种特点,同时亦具有古楚语、古吴越和汉语的许多特点。广府人最终在珠江三角洲形成汉族在岭南的一个重要族群。

广府人因以粤语为基本特征,故亦称"粤人"。"粤人"之称早在汉代的《汉书·高帝纪下》中已出现,尽管汉代描述的"粤人"并非今日之粤人,但却透露出了广府人与古代岭南"百粤"的渊源关系。

粤语的发展是一个漫长的过程,其发展成熟主要在广州一带。秦汉以后,大批中原人南迁岭南,特别是晋代,又把中原的汉语带到岭南,唐代有诗人咏道:"北人避胡多在南,南人至今能晋语。"广州唐代商业交流盛行,还有不少官员被贬岭南,皆使古粤语吸收了不少中原语音。同时粤语在发展过程中变得更规范化与书面化,形成比较独立的语言体系。唐宋时期是粤语发展的关键时期。有专家认为该时期可被视为粤语的定型时期,因现代粤语仍能对应宋朝《广韵》的发音,但难以对应元朝或以后的古汉语发音。唐末宋初,粤语在构词、语法、读音等方面,也都成熟起来,整体上也已经十分接近唐朝古语。其语音、词汇,大体已奠定了现代粤语的基础。

南宋灭亡,数量庞大的中原汉人源源不断地经粤北南雄珠玑巷南下至珠江三角洲,这是最后一次较大规模带来北方语音,而后粤语与北方汉语语音相距则越来越远了。广州与珠江三角洲一带的经济、文化地位,成了粤语流通区域的主体。至明代,粤语已与现代粤语大体相近。清至民国,由于与外国人交往增多,粤语中也吸收了一些外来语。随着广府人出国及迁居港澳者增多,粤语的影响更加扩大。

由于广州从古至今在政治、经济和文化上都处于中心地位,决定了广府人在其孕育的整个过程中,都以广州为中心,故粤语又称为"广州话"。现粤语常指广州方言,过去称为广府话,也称作白话,是以广州市为中心的地域方言,广东省约有50多个县市全部或绝大部分属广州方言区,它是岭南方言中主要的一种,也是汉语五大方言之一。中原的汉族从周、秦时候起就陆陆续续到广东来居住,广州方言就是在民族迁移中形成的一种汉语方言。广州方言有9个声调,分为阴阳两类,还

---

[1] 陆贽. 论岭南请于安南置市舶中使状. 陆宣公奏议全集(卷三).
[2] 陆宬. 授陈佩广州节度使制. 全唐文(卷八二七).
[3] 徐杰舜. 广府人的形成及人文特征——华南汉族族群研究之四[J]. 广西民族研究,2000(4).

有两个变调。广州方言中保留了入声，并且分高、中、低3种。广州方言保留了部分古汉语及一些古粤语的残余，广州方言还有许多方言字，外语借词即外来语也较多。

广府民系内部又可分为好几部分。广府民系内有九大分支，包括狭义的广府族群、莞宝族群、四邑族群、高阳族群、吴化族群、罗广族群、邕浔族群、勾漏族群以及钦廉族群。

狭义的广府民系族群，或称广府片区，操广州西关口音为标准口音的广府话（广州话），是广东影响力最大的一个族群。虽然广府话里的南（海）番（禺）顺（德）口音与中山石岐口音，与广州口音有一定差距，但传统上都将他们视作广府方言的不同口音。

莞宝片区操莞宝方言，又分成东莞话、宝安话、大鹏话三个小片，以莞城话为代表。操莞宝话内部分支众多，以前曾是从东莞、深圳到香港地区的原住民语言，但近100多年的时间里面，随着香港开埠，深圳成为经济特区等一系列历史性变迁，在受到广府方言与普通话的强势夹击之后，已经逐渐衰落。但现时仍是东莞最主要的语言。围头话属于莞宝话的一个分支，自香港开埠以来一直扮演着重要作用，香港开埠之后，围头话仍是香港地区最主要的语言。

四邑片区操四邑话，传统上以广东新会话为代表，但近年由于台山话在国际上的影响力，逐渐成为代表口音，包括江门、台山、开平、恩平、鹤山等潭江流域的大部分乡镇地区，以及珠海金湾区、斗门区部分。

高阳片区也称高凉片区，操粤语高阳方言，以高州话和阳江话为代表方言。高凉是指古代该地于东汉建制高凉郡，以今高州市为中心。高凉文化是古代中原南迁汉人带来的中原文化，融合广东土著先民俚人文化，后又吸收广府文化和闽南文化而成。

吴化片区操吴化方言，以广东吴川话和化州话为代表方言。吴化族群祖先多是西迁而来的闽南人融合当地土著俚人而成。故吴化族群古时说古闽南语，后来不断受到周边强势的影响，早期为形成于鉴江、漠阳江一带的高阳粤语影响，形成现在的以粤语系统为基础的，带有浓厚闽南语色彩的吴化粤语。

罗广片区操罗广方言，即罗定、广宁话为代表方言，一般以罗定口音为标准语。主要为广东省境内粤西北等各乡镇。罗广人的族源，历史上受到了瑶人、俚人和从广信西迁的广府人影响，较少受到北方语系干扰，因此比广府粤语保留了更多底层古语词汇。罗定市内还存在着一种非常独特的粤语分支，叫能古话，不属于现时分类的所有分支，与一般粤语较难沟通。

邕浔片区、勾漏片区、钦廉片区主要在广西境内或两广交界地区。邕浔片区操粤语邕浔方言，以南宁、桂平话为代表。最早是在清朝时作为地方官语传入南宁，早期主要流行于邕州（南宁）、浔州（桂平）两岸交通便利的城镇。由于邕浔、梧州粤语和广州话都比较接近，通常将其归到狭义的广府民系。勾漏片区操勾漏方言是指今分布于桂、粤交接地区的一种连接成片的次方言。勾漏是广西北流市的山名，汉代在该区域置有勾漏县，其方言为广西历史上最早的本土汉语方言，产生于南越国时期并在隋唐时期成型，其口头语和其他广西粤语及广东粤语差异很大，且音系复杂，声调有10个，是广西汉语方言中声调最多的一种，与广州话差别较大。钦廉片区操粤语钦廉方言，以钦州、合浦话为代表。早在汉代，廉州（现广西合浦）为千年古郡重镇，享有得天独厚的地理位置和环境气候，是我国古代"海上丝绸之路"的始发港和繁荣的商埠。

广府民系主要分布在广东中部和西部、广西东南部和中部以及港澳地区。广府包括广州、佛山、东莞、中山、珠海、江门、阳江、茂名、肇庆、云浮、深圳、湛江、吴川及清远、韶关部分地区等，是广东人数最多、分布最广的文化区，其居民也是最早进入广东的移民。

可以说，广府人是岭南主要居粤境广州与珠江三角洲境的南海、番禺、顺德、东莞、四会、中山、新会、台山、开平、恩平等地的一支民系。尔后该民系向北扩散，居北江岸畔的清远、英德、韶关、连县；向西迁徙去阳江、阳春、高州、信宜、茂名、化州、电白、吴川、湛江；沿西江又迁入高要、德庞、郁林、封开，溯西江还徙入了桂东南浔江之梧州、藤县、南平，以及郁江的桂平、贵县、横县、容县、玉林、陆川；沿北流江，还直抵博白、合浦、浦北、灵山，乃至进入桂中部邕宁等地；循正南方入香港、澳门，还有的越洋过海。

## 二、潮汕民系

生活在粤东、粤西、海南区域的闽海民系（闽南民系），主要有潮汕族群、海陆丰族群、琼雷族群。闽南福佬人，分布于华南沿海一带，主要分布于闽南、台湾大部分地区，在广东东部、雷州半岛、海南大部地区和浙江温州等。他们在福建和台湾称为"闽南人"，在广东、海南则称"福佬人"。一般认为"福佬"由"福建佬"演变而来，也有观点认为是与"河洛"有关。河洛是指古代的河水和洛水，位于古都洛阳附近。由于西晋的永嘉之乱和五代时的中原大乱，中原的汉族大批迁到福建，他们自河洛地区带来的语言便在福建形成闽南话，或称"河洛话"。

潮汕民系也是不断南迁的中原汉族人民与当地土著长期融合的结果，这种融合，发轫于秦汉乃至更早的时期，历经两晋唐宋时期，至元明之际渐趋完成。

秦王朝为了有效地控制岭南地区，除了在经济文化较为发达的中心区域设置郡县之外，还在一些落后的山区和滨海地带设立了军事性质的戍所。据记载，当时的潮汕地区隶属南海郡，秦军在潮汕及闽南的龙溪、漳浦一带建立了一个军事戍守区，因其位于揭岭之南，故称揭阳。

东晋南朝时期迁居潮汕的中原汉族，具有两个显著的特点：其一，南迁潮汕的中原人，多以被称为"衣冠望族"的士族为主体；其二，以士族为主体的南迁人流，在抵达潮汕后，继续以家族为核心，聚族而居，在较短的时间里发展成为当地的大族，左右着当地的社会生活。

隋唐时期，虽不再出现两晋南北朝持续200多年的大规模的南迁浪潮，但来自中原的移民却从未间断过。在此时期的移民中，也包括唐总章至垂拱年间（公元668～688年）淮南府光州固始人（今河南固始）陈政、陈元光父子奉诏率府兵所进行的"平定蛮僚啸乱"军事拓殖运动。在平定啸乱之后，陈政、陈元光父子率领广大官兵，落籍于潮、漳等地，生儿育女，繁衍后代，与当地居民（包括畲、瑶等少数民族）逐渐相融合。直到目前，潮漳人民在追述自己的祖先时，多数皆称来自河南固始。

海路则是从江浙沿海一带乘船，经闽进入粤东或珠江沿海，甚至到达海南岛，但其中以定居粤东沿海地区的移民为多。南宋末年，临安被元军攻占后，文天祥、张世杰先后拥立赵昰、赵昺为帝，率数十万江淮宋军转战浙江、福建，以及岭南的潮州、惠州和广州等沿海地区，抗击元军。最后，在新会崖门与元兵会战，陆秀夫背负宋帝赵昺投海而死，十万大军全部覆亡。在这长达两年的抗元战争中，有不少军民流落粤东定居下来。闽南的不少居民，为逃避元兵的追杀，也有不少通过闽粤边界通道，进入潮州。

秦汉时期，潮州居民开始接受中原汉语和古闽语的影响，至魏晋六朝时期，闽语已在潮州地区流行，唐宋时期形成了文读系统，由于文读音系的影响，以及宋元战乱和移民等原因，使潮州方言成为有别于闽南方言的一种方言。

而在潮州人之中又存在着福佬与河佬之别：其祖先从中原（山西，因地处河套以东，旧称河东）直接迁徙入潮州的，称为河佬。其祖先由中原（河南洛阳）迁徙到福建或定居数世，或短暂驻足，然后再迁入潮州地区的，称为福佬，以示与潮州原有土著相区别。以后，潮州土著在汉文化的薰化下逐渐汉化，福佬的人数又比河佬的众多，所以，"福佬"一词，就逐渐演变为对潮州人或对讲潮州方言人的泛称。至于那些定居在潮州与梅州交界地带，既讲潮汕话，又讲客家话的人们，就被称为"半福佬"。由福建迁徙而来的"福佬"，其祖先大多因战乱或灾荒，从河南洛阳一带逃难经福建辗转而来，他们之中一开始就有新旧族之分。旧族是指迁自福建莆田的，新族则指迁自漳州和泉州的，后来由于被混为一体，导致难以分辨。

从粤东入境的中原南迁的汉族移民，由于他们迁徙的路线和抵潮的时间都与福佬和河佬不同，故构成了不同的民系。从迁徙的路线看，潮人主要从福建南部沿海岸线向南扩展，所以称为"海系"。而客家人则是渡江进入江南之后，多从江西和福建西南部山区向闽粤山地分布，所以也称为陆系。从时间上来说，客家人虽然是从西晋永嘉年间从黄河流域南渡长江，但至唐宋时期才大批到达闽赣等地，然后进入粤东粤北。由于客家人在大举南迁之时，福佬人已入主潮汕多时，并占据了平川沃土及交通要冲地带，故客家人不得不向兴梅山区的穷乡僻壤发展。不过，由于长期杂处，客家人与潮汕人亦呈逐渐混同之势。据统计，粤东各县除"大埔无福，澄海无客"之外，其余均系"福""客"杂处。

潮汕片区操潮州话，以潮州口音为标准音。覆盖范围为潮州、汕头、揭阳全境，丰顺、陆丰部分乡镇。从文化逻辑的角度看，潮汕文化属于闽南文化的分支，潮汕话与多数闽南语的其他方言能够沟通。不过潮汕人普遍对闽南文化没有归属感，对广府文化也没有归属感，而是自成一体。

海陆丰片区操河洛话，常称汕尾话、海丰话，以海丰海城镇口音为标准音。覆盖范围为汕尾城区、海丰县、陆丰县。因为与潮汕地区相连，而且汕尾的名字也有"汕"字，很多时候会被当成是潮汕人，但其实海陆丰人自成一格。而河洛话（海丰话）也比潮汕话更接近福建本土闽南话和台湾闽南话。

## 三、客家民系

客家人的发展由来，源远流长。客家民系是在不断地南移中形成的，是汉民族中以客家方言为主要交流媒介，有着中原血缘和地缘历史渊源，并以共同的生活方式、习俗、信仰、价值观念和心理素质紧密结合的人类社会群体。客家人主要是由中原地区南迁的汉族为主体，并与当地一些民族长期融合，于明清时期形成的保留着古代汉语雅音成分方言，具有共同的生活习俗、心理素质及集团意识等社会文化传统，主要聚居闽粤赣地区并散居于华南各省及海外的汉族民系。

客家民系，也称"粤闽赣系"[1]，是汉民族中的一个民系。客家民系主要聚居在粤、闽、赣三省交界的山区。客家民系具有以下几个基本特征：①客家民系与古中原汉民族有直接的血缘和历史地缘关系，与古中原文化一脉相承，具有强烈的宗法礼制观念，注重族望门阀、族谱、祖祠。②客家民系具有浓厚的怀恋中原意识，在其核心区，大家以共同的习俗、信仰和观念紧密结合，使用同一种方言，表现出极其强烈的地域性。③客家民系特别强调家族聚居，不仅家族有族长，还往往有严密的村社组织，维护乡土社会的和谐秩序。④客家民系特别强调"敬宗收族"，强调尊祖敬宗，重伦理道德。⑤客家民系特别强调"耕读传家"，重视文化教育，人文昌盛，人才辈出。⑥客家民系特别强调儒家正统观念，重礼仪道德，轻佛、道宗教等观念。

---

[1] 罗香林. 客家源流考[M]. 北京：中国华侨出版公司，1989.

自东晋末年至北宋，客家人在迁徙过程中，导致客家文化与中原文化的差异明显地加大加快，使其特有的文化因素不断地积聚和增加。北宋初年，客家文化与母体的中原文化比较就已显示出自己的特质。至北宋末年，客家人已大致定居于粤、闽、赣三省交界的三江流域，尤其是大量涌入粤东北地区，开拓嘉应平原，由于长时间相对稳定的发展，客家先民趋于成熟而逐渐形成为一支独特的民系，其民系的特征表现为历史性、民族性和地域性，而梅州地区也成为客家民系的主要形成地域之一。

客家人南迁的原因不外乎战乱、奸佞作乱、不仕贰朝、外任留籍、人口自然扩散、逃军务、官方移民、南下逃荒、做工卖艺、行医经商、政府奖励号召移民等。其中外族入侵、农民起义、皇族、诸侯及地方武装之间争权夺利所引起的战乱是造成长期大规模的北民南迁的主要原因。

对于客家南迁的时间，目前主要论述是罗香林先生的起于东晋的"五次迁移说"①：据罗香林先生在《客家研究导论》和《客家源流考》中的介绍，客家先民迁往南方，以及迁居南方后，又再度播迁扩散，其大规模的迁徙有五次。汉民族大规模南迁中形成广东客家人的主要原因，主要是中原历史上的"永嘉之乱""安史之乱"和"靖康之难"。

## （一）第一次大迁徙（公元317～755年）

客家人的先祖，多居于黄河流域以南，长江流域以北，淮河流域以西，汉水流域以东，即所谓中原旧地。其第一次大迁徙，起于东晋永嘉年间的"五胡乱华"和"八王之乱"。

所谓"五胡"，指的是匈奴、羯、鲜卑、氐和羌。这些原边疆部族之所以内徙寇掠并进而实行割据，是由于东汉后期以至三国曹魏的招致内徙和西晋的罢州郡兵权而使得边州空虚。再加上八王相继作乱，国力进一步削弱。边区内徙的部族便相继乘机而起，建立割据政权。内外交困的晋朝中央政权，只好迁都建康（今南京）。内地士民，有迁移力量的，或有迁移机会的，便相率南徙，当时称之为"流人"。他们常以宗族、部曲、宾客和乡里等关系结队迁移，依其迁移路线、起讫地区，可归为三大支派：

其一，是居于今陕西、甘肃及山西的一部分士民，当时称为"秦雍流人"。他们初沿汉水流域顺流而下，渡长江而抵洞庭湖区域。其远徙者，有溯湘江转至桂林，沿西江而进入广东的中部、西部。其二，是居于今河南、河北的一部分士民，当时称之为"司豫流人"。他们初沿汝水而下长江，渡江后，分布于江西的鄱阳湖区域；或顺流而下，达皖苏中部；有一小批人则上溯赣江，进到粤闽赣交界地。其三，是居于今山东、江苏及安徽的一部分士民，当时称为"青徐流人"。他们初沿淮河而下，越长江而布于太湖流域；其更远的，有达于浙江福建沿海的。东晋以至南朝宋齐梁陈的台柱人物，多属这一支派。

这次大规模的南迁史称"永嘉南渡"。这些南渡的人民，在政治方面，支持了东晋以至宋齐梁陈各朝，使华夏汉族正统政治中心第一次转移到长江中下游；在经济方面，开发了南方，使长江流域工农商各业日渐繁荣，经济水平很快赶上并超过了黄河流域；在民族方面，促进了中原人民同南方百越诸部族的交往与融合。罗香林先生曾推断："客家先民的南徙，是属东晋民族大迁移第二支派的。"在客家民系形成史上，这第二支派的地位的确十分重要，但是，据考察，第一、第三支派的流人，特别是第三支派"青徐流人"在很大程度上也是客家先民的主体构成部分。今日广东客家腹地

---

① 罗香林. 客家研究导论 [M]. 台湾：众人图书股份有限公司，1933.

梅州一些望族大姓，如王氏（太原堂，或三槐堂）、李氏（陇西堂）、温氏（太原堂）、杨氏（关西堂）等，即属"秦雍流人"；谢氏（宝树堂）、颜氏（鲁国堂）、张氏（清河堂）、刘氏（彭城堂）、徐氏（东海堂）等，即属"青徐流人"。

## （二）第二次大迁徙（公元756~1126年）

这次大迁徙，起因于"安史之乱"、南诏的内侵和接踵而至的黄巢起义。公元756年安禄山举兵反唐，攻占洛阳、长安，使陕西、河南一带成为安禄山、史思明反叛唐朝之乱的主战场。长达八年之久的"安史之乱"给中原一带带来极大的破坏，引起北方人口锐减。再加之后来的南诏内侵和黄巢起义，使战争遍及中国内地十数省。而第一次逃难的客家先民的侨居地，正当此次祸乱的要冲。为了求生，他们只好再次迁避。当时唯有江西东南部、福建西南部及广东东北部等人口稀少的山区腹地，幸未受害，堪称乐土。在大江南北侨居已近六百年的客家先民，遂有一大部分幸运地迁往上述地区。

黄巢之后，又有寿州人王绪、固始人王潮在河南割据失败，而渡江入赣，攻占九江、南昌、赣州等地，并于唐光启元年（公元885年）攻占汀、漳二州。朱温篡权，导致五代纷争割据。到后梁开平三年（公元909年），王审知被任命为闽主。滞留于颖、淮、汝三水流域的东晋移民闻讯，多有渡江南下，至汀漳依附王潮兄弟。这种移民，也有成为客家先民的。经过这次迁徙，其近者（多）到达赣东赣南各地，其稍远者则（多）抵福建宁化、长汀、上杭、永定等地，其更远者（少）已达广东惠、嘉、韶等地。宋太祖统一中国，结束了五代纷争局面，陆续南下的汉族移民始得稍稍安适。

## （三）第三次大迁徙（1127~1644年）

起于北宋末金人南侵，宋高宗南渡，元人入侵，迫于外患，客家先民不得不开始第三次大迁徙。自宋靖康二年（1127年）高宗南渡，即位南京，继而迁都临安（今杭州），宋王朝便国势日弱，朝政日非。金灭北宋并俘宋二帝北归，史称"靖康之难"。1276年2月，临安陷落，恭帝"率百官拜表祥曦殿，诏谕郡县，使降大元"①。1276年6月，陈宜中等在福州立益王为帝。9月，元兵自明州、江西两路进逼福州，宋元帅吕师夔、张荣实领兵入梅岭。这一时期南方人户已达830万户，远远超过北方的459万户。

## （四）第四次大迁徙（1645~1800年）

此次大迁徙，起因于两个方面：一是本民系内部人口的膨胀；二是满洲部族的入主中国。由于连年的战乱杀戮，天府之国四川已是户口凋零、田园荒芜。清廷便谕示各地可入川开垦，这就是所谓的"湖广填川"。客家农民得此机会，便有大批人离开粤闽赣山区，跟两湖农民一起辗转入川。今日四川东自涪陵、重庆，经荣昌、隆昌、内江、资中，西至成都、华阳、新都、广汉、新繁、灌县，其间居民大多是康熙末年（1711~1721年）从广东惠州、梅州和江西赣南等地搬去的客家人。在成都平原，这些客家人被称作"土广东人"。自康熙中叶到乾嘉之际（1700~1800年）这100年，可划为客家史上的第四次大迁徙时期。

## （五）第五次大迁徙（1801~民国初年）

清乾隆、嘉庆之后，在广东台山、开平、四会一带的客家人，人口激增，势力愈强，从开始租赁土著的田地，到后来设法收买占有之，造成了与土人对抗纷争之势。终于酿成了惨绝人寰的土客大仇杀与大械斗，从咸

---

① 《宋史》卷四十七.

丰六年（1856年）到同治六年（1867年），持续了十二年，死伤人数总计五六十万。这就是震惊中外的"广东西路土客大斗案"。

经官府弹压调解，并划出赤溪厅为善后区，安置部分客民；又从地方款内解现银二十万两，令台山等县各筹若干，分给愿往各地垦殖谋生的客家农民，成年人每人八两，未成年者每人四两，各发执照，使往他处。当时从新兴、恩平、台山和鹤山县出发的，大抵南下迁入高、雷、钦、廉各州，尤以迁居高州的信宜、雷州的徐闻为最多。其远者更有渡海抵海南岛崖县、定安等县和广西等地。

此外，还有因经营农工商各业和服务广东军政学各界而徙居广州、汕头、香港等地者，形成向平原都市发展的趋势。

生活在广东的客家民系，主要有循衍族群、江汀族群、东江族群、偓人族群。

循衍片区操粤台客家话。以梅州梅县口音为标准音。之所以名曰"循衍"，是因为该族群是以古循州为中心，播衍四海的客家支系，粤台客家人是客家最重要一个支系，粤台客家话又分嘉应、兴华、韶南、新惠四个小片，广东省内覆盖范围为梅州全境，汕尾、海丰、陆丰、饶平部分镇村，惠州部分地区，以及新丰、翁源、英德等市县。清末年间在西迁过程中，与四邑人爆发土客械斗，从而导致"客家"一词出现。

江汀片区操岭北客家话。传统上以福建长汀口音为标准音。江汀片区是客家人的第二大族群，文化中心在江西和福建。但是，广东韶关北部始兴、南雄、仁化、乐昌、乳源等区域的客家人，从语言和迁徙历史的角度来看，属江汀人。由于行政区域属于广东，因此他们的文化归属感与江西、福建的客家人并不完全一致。江汀人与循衍人最大的区别除了在语言上，就是缺少海洋文化的特征，因为他们的文化区域都不沿海。

东江片区也称惠河片区，操客家话水源音，以惠州、河源口音为代表。以方言岛的形式，沿东江流域，散布在广东惠城、源城、博罗、紫金、龙门、东源、龙川、新丰、连平、和平的部分乡镇。东江片区是客家人里面很独特的一支，他们对"客家"这一概念的归属感，在客家各支系里面相对较弱，东江人认为自己是主家人，是在客家人和广府人到达广东之前就已在此生活。水源音在东江流域以外的地方很少分布。

偓人片区操偓话，习惯上以广东茂名市电白县沙琅镇口音为标准。以方言岛的形式，散布在桂东、粤西各县市。其中广东的分布点为电白、高州、信宜、化州、茂港、阳西、阳东、阳春、廉江、雷州、徐闻、遂溪、云安、罗定、新兴、郁南的客家乡镇村落。偓人片区是客家民系的独特分支，因偓话的第一人称"我"为"偓"而得名，与其他客家话之间较难沟通。有学者认为是古时福建汀州和广东梅州一带客家人，迁移到桂东、粤西后，与当地原住民融合后提炼出来的。

## 四、琼雷民系及其他

琼雷片区操琼雷话，以海南琼山、雷州雷城口音为标准音。覆盖范围为海南东部，雷州半岛遂溪、徐闻、雷州全境，以及湛江其他市县区的大部分城镇。琼雷族群来源于闽南地区，因琼州海峡特殊的沿海地理环境，及与当地原住民的融合，发展成有别于其他闽南文化的独特族群。

广东境内的琼雷族群，在福建迁民入粤时，有一些迁民则越过潮州继续沿海岸线南下，落籍南恩州（今阳江市）、电白和雷州半岛的海康、徐闻等粤西沿海各县乃至海南岛，使这些州县的人口大增，其中以雷州为最。该州由唐天宝十一年（公元752年）的4320户到北宋元丰二年（1079年）增至13984户，增长323.7%。《舆地纪胜——南恩州》云："（南恩州）民庶侨居杂处，多瓯闽之人"。北宋苏辙曾任海康令，他在《和子瞻次韵陶渊明劝农诗》的引言中说："予居海康，农亦甚惰，其耕者多闽人也"。这些迁民落籍后大都聚族而居，保留原有的语言和习俗，成为雷州人的祖先。

琼雷地区是我国最大热带区域，在热带条件下产生的文化特点在许多方面异于其他地区。琼雷与潮汕地区的居民都操闽南方言，与闽南民系有着很深的文化渊源，但这些来自闽南等地的移民到达新居地后，一则不可避免地受当地文化浸染和采取适应新环境的文化模式，二则他们原地的文化也在发展变异，所以在新条件下产生的琼雷文化有自己的文化特质和风格，与粤东潮汕文化有一定距离，加上海南少数民族文化存在，更加强了其地域文化的个性，从而自成一体①。然而，琼雷汉文化的源头之一却又在闽南和粤东，从文化类型而言，其可视作闽南和粤东文化的延伸。作为其文化特质代表的文化核心区已在潮汕，因此对于广东汉族民系分类方面，一派把它归类到潮汕民系中，而另一派则把其列出作为第四类②。

另外，还有其他的民系族群，如广东韶州人、疍家人等。

韶州土话是对粤北地区所有不能分类的语言的统称，操粤北韶州土话的韶州人以方言岛的形式覆盖在乐昌、仁化、乳源、曲江、南雄、浈江、武江、阳山、连州、连南等乡镇。韶州土话为粤北原住民的本土语言，韶州人应该比客家人和广府人更早在粤北定居，其语言不属于粤语语族。有人认为是广西平话的扩张，有人则认为是在宋代江西赣语的基础上，融合了客家话、广府话和西南官话演变而来。也有族谱记载其先祖在宋末元初时由湖广道州迁入韶关，故韶州土话可能以近古汉语的湖广道州方音为基础，在迁徙过程或定居时，受客家语和粤语不同程度影响，形成今日之语言。现韶州土话由于受到标准普通话、粤语和客家话的夹击，逐渐衰亡，许多年轻一辈的韶州人，已经不太会说韶州土话了。

疍家人操疍家话，覆盖范围为广东、广西和海南的沿海区域、河流区域。疍家是一个特殊的族群，一生大部分时间都生活在船上，有着独一无二的语言、风俗、文化和经济生活。疍家人主要分两支，一支福建疍家人，一支广东疍家人。而广东疍家人讲和粤语相近的疍家话，香港的英文名Hong Kong一词就是来自疍家话，疍家人为香港四大原住民系之一，也是以前广州珠江沿岸的活跃群体。20世纪90年代之后，随着传统渔业逐渐被现代渔业取代，疍家人陆续上岸，时至今日，很多疍家人的后裔已经不会说疍家话，更不会重返以前的水上生活，是一个濒临灭绝的族群。

---

① 蔡平. 雷州文化及雷州文化的人本研究 [J]. 广东海洋大学学报，2010（30）.
② 司徒尚纪. 广东文化地理 [M]. 广州：广东人民出版社，1993.

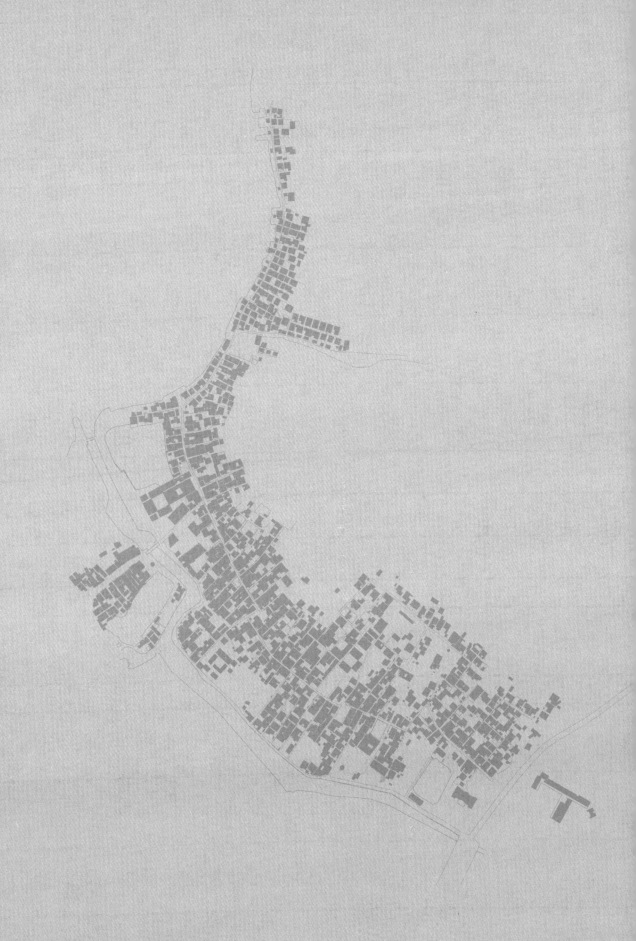

# 第一节　地理环境与聚落选址

## 一、地理环境特征

### （一）地形地貌

广东位处的岭南地区，是一个相对独立的地理单元。横亘广东北部之南岭山地，不仅是一条自然地带分界线，也是一条文化类型分界线。孕育、发生、成长于这条界线以南的广东作为岭南文化主体，具有许多异于岭北的文化特质。

广东全境地势总体北高南低，从粤北山地逐步向南部沿海递降（图2-1-1）。山脉多呈东北—西南走向，属纬向构造体系。其山脉上要分布在粤北、粤东、粤西与桂东北，有北部的南岭山脉、东南部的九连山脉和莲花山脉、西南部的云开大山脉和云雾山脉。这些山脉中以南岭山脉最为著名。南岭山脉为广东省与湖南省、江西省交界处的山脉群，北纬24°至25°30′，海拔高度1000～1500米，是长江流域和珠江流域的分水岭。南岭山

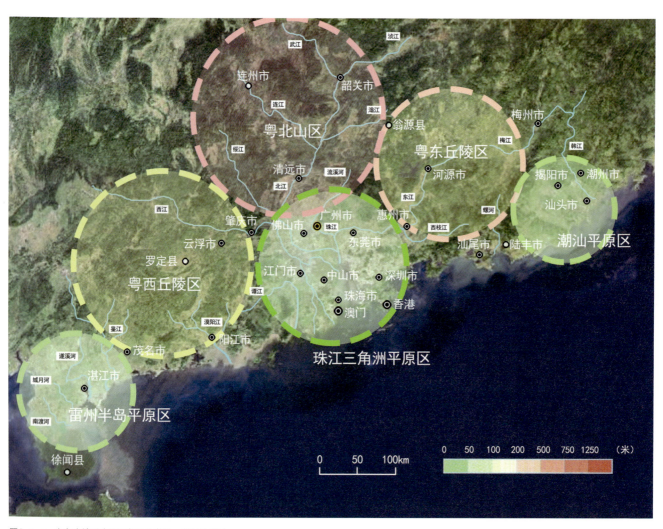

图2-1-1　广东省地形分区示意图（来源：李丰延　绘）

脉东接福建境内的武夷山脉，西接广西境内的大瑶山脉。

山地丘陵合称山区，两者没有绝对区别，海拔低于500米的山地就称之为丘陵。广东地形以山地丘陵为主，山区占全省土地面积的62%，有粤北、粤西山区等。其中以粤北山区较突出，主要包括大庾岭、骑田岭、滑石山、瑶山等，海拔1000~1500米，层峦叠嶂，最高峰石坑崆海拔1902米。山地丘陵含有多种岩地，如粤北丹霞山的红色砂岩地（图2-1-2），粤西肇庆七星岩的溶岩"峰林"（图2-1-3），以及粤中西樵山、粤西湖光岩的火山地貌等。广东丘陵地，大多分布在山地周围，或零星散落于沿海平原与台地之上。台地则分布于靠近沿海的地区，一般海拔在50~100米。

广东平原可分为河谷冲积平原、滨海平原和三角洲平原。河谷冲积平原在各大小河流沿岸均有断续分布，较大的有广东北江的英德平原，东江的惠阳平原，粤东的榕江、练江平原，粤中的潭江平原，粤西的鉴江、漠阳江、九洲江平原；广东海岸线长且曲折多湾，沿海地区的滨海平原有莲花山脉东南侧的陆丰平原，云开大山脉和云雾山脉南侧的阳江平原、湛江平原等；河流出海处形成三角洲平原，主要有珠江三角洲平原和韩江三角洲平原，珠江三角洲平原地势造就了富有特色的桑基鱼塘景观（图2-1-4、图2-1-5）。

图2-1-2　粤北丹霞山的红色砂岩地貌

图2-1-3 肇庆星湖七星岩风光（来源：冯舒殷 摄）

图2-1-4 珠江三角洲佛山九江水乡（来源：佛山日报摄影俱乐部航拍团 洪国宁 摄）

图2-1-5 珠江三角洲佛山九江桑基鱼塘景观（来源：佛山日报摄影俱乐部航拍团 梁兆林 摄）

广东的河流非常之多，据统计，干流和支流有600多条。广东省最大的河流珠江，是我国的第五长河。珠江的三大支流西江、东江、北江分别源出云南、江西和湖南，其中以西江最长，全长约2197公里。三江在珠江三角洲汇合，统称"珠江"，珠江流量仅次于长江，居全国第二位，流域面积只有黄河的三分之二，但每年流入海洋的水量相当于黄河的七倍。珠江具有流量丰富、水网密布、水情变化缓和、含沙量少等特点。而所属珠江流域的土地约占广东全省陆地面积一半左右。除珠江外，粤东有韩江、榕江、练江、龙江、黄冈溪、螺河；粤西有鉴江、漠阳江、廉江等。

### （二）气候特征

岭南的地理位置决定了其气候特点。岭南位于东亚季风气候区南部，具有热带、亚热带季风海洋性气候特点。广东的大部分地区属亚热带湿润季风气候，雷州半岛一带为亚热带、热带气候的交界点。

岭南北面紧依东西走向的南岭山脉，东北面临福建境内东北向西南走向的武夷山脉，西接广西境内也是东北向西南走向的云开山脉，这些山脉在岭南的西北、北、东北面围成一个天然气候屏障，冬天挡住了大部分自北方移来的干燥冷空气。岭南地形高度从西北向东南、南逐渐降低，直到南海边，夏天容易迎来海洋暖湿气流和丰沛的降雨。由于北回归线从东至西横越岭南中部，导致此地太阳高度角较高，每年夏至前后太阳两次经过岭南大部分地区的天顶，因而地面获得的太阳辐射热量较多。但是春天和夏初，越过南岭的北方冷气团与从海洋登陆的暖湿气团相遇，形成南岭静止锋，导致长时间低温阴雨（图2-1-6）。

岭南为典型的季风气候区，风向随季节交替变更。

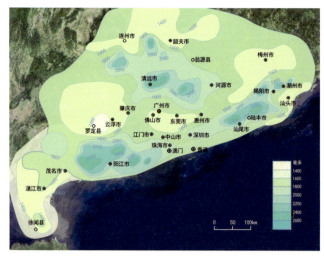

(a) 广东省年降水量分布图（来源：李丰延 绘）

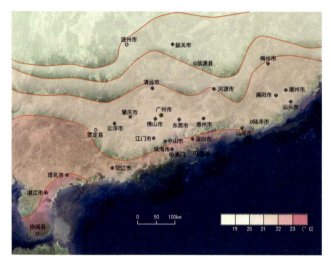

(b) 广东省年平均气温（来源：李丰延 绘）

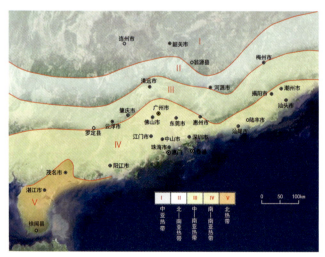

(c) 广东省气候区划图（来源：李丰延 绘）

图2-1-6 广东省气候特征

夏季以南至东南风为主，风速较小；而在冬季，大部分地区以北至东北风为主，风速较大。春秋季为交替季节，风向不如冬夏稳定。春季风向与夏季相似，秋季则与冬季相似。我国是世界上少数受台风热带气旋影响最严重的国家之一，而岭南又是全国受热带气旋影响最多的地区，沿海地区每年5~11月常受热带气旋的侵袭（图2-1-7）。

地理环境和气候条件，对建筑有较大影响。根据上述因素，可以将广东传统建筑区综合分为下列四个地区：①珠江三角洲与粤西地区，该地区地势平坦，河流纵横，气候炎热、潮湿。因此，聚落布局和建筑单体以解决通风隔热为主。②潮汕和沿海地区，该地区地处沿海，台风影响较大，台风来时，还带有风沙和盐碱，对建筑侵蚀较大。而夏季气候也是炎热潮湿，所以，建筑物既要有良好的通风与隔热，又要防台风的侵袭。③兴梅客家地区，处于丘陵山区，山多田少，建筑多在山麓布置，不占耕地（图2-1-8），气候方面主要防东北寒风，同时也要防台风。④粤北山区，该地区基本无台风影响，但冬季寒冷风大，故建筑以防寒保暖为主。另外山区地势起伏较大，故建筑依山而建，顺应山势（图2-1-9）。

## 二、城镇聚落选址

广东村镇聚落分为两类：一类是普通农村、渔村等村落；另一类是墟镇，包括墟市、集镇。县是墟镇的扩大形式，其布局原则与墟镇相同。不同的是，墟镇以经济为主，而县则同时是政治、经济的中心。

墟市、集镇的布局与村落布局不同。墟镇是农村产品和货物的交换、买卖集散地，它以商品经济为主，故墟镇民居采取线形布置的形式，前铺后宅，住商合一，它与普通村落以居住为主的块状布局形式截然不同。

图2-1-7 广东省台风登陆主要路线（来源：李丰延 绘）

图2-1-8 梅州梅县区南口镇铅畲村鸟瞰（来源：段佳卉 摄）

图2-1-9 粤北山区村落景观（来源：《发现广东——100个最美观景拍摄地》）

城镇作为聚落在岭南很早就已出现，但早期多作为商业物流的交换中心。隋唐以后，特别是宋代，其内容逐渐发生了变化。设置镇官，掌管商税烟火盗贼等事务，有的还驻扎兵马，但还是以商业工坊为主，所以城镇基本是指小商业都市的意思。宋代广东具有区域商业活动中心性质的镇已有相当数量。据记载，北宋广东有镇共38个。广州有南海大通镇，番禺瑞石镇、平石镇、猎德镇、大水镇、石门镇、白田镇、扶胥镇、增城尼子镇；韶州有曲江濛浬镇、翁源玉壶镇；循州有龙川驿步镇；潮州有海阳角力州镇、黄冈镇、圃湾镇、里湾镇、净口镇、潮阳海口镇、黄冈镇；连山有阳山桐台镇、清泷镇；端州有高要三水镇、四会胥口镇；康州有端溪悦城镇、都城镇、泷水泷水镇；梅州有程乡李坑镇、梅口镇、双派镇、乐口镇、松源镇；南雄有保昌大宁镇；英州有真阳清溪镇、光口镇、回口镇、板步镇，洽光的洽光镇；化州有吴川渌零镇。

古代商业市镇的起源与驿道交通有着极为密切的关系。宋代广东与中央及邻省驿道交通干线主要有四条，据《永乐大典·广州府》记载："自凌江下浈水者，由韶州为北路；自始安下漓水者，由封州为西路；自循阳下龙川，自潮阳历海丰者，皆由惠州为东路；其自连州下湟水，则为西伯路。舟行陆走，咸至州而辐辏焉。"宋代广东的镇大多数分布在各主要驿道沿线，四大驿道线上分布的镇共有34个，占宋代广东38镇总数的80%以上。可见宋代广东镇的崛起与驿道交通有着密切的关系。相反，驿道不经的地区，如高州、雷州、新州、南恩州等就不见有镇存在的记录。北宋时期，东路以上路为主，所以，下路所经的惠州、海陆丰数百里也没有镇的出现。宋代广东的镇集中分布在广州、潮州、梅州、英州，这反映了上述地区是驿道交通繁忙的地区，也是宋代广东商业经济较为活跃的地区。明清以后，其驿道交通与宋代驿道交通有了较大的变化，一是有些驿道的地位发生了变更；二是新辟驿道干线。随着商品经济的进一步发展，明清时期广东镇的数量又有了较大的增加，有93个，比北宋增加接近一倍半，而且镇的分布也比较均衡了。

明清时期，广东对镇的性质已有明确的界定："旧志曰民人屯聚之所为村。商贾贸易之所为市。远商兴贩所集，车舆辐辏，为水陆要冲，而或设官司将以禁防焉，或设关口以征税焉为镇。次于镇而无官司者为埠。"①广东城镇的形成多与驿道商贸有关，古代大多数镇的发展先是开辟驿道和设置驿站，然后围绕着驿道系统开始一系列的商业活动，如潮州饶平黄冈镇，"黄冈为闽广之交，山海之会"，是通往福州驿道上的重要地点，镇内"鱼盐之利，旁及郡邑，通货贸财，最为辐辏"，成为粤东巨镇；大埔三河镇据县志载："三河，西通两粤，北达两京，盖岭东水陆之冲也。嘉靖初年，于镇北三十里建大埔县治以辖之，四境宁谧，生齿日繁，商舶辐辏，遂称雄镇"；佛山西南镇，"南濒大江，商贾凑集"；扶胥镇因处于广州至潮州、福州东驿道上，也是广州海外贸易海上丝路的始发点，商业活动一直非常繁盛，成为广州近郊的名镇。商业活动达到一定规模就有税收和管理衙门，为保治安，派驻军队，甚至筑起了城墙，如明嘉靖年间黄冈镇修有城墙，"内外皆秋瓦以石，周围一千二百余丈"。有些镇甚至还逐渐由商业活动中心向政治、经济、文化、军事中心发展，成为新生县一级政权的所在地。

---

① 清嘉庆二十年（1815年）. 澄海县志（卷八）. 埠市.

城镇的数量会随着历史时段产生分离、合并而有所变化。据统计，1941年以前，广东（含海南和广西合浦地区）有建制镇305个，1943年1月为203个，1950年8月为175个，1953年为331个。其中人口在3万～6万的城镇，有7个，1万～3万的有46个，不足1万人的有278个，同期还有介于城乡之间，不属建制镇的墟3000个，平均每7.5公里有一个墟。

广东城镇聚落选址深受政治、经济、自然、交通等因素制约。一是商品经济发达地区多城镇，如上述之珠江三角洲和潮汕地区。佛山顺德区（过去是县）每个镇服务半径只有4.83公里，为全省之冠；二是省界或边境界线附近，城镇比较密集。原因是过去关税壁垒，这是不同政制地区都有的现象，各种偷税逃税等非法活动，多在这些界线经过的地区发生，厚利所在，促使两边聚落增多。例如雷州半岛与广西接壤地区就有不少这样的城乡聚落，包括炯利、大寺、那陈、东灵、那路、盘龙、沙坪、烟敦、南乡、丰塘、凤门、白沙、石角、六山塘、双合田、水岸、大伦等。深圳和香港接壤地带则有大鹏（王母）、葵涌、盐田、沙头角、宝安、蛇口、南头、西乡等；三是沿河流两岸分布，几乎所有县城无不占据于河岸，而一般城镇紧靠河边者为数更多，如漠阳江在阳春县境就有河绷、石望、松柏、春湾、合水、春城、岗美等城镇；四是沿陆路交通线分布。其中先有聚落，后有交通者，后者选线取决于前者，这于近世公路交通兴建时最为常见。而交通线完成后，原有聚落不免受其影响，或趋繁荣，或趋衰落，都与交通发展有关。如增城中新镇是在广汕公路通车后发展起来的，1931年始正式定今名；五是水陆交通汇合点成为城镇聚落产生的地点。例如广东南路地区，水路由北而南，陆路自东而西，相交之处城镇甚多。而在两河汇合地点的城镇，称为合水。信宜和阳春都有合水镇，分别位于鉴江和漠阳江与它们支流的汇合点。

受多种因素制约，广东城镇聚落布局形式也很复杂多样。

一是棋盘式，按照中国古代城市规划制度营建，坐北向南，"左祖右社，前朝后市"，中轴对称，官署居全城中央，民居环绕四周，外围以方城，开四门，有些还有护城河。官署左有钟楼，右有鼓楼，暮鼓晨钟，居民习以为常。从秦汉时代起，广东就按此规制筑城，如龙川县有佗城，海南儋县有佑耳城等。唐宋元时期，筑城规模越来越大，也更普遍。广东现存最早的城堡是位于廉江罗湖的唐代罗州古城，从残存城墙基看，其前有护城河、夯土城墙，城北为官署，其余为里坊的民居住宅，有城门进出，南郊有市集。宋代南雄古城和元代揭阳禁城也保留城墙和城楼。不过筑城高潮发生在明代，全国大部分州县城得到重建，广东现存古城建筑也以明代为多，但仍沿袭过去规制。如明雷州府治海康城，平面呈正方形，四门城门各相正对，街道呈十字形，井然有序。顺德和香山县城亦大致呈方形。民国初年修筑马路，许多古城垣被拆除，新城区向外自由发展。结果出现两种情况：①"方正"形状解体，传统文化观念和景观被动摇。②不少城垣拆除后，仍留下环城大路，代表传统文化势力，并成为新城与旧城的分界，旧城仍多为官署机关所在，而新城则为商业住宅区，两者文化景观有很大区别。有些护城河被填塞，成为环城大道，后世许多城镇都有环城路一类地名，反映了传统筑城文化制度。棋盘式布局在平原地区很普遍，但位居山区者，地势起伏较大，故城镇建设之初，亦往往放弃正方形或长方形格式，而采用其他切合当地实际的布局。

二是放射式，广东城镇并不多见，一般为新县城有此形式，如花县（今广州花都区）新华镇、仁化县仁化镇、龙门县龙城镇、新丰县丰城镇，以及信宜、高州等县城都有类似放射式形状。

三是自由式，无固定形状，形式自由活泼，不拘一格，既有旧城，也有新镇。属于这种形式的有从化街口、开平三埠、高明三洲、鹤山沙坪、惠东平山、佛岗石角、罗定罗城、云浮云城、吴川梅菉等。

也有内棋盘外环形布局。这主要受城垣或护城河形状影响，如阳江江城、郁南都城、徐闻徐城镇等。

## 三、乡村聚落选址

从秦朝至唐代从北方南迁的汉人军籍移民和民籍移民，主要沿西江和北江水系交通线迁徙，并大都在这两条水系两岸和珠江三角洲的高地形成聚落。这些早期出现的汉人聚落成为后来广府民系的主要聚居区，其聚落分布特点构成了广府民系聚落沿河择居的原始基因。在唐代张九龄开通了大庾岭道之后，南北交通更为便利，特别是中唐安史之乱后，北方汉人入粤的数量渐增。在两宋交替和宋元之交的战乱时期，造成大量移民迁入岭南，广府先民最终沿北江和西江水系到达下游的珠江三角洲。

潮汕民系主要由经福建迁徙而至的移民组成，唐宋时期是南迁汉民进入潮汕的重要历史阶段，人口主要来自福建沿海地区人口密度很高的莆田、漳州和泉州。这些地区的居民颇具开发海洋资源的经验，善于利用鱼盐舟楫之利亲海耕海，从事海洋捕捞业和海外贸易。宋元以后，潮汕地区人口剧增，除部分人口留居潮汕平原地区谋生外，大量人口再次外迁至与潮汕地区有着相似临海环境的雷州半岛、海南岛沿海地区。

客家民系进入广东地区的时间较晚，广府民系已经占据了地理位置优越、河网密布的冲积平原和三角洲平原，而潮汕民系也已经稳定分布在潮汕平原及海陆丰地区。所以客家民系只能将条件艰苦的粤东北和北部山区作为其聚落选址地。唐代及唐以前自中原南迁的客家先民大多止步于赣湘地区，经过较长时间的生存与繁衍，在唐末尤其是宋元以后才陆续迁入粤、闽、赣三省交界的山区。被迫进入山区的客家民系，在山中营建聚落，逐步适应了山区条件，掌握了山地耕种技术。

南粤汉族各民系的迁徙时间和线路，已体现出对地理环境的选择偏好，不同民系聚落分布的区域具有鲜明的环境差异。根据对广东省前四批国家级传统村落的统计：广府民系村落分布在珠江流域、山谷平原、三角洲平原、山地丘陵以及靠近海岸和海湾河口等多种地形环境中，其西北部为山区，中部和南部水网密布，村落选址的海拔高度和坡度较为多元；潮汕民系村落分布在广东省东部沿海的平原台地，内部有少量山地丘陵，西北侧横亘着莲花山系，是背山面海、相对独立的平原地理环境，村落的选址较为低平；客家民系村落多分布于粤东北和北部山区，地形起伏较大，村落选址的海拔高度和坡度较大（图2-1-10～图2-1-12）。

广东传统村落的选址，与中国绝大多数村落一样，遵循中国传统文化之精神。岭南汉族，无论是何民系，都与中原南迁人口有关，所以都会继承中原的传统文化。而村落的选址、布局、建筑物等无一不体现中原文化的色彩。聚居地必须有良好的生存条件，即土地资源、水资源、建房材料资源等，同时还要少灾害发生。在村落的选址上，体现为审视自然环境，相天法地，村落要靠山傍水，负阴抱阳，结合安全性、方便性以及环境的优美等因素。在这些思想理念的支配下，往往选择倚山、面水的地理环境，讲究村落朝向，选定村址，定出规划后再营建村落。张以红在《潭江流域城乡聚落发展及其形态研究》中提到，民国《开平县志》就记载当地聚落水土"重南向，东次之，西又次之，北为最下"，具体择向时常常也会因地制宜，所以村落的朝向多以向南或向东为主要选择。村落的布局讲究风水格局，前祠后屋，整齐划一，村落规整而富有韵律，这些都是当地村落传承中原文化的结果。

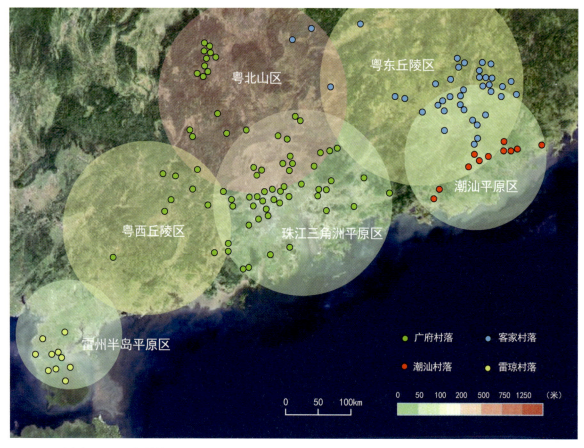

图2-1-10 广东省汉民系主要传统村落分布图（来源：李丰延 绘）

图2-1-11 广东省传统村落高程统计图（来源：段佳卉 绘）

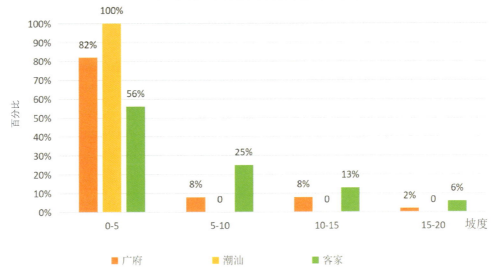

图2-1-12 广东省传统村落坡度统计表（来源：段佳卉 绘）

古人非常注重营建宅居，认为与家族或个人兴衰有关系。据古书记载，择宅宜在聚"气"之地。"气"即"地脉"，"地脉"与风与水有关，"气乘风则散，界水则止"，而风和水都影响着人体的健康。因此，在选址中考虑到风（寒风、温风、台风等，泛指气候条件）水（水质、土质、水流等，泛指地理条件），是非常重要，也是十分自然的事。

立村选址相形取胜，就是在所处区域，通过对周围附近的山川地形、地貌、地势等自然环境，进行认真的观察比较，选用优胜之地。风水学认为：后面有靠，前面开敞，所谓"内乘生气，外接堂气"是也。选择村落宅基时都要仔细寻找"背山、面水、向阳"的地势以获取房屋选址的最佳格局。古人认为："山为阴，水为阳。""万物负阴而抱阳"。村落布局大多以坐北向南的背山、面水的向阳之处，为最好的自然环境，称作"后有靠，前有照"，得到阳光照射形成"阴抱阳"风水佳局。背山可以阻挡北方袭来之寒流，面水可以迎接夏日南来之凉风，向阳可以取得良好的日照，面水不但有利于生活、生产用水，也有利于雨季雨水汇集，防止水涝，一旦建筑失火，马上可以取水扑救。

从广东许多的古村落可以看到，这些村落大多是按风水学的原则进行选址和布局。只要有山可靠，有水可依，就会有村落出现。如果背后没有高山可靠，村落也尽量选址背靠低矮丘陵的地方，并种植茂密的树林将村落围起来。有的村落选址布局认为风水格局比建筑朝向更为重要。广东佛山三水的芦苞镇长岐村始建于明代，村中有钟、何、黄、卢四大姓氏，其中家族最庞大的是卢氏，占全村人口一半。村前有两口大池塘，夏季满塘荷花飘香，宗族祠堂面朝池水而立，各姓氏宗祠呈一字排开立于水旁，各户房子顺次排于其后，逐渐往文笔山顶延伸（图2-1-13、图2-1-14），现存最古老的建筑建于清朝初年。古村是坐东向西缓缓铺展开来，背靠文笔山。文笔山乃一小山岗，南边还有一小山岗曰木棉岗，依木棉岗所建之屋为坐南向北。从村

(a) 背靠文笔山的长岐村

图2-1-13　芦苞镇长岐村（来源：李丰延、陆琦 摄）

(b) 逐渐往文笔山顶延伸的长岐村民居建筑

图2-1-14 长岐村通往文笔山的民居巷道

落建筑朝向格局来看，风水格局比南北朝向更为人们看重。

村址的选择一般多由"风水先生"经觅龙、察砂、观水、点穴等一系列步骤来完成。建宅都要请"风水先生"来察看"风水"，以作抉择，选择吉日而行事。本来，选择一个环境优美的地方作为宅址是无可非议的，对气、风、水三项择宅的要素进行综合考虑，以便因地制宜，作出更佳的选宅方案也是必要的。可是，不少"风水先生"却牵强附会，图谶预测，宣扬万物天定的宿命论观，给选址蒙上了一层虚幻缥缈的神秘色彩。当然过去这种择宅选址方式，虽有封建迷信的一面，但从现代科学原理来看，阴阳五行的选址理论也考虑了阳光、风向、水源、地质等因素，一般来说，都会选择背山面阳、地势高爽、土质优良、水源方便之地作为村落和住宅之地址，而实际效果上也是良好的。

在村址宅地确定后，建房就要选择方位，过去通常用罗盘来定向。在古时则有一套择向的理论，古"阳宅图"中先把方位分为24个区，每个区一方位，包括十个天干中的八个（去掉戊、己）、十二个地支以及八卦中乾、坤、艮、巽四卦共24个方位（图2-1-15）。至于住宅方位的具体择定，就要看年份、五行和户主的生辰八字来取决。这就增加了唯心主义观点和不可捉摸的神秘气氛。

在村镇聚落中，由于街巷已有规划，住宅也已有方位定向。当新建民居时，一般说只能在此基地和朝向上进行营造。"风水先生"在择向时，认为原有街巷朝向不利于新建住宅的方位，说是犯"忌"，故在大门、厅堂和屋脊这三个部位采取"措施"，作为破"忌"。以大门来说，有的地区采取大门偏开（客家）或侧向开门（广府）等方式来避邪，潮汕地区则在大门前的木栅门上置一八卦图，用卦阵摆布来驱凶。在厅堂方面，有的采取厅堂轴线与基地轴线不对正的方

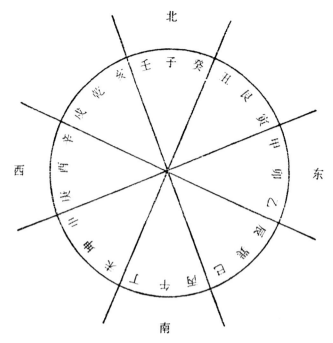

图2-1-15　阳宅二十四方位图

法来避"邪"，形成厅房平面有稍斜的现象；或者有意做两侧墙面一长一短；也有的在厅堂正脊下置一八卦图，八卦阵摆布来"压邪"等。除大门、厅堂外，有的还反映在山墙墙头的式样上。潮汕地区的山墙墙头式样有金、水、木、火、土等五种。如何确定它，还是要根据阴阳、五行和主人的生辰八字才能决定选用哪一种形式。这有封建迷信的成分在里面，但从艺术角度来看，各种形式的墙头，更好地丰富了民居的山墙侧面。

相形取胜的原则除"背山、面水、向阳"的基本要求外，还包括政治、经济、军事等方面综合考虑：在政治与管理方面大都选在交通方便、四通八达的地方；在经济方面会选择土地肥沃、物产丰富之处；在军事方面则要考虑周围要有好的地形，利于进退守攻，以利于人们生存。广东村落聚居选址与其他省区村落选址一样，都有共同的规律，即要求近水、近田、近山、近交通，最理想的是几者俱全。

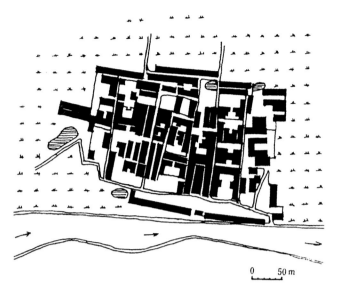

图2-1-16　广东潮安铁铺镇小溪村总平面图

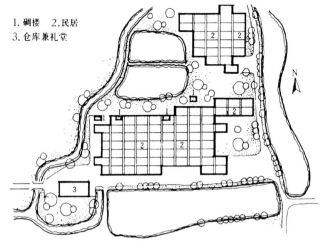

图2-1-17　广东开平市平原村总平面图

### （一）近水

水是人们生活的命脉，故村址要靠近河流、池塘（图2-1-16、图2-1-17），在山区则要充分利用溪水、山涧。如果无法取得自然水源时，则利用人工在村内或宅院中挖井供饮用，并且在村前挖掘池塘，作蓄水、排水、养鱼用，当地称它为"四水归堂（塘）"。

### （二）近田

村落近田的目的是为了便于耕作。平原地区，一般小村落25~50户，村落之间距离较近，远望之，田野之上都有村落，形成密集且分散的聚居特点（图2-1-18）。在山区，因可耕之田少，故都在田边沿坡之地建村。

### （三）背山

沿阳坡背山建村，可节约耕地，同时，房屋建于山阳，朝向好，有阳光，排水、通风也好，冬季又可防寒风。广东传统村落的建村方法就是背山面水，房屋沿坡而建，前低后高，在岭南绝大部分村落都是按照这个原则来建屋的，其最大特点就是结合当地的气候地理自然条件（图2-1-19、图2-1-20）。

### （四）利交通

古时农村，交通问题并不突出，因小农经济的商品交换主要靠墟市。农民的交通运输方式是肩挑或用木制独轮小车，在田间有径（小路），就可以通往墟市了。墟市集镇的商品来自各地，故墟镇的选址要近交通线。古时水路交通发达，墟镇一般沿河较多，近代陆上交通发展，墟镇靠近陆路就多了。近代工商业的发展，促进了农村副业、手工业的增长，也影响到村落的对外联系和交通。由于陆上交通比水路快捷而方便，农村中，近公路的村落逐步扩大，过去是一个自然村为一个聚居点，后来逐步扩大到几个自然村成一个聚居点，一个乡为一个聚居点，甚至达到一个区（几个乡）一个聚居点。这种乡或区，不但民居、祠堂连绵，甚至还附有集市、街道和商店。

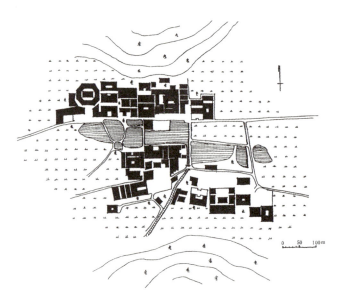

图2-1-18 广东潮安山后村总平面图

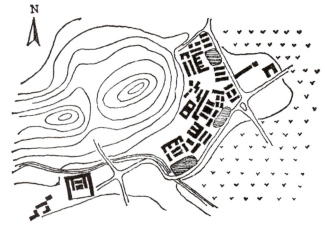

图2-1-19 广东潮安登塘镇东寮村

图2-1-20 梅州市梅县区南口镇瑶上村（来源：段佳卉 摄）

# 第二节　珠三角水乡聚落

珠江三角洲是广东省平原面积最大的地区。珠江旧称粤江，珠江三角洲平原旧称粤江平原，现一般称为珠三角，是西江、北江共同冲积成的大三角洲与东江冲积成的小三角洲的总称，为放射形汊道的三角洲复合体。珠江三角洲地貌的形成，是由西、北、东三江汇聚珠江所挟带的泥沙，沿途经数千年的沉积而在中下游形成40~60米厚度的冲积平原。三角洲的中、北部高围田及高沙田为高平原区，年代较老，围垦较早；三角洲南部靠近入海口一带的中沙田及低沙田为低平原区，是后期围垦的平原。以上两类平原面积占平原总面积的76%，三角洲西北部的塱田（积水地），占平原的6%；桑基鱼塘及蔗基鱼塘（基水地），属人工地貌，集中分布在顺德及其附近，占平原总面积的18%。

珠江三角洲传统水乡聚落中经历了从西江、北江和东江的河谷地带向上部三角洲民田区再到下部三角洲的沙田区的开发过程，不同的区域受到地形条件的影响产生了不同的拓殖和耕耘的方式。"沙田"原是自然浮生的沙坦，明清时经军队屯垦或地主豪势占夺报垦"升科"后，永为垦者所有，这与向原有业主缴纳赋税的"民田"不同。在此开发进程中，宗族在文人士大夫的倡导下逐渐兴起，成为主导珠江三角洲传统水乡聚落中的基层社会组织，由此产生了聚族而居的定居方式。

西江、北江三角洲围垦的高潮，加速了宋代以降移民人口向珠江三角洲的聚集，中原移民不再局限于西江与北江地区定居。宋元珠江三角洲人口逐渐向海拔较低、易受洪水和潮汐侵袭的地区延伸，因而抵御洪水灾害进行的治水与堤围的修筑成为移民与当地土著的最为重要的问题。在南宋时期，珠江三角洲平原农田开垦较多，为水乡地段聚居提供了可能性。从当今可寻的各种村志与族谱来看，开村较为密集的时期也是在南宋时期。由于受开发程度的限定，虽然已经开始产生了宗族的意识，但当时的宗族尚未在乡间普及，宗族的聚族而居并未形成。

总的来看，在这片逐步增大的平原上，随着人口的迅速增长，珠江三角洲地区的开发渐趋繁盛。当时珠江三角洲上部地区，为防御洪水，以扩大耕地，提高农业生产，沿河修筑了不少较大的堤围，随之各地村镇也大量出现。地处滨海的沙洲岛屿，来此定居的人们不断增多，当时尚在海中的孤岛，亦有人迁来居住。可以说，宋、元时期，不论在平原的淤积，或是人们对三角洲的开发利用，正是处在一个由少到多、由慢到快、由地广人稀到日趋繁盛的转折阶段。自此以后，明、清两代沙滩迅速淤涨，珠江三角洲农业生产及经济文化快速发展，形成了具有因地质条件不同、宗族制度不同的民田区水乡与沙田区水乡（图2-2-1）。

## 一、民田区水乡聚落

民田区主要位于珠江三角洲丘陵台地平原区，该区域水田的土壤肥力较高，水利条件好，是可种植上等稻作的稻田。该区域内也分布了不少丘陵台地，这些冲积平原成陆较久，因距海略远，江洪暴发时导致洪水一时排泄不及，易造成水患，故要高筑堤围以防水患，主要集中在西、北江三角洲北部。该区位于西起肇庆羚羊峡口，东迄东莞狮子洋边，北界清远飞来峡，南抵江门、小榄、容奇、番禺（市桥）到广州黄埔一线。这种水田土壤肥力较高且水利条件好，是典型上等稻田的稻作景观。在经济规律的驱动下，形成了以桑业、甘蔗、烟草、茶叶、花生等油料作物，以及荔枝、龙眼、柑橘等果树、花卉、蔬菜等经济作物的农业经济

(b) 珠江三角洲桑基鱼塘景观

(a) 珠江三角洲民田区水乡景观

图2-2-1 珠江三角洲景观（来源：李丰延 摄）

景观，显示出极高的集约型农业程度。而农业与商业的结合，又促进了与蚕桑业密切相关的缫丝业、与甘蔗栽培相关的榨糖业农业副业，为地缘性聚落的产生创造了条件。

民田区水乡中的河涌是日常生活、生产密切相关的交通联系，又是贯通宗族聚居地与外界联系的要道。河涌的贯通与否，与宗族的兴旺很有关系，淤塞了就要疏通，因而宗族聚落的建设中往往将河涌的贯通与宗族的风水结合起来。陈氏《龙溪志略》卷首《外海形势论》通篇用风水学解释外海陈氏居所的风水形胜，展现了新会外海陈氏，其居住地周边环境是古填海和广阔沙田，通过河涌连接水域中的耕地和聚落的交通，以及与江门、新会等市镇的水路联络的景象。因此，为了生活和生产的需要，水道在珠江三角洲传统水乡聚落中宗族聚居历史上成为贯通河网结构的命脉。珠江三角洲传统水乡聚落中的河涌给人们切实地带来了许多便利，对于村落布局和村落空间有着非常大的积极意义。河涌在当时的地方社会是一种通道，与里巷一样可以连接起村内外各处。借助于这些四通八达、彼此连接的河涌，人们可以便捷地往返于田地与家园，可以便捷地到达村内各处，可以便捷地出行外地（图2-2-2）。

珠江三角洲民田区的水乡聚落，其水网系统多呈现"T"或"Y"形，把聚落划分为几个陆地组团，用以保证居民得到最长的河道与最便捷的交通出行口。此类聚落可以向任意方向扩展延伸，外围的鱼塘对聚落边界有较强的限定终止作用，陆地聚落组团和鱼塘之间，若有较大的空地，会形成小片的居住区，使得各个陆地组团与鱼塘田野之间有一个过渡的空间形式。需要说明的

图2-2-2 水乡村落河涌水道古榕风光

是，由于聚落的改造发展，一些传统聚落中的水网系统被隔断为池塘，其形布局早已生成，如顺德杏坛镇逢简村（图2-2-3）、北水村（图2-2-4）等。

宗族运动在宗法思想与宗法规约下形成了族谱、族田和宗祠，宗祠由此具有了十分重要的精神价值和现实功能。在康熙初年的迁界禁海之后，宗族借助祠堂宣示自己的定居权和开发权，沿海建立了更多的宗族村落。总体上，存在着一个从多姓村逐步转向单姓村，或主导姓的多姓村的发展过程。例如东莞寮步横坑村在明代中叶以前，也以敕建的钟氏祠堂为核心。从化太平的钱岗村，以陆氏广裕祠为中心；香山南朗的茶东村以紧贴山冈的陈氏宗祠为中心等。民田区中开发较早的村落多位于浅丘地带的岗丘上。珠江三角洲的水系连接交通的同时也形成了公共祭祀空间，祭祀空间成为公共活动的载体，建立了乡众的归属感，特别是对于多姓共聚的宗族而言，公共性的宗族活动把族人联系在一起，珠江三角洲水乡民众共同面对水患，祈求受到神祇保佑，集庙议事使得神庙成为村落治水的核心空间，无论是单姓村还是多姓村，都会集合全村的力量疏通河道，有条件的修建各村的堤坝与闸窦，形成大围之下更多一层的防洪体系。

图2-2-3 珠三角水乡聚落顺德杏坛镇逢简村总平面图（来源：google earth卫星图修改）

图2-2-4 顺德杏坛镇北水村总平面图（来源：google earth卫星图修改）

## 二、沙田区水乡聚落

在宋代筑围的基础上，元代珠江三角洲的堤围继续加以巩固和扩大，由于生产发展的需要，一方面进行修缮旧堤，另一方面集中于西江沿岸继续筑新堤。珠江三角洲在不断地围海造田过程中，也在不断地兴建水利工程，以解决河网水系变动发生的水患问题，以改善人类生存的环境与农业生产的环境。宋元之初的战争带来了又一次移民高潮，大量的中原居民为躲避战祸而迁至岭南，南迁的人民顺北江南下，南迁使珠江三角洲沙田区的发展达到一个高潮。南迁的先民散布在沙田水乡定居耕作，从当时沙田定居的一些大姓所占有的沙田数量来看，当时冲积地的开发已相当可观，甚至延伸至新会东南与香山接壤的一大片沙坦与岛屿。可见在宋末至元代，珠江三角洲民间所垦沙田已为数不少，且已经初具规模，为围垦农业经济的出现提供了土地资源。

冲积平原岛丘沙田区是在江海滩涂上开发的，即在沙坦露出成陆后先行开垦，然后逐步筑围，主要集中于番禺冲缺三角洲，中山冲缺三角洲，西、北江三角洲的中部。本区的新会县、番禺县、顺德县、中山县、珠海县、斗门县等，其冲积平原坦荡，山丘零散低矮，一望无际，该区域冲积平原成陆时间较近，河网稠密，是能利用潮水涨落进行自流排灌的沙田区。

沙田区一般土质黏重肥力较高，作物单纯，因此当地农民堤围低矮单薄，根据田面高程和排灌情况的不同，将沙田细分为高沙田、中沙田和低沙田三类。位于当时东莞县、增城县、宝安县等沙田区的东江三角洲，自石龙以西，没有山丘突起，都是一望无际平坦的冲积平原。其上部属于民田区农业风貌，下部属于沙田区农业风貌，东江三角洲绝大部分在东莞县境。因抵御洪患的堤围修建之后，当地居民在堤围边种植水松等水生植物，以牢固堤围，之后，通过数代人的努力，建立了比较完善的灌溉系统，扩大了对珠江三角洲滩涂地带的开发，原置民的捕捞之地渐渐变成了农田。

沙田区聚落中的河道引领了聚落边界的延伸，也成为聚落发展的空间轴线。沙田区的聚落沿水路或陆路而建，利用其作为水陆交通运输，同时提供给水乡居民日常必不可少的饮用与灌溉资源。聚落沿河布局或平行于河道，或者临河而建，梳齿状布局的民居与巷道垂直于河道，村域外围是耕地和水塘。这类建于台地或者高地之上的岗地型水乡聚落，借助岗地修筑时，可以依河岸砌筑高岸基，来保障村落不受水淹，同时还要尽量与珠江主航道和海岸线保持一定的距离，其目的都是为了避免遭受洪涝灾害所带来的潜在危险，如鹤山古劳水乡沙田风貌（图2-2-5），番禺石楼镇大岭村水乡沙田风貌（图2-2-6）等。

珠江三角洲平原的发育与推进，耕地的拓殖，沙田的开垦，可见农耕社会中土地使用的情况也极大地制约

图2-2-5　江门市鹤山古劳水乡沙田风貌（来源：李丰延、陆琦　摄）

图2-2-6 广州市番禺石楼镇大岭村水乡沙田风貌（来源：李丰延 摄）

了聚落的发展与聚落居民的生存空间。珠江三角洲是溺海湾水网平原，依托海洋生存，耕海成为咸水疍民的主要农业形态。在珠江三角洲聚落发育中，疍民以水为主要生计对象，在捕捞、养殖、运输、滩涂开发活动等生产文化方面都与水相关，体现了"亲水"的文化特征。与疍民生计相关的渔业也属于传统农业的范畴，农业文化同样是疍民聚落文化的核心内容。舟楫既是疍民经济活动的主要工具也是生活起居的场所，疍民在以舟为居的过程中形成了适应和改造环境的另一文化形态。

地域环境决定了农耕社会的农业生产形态，北宋《太平寰宇记》中记载的新会疍民"生在江海，居于舟船，麓潮往来，捕鱼为业"[1]，而《明一统志》记载的广西一带的疍民"以采海为生"。说明自古以来对于疍民而言，水产捕捞是最普遍、最基本的生产方式。由于农耕时生产工具的发明，以及对使用工具的不同使用，所以不同族群的生产活动表现出不同的文化特征。珠江三角洲水系纵横的河涌、水网结构，为疍民在江河湖海作业和生活提供了多样化的自然生态环境。沿海疍民，也称咸水疍民，从事海洋捕捞、沿海运输、珍珠采集、海洋养殖等，形成的以海为田的耕海文化；内河疍民，也称淡水疍民，以内河渔业、城乡运输等形成的耕河文化。以珠江三角洲疍民为主体的民众，在江海交汇地带的珠江三角洲沙田区从事耕作，从而形成独具特色的沙田水乡耕作文化。

珠江三角洲的贝丘遗址主要分布在河边或者海边，说明疍民内河捕捞文化的久远。在明代之前，珠江三角洲大规模的水域开发尚未开始，零星的水域开发并不影响疍民的生计，如西江广西河段的藤县疍民，"濒

---

[1]（宋）乐史. 太平寰宇记（卷一五七）. 岭南道一[M]. 北京：中华书局，1998：3021.

河者日渔疍，操舟猎鱼为业。"[1]疍民以船为家，在水上捕鱼，和陆地农民一样平等地交税，并与陆地农民交换水产，获取米和盐。在元末明初顺德诗人孙蕡《捕鱼图》诗中："小孤洲前春水绿，泛湖小船如小屋。白头渔父不解愁，往来捕鱼湖水头。得鱼换米纳官税，妻孥衣食长优游。大儿十三学网罟，小女七岁能摇橹。江口赛神夜吹角，村边卖鱼朝打鼓。雨来维梢依古岸，鸣榔入长浦。荻芽短短桃花飞，鳡鱼上水鲥鱼肥。脍鱼烧笋醉明月，蛮歌唱和声咿咿。月明在天光在水，但愿年年只如此。无风无浪安稳眠，湖中有鱼鱼得钱。"[2]诗歌内容讲述了疍民儿女七岁就能摇橹，十三岁开始学习撒网捕鱼，描述了疍民自给自足的经济形式。

内河疍家艇水上聚落一般分布在珠江三角洲城镇、墟市附近或交通便利的水缓江面，包括三水的大塘、芦苞、黄塘，韩江大埔篷辣河段、西江高要河段、清远北江等河流缓流地带和码头附近，以分散型聚落为主（图2-2-7、图2-2-8）。珠江三角洲沿海疍民住家船则直接停靠在临海港口附近，以集居型聚落为主，如民国时期珠江河面上的疍民水上聚落（图2-2-9、图2-2-10）。沿海各渔港有利于疍民的生产和生活，

图2-2-7　城镇内河分散型疍家聚落（来源：《广州旧影》）

图2-2-8　城镇河道码头分散型疍家聚落（来源：《广州旧影》）

图2-2-9　民国时期广州珠江海珠岛旁的集居型疍家聚落（来源：《羊城寻旧》）

图2-2-10　民国时期广州珠江水上疍家聚落（来源：百度图片）

---

[1]（清）雍正. 广西通志（卷九三）. 景印文渊阁四库全书[M]. 台北：台湾商务印书馆，1983，第567册：564.
[2]（明）西庵集（卷四）. 景印文渊阁四库全书[M]. 台北：台湾商务印书馆，1983，第1231册：511-512.

加上出海捕捞的时间比较久，故成为疍民住家船停泊的主要场所，珠海市斗门县南部在清代期间，"渔舟耕舍，聚处如村市"。分散型疍民聚落一般在某段水域内相对集中，船只之间不连接，距离较大且各自停泊；而集居型疍民聚落一般相对集中，虽纵横交错，但排列有序，内船停靠的密度较大。分散性与集居型疍民聚落景观均体现了人地关系对"水"要素适应的特征。

疍民虽然以耕水捕捞为主，但由于生存环境的改变，特别是在明代之后，珠江三角洲部分疍民也参与筑堤围垦造田、种植水稻等农耕经济活动。从事农业种植的疍民主要分布在珠江三角洲沙田地区，疍民受雇于陆上的沙田所有者，以水中耕作为主，而沙田的开垦特点与耕水作业等构成疍民聚落发展的主要内容。

民田区的水乡聚落有因宗族结构，按照其进深区分为单排和多排两种民居的排列方式，这类聚落的肌理因与社会组织结合方式的不同，细分为无祠堂的单排线性聚落，以及宗祠为核心或者成排祠堂面涌而建的多排线性聚落。而在广袤的沙田区里存在着与民田区不同的线性聚落，这类线性聚落一般只有面涌的单排建筑，聚落建筑形式较为单一，多数位于番禺、顺德、香山、南海等地沙田区的小河涌边。沙田区的水乡进深较小，甚至有部分线性村落只建于河涌内的高脚屋，其建筑材料也仅仅是木桩和树皮，而生活与交通用的舟楫就系在高脚屋下的木桩上。沙田区聚落与民田区聚落的区别就在于是否存在宗祠，其社会组织较之民田水乡线性聚落结构较为单一，主要是以舟楫营生的疍民或者世仆，因缺乏足够的资金和社会地位，导致沙田区的聚落先民无力进行宗祠的兴建[1]。

珠江三角洲优越的地理位置、水文环境、交通条件和人口集聚、国际市场扩大等多种因素，从明中叶起，沙田的开发与宗族制和商业化相互促进，土地所有制以乡族的集团地主所有制为特点[2]，加速了珠江三角洲平原的进一步开发与商品性农业迅速发展。

# 第三节　其他地区聚落

## 一、粤东平原地区聚落

粤东滨海地区，依山面海，地势西北高，东南低，北依莲花山脉，南临浩瀚的南海，海岸线漫长，曲折多港湾，海洋渔业资源丰富。粤东地区河网密布，有韩江、榕江、黄冈河、练江、螺江、龙江等6条独流入海的主要河流，有支流达33条之多。潮汕平原土地平坦，土质肥沃，农田灌溉发达，是著名的水稻、甘蔗、黄麻、蔬菜高产区（图2-3-1）。沿海低纬度地区，气候暖和，雨量充沛，生长季节长，有利于农作物多熟高产和畜、禽、鱼、虾、贝、藻等养殖。

粤东滨海平原地区人多地少。由于人口密度大，耕地少，其聚落多采用集中密集式布局（图2-3-2），增加可耕地面积。20世纪90年代的统计数据显示：潮汕平原上散布着3200多个村落，每个村庄相距仅几百米至1公里，有的还形成村镇连绵数公里的聚落连续区，

---

[1] 冯江. 明清广州府的开垦、聚族而居与宗族祠堂的衍变研究 [D]. 广州：华南理工大学，2011.
[2] 常建华. 二十世纪的中国宗族研究 [J]. 历史研究，1999 (05).

图2-3-1 粤东平原乡村聚落景观（来源：《潮汕老屋》）

图2-3-2 粤东乡村聚落密集式布局

这是这一带人口和居民点分布的一大特色（图2-3-3）。除了聚落群分布绵密外，聚落的规模之大也极为显著，体现在聚落占地面积大，居住人口数量多。一般平均每个村落人口在2000人以上，还有许多万人以上的大村庄。汕头澄海区，万人以上的自然村就有23个，潮阳区有81个；揭阳普宁市（县级）有60个。潮阳两万人大乡达14个，三万人以上的达8个；而普宁两万人大乡则达9个之多。由于一村人口过多，不得不一分为二，分为三，甚至更多（图2-3-4）。建于明代的潮州龙湖寨，占地达1.5平方公里，分布着数以百计的大型府第和祠堂书斋，聚居其内的人口数量在明代全盛时超过十万（图2-3-5）。民国时期也有这样的说法：潮汕平原，千人村落，比比皆是；万人村落，不乏其例；村镇宏大居全省之冠，亦是全国村镇规模最大地区之一。

潮汕平原地区虽也有多姓杂居的村庄，但其主体还是一姓聚族而居，或以一姓为主，伴住其他姓氏。这种

图2-3-3　粤东连绵数公里的乡村聚落（来源：廖少强 摄）

聚族而居的模式，通常是动辄数千人甚至上万人的大村落，而且这些大乡村同姓聚居是普遍现象，如汕头的官埭纪、砂尾李、月浦佘、外砂谢；潮州的东津刘、横陇（宏安）许，刘陇刘，郭陇郭，薛陇薛；普宁的洪阳方、果陇庄；惠来的周田黄；澄海的银砂陈、坝头王；潮阳的上堡张、金浦郑；揭阳的洋淇杨、官硕李、京冈孙；揭西的鸿江候、大溪李、灰寨李、钱坑林等。由此可见，潮汕村落为同宗聚族而居的集群模式。汕头官埭乡原来是一个纪姓的大乡镇，中华人民共和国成立后拆分为龙祥、新津、珠池三个街道镇；潮州磷溪镇的溪口村，原来是个大自然村，全自然村人口皆姓刘，由于人多村大，现已分为溪口一到溪口八共8个行政村，整个溪口自然村人口达2万人以上。在揭阳，素有"林半县"之称，揭阳林姓不但人口众多，而且历史悠久，古谚有"未有揭阳县，先有高美林"的说法。

在聚落选址上，潮汕传统聚落遵循近水、近田、近交通等传统农业型聚落的选址原则，以及最低限度改变周边环境格局的宗旨，因地制宜地利用原有的自然山水作为聚落建设的依托和边界要素，在格局上也同样讲求"靠山、环水"等环境意象，在无实际山体或河流的平原地区，则一丘高地、一湾水塘也可以作为这种意象的象征。

由于人口密度过大，土地有限，潮汕聚落在整体布局上极为密集紧凑，最早在《广东民居》中提出，"密集式布局"是潮汕地区典型的布局形式。密集式布局最初是以一种规整的大型府第式民居组团单独自成一村。大型民居组团是潮汕地区独特的聚居形态，为同族人在其中聚族而居、祠宅一体的向心复合民居类型（图2-3-6）。而后在发展繁衍过程中，由于子孙在组团旁侧增建，就形成以大型密集式布局为主体，旁边附属小型民居的大村落。在布局上，组团外的小型民居常以梳式布局布置，最后就形成密集式与梳式相结合的村落布局形式。这种大型组团体现的是中原唐宋大家族解体之前的家族合居古制在潮汕这一文化传播末梢的遗留，现存的这种村落通常对应的是以单姓聚族肇居的村落，周边的小型民居也包括有后期投靠的零星小姓。

在实地调研中，我们发现潮汕地区还存在一定数量的不具有大型组团的村落。其居住建筑虽在祠堂周围分布，但祠宅分离不合为一体，居住单元规模相对较为均衡，基本都是三合院、四合院式的小单元。村落内通常有主街，两侧为民居单位首尾相连形成的纵向巷道，界

图2-3-4 粤东普宁泥沟村的密集式布局（来源：李丰延、陆琦 摄）

图2-3-5 潮州龙湖古寨鸟瞰(来源：李平廷、陆琦 摄)

图2-3-6 粤东村落祠宅一体的向心复合民居类型

面连续,用地效率高,对街巷空间进行了最大限度的整合。这种村落更接近广府的梳式布局,对应的是明清时期兴起的以单元进行重复、具有小家庭特征的聚居模式,现存村落中是多姓合居的村落,如澄海程洋冈村(图2-3-7)。

潮汕地区三面背山,一面向海,虽有富饶的潮汕平原,但生存环境并不易。加上历来地少人多,人均可耕地不到三分田,这样的生存环境培养了潮汕人精耕细作的优良传统,故潮汕人有"种田如绣花"的说法。农民精耕细作,农艺水平高,种植技术远近闻名。在这种精细性的精神激励下,除了农业上的精耕细作,还形成手工业上的精雕细琢,以及在商业上的精打细算及善于经营。

潮汕地区是广东省著名的侨乡,主要分布于东南亚的泰国、印度尼西亚、马来西亚、新加坡等地。潮汕地区地狭人稠,人口与资源和环境矛盾很大,激烈的竞争环境培养了潮汕人的创造、开拓和冒险精神,不少人外出到海外谋生。鸦片战争后,汕头开埠,潮汕人到海外谋生者比比皆是,因此潮汕地区成为和江门五邑齐名的重要侨乡。如今东南亚地区尤其在泰国,许多大商人的祖籍都在潮汕。生活在广东东南沿海的潮汕人,无不资仰于海洋,耕海、冒险、海神崇拜等海洋文化至为发达。唐宋时期,潮州渔民已在深海渔场作业,是我国最早渔场之一。北宋就有印尼的商船到潮州进行贸易。至明清时,潮汕已有发达的海洋性商业贸易活动,即使在清初海禁时期,潮汕商人还是偷偷进行海外贸易。

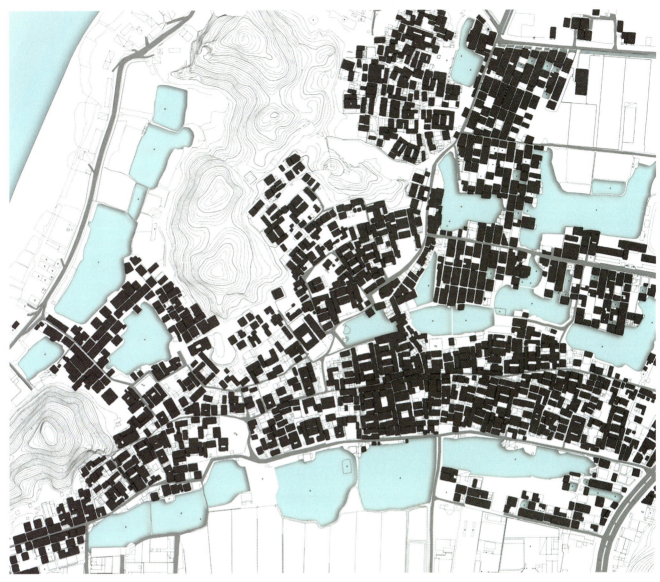

图2-3-7 无大型组团的密集式聚落——程洋冈古村

"潮州厝,皇宫起",这是流行于潮汕地区的一句俗语,意指潮汕聚落民居是仿京城皇宫宅院的做法而建造的,可与皇宫相媲美。侨乡的经济收入和精雕细琢的工匠精神,使潮汕地区的聚落建筑不但规模大,雄伟壮观,而且装饰豪华,富丽堂皇,特别是在建筑装饰上运用木雕、石雕、嵌瓷这三大潮州建筑工艺,精细雅致,使整座建筑富有艺术气氛,如同进入艺术殿堂,具有极高的欣赏价值(图2-3-8)。潮汕传统建筑十分注重豪华与典雅装饰,这与皇宫注重富丽堂皇的装饰有相似之处。清乾隆《潮州府志》就建筑的造型装饰提到:"鸟革翚飞""雕梁画栋,缀以池台竹树"等,是对潮汕传统建筑华美装饰的赞叹。

## 二、粤北山区客家聚落

粤北山区是指广东省北部的多山区域,主要包括韶

图2-3-8 粤东富丽堂皇、装饰豪华的村落建筑

指数较高。粤北红壤占多数，土层较薄，酸度较高，造成土壤养分严重缺失，肥力低下。

生活在韶关、河源、梅州等地的客家人，深处岭南内陆的粤北山区，山峦重叠，沟壑纵横，平原盆地面积狭小。故客家民系的村庄建筑多为山地聚落，聚落选址于山边，与山体之间的联系更为紧密（图2-3-9～图2-3-11）。其聚落选址分布于各种高度的山区，但也逐步占据河谷盆地，如北江（包括浈江、武江）、东江、梅江流域。客家民系的聚落由于处于山地丘陵地区，河谷盆地面积狭小，可供耕种土地有限，必须分散居住才能谋生，其村落规模一般较小，多沿河谷盆地成串珠状分布。多数聚落加上其周边的农田，其面积也小于2平方公里。

客家传统村落内的主要建筑组合形式有四种类型：组团、散点、带状、面状（图2-3-12）。最为普遍、分布最广的梅州客家传统村落建筑组合形式是带状形式，建筑沿着山脚依次排开；组团形式多分布在丘陵盆地、丘陵平原地形较开阔处的田间和山边，客家族群的"聚居性"使得以姓氏宗族为依托的组团聚居形式成为梅州客家传统村落重要的布局形式，几个小组团结合形成完整村落；散点形式布局源于梅州特色的聚居建筑，一个围龙屋即是一个家族聚居体，居住、公共活动都在其内进行，这种集合的小型社会的聚居形式减少了建筑的数量，使梅州客家传统村落呈现散布、点状的整体形态。散点布局的建筑较为灵活，对用地条件的适应性较强；而面状布局形式的村落主要位于地形较平坦开阔的个别区域。

关、清远、河源、梅州等地区，无论是农耕土地面积、总人口数量、人口密度等，远低于全省的平均水平。由于历史和自然环境等因素的制约，其经济发展水平落后于广东省其他地区。

粤北地区山地广布，生态环境敏感、脆弱，存在较大的水土流失隐患。此外，粤北地区喀斯特地形面积较广，占广东喀斯特面积的90%以上，占韶关、清远两地级市总面积的50%，导致不少地方缺水少土，土地人口承载力低。广东省平均森林覆盖率为57.7%，居全国前列，而粤北地区的森林覆盖率在全省平均水平以上，森林面积广大，粤北山区虽有一定的可耕种土地面积，但高效耕作面积范围小，只有盆地及沿河两岸的土地复种

## 三、粤北山区瑶族聚落

广东瑶族居住在粤北山区，主要分布在连南瑶族自治县、乳源瑶族自治县和连山壮族、瑶族自治县境内。据历史记载，"瑶本盘瓠之种，产于湖广溪洞间，即古

图2-3-9 广东梅州南口镇竹香村（来源：段佳卉 摄）

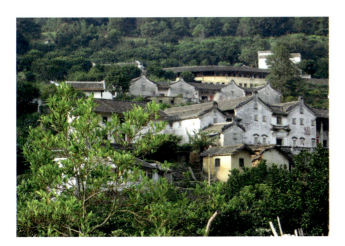

图2-3-10 广东梅州雁洋镇桥溪村

图2-3-11 广东梅州南口镇桥乡村民居

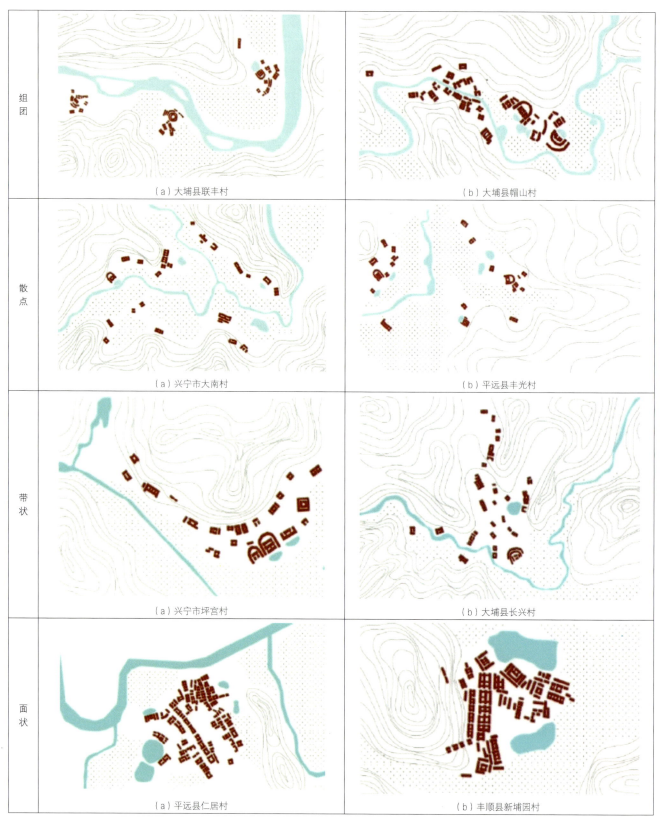

图2-3-12 客家村落布局形式(来源:《梅州客家传统村落空间形态研究》)

长沙、黔中、五溪之蛮是也。其后，生息繁衍，南接二广，右引巴蜀，绵亘数千里"。可见瑶族人最初居住在湖南，后来才迁延至广东、广西。瑶族在长期迁徙的过程中，不断地与汉族以及其他民族接触交往，自然融化，在分布上形成了交错杂居和"大分散、小集中"的特点。瑶族多以同姓家族聚居，婚姻制度是一种族外婚与族内婚的混合。瑶族没有族谱，没有祖先牌位，只对盘瓠崇拜，每家都供盘古大王（瓠，通古）。他们认为盘瓠是他们的祖先，相传上古时代五色龙犬盘瓠杀死入侵番王，公主与龙犬盘瓠结婚，所生后代繁衍而成瑶人，盘瓠即瑶族的始祖。所以瑶寨的庙宇或祖祠都是供奉盘古。

粤北瑶族有两种，一种是排瑶，主要分布在连南县；另一种是过山瑶，居住在乳源等县。广东对排瑶以外的瑶族一般通称过山瑶，过山瑶居住比较分散流动，其中依其服饰不同又有所谓"板瑶""箭瑶"之分，板瑶妇女戴板于首；箭瑶髻贯竹箭，覆以花帕。乳源县的瑶族又以居住地点不同而分为"东边瑶"与"西边瑶"。"东边瑶"中又有"深山瑶""浅山瑶"之分。"西边瑶"又称"过山瑶"，过去"西边瑶"无定居的村寨，过着漂泊流徙的生活，"东边瑶"比较安居，有固定的村寨。

排瑶聚村定居，生活安定，村寨都属永久性建筑，因在山上一排一排建造，故称为"排瑶"（图2-3-13）。过去连南县有八排二十四冲之称。排，即大寨；冲，即小村，排瑶的名称由此而来。八排为马箭排、军寮排、里八洞排、火烧排、大掌排、油岭排、横坑排、行祥（南岗）排。所谓二十四冲，实际上到清末民初已增加到七十小排、一百七十八冲了。这些排、冲分散在崇山峻岭间，各自不相统属，没有共同的政治中心。只有在发生状况，关系到全族的大事时，才由各排的瑶老互相串联，召开"八排二十四冲会议"，以取得一致行动，若涉及局部的几个排的重大事件，则由这些排联合召集议会解决。

图2-3-13 粤北山区瑶族山寨（来源：百度图片）

瑶族村寨坐落于群山的山头、山腰、山坑、田峒、山窝之间，一般都在海拔500米以上的山地，有的村寨高达海拔1000米。历史上，瑶族人民受封建朝代官兵的压迫与侵犯，为了免遭灾祸，他们上山建寨，其村寨往往选址在地势险要的山坡上，做成一层一层的阶梯形台地，在上面依次建房，有石级相通。瑶族村寨的布局，主要采用排列式的布局，它依照山坡等高线的形状和走向，由下而上一排排地布置，规整有序，"排瑶"之名由此而得。瑶族的住房一般采用一字形式，为三或五开间宽，也有的多至七间。数幢住房布置在同一等高线上，每幢房屋相隔不一，视地形和实际情况而定。有的相隔数米，有的仅隔一缝。排与排之间的间距大致相同，约4～5米，沿等高线不规则的布置（图2-3-14）。村寨建筑喜欢沿着小河、溪流进行布局，溪流穿插村中或绕村而行，但建筑也是沿着等高线成排列式布置（图2-3-15）。村中的房屋排列紧密，各家门户均不相对，当地流传"千斤打上，万斤打下，门不相对，门扇相挑"。同时，瑶胞住屋门前，不能有任何遮蔽物，前排房屋必须低于后排，不能遮挡后排。

连南县的行祥排为排列式布局，坐西面东，由三个

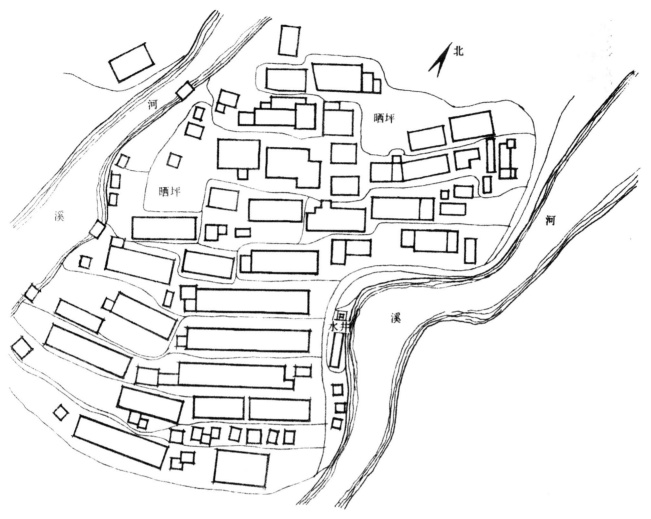

图2-3-14 粤北瑶寨排列式布局

姓的小排聚合而成，按姓氏不同分三个居住组团。相互间有4～5米宽的道路相联系，排内的联系则依靠住房前的横向廊道构成。排瑶村寨多建于陡峭坡地上，为了尽可能减少施工土方量和利用山区的木料，建房时仅是平好屋基所用台地，房前则用木头支在坡地上形成一个约2米宽的廊道。他们家家户户相靠在一起，形成横贯村寨的通道，平时这些廊道各家存放杂物，或为工余闲暇歇息的纳凉处，万一有不测，全村老幼便从廊道中迅速撤向深山。

瑶寨必背为韶关乳源瑶族自治县瑶族聚居的村镇（图2-3-16），它是"过山瑶"的发祥地。必背的过山瑶，传统上过着"食尽一山则他徙"的游垦农业生活，现虽已走向定居，但其村落往往采用小规模散布各邻近山头的方式形成共同的防御体系，少的三几户一村，多的也不过十户八户，几十户一村则不多见。瑶寨房屋有的为单层，也有的采用"上居下牧"的两层结构，上层住人，下层为牛栏或猪圈。

瑶族村落一般都在山坡上或者山谷和山坳之中，位于林区的瑶族往往建造干阑式民居，以克服地势陡峭的不便。干阑式建筑是一种下部架空的住宅构建形式，非

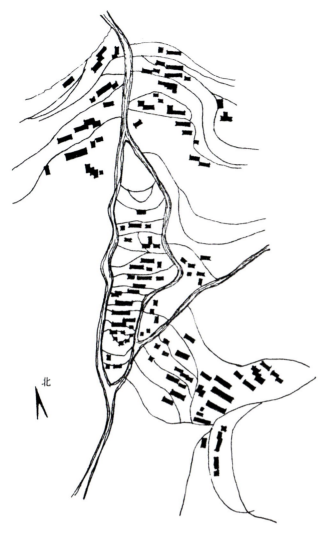

图2-3-15 粤北瑶寨沿溪流布局

图2-3-16 韶关乳源必背瑶族村寨民居

常适用于广东、广西、贵州、云南、海南、台湾等气候炎热、潮湿多雨的中国南部亚热带地区，它具有通风、防潮、防盗、防兽等优点，对于平地少、地形复杂的地区，其优越性尤为突出。采用干阑式民居的除了瑶族，两广山区还有壮族、侗族、苗族等民族。

瑶族房屋建筑因地而异，形式多样。一般而言，依深山密林而居的瑶族多就地取材，采用人字形棚居建筑式样；居住在坡度比较大的山岭地带的瑶族，多采用"吊楼"式建筑；居平原丘陵地区的瑶族，住房多为土木或泥木结构，与壮、汉族住宅相同。聚居山地的瑶族讲究村寨整体，房屋建筑多为层叠式，幢屋毗连，层次分明。大的村落山寨，房屋从山脚叠到山腰，甚至叠到山顶，民族风格独特。干阑式的吊脚楼，下围木板，上盖瓦。分上、中、下三层：上一层放杂物，中一层住人，下一层畜牲口、家禽之类。在中一层檐下，设干阑和长板凳，供人乘凉及活动等。吊脚楼又分半边楼和全楼两种。"半边楼"为一半在平地上，另一半依山势坡度用树木支架起来，上面住人，下面放东西，俗称"瑶家吊脚楼"，即干阑式"半边楼"。"全楼"相对"半边楼"而得名，一般建于沿河一带或半山较平坦的一层地基上，规模及附属建筑与"半边楼"相同。

瑶族民居以全木结构为主，也有砖石与木架构混合使用的。瑶族的民居主要以传统的全木结构的主屋和吊脚楼两部分组成，有极少部分用砖石结构。修建房子的木头以杉木为主，建筑底部用石材堆砌成基座，用来保护上面的木材不受潮、不生虫、减少腐蚀以延长房子的使用寿命。杉树是我国南方最常见的树种，是杉科常绿乔木，生长快，10年左右就可成材。广东盛产杉树，并且产量高，用途广泛，杉树的木材纹理通直，结构非常均匀，不易翘裂，材质的韧性强，气味芳香，不容易生虫并且耐腐蚀，很容易加工。杉树作为瑶族民居的建筑用材是非常适合当地气候特点的。瑶族居住于深山之中，由于民族习俗和族群经济的缘故，其民居非常简单，没有过多的装饰和雕琢，造型大方而注重实用。但在屋脊、窗户、栏杆处，往往会采用富有吉祥意味的装饰图案。

## 四、粤西丘陵台地聚落

粤西地区地形地貌复杂多样，既有山地丘陵，也有平原台地。在全区境内，山地、丘陵占全区总面积的74.8%，构成周边高、中间低的盆地形势，近海地区多为冲积平原。靠近北部云浮市，地势西南高、东北低，地形以丘陵为主，高丘陵海拔250～450米之间，低丘陵海拔100～250米之间，坡度相对较为平缓。云浮南面的阳江市，西北部有石灰岩峰群百里延绵，西面为低山、高丘陵地区，南部多平原和台地。茂名市的北部和东北部为山地，其信宜县的大田顶为粤西第一高峰，中部是丘陵和台地，西南部为平原和台地。最西面的湛江市拥有较长的海岸线，东海岸沿海多为海成平原，外缘多沙泥滩，而西海岸具高岸特征，使雷州半岛成为阶地和台地。

从上可见粤西地形地貌组成类型丰富，在北部有高山坡地，南部有盆地丘陵，沿海有平原台地。从粤西传统村落分布上看，地形环境是影响聚落分布的主要因素，故大部分村落分布于平原、丘陵地带，部分位于山地平原、盆地中，少数靠近粤西北部的山区。由于山脉及高山地形阻隔，粤西北部云浮区域形成相对独立的环境，导致外来因素对该区域传统村落的影响较小，使得许多村落得以保存其原有形态与风貌。而粤西南部沿海区域，多为河海冲积平原、缓坡丘陵，土地开阔肥沃，水源充足，吸引着历朝历代的百姓搬迁至此繁衍生息，所以传统村落分布较为密集。

村落的周边环境及内部环境，包括地形地貌特征等，对聚落形态与民居分布都会产生巨大影响：处于平原地带的村落，其格局一般较舒展；处于平缓坡地的村落，其建筑为阶梯状，呈带状形态连续分布，纵向街巷常垂直山坡等高线布置，横向街巷走向与等高线一致；当村落地形过于陡峭时，单体建筑占据的空间有限，已经不适合大面积连片建筑的分布，此时村落会以分散的形式进行布局。传统村落分布其间，格局形态各有特色。

易晓列在其硕士论文《粤西传统村落历史格局象征意涵研究》中，将粤西地区传统村落与地形的互动关系归纳为依山、伴水、卧地、眺海这四种情况。"依山"即村落依山而建，顺山势而发展，前为低矮农田，后为茂密山林，村落建筑从山上层叠而下，背山面水，层次分明，是传统村落格局中最为常见形式；"伴水"即村落邻近河溪而建，享受河溪所带来的水源及交通便利条件，但同时要注意汛期洪水侵袭的隐患。雷州半岛气候虽无酷热与严寒，但降水变率大，有干、湿季之分，降水多集中在4～10月，以暴风为主，降水量占全年的80%以上。水旱灾害突出，不是洪涝就是干旱天气，干旱发生的概率高91.7%，最长连旱日数228天[①]。"卧地"一词用以形容村落宛如动物般躺卧于盆地中间，通过盆地肥沃水土滋养自身，如雷州市的鹅感村，其地处低洼，水草丰茂，三面环山，一面伴水，水路交通方便，又有古驿道经村而过，因此村中商贸繁荣、经济活跃；"眺海"即村落靠海为生，但坐落在高于海平面的台地上，与海相望，并避开海潮侵袭。粤西地区海岸线蜿蜒漫长，许多传统村落靠近海岸扎根，以捕捞、码头、盐田等经济支撑，发展壮大，较为典型的有徐闻县南山镇的仕尾等村。仕尾村处于琼州海峡北岸，是一个拥有130户600多人的渔村，汉代时朝廷就在此设立徐闻古港，成为古代中国海上丝绸之路的南

---

① 张争胜主编. 广东地理[M]. 北京：北京师范大学出版社，2016（129）.

端起点。仕尾村北部仕尾岭的高崖上,有一座汉唐八角形的巨型航标灯座,指引海上来往船只。仕尾村矗立在陆地伸入海洋的部位,三面环海,向南与海上三墩相呼应。三墩为分布在海面上的三个墩岛,古代称为"瀛岛""蓬莱岛",相传为汉代大臣寻不老药至此,见此山高石多,立于海岸,海上又漂着三岛,认定为仙岛,故朝廷在三墩湾设立码头,方便通商和寻求仙岛仙人。

粤西村落形态多由原生团状(或称块状)聚合形态,向带状或组团式枝状形态发展。许多村落从建村之初就属于团状的形态,这是村落一方面从凝聚及防御角度出发,另一方面受宗族文化约束。团状聚合又可以分为单村聚合与多村聚合形态。如湛江雷州市纪家镇西南部的周家村,整体呈扇形,坐北朝南,以周氏宗祠为中心,建筑围绕而建,十分规则。还有茂名市龙山镇西部的港口村,距离海岸2公里,距出海口较近,村落北部临近万顷鱼塘,整体环绕一坡地呈半月形分布,环形中心则为村落宗祠。多村团状聚合形态多由自然环境联系起来,或为山体、盆地,或为水塘、农田。

当村落的发展受到地形的限制,村落就会在交通或宗族的影响下呈现带状扩展,此种类型在河海冲积平原出现较多。如湛江市雷州、遂溪的村落(图2-3-17),还有云浮市腰古镇水东村等。云浮市腰古镇水东村始建于明朝永乐二年(1404年),位于云浮、肇庆交界的新兴江畔,地形平坦,江河环绕,四面环山。村民皆姓程,其始祖为开辟"洛学"和"程朱理学"的北宋理学家程颢,至今已传二十三代,分别以"序伦""笃庆""聚顺"为堂号,形成占地约4.5万平方米的带形传统建筑群。

而组团式枝状分散的格局,常因地形变化导致建筑组群不得不分开设置。云浮罗定市罗镜镇橡安村,背靠山麓,面朝罗镜镇盆地,村落历史上为水塘三面环绕,沿山麓分布若干组团,各组团朝向不同。其中最主要的是以张瑞公书院为中心的环状组团。村落在后来的发展中,相继形成鲤鱼塘、为道、二房、虾塘等名字的组团,与中心形成枝状分布。与橡安村相邻的镜坡村,受交通道路和各组团朝向不同的影响,同样也呈现枝状分散的格局。

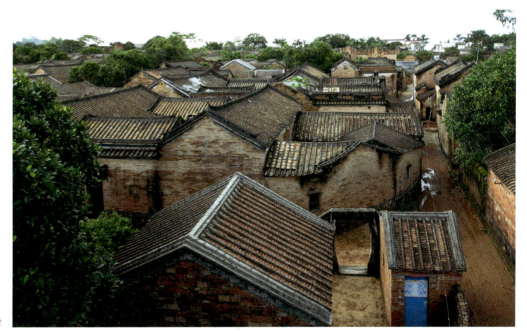

图2-3-17 广东湛江遂溪苏二村

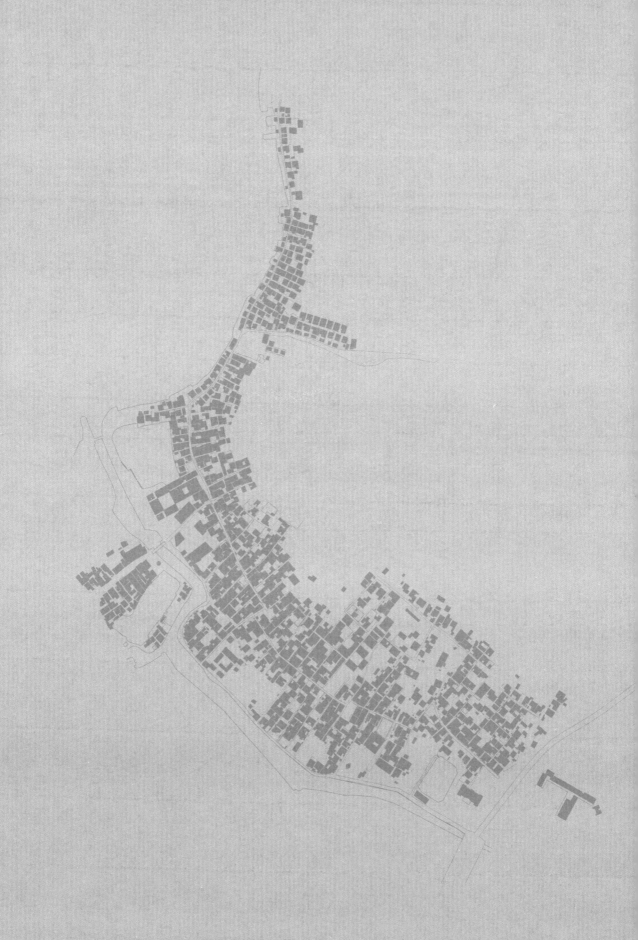

# 第一节　机能构成

传统城镇聚落空间形态受诸多外部因素的影响，总的来说有自然地理、政治体制、建设规制、交通设施、经济发展、民俗文化活动、社会组织方式等多个方面。我国城镇聚落的发展，最早可以追溯到3000多年前的奴隶制社会时期，父系氏族社会的形成和私有制的产生，为大规模的城镇聚落配备了条件，特别是"城"的形成。

"城"的初始意思指城墙，是氏族或部落首领等为保护人身和财产安全而构筑的防御工事，城墙所围区域成为城市型的聚居空间，也就是"城"的原始雏形，后来"城"也引申成了城镇或"有城墙的聚落"之含义。随着部落联盟的扩大，"城"被赋予政治内涵，上升为统治据点，成为真正意义的城市，随着社会经济的发展，"城"的基本概念有了新的变化，凸显了"城"的经济作用，从此"城"具有政治职能兼备经济职能的双重作用。城镇早期空间格局受自然环境和宗法礼制下的营建制度所支配，其形态受传统皇权、神祇和氏族等因素的影响，城镇管理是皇权社会控制与社会自治组织双向作用的结果。

## 一、衙署行政中心

我国西周时期就建立起一整套较详尽的城市规划体制——西周营国制度，我国的古城建设大都受到这一城邑营建体制和制度的影响，现广州、潮州等历史文化名城空间格局至今都能看到西周"营国制度"影响的痕迹（图3-1-1）。

图3-1-1　清代广州府图（来源：《广州历史地图精粹》）

《考工记》的王城规划制度规定："匠人营国，方九里，旁三门，国中九经九纬，经涂九轨，左祖右社，面朝后市。""城"为方形，边长九里，规模为八十一平方里，一边开三门。南北向三条经干道与东西向三条纬干道形成九经九纬，干道宽九轨。干道把城分为九分，宫城居中，宫前为外朝，后面为市，宗庙、社稷分居左右两侧。这种宫城居中，左祖右社的布局方式，成为我国后世各级城邑建设的规制（图3-1-2）。

《吴越春秋》记载："筑城以卫君，造郭以卫民，此城郭之始也。"从西周以来，我国的都邑是按城邦这一概念建置的，城邦是氏族或氏族联盟的势力范围，包括"城"和郊野，"城"则是城邦的核心，城邦相当于小国，故"城"亦被称为国。因此"营国"即建置以城为中心的城邦，包括建"城"和规划"城"所辖之郊野。"营国制度"所规定的城郭关系既有统一规划又存在空间对立，体现了封建王朝君民之间既有尊卑之分又相互依存的阶级关系。国（城）不论大小，必须按等级统一规划，都邑建设指城按等级要求设定规模并进行建设，这样的建城规划体制势必受宗法礼制的约束，不能逾越礼制，以确保宗法分封政治体制的国家组织程序。[①]《周孔·考工记》记载，营国"经涂九轨，环涂七轨，野涂五轨。"这是王城道路的"经纬涂"规制：涂指路，野涂为城外主干道；轨为车之两轮距，九轨约为车轨九倍。同样，诸侯都城及卿大夫采邑分别在王城道路的规格上按二进制降级。按此类推，采邑（即县）城的主干道结构为一经一纬，经涂、纬涂宽五轨，环涂宽三轨，野涂宽一轨。此为县城道路建设规制。

张以红在《潭江流域城乡聚落发展及其形态研究》中对明清时期的江门新会县城——会城的空间主体格局做有专门研究，认为基本符合西周"营国制度"的县邑形制。明清会城平面略呈圆形，北靠圭峰山，南面为冲积平原，城墙西北跨西山，东跨马山，墙外有城壕围绕，开东西南北四门，各有门楼。县治下设15都，附城设有宣化、源清、礼义三都（又称坊），三都直属县捕厅。会城旧城的总体布局采用传统以宫（或署）为中心的规划结构形式，并基本遵照礼制规划秩序而设计。县政治中心置于东西向纬涂以北，占全城大部分面积（图3-1-3）。

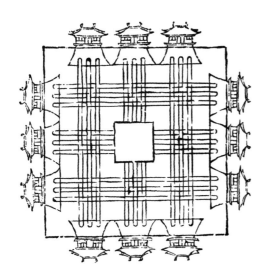

图3-1-2 《三礼图》中的周王城图

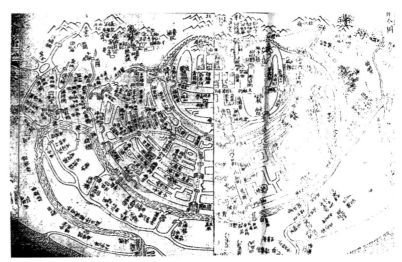

图3-1-3 清道光《新会县志》会城图（来源：《潭江流域城乡聚落发展及其形态研究》）

---

① 张以红. 潭江流域城乡聚落发展及其形态研究[D]. 广州：华南理工大学，2011.

县署、参将署居中，署后部为内廷生活区，以纵向干道形成主轴线。轴线东部为教谕署、学宫、祀祠、祖庙，城隍庙等布置在县署西边。北半部为全城的核心，地位最尊贵，体现"择中立宫""前朝后寝"的形制，布局明显地是以政治活动区为主。城南部为生活区与居住区。

经纬涂制对县邑的规划有规制，县邑东西南北开四门，经纬涂各一，十字相交，连通东西、南北四门。会城旧城的道路符合营国制度的经纬涂制。由南垣直通北门的主干道是南北向——经涂，由东门至西门的主干道是东西向——纬涂，经涂略偏东。沿城垣有环城路——环涂，其余街、里、巷按地块呈不规则形分布于全城。连通东西两门的主干道把城区分成南北两部分，北面为政治活动区约占五分之三土地，南面为综合功能区约占五分之二土地。南门大街向北与东西主干道成"T"字相交，正对县衙署，为全城的中轴线。这种将衙署设在全城的中轴线上的布局，是为了形成全城的中心，也是为了体现礼制之观念。

官府作为皇权的代表，建筑和空间虽有严格的规制要求，不得逾越，但同时也要追求威严的形象，以振四方。明清会城官府建筑的代表——县署与参将署，无论从选址、建设规模和建筑造型等方面都很好地体现了森严规制和威严空间形态的要求。新会自隋朝设县，即有县署和军署，元末被毁；至明初洪武二年（1369年）重建，明、清两朝均有修建，但现已不存。从现有资料上分析，这些建筑从格局及规模，符合礼制中关于县级官署营造规制的要求。

会城明清县署沿中轴线对称分布，中轴线上的建筑顺序有照壁、头门、仪门、大堂、二堂、三堂、四堂、后楼等。照壁高5米，宽7米。进头门后正中有甬道，正面有仪门。仪门内为大院，正对大院有四座大堂，最后为二层楼式建筑。其余建筑沿中轴线东西两边分布，采取大致对称而又灵活变通的手法。东面建有福德祠、东更房、东门房、花厅等；西边建有西吏房、西仓库、西厅房等。县官办公地居中，即知县办公、升堂、议事等代表权力的主建筑均设在中轴线上，其他附属设施对称分布在左右两边，东边附有典史署，西边附有羁所等建筑，形成左文右武、主次分明的格局。新会县署的主建筑有大堂、二堂、三堂、四堂，大堂的规模最大，高6.66米，深10.66米，宽13.31米；其余二、三、四堂建筑规格相同，高5.92米，深12.74米，宽12.93米，整体规模比大堂小，突出了大堂的中心作用，这四座厅堂均为三开间（图3-1-4）。

新会参将署也早已废。在历史上，该署明朝时为守

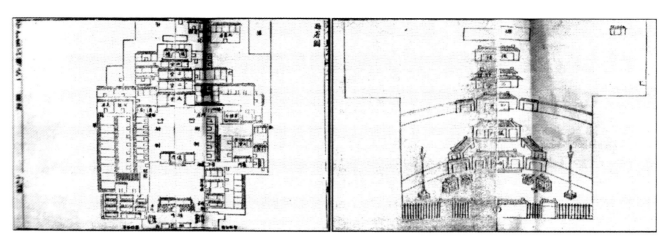

图3-1-4　清道光《新会县志》县署图、参将署图（来源：《潭江流域城乡聚落发展及其形态研究》）

御千户所,康熙年间改为城守署、游击署。雍正八年改为参将署。清代参将署是驻县的军事官衙,隶属省水师提督管辖。新会参将署在县公署的左面,明洪武修建。从平面分布看,整个建筑群也是沿中轴线对称分布,成为单独围合的封闭空间。中轴线上分布有头门、仪门、公署,二堂、后楼等建筑,均为三开间,后楼为内衙,是参将及其家属居住的地方。参将署从建筑形制上与县署相近,但其规模比县署要小。

而广东揭阳清代县署也是沿中轴线对称的院落式格局(图3-1-5)。步入衙署前需经过太平桥。衙前有照壁,照壁左右建有栅栏分隔衙内外空间,人流需从左右小门进入衙前广场。衙署头门至门前照壁之间,东西建有互为对称的"申明"和"旌善"两座亭,是地方政府对民众进化宣传的设施。当年申明亭内悬挂"板榜",由地方政府在上面定期公布惩罚处理决定,旌善亭却是用来表彰好人善事的。头门为三开间楼阁式建筑,左右有八字影壁。入门内左右有土地祠和迎宾馆,东西为仓库兵舍所在,中为官署。头门正对为三开间仪门,仪门内分三进:前为金声厅,接待宾客;中为正堂,审理政务,前有宽阔的高台;后为二堂,再后为内衙,为不规则布置的园林式住宅建筑。衙内还有牧爱堂、德威堂、东斋、架阁库(储藏县中文物、珍宝等)等建筑,最后是后廨。后廨为县署的后花园,占地有十余亩,池水东流与环内城河相接,园内小桥流水,亭台楼阁,古榕修竹,景色优美。

明代建立防御卫所体系以来,武署是带有军事性质聚落的机构首脑,与普通府县衙署的地位相当,在卫所武署与府县衙署同城时常并列相置(图3-1-6)。

## 二、寺观学庙分布

城镇格局基本上分有政治活动区和综合功能区两大块,政治活动区主要是政、军活动的场所,特别是各级衙署,按营建体制的格局分布,设在全城的中轴线上,成为全城的中心。衙署东面通常是官学为主的文化教育场地,分置教谕署、训导署、学宫、贡院及名人祠,是

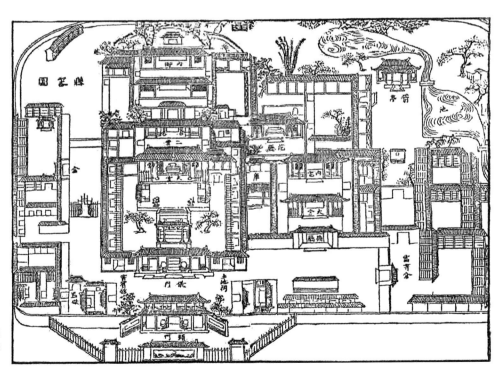

图3-1-5 清乾隆《揭阳县志》县署图
(来源:《揭阳古城历史公共空间形态特征与保护策略研究》)

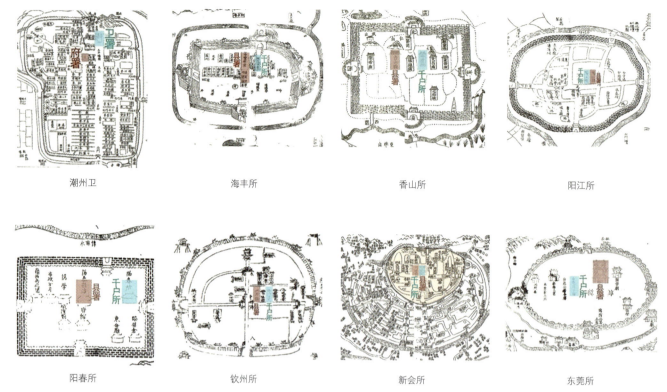

图3-1-6 明代卫所武署与府县衙署位置图（来源：王珍珍 绘）

推行文化、尊儒崇孔、强化思想统治的地方。而西面、南面常设有城隍庙等各类寺观祠庙建筑，是敬神拜佛以及祭祀先贤的宗教活动区域。明清时期广州城的中轴线中心布置象征皇权一统天下的布政司，行政核心区内还有广府署、经府，以及崇尚忠义的武庙（关帝庙）和保佑城市安康的城隍庙，中轴线左侧（东面）设有广府学宫、番禺学宫、贡院等，轴线右侧（西面）分布着佛教主要大寺院，如光孝寺、六榕寺、大佛寺、华林寺等，还有伊斯兰教的光塔怀圣寺、先贤古墓等（图3-1-7）。

明清新会学宫位于县署和参将署的东侧，"左"为尊，其建筑群的规模和空间格局与其地位职能相匹配，规格上按县级地方建筑形制建造。揭阳学宫也是位于县署东侧，始建于宋绍兴十年（1140年），学宫规模最大时总面积约2.2万平方米。现存的学宫基本上保存清光绪年间的建筑风格和基本格局，占地面积5526平方米。

图3-1-7 清末广州城地图（来源：《广州历史地图精粹》）

图3-1-8 揭阳学宫大成殿

揭阳学宫采用中轴线布局,高台基殿堂式结构。主要建筑物有照壁、棂星门、泮桥、泮池、大成门、东西庑、大成殿(图3-1-8)、崇圣祠等。学宫南面及西面原有溪流环绕,绕学宫前照壁后往东接入内环城河,棂星门内泮池及学宫东面奎光阁后花园池水源头均来源于此,入学宫前广场需跨溪而过。学宫棂星门为三门六(石)柱式,柱顶端为宝顶,两侧皆为云枋龙首。过泮池拾级而上为仪门,上有乾隆所书大成门牌匾。大成门两侧各有一厢房,东为"名宦祠",祀历代来揭阳当官而有政绩人物;西为"乡贤祠",祀历代揭阳籍有名声的宦官。面阔各三间。其次左右又有库房各一间,形成倒座。大成殿面阔五开间,殿中四根石柱上各有一条五彩木雕盘龙,工艺精湛,为国内所罕见。最后一进为崇圣祠。学宫从光绪年间布置图上可看到:以祭祀至圣先师的大成殿等建筑为中路;东面一路忠孝祠和明伦堂,为学宫学习和生活起居的场所;西面有文昌帝君庙和节孝祠,作为学宫的祭祀辅助建筑。学宫最东面原来建有高耸的奎光阁,旧时为城中高点,可俯瞰全城。阁后堆山引水,亭台楼阁,树木婆娑,是景致优美的园林胜景,可惜均在民国后被毁(图3-1-9)。

教育与科举是明清儒学施行教化的两方面。明清教育机构分官办和私办两类。官办机构是庙学和社学,私办机构是书院、私塾、祠学等。这些机构有级别差异,在空间上形成以学宫为核心,社学为基层教育点,书院为辅助教育的教化空间体系。学宫文庙亦称官学、县学,是明清官府主办的最高级别教育机构,有教学和文化管理的职能,还有祭祀先贤的职能。因为学宫文庙是科举和文儒管理的机构,有皇权赋予的职能,也是府、县官员进行社会管治的重要机构。

地方庙学是中国封建社会的地方官学,产生于唐

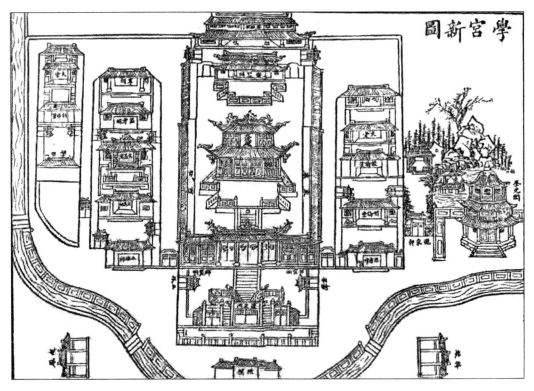

图3-1-9 清光绪揭阳学宫图（来源：清光绪《揭阳县续志》）

代，贞观四年（公元630年）太宗诏各地学校中建孔子庙，因而产生了地方庙学建筑。至清光绪三十一年（1905年）皇帝宣布废除科举后，在全国推行新的教育制度，各地纷纷建起新式学堂，地方庙学才逐渐衰落。地方庙学分为府、州、县三级，一般位于其所相应的县、州、府官衙门所在的城中，其规模和标准也依次有所差别，通常府学文庙比州学文庙和县学文庙的规模要大，建筑标准要高。府治所在的城中往往有府庙学和县庙学多座。

宋代已有社学之称，社学也称乡学。元代诏令全国各地乡村每50家组成一社，每社设学校1所。明代社学更遍及全国城镇乡村，成为以民间子弟为对象的地方官学。清代则有"于大乡巨镇各置社学"，社学往往是乡间士绅议事处所，建于乡间的社学建筑形制，类似祠堂，规模视乡里经济实力，有二进也有三进，建筑厅堂两侧的廊庑设置课室，占地面积有数百平方米，也有千余平方米的。

学宫与文庙原有不同的功能与形制。学宫为官方之学校，文庙是祭祀孔子的殿堂。由于儒学和孔子地位的不断提高，祭孔成为各类官学的重要内容，唐代开始出现庙学合一。宋代，尤其是南宋以后，南方庙学合一的教育建筑有了很大的发展。元以后至明、清时期，文庙学宫渐而发展为自成体系的建筑群，成为一处以弘扬封建礼教为宗旨的多功能的建筑群。庙学合一的组合方式，大致有并列式、前庙后学式、中庙侧学式等，附以乡贤名宦祠，有在原有建筑中配祀的，也有扩大建筑组群的。

自汉代尊儒以来，历朝都有祭孔的活动。在宋代，广东主要城市开始兴建文庙（即孔庙），学宫是文庙在岭南的俗称。庙学建筑包含尊师祭孔与授课讲学两大部分。文庙的基本制度是：大成殿居中，前有月台，殿前左右设东、西庑，殿前为大成门，再前为棂星门和万仞宫墙照壁，泮池位于棂星门之后，崇圣祠位于大成殿的

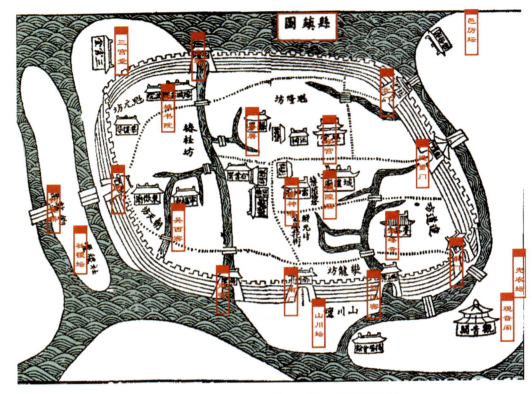

图3-1-10 清乾隆揭阳榕城县镇图（来源：《揭阳古城历史公共空间形态特征与保护策略研究》）

北部或东北。地方学官的基本制度是：明伦堂居中，前部左右设东、西厢房，堂后为尊经阁或藏书楼，堂前设儒学门和仪门两道。地方官学文庙只有完全具备这些建筑，才能算是制度完备。除此之外，许多地方官学中都建有斋舍、儒学署、教谕廨、教授厅、敬一亭、洒扫公所、会馔堂、库房、射圃亭或观德亭等建筑，还有一些地方将文昌祠、忠义孝悌祠、节孝祠等建于学官中。魁星阁虽然不是地方官学基本制度中的建筑，但由于受堪舆理论的影响，各地学官东南普遍都建有魁星阁，而且它的高度和标准在庙学中非常高。[1] 广东庙学建筑常将孔庙、学官的内容合为一体，共为地方官学的基本载体。

城镇寺观祠庙除了郊外风景区外，多集中在城市人口密集之地，形成城市中的公共空间（图3-1-10）。明清易代之际，社会动荡，佛教日益兴盛。广州城除了城西原有大型佛寺外，全城范围内也增添了许多寺庙庵堂。海幢寺得到平南王尚可喜的支持，购地扩建寺院。平南王尚可喜率清军攻陷广州后，屠城十日，尸横遍地。心灵不安、噩梦缠绕的灾难制造者尚可喜，在佛禅大师的点拨下似有顿悟，牵头扩建海幢寺，以超度在十日屠城中屈死的亡魂。建寺掀起募捐热潮，尚可喜的妻子，王妃舒氏捐建大雄宝殿，尚可喜本人捐资建天王殿，总兵许尔显捐资建韦驮殿、伽蓝殿，广东巡抚刘秉权捐资建山门等。至康熙期间寺院不断扩建，最鼎盛时期，住僧众逾百，寺院规模宏大，殿堂林立，为广州佛教丛林之冠（图3-1-11、图3-1-12）。

通过寺院的分布情况，可以看出，广州寺院的密度与自然环境和人口分布密度、衙署分布、商业业态有关。明清郊外寺庙主要在白云山、粤秀山等处，依托

---

[1] 张亚祥，刘磊. 孔庙和学官的建筑制度[J]. 古建园林技术，2001（04）.

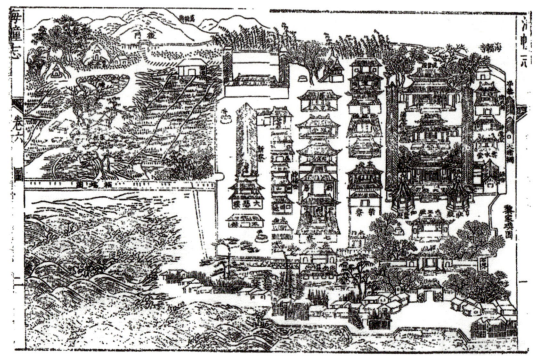

图3-1-11 清代广州海幢寺全图(来源:《清代广州佛教寺院与城市生活》)

优美的自然环境及众多名胜古迹。珠江南岸自古是广州风景名胜之所,也是寺观选择之地。珠江南岸沿江地带在宋代就有农业村落,明代随着对外贸易的发展,这一区域,成为繁华的市井区,因其环境优雅早已有了海幢寺、纯阳观等名胜,一直是广州人和外商的旅游之地,清末时候又新建了6座寺院,主要分布在邻近富商聚居的区域,这些寺院大都由富贾商人捐资建设。

除了衙署区域鲜有寺院分布外,城中寺庙庵堂多在居住人口密集的地区。广州东城主要是居住区和学院区,且有数河涌围绕,虽然商业不发达,但是环境较为安静。区域内有多个文教机构,如越华书院、番禺学宫、贡院等,还有很多文人的私园也选择于此。岭南地区儒佛相通,因此在这一区域也修有佛教寺院,以满足文人士绅的精神寄托。东城区有贡院,因此多数学子到省城参加考试时,需要安静的休息环境,而寺庙则能够满足其需求。同时也能从心理上满足学子祈求考取功名之需,因此在东城的贡院、番禺学宫和越华书院附近,

图3-1-12 广州海幢寺大雄宝殿

出现了多个佛教寺院。城东关外为台地,地名东山,清代时候地广人稀,多官方所创建的公共墓地,如"漏泽园"等,因此也聚集了多家慈善性质的寺院建立,比如收养贫老妇人的黄花寺。广州西关地区为富人居住区,商业较为发达,一些商人出资买地建设寺院,以求得他们的生意得到神灵的保护。同时也提供一些住宿、仓储的空间。

繁华商业区内佛寺较少，如广州新南城西部，多娱乐消遣场所。如屈大均在《广东新语》所描述的："广州濠水，自东向西而入，逶迤城南，迳归德门外。背城旧有平康十里，尚临濠水，朱楼画榭，连属不断，皆优伶小唱所居……天下商贾多聚焉。"这种歌舞场所与佛教氛围不相融，故寺庙建设不多。

## 三、城镇商住街区

古代时期的城镇街区，大都在建城体制思想和观念指引下建设。城中偏北的核心区域布置有衙署和卫所武署等地方军政官员办公场地，其后或两侧则建军政官员府第宅院。日常百姓生活住区则分布在核心区域的周围，尤以城镇南部商住街区为主。

城镇商住街区发展大致有两种形式：一种是早期以线状呈自然有机地向两端扩展，如沿河流、主干道路等，而支干道像鱼骨状向两侧延伸；另一种为块状形态，道路呈网格状，多为中后期发展而成，主要在平原地区。城镇街区内的街巷布局，大多为平行或垂直的几何形网状，这与城镇规整密集的居住建筑布置有关。

城镇街巷的形成模式有两种：一是先有建筑后有道路；另一种是先有道路后有建筑。中国的许多城镇是在自然村落的基础上，逐渐发展起来，街巷形成的原因可以追溯到聚落的形成。聚落先从最早的几户开始，逐渐发展扩大，而联系各户的路径就成了街巷。位置重要而形成较早的街巷成为主干道，由主干道又生长出若干巷道与之垂直或平行，一套网络交错的街巷体系在聚落中生长形成。自然有机形成的街巷通常没有过多的受人为规划思想影响，街巷最初产生的原因更多的是居民自己所考虑的交通、防火、采光、通风等需求，而留出房屋间的通道作为巷道。这类街巷一般与自然地形地貌结合密切，有的沿河而建，有的依山而筑。

近代城镇街巷多为理性形成的街巷，也就是在一定规划思想指导和影响下建设的。古代城市中的居住区称"闾里"，《周礼》有"闾谓里门"之说，"五家为比，五比为闾。闾，侣也，二十五家相群侣也。"《尔雅》曰："巷门谓之闾。"闾为二十五家之里门。《说文》中有："里，邑也""里，居也"。《周礼》："五家为邻，五邻为里。"《风俗通》云："五家为轨，十轨为里，里者，止也，五十家共居止也"。历史上封建社会统治形成的城镇里坊制下的街巷，其街巷空间受制于一种形制，这里面包括政治、法律、宗教信仰等。"闾里"是我国古代城市居住区的基本单位。所谓坊和里是指被道路网所分割出来的"街区"。中国城镇由于采用棋盘式的路网，主干道大都等距，切割出来的"街区"面积大小也基本相等。"里"是一个封闭的居住单位，"闾"是里的门。坊里制是聚落居住区的基本单位，它的道路系统一般由街、坊、里三级组成。街巷布局多呈树枝状，街为干，坊、里为枝。坊和里内有自己的道路系统，可通到每一住户，就是巷道。

广东城镇道路网络不如北方城市那样方正整齐，这也反映出岭南的城镇布局不像中原地区那样受宗法礼教的严格影响。传统街巷布局通常是能使内部交通以最短最便捷的方式达到所至的地方，加之岭南平原地区河涌水网系统，故广东城镇的许多街巷基本上是不规则的。

街巷的走向形式有以下几种：直线型、折线型、曲线型。直线型巷道：视线可以通达，方向性强，交通最为畅顺。这种巷道的形成受到理性规划的影响，两旁建筑规整布置，街巷的方向多是正南北向或正东西向；折线型巷道：由数段直线连接而成，方向在转角处发生变化，外转角处的建筑物成为视线的收尾。这类巷道的形成原因较多，如避让自然地形条件或由于建房土地的私有分割等，折线型巷道造成建筑及院墙之间存在一定的角度或空间呈凹凸状；曲线型巷道：巷道不能一览无余，前进方向随着巷道弯曲在行进中不知不觉发生改变。由于没有折线型巷道的转角处，交通较畅顺，而且也增强了安全感。折线型巷道因转角处前视线不通达，容易造成人流、车流的冲撞。曲线型巷道形成的原因，通常是巷道随河涌水网走向或山地顺等高线而行。

一般的传统城镇，包括乡村的墟镇，主要是进行商贸经济活动。这种以商贸经济功能为主体城镇发展，使商业建筑占据在街道系统的主干道上，商业用地开发形成以城市道路为依托，呈线状模式扩展。在这种城镇空间形态中，街道空间成为最有生气的空间，狭长的街道以一字排开的商业店铺为界面，从店铺的建筑形态上来看，早期多是单一经营，铺面一至二间，以一、二层木构建筑为主，沿街整齐排列，商业街道空间为古代城镇居民的物质交换提供了场所，具有浓厚的生活气息，形成城镇内部重要的公共活动空间。

传统居住建筑的平面布局和环境特征，取决于该地区同时代的生产方式和人的行为方式。广东城镇居住布局方式有两类：一类是沿街建筑，另一类是内街小巷的住宅建筑。沿街建筑的平面布局特点是，按线型布置，建筑沿街，前铺后宅或下铺上宅，其目的是为了商业（图3-1-13）。内巷而置的居住建筑，层数单层或双层，近代则向多层发展。内巷民居布置也是一种线状联立排列。正门直接对街，宅居背面相靠，呈条带网状的平面格局。

图3-1-13　19世纪中叶广州城下铺上宅建筑的街景（来源：《老广州——屐声帆影》）

## 第二节　府城格局

中国的古城，基本上是从国都至县（邑）的各级行政机构驻地。这些古城往往也是某个区域内的政治、经济、文化中心，甚至是军事中心。

从城址的选择上，多依山川，择水而居且顺水发展。平原地区强调礼制尊卑，城市形态和用地划分要求中规中矩，如《考工记》中所述："匠人营国，方九里，旁三门，国中九经九纬，经涂九轨，左祖右社，面朝后市。"而山地河湖地区则更多体现出因地制宜的思想，管子曰："凡立国都，非於大山之下，必於广川之上。高毋近旱，而水用足；下毋近水，而沟防省。

因天材，就地利，故城郭不必中规矩，道路不必中准绳。"①岭南地区在布局上充分利用山川地形及周围自然环境，综合考虑地貌、地质、水文和气候。

# 一、广州府

秦始皇三十三年（公元前214年）统一岭南后，在岭南设南海郡，广州（番禺）为南海郡治，任嚣为首任郡尉，并建城郭——番禺城，后人称为"任嚣城"，为后来南越国的建立打下了基础。

赵佗于公元前204年自称为南越武王，立南越国后，原作为南海郡治的任嚣城满足不了国都城的需要，于是将城扩至周围十里，后人俗称"赵佗城"或"越城"。

番禺建城的史实始见于《淮南子》《史记》《汉书》等早期文献中。《史记·南越列传》中记载："番禺负山险，阻南海……"除早期文献中有番禺城的记载外，考古材料也提供了番禺城存在的史实。1953年，广州西村石头岗一号秦墓出土了一件漆盒，盖上有"番禺"二字的烙印。番禺城之名是从南海郡治番禺县而来，因城里有番、禺二山而得名。有的学者认为源自"番山之隅（禺）"，故名番禺；有的认为原意应为"岭外蕃（番）邦蛮夷之地"；有的认为"番"即古越语的"村"，"禺"即古越语的"盐"，"番禺"即"盐村"的意思，为南越人聚居地的名字。②

从汉初葬墓分布范围和考古发掘来看，南越国都城的宫殿区在北面，东面和南面为当地越人的生活居住区（相当于郭城区）。宫城修建十分奢华，从1996年至1998年先后发掘的南越国宫署遗址情况和南越王墓及其出土的大量精美的文物中，可以想象其宫殿建筑的壮观场面。南越国的开国皇帝赵佗本来是中原河北真定（今河北正定）人，受中原宗族文化的影响很大。南越国的政治制度继承了中原秦制，并且"宫室百官之制同京师"，从历史文献及出土文物来看，南越国设立郡县、置监守、封侯王，朝中设丞相、内史、太傅、校尉等官职，基本上与秦汉中央朝廷一致。都城形态布局也同中原京城的布局类似，采用西城东郭的形态布局（图3-2-1）。

汉平南越后，至隋唐时期，即从三国步骘重修广州城历经三国、两晋、南朝、隋唐共700多年的时间，广州古城没有大规模的城池建设，也未见大体量或者是重要的标志性建筑出现，但广州这一时期的发展却显现了非常强的市民性和商业性。城市的发展处于漫长的自然演变当中，从较低水平走向较高水平，尤以商业发展迅

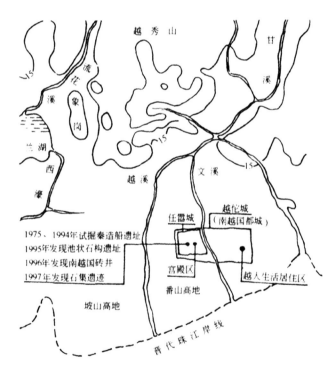

图3-2-1 南越国都城址示意图（来源：《广州城市形态演进》）

---
① 管子.乘马第五.
② 周霞.广州城市形态演进[M].北京：中国建筑工业出版社，2006.

图3-2-2 广州南海神庙

图3-2-3 广州南海神庙礼亭祭祀区

速,"广州,镇南海,滨际海隅,委输交部,虽民户不多,而理僚猥杂……卷握之资,富兼十世"[1],成为一个商业繁荣的城市。广州在盛唐时成为全国三大商业城市之一,主要是由于其对外贸易的发展。盛唐时期,海上"丝绸之路"发达起来,西亚各国特别是阿拉伯商人大量来中国经商,很多定居广州,形成了广州经济的繁荣。随着对外贸易的蓬勃开展,外国商民鱼贯而入,定居者越来越多,广州人口结构具有了明显的国际化特点。为加强管理,当局参照里坊制度,在城市西部划定外侨居住区,也叫"蕃坊"。

隋唐时期广州外贸主要为波罗庙码头,波罗庙又称南海神庙,建于隋文帝开皇十四年(公元594年),为了鼓励对外交流,促进通商,隋文帝告令:"外国使人,欲来京邑,所有船舶,沿溯江河,任其载运,有司不得搜检。"[2]建南海神庙祭祀南海神,显示对海外贸易的重视。按规定外国商船未经允许,不能驶入广州内城,来广州贸易的外国商船一般先泊于南海神庙码头,而外贸主要航线大多从南海神庙的黄木湾出发,通往东南亚、西亚和东非地区。中外商人出海前都到南海神庙祈祷航海平安,历代帝王亦多派官吏来到这里拜祭

海神(图3-2-2、图3-2-3)。

唐末五代时期,刘䶮建立南汉政权,广州再一次成为都城,称兴王府。唐代广州已基本上形成了坐北朝南的布局形态,城市最北面是官署区。官署区与南城门相连并将城外商业街主干道直达江边,从刺史署直临江边形成了一条南北向轴线。南汉兴王府仿唐代长安建造,划分城市区域,兴筑大批宫殿,城市建设具有都城建设特点。按照唐制,城市布局分为内城与郭城。内城包括宫城与皇城两大部分,为南汉的政治中枢。宫城位于城北,坐北朝南,居高临下,是皇帝、皇族居住之所在和皇帝处理朝政、举行会议的地方,建有昭阳殿、乾和殿、文德殿、万政殿等。宫城之南为皇城,最高的行政机构与事务机关大多设在这里。为适应礼制之需,南汉王刘䶮把唐南城门清海楼改为双阙,用来标示宫殿建筑群的隆重性质和至高无上的等级,强化威仪,渲染宫殿区的壮观气势。

广州城市建设直到南汉后才有了突破性的变化。与此同时,南汉还兴建了水利园林工程和大批苑囿宫殿,"凿山城以通舟楫,开兰湖,辟药洲。"[3](图3-2-4)在风景优美的地方辟建为宫苑,著名的有南宫、昌华

---

[1] 南齐书. 州郡志上.
[2] 全隋文. 卷十七.
[3] (清)刘应麟. 南汉春秋.

图3-2-4　广州南汉西湖药洲遗址九曜园水中观赏石

苑、玉液池、芳华苑、华林园等。

在广州城建史上，宋代是一个承上启下的发展阶段。以城市北部中间地区为政治中心，沿江及西部地区为商业居住区的格局在宋代得到巩固。宋代以后通过对城墙的多次修缮，逐渐呈现出三重城墙围绕的空间形态格局，即子城、东城、西城三城并立的总体形态格局（图3-2-5）。

子城又称中城，周长五里，城北不设门，南面、东面、西面共有镇南门（镇安门）、冲霄门（步云门）、素波门、行春门、朝天门（有年门）五门。城南的镇南门为广州南面的正门。子城的修复是宋代对城墙第一次大规模的建设。子城在宋代仍然是广州城主要的官署行政区和居住商业区。城市商业主干道北端呈丁字形布局，为经略安抚使司所在地，也是政治中心。东城的建设是宋代第二次对城墙的扩建。北宋熙宁二年（1069年），东城在古越城的基础上逐渐修建起来，西接子城，与子城并列，面积周围4里，有迎熏、拱辰、震东三门。这里主要是官员的居住区和风景区。东城的街道与子城相似，多为丁字形街道，街道较窄。西城的建设是对城墙的第三次扩建，是在北宋熙宁四年（1071年）增筑的。西城的规模最大，与中城隔着西湖相望。周围13里，共有朝天、威远、和平、金肃、阜财、善利、朝宗、航海、有年等九门，其中有年门为原子城的西门，将西城与子城连通，这里是主要的商业区。东西雁翅城的建设为宋代第四次大规模的城墙建设。南宋嘉定三年（1210年），在城南两边筑东西雁翅城直至海边，东翅城长90丈，西翅城长50丈，用以保护官署和商业区。

明代以后，广州城原来的三城分立的形态已不适合城市发展的需要。原三城之间有濠水环绕，形成分割之势。明初洪武三年（1370年）拆除了中间部分的城墙，填埋部分濠池，三城合为一体。明洪武十三年（1380年），广州地方官朱亮祖认为在宋城基础上合三为一的城区仍旧过于"低隘"，因而"辟东北山麓以广之"，并"拓北城八百余丈建立五层楼，为会城壮观"。后来城池又陆续有多次的修葺和扩建。明嘉靖四十三年（1564年），原宋代所建雁翅城保护的江边商业区，时常受到骚扰和袭击，为了保护这一带沿江商业区的安定和繁荣，又加筑外城。所加筑的外城称为明代"新城"，或称明代"子城"。新城有东、西、南门，上有2层城楼。这时的广州城基本形成今日广州市旧城区的范围。这两次拓展形成的明代老城，周长约21里，设八门。广州城的规模扩展，使越秀山的一部分也在城市范围以内，城中原有的6条溪水长流不断，所以形成了"六脉皆通海，青山半入城"的格局（图3-2-6）。

越秀山的山顶兴建了五层高的镇海楼，也称"五层

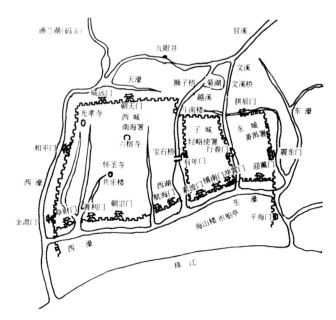

图3-2-5 宋代城郭示意图（来源：《广州城市形态演进》）

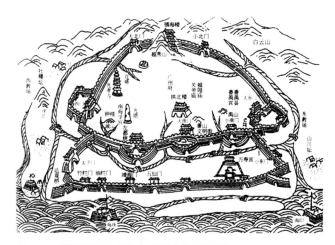

图3-2-6 明代城郭图（来源：《广州城市形态演进》）

楼"。镇海楼始建于明洪武十三年（1380年），后经历代重修。现存的镇海楼宽31米，深11米，高28米，为五层楼阁式建筑，逐层收减，复檐五层，硬山顶，楼身各层有平座腰檐，造型雄伟壮观，仍保留了明代风格。登此高楼，可以远眺珠江，因而也称作"望海"之楼，有"岭南第一胜揽"之称（图3-2-7）。

清代广州城在总体布局上沿承了明代的城市布局形态。清顺治四年（1647年）筑东西二翼城，各长二十余丈，各为一门，向南直通河边，称为鸡翼城。这是广州古代城建史上最后一次的城池建设。在清代大清门外是珠江边天字码头，入大清门往北分布有学宫、书院以及布政司、广州府、巡抚部院等官府衙门。

广州古代城市的发展除汉平南越、宋末元初等大的战争以外，基本处于中国漫长而又相对稳定的封建社会时期。广州古城以早期子城为核心，逐步扩大发展。从总体上看大的扩展和建设有四次，即赵佗城、南汉兴王府、宋三城、明清广州城。广州古代城市的空间结构形态明显受中原的城市布局形制的影响，赵佗城采用西城东郭的布局，体现了以西为尊的宗族礼制的思想；兴王府采用坐北朝南的布局，体现了突出皇权礼制的思想；宋代的城市形成了三城并立的形态格局，水道与商业街市相统一；明清以后，由于地理环境、商业贸易、交通方式的影响，城市建设更多地结合了城市周围独特的山水自然条件（图3-2-8）。

## 二、潮州府

早在五六千年前，潮州即有人类活动的痕迹。秦以前，潮州原住民为少数民族，汉族是后来才由中原逐渐南迁而至的。在漫长的历史长河中，潮州从一个边陲小镇逐步发展成为"领海名邦"，成为我国著名的历史文化名城。由于地理条件、文化历史、民族习俗的差别，表现出了鲜明的地方特点。

秦始皇统一岭南后设南海郡，南海郡又下设揭阳戍，潮州归揭阳戍辖区管辖。东晋义熙九年（公元413年）立义安郡，郡治设在现今的潮州古城内。潮州古城位于韩江三角洲平原的北端、韩江的西岸。韩江三角洲河网密布，土壤肥沃，物产丰盛，为潮州古城的形成和发展提供了有利的自然环境条件。

从汉至宋朝以前，潮州古城发展缓慢。当时潮州属于国家的边远城邑，人口稀少，城中除宫署及各种手工

图3-2-7 广州镇海楼

图3-2-8 清末民初时期的广州城鸟瞰（来源：《广州旧影》）

作坊外，城市性质单一，结构关系简单。唐朝开元年间，潮州建成了占地约百亩的开元寺大建筑群，寺庙的建造，丰富了古城风貌，改变了以往单调的空间格局。

潮州建设的最早记载是北宋至和二年（1055年）《郑伸筑城纪》，从碑记内容来看，潮州在唐宋时期已经有土筑的外郭和内城。内城称子城，围绕府署公所，范围不大，地势却很险固。[1] 元《三阳志·城池》[2]记载："州之子城，依金山为固，前俯而后仰，由南面北，绕以壕，东则溪也"。但因当时土工不坚，至宋初已大部坍塌，宋淳熙年间（1174~1189年）改建为石城，增设女墙，高1丈5尺，宋城有11处门。完工后的城墙，清康熙《潮州府志》卷二《城池》记载："潮州府城，旧有子城依金山由北而南，绕以壕，东临大江，外郭以土为之，宋绍兴十四年（1144年）知州李广文乃移近循壕流旧址黍砌。绍定端平间知州王元应、许应龙、叶观相继黍砌之，为门十有一。元大德间总管大中帖里修东城之滨溪者，谓之堤城。"

现存永乐大典卷5343所载的潮州古城图，是一份研究宋代潮州城的直观参考资料（图3-2-9）。图中反映州治所在的地理位置，城内外主要建筑物及居民点的分布等，四周标注东、南、西、北四个方位。图中标注的名称有自然地理、人文地理等要素，"潮州城图"以表现人文地理要素为主，对寺观等宗教建筑绘得尤为详细。州治设在内城，以突出其防卫作用及政治中心的地

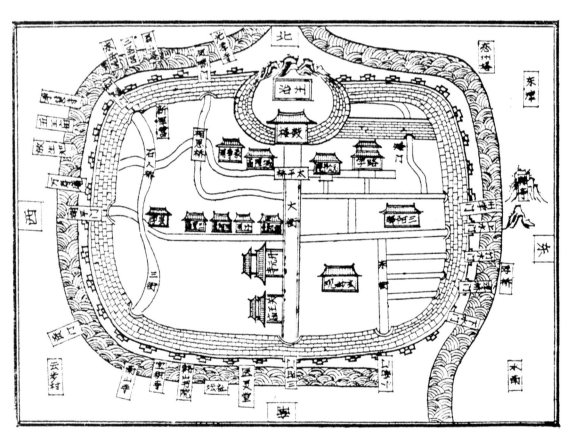

图3-2-9 宋代潮州古城图（来源：明《永乐大典》卷5343）

---

[1] 陈小凡. 潮州古城发展演变及保护研究［D］. 广州：华南理工大学，2010.
[2] 潮州所领县数，历史多有变化。南宋绍兴十一年（1141年）领海阳、潮阳、揭阳三县，史称"三阳"。

位。城图运用我国古代传统的地图画法，将建筑造型用简练的立体形象与具体方位加以描绘，使我们能够清晰地看到历史上的潮州城概貌及了解其规划设计思想。

对宋代潮州城南北轴的长度最为直接明确的记载，有《三阳志·桥道》："太平桥，在州治之前。州治自太平桥直抵三阳门……自太平桥至三阳门，长五百单五丈八尺。"太平桥遗址现位于潮州市太平路的上水门街口，而三阳门则是宋代潮城的南向终端。宋代一尺等于30.72厘米，因此，宋朝城南北轴线的长度是：0.3072×5058＝1553.8米。据潮州市城建局1980年实测，上水门街口至古南门（宋三阳门旧址）的长度为1560米，两者的数据基本吻合。宋代潮州城的周长，据《三阳志·城池》记述考证，至端平年间叶观修造堤城之后，潮城的总长度是1720丈，这一规模此后便基本固定下来，其间虽历次修建，皆沿宋代故基。清顺治吴颖《潮州府志·城池乡村考》谓："潮州府……城围一千七百六十三丈……"，与1720多丈的基数基本相同。由此来看，潮州古城的规模自宋代至晚清，基本上未有太大的改动。①

宋朝时期的城池是古代潮州的定型阶段。随着宋朝政治中心的南移，潮州与中原的联系逐步加强，城市的行政中心（如子城、宫署等）、军事设施（如城墙、护城河等）都得到很好的建设。道路骨架的完善，宗教、商业建筑及民居的建设日趋成熟，使城市空间更丰富而有韵味。

城墙建设，宋初在州治四周重新修筑子城。至宋仁宗至和元年（1054年），太守郑伸动员民力全面维修内外城，完工后外郭"城围一千七百六十三丈，高二丈一尺，阔二丈二尺。内外石筑七门：东，广济、上水、竹木、下水；西，安定门，左有水关一所；南，南门；北，北门。东跨溪，溪浚濠。濠西北抵湖山，西南阔八丈，深者六、七丈，浅者七、八尺"。子城则分设东西南三门，城墙高二丈五尺，墙面阔一丈，城基阔二丈。墙外挖濠，阔七丈五寸，"自城下转西而南，绕郭之外，延一千二百余丈"。②由于城郭修葺有误，致使外城崩塌，直到淳熙年间（1174～1189年），太守常纬重新修建，但仅恢复西、南、北三门。端平初年（1234年），太守叶观新修东城，自新城门起，沿溪傍岸，直至南门与旧城相接，长550丈，皆用石砌。墙高二丈，城上构筑排列如齿状的矮墙，全线共4000余齿。由于居民多沿江筑室，新修城墙凹斜屈曲，继任太守刘用行下令迁徙民宅，重行整砌。完工后的城墙门共有十一座：城东有州学门、上水门、竹木门、浮桥门、下水门；城西有贡（英）门、湖平门、和福门、凤啸门；城南有三阳门、小南门。此外，在内、外城之间还有鼓楼门和矮门可供往来。

州治（即知府署）所在的子城位于潮州城北部，北沿金山背，东临韩江，沿东、西、南向有城垣，于西、南向设壕沟，辟东、西、南三门，子城南端的鼓楼是子城连接外城的主城门。主干道大街北接鼓楼，南通三阳门，是一条贯通古城南北的大道，是组织整个城市建筑的主轴线。其两侧布置宫署、大型寺庙等主要建筑，规模宏大，气势庄严。古城形成以子城为核心的南北轴线格局。

纵横的街巷形成古城骨架。《永乐大典》载，宋代潮州"直州而前为街三堤一，巷陌贯通"。主干道大街（即今太平路）"自太平桥至三阳门，长五百单五丈八尺，东抵西阔二丈四尺，官沟在外街之两旁，石刻丈尺为志，砥道轩豁，有中洲之气象焉。"另二街居其东者称东街，通小南门；居西者称第三街，连贯贡门（一称

---

① 陈小凡. 潮州古城发展演变及保护研究［D］. 广州：华南理工大学，2010.
② 陈香白. 潮州文化述论选［M］. 广州：中山大学出版社，1993.

贡英门）与和福门。以上三街均为南北走向。宋代的古城图中，东西走向的较大道路有六：一通下水门，一通浮桥门（今东门），一通竹木门。以上三条道路均达东街，成"丁"字路口；另一自上水门穿大街，越第三街通湖平门；一自州学门穿大街，迤北越去相思桥，通凤啸门；一自大街太平桥，经相思桥，过石人桥至城西廊与放生池（今西湖）相望。从道路上还有桥梁分析，城区内还有若干河道，是引西湖水或韩江水的干渠。

古城合理地分布文化机构活动场所，并开辟城市风景区，古刹开元寺位于古城中心，玄妙观与关王庙也处于古城内部，与分布于城池四周边缘的大小庵堂、宫寺、祭坛、庙宇、放生池等构成广阔的宗教活动场所。位于城北鼓楼附近的学宫也处于重要的位置，说明这时候潮州的文化教育发展已有相当的基础。宋代潮州城里还设有官办的贫民福利救济机构安济院、养济院、安乐庐等。其中养济院址在开元寺后，利用废弃庵寺修辟而成，专门安置一些孤寡废疾无靠以及过往贫民病患者，由官方供给衣粮柴薪[①]。潮州城依山带河，原来就擅形胜之美（图3-2-10）。宋代更是着意开辟布置，当时建设的风景区，集中在韩山、金山与西湖山（即西湖和葫芦山）。潮州古城今日的主要风景区和旅游点韩山韩祠、金山、西湖、湘子桥等都是宋代建置或重修奠下的基础。

明清两代是潮州经济发展的鼎盛时期，城市在宋朝的基础上有了进一步的调整和发展，潮州已成为粤东的政治、经济、文化中心，城市的经济政治职能日趋明显，同时商业活动也更为繁荣，古城的商业积极外拓，冲破原有城垣的限制，形成了新的街市与桥市（图3-2-11、图3-2-12）。明清潮州古城主要特点如下：

（a）潮州西湖风光

图3-2-10 潮州风光

（一）城市外曲内方呈不规则长方形

城市形状呈屈曲状主要是外围的地理环境造成的，因金山立城北，葫芦山堕其西，笔架山江东峙，韩江绕郭南流等因素所决定，古城布局重其自然，巧于因应。潮州城四周筑有高大城墙，南北长约2.2千米，东西宽约1.2千米，周长约5.6千米。古城墙的作用有三，

---

① 庄义青. 宋代的潮州[M]. 广州：中山大学出版社，1997.

(b)潮州湘子桥风光(来源:李丰延、陆琦 摄)

一是防水患,二是军事,三是治安。《左传》云:"墙所以防非常也。"为了便于守卫,城周只设七门,除北门外其余皆为水陆门(图3-2-13、图3-2-14),其位置也是由所处的地势和城壕来决定的,偏设而不求对称。广济门上面东门楼为三层,为潮郡首要门户,城墙中开拱门,城楼各层均为五开间,抬梁式木构架,重檐歇山琉璃瓦顶,现建筑仍保留明代风格(图3-2-15)。除东面为韩江、西北面及北面有西湖和金山外,其余城垣外面都有护城河。

## (二)城市布局主要按功能划分区域

潮州古城的格局严整有序,经纬分明。城内功能分区按传统的职业划分,具体为"北贵、南富、东财、西丁"。北贵:中国的传统营造思想基本建立在以北极为中心的天国秩序,古城的北面为历代府衙、县署、学宫、城隍所在,且位置又居全城之上方,统领全城;南

图3-2-11 潮州古城功能分区示意图（来源：清光绪《海阳县志》）

富：南面多为豪富宅院，今从猷、灶、义井、兴宁、甲第、家伙、石牌、辜厝、郑厝、庵等十大巷的民居建筑规模尚可看出当年之繁盛；东财：东面临江，水陆交通便利，且东方主生，故形栈枇比，商贾云集，是闽、赣经水路贸易之地，这里多为仓储、客栈、酒楼、妓馆；西丁：因西面是作坊聚集之地，而工匠多为男性，故属丁，如今尚从铁巷、打银街、裱画街、胶柏街、竹篾街等巷名中，可想象出当年古城西片手工业基地工匠云集的情景。这样，就形成了动静分明、功能齐全的城市划分。

（三）街巷体系的形成

古城街道的结构形式按传统的经、纬、环涂制规划。除环涂外，古城经涂由北向南，主要有三道：中部的大街（今太平路）和分处于东西面的东街（今上、下东平路）和西街（今西平路）。纬涂由东抵西，主要也

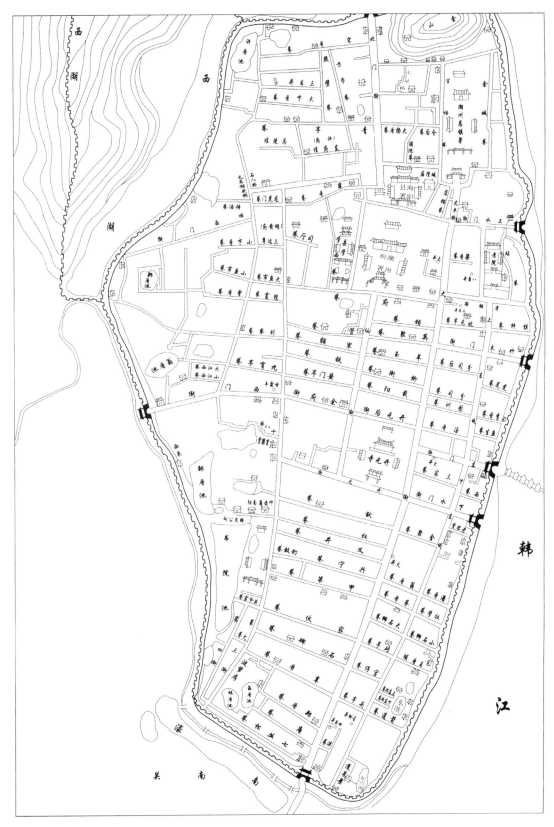

图3-2-12 潮州古城区平面图（来源：潮州市建设局《潮州古建筑》）

图3-2-13 潮州上水门

图3-2-14 潮州下水门

图3-2-15 潮州广济楼

有三道：中部由汤厝巷（今汤平路）经开元后巷（今西马路东段）穿余府街（今西马路西段），联系东、西两城门；北有府巷（今昌黎路）；南有开元前街（今开元路）。南北两纬涂虽未贯穿东西，但已显其基本格局。除此，南北走向的街道还有府前街（今义安路）、第四街、打银街；通向城门者还有北门街（今北马路）、上水门街、竹木门街、东门街、下水门街。在各街道之间巷道纵横，形成古城的棋盘式道路网。

### （四）以民居单元组合的坊巷制

清代古城街坊没有采用宋代以前的里坊制，而代之是以民居为单元组合，横向排列，前后间隔巷道的坊巷制（图3-2-16、图3-2-17）。全城共90多个街坊，如城南的猷、灶、义井、兴宁、甲第、家伙、石牌、辜厝、郑厝、庵十街坊，每个街坊长300米，宽30～60米，为潮城之较大街坊。城东、城北和中部街坊，因是商业、衙署、寺庙和民居混合区，交通量较大，故各街坊比城南小，一般长100～200米，宽约50米，既利于交通，又便于防火。城西由于地形地势错综复杂和池塘较多，故所在街坊因地制宜，大小不一。城内出现不少行业街市，如米行、丝竹、果子行、药市、皮市等，也有茶馆、酒肆等娱乐场所，还有由集中市制转化而来的街市和桥市。

### （五）城市空间丰富而有意境

潮州古城北依金山，东临韩水，北高南低，日照排水便利。在古城的中轴线上，前面是潮州府署，后为海阳县衙，署前侧有府仓，东侧为府学宫，县衙后面有县仓，西侧为县学宫，署前向南伸展有府前街、仙街头交接开元前街，使中轴线明显，突出府署在古城北上方的几何中心位置。在空间组织上，古代潮州城空间轮廓层次相当分明，形成以环城低山丘陵金山、西湖山、笔架山自然轮廓为主的古城空间的"高轮廓线"；城墙、城

图3-2-16　潮州甲第巷街坊

图3-2-17　潮州甲第巷宅居

门楼、骑楼街组成的"中轮廓线";成片低矮民居组成的"低轮廓线";以及韩江、西湖水面形成的"下轮廓线"。高、中、低、下,错落有致,层次丰富。

## 三、雷州府

雷州地处中国大陆最南端的雷州半岛。雷州半岛境内山峦众多,水系遍布,雷州古城位于山水汇聚、背山面水的半岛中心。雷州城外四峰拱秀,东南西北依次是英岭、擎雷、时礼、英榜四座矮山,将古城半拥入怀。雷州古城建在英岭山的南面,英榜山的西面,它们成了雷州古城的天然屏障,提供了适宜人类生存和居住的自然气候。

先秦时,雷州为"荆扬之南裔、商南越、周南海、周末百粤"。因而其城池兴起极早,据明黄佐《广东通志》记载,公元前355年楚子熊挥奉命镇粤,至此开石城,熊挥同时还建了一座楚豁楼,遗址在宋元的县治中,一般认为这是雷州最早的城池,这是关于雷州最早的古城记载。到了秦代,秦始皇统一六国并在全国实行了郡县制,雷州属于岭南三郡中的象郡,其城市属性同先秦时期一样,都是作为边界卫城而存在,起着重要的军事防御的作用。

汉代置徐闻县、合浦郡于此,其中徐闻县即为现在雷州。汉武帝年间伏波将军路博德平定南越王相吕嘉之乱,为了加强防御,在原有的石城基础上进一步扩大了城市范围。另外,这一时期雷州作为南中国"海上丝绸之路"的主要始发港之一,其海运作用也凸显出来,同时航运贸易的快速兴起也对古城的发展起到重要的作用。从汉代起,雷州古城得到了迅速的发展,雷州城作为雷州半岛的经济、文化、政治、航运、军事的中心地位得到了有效的确定。

雷州城在唐代为海康县治,海康之名始自隋开皇年间(公元581~公元600年),唐朝沿袭,为海康县治和合州州治。唐贞观八年（公元634年）改古合州为雷州，并建造郡城。雷州到唐代依然存在许多少数民族，这些少数民族与汉族杂居，各方面的摩擦导致了少数民族经常发生骚乱，给雷州城安全带来威胁。为了更好地防御少数民族的侵犯，保护雷州老百姓的稳定生活，地方官陈文玉在贞观八年（公元634年）对雷州城进行了大规模的修建。这一工程一直持续了四年，于贞观十二年（公元638年）工程竣工，当年所修的城池在今雷州旧城内。1983年在雷州旧城参将府遗址（今第一小学东）的施工工地上，出土了大量雕刻了文字的砖块以及大量刻有莲花纹路的瓦当，砖块侧边刻有"雷郡东城砖第九甲""雷郡城西城第五甲""雷郡城砖北城第一甲"等字，根据史载雷郡之名仅见于唐代，因而推断这些砖块为唐代城墙遗存。

这时期的城市特点是以军事管理为主要功能，并依靠河流灌溉、农业垦殖、海洋渔猎等社会生活作为主要形式，形成早期城镇的发展模式。城市建设主要为扩建和加固了城池，城市内形成一定量的建筑群。南汉期间，城池袭唐制，乾亨间（公元917～公元925年）大筑城池。

宋代是雷州城市发展的高峰时期，也是雷州古城的基本成型期，这一时期的中原地区战乱频发，大量的中原和福建居民为躲避战乱而移民至雷州，这使得雷州吸取了中原文明和先进的生产技术，经济、文化都得到了快速的发展，同时这一时期雷州古城的建设也相应地进行大规模修筑扩张，城池多次筑构。宋太宗至道二年（公元996年）郡守杨维新建子城，周140步，高1丈7尺，下阔1丈，上阔9尺。郡守王鉴于南宋绍兴八年（1138年）因"海寇陈旺长驱乘潮犯城南郊，纵火大掠，人莫能御"而开始兴修土筑外城，绍兴十五年（1145年）知军事王超加大筑城力度，"复筑外城，作女墙，辟四门"[1]，外城依附旧城，只有东、南、西三面。绍兴二十二年（1152年）黄勋对外城进行了扩张，同时将土城墙改为砖砌，由于各方面条件的限制，直到绍兴二十四年（1154年）才由朝奉郎赵伯择完成。外城的建设基本确定城墙范围，并前后持续了160年，这对雷州古城的空间形态有着重大影响，雷州今天的古城基本骨架就是在这一时期确立的。新旧两城周长5里280步，城墙高2丈5尺，上阔1丈，下阔3丈，濠广5丈5尺，深1丈4尺，城外环筑女墙，辟四门，城池完备，规模宏大。[2] 此后，宋宁宗嘉定五年（1212年）、理宗淳祐十年（1250年）曾先后因台风侵蚀城池而修葺，并于旧城之上构筑四楼。根据宋枢密编修胡锉所著《筑雷州郡城记》所写："尝登高以望，雄碟隐然，虽古所谓蓦若长云、屹若断岸，殆不能远过，真一郡之壮观，千古之宏观也，顾不伟哉"。由此可见当时的古城非常壮观。

元初，雷州城历经战乱和台风的侵袭，城邑残破，广西少数民族对雷州不断进行骚扰掠夺，引起了雷州地方政府的重视和防范，同时也认识到外城是内城的屏藩，如唇齿之相依，不可或缺，故于元天历二年（1329年）筑外城。元统元年（1333年）重修雷城，立栅门，筑羊马墙，从而使内外两城互为犄角，防御更为完善。

明朝时为进一步加强防御，又多次修城，明洪武七年（1374年）在雷州重新大筑城垣，垒石砌砖，对雷州城的四门加建了重楼，挂匾命名：东曰"镇洋"，西曰"中和"，南曰"广运"，北曰"朝天"。在古城墙外设置了防护沟蓄水作防守功能，东、西、北三门各置石桥，环城浚池储水，周围长达6里。同时还在城墙四角

---

[1] 民国海康县续志. 地理. 舆图.
[2] 赖琼. 唐至明清时期雷州城市历史地理初探[J]. 湛江师范学院学报, 2004 (04).

修筑了角楼，强化了古城的天际线轮廓（图3-2-18）。在明代嘉靖时期，为了强化城市的防御功能，官府在距东西南北四城门外百步的距离分别建楼，上挂匾牌分别命名为"安东""靖西""镇南""巩北"。

清代雷州城屡遭台风侵蚀，破坏严重，如顺治九年（1652年），"飓风连作，城崩池坏"；康熙十年（1671年），"城东垣崩数十丈，又飓风频发，城上垛窝十坏八九"。[1]因此城池也屡有修葺，顺治、康熙、乾隆和嘉庆朝多次修筑，其中规模较大的是顺治十三年（1656年）所修，盖40间窝铺，并仿省城式样重新改造，将圮坏单薄之城逐一修筑高厚，垛口改造，城濠疏浚，同时还在四门外百步处各建楼防守。

唐至明清时期雷州城市的格局前后变化较大，南宋绍兴十五年（1145年）之前，雷州仅一座城池，即宋至明清的旧城，也称子城，为一长方形城池。绍兴十五年以后，在旧城之南循其南界修建了一座半圆形城池，新旧两城形成外似一城实为两城的格局。雷州城池总面积至清中期已达3.2平方公里，城墙周长5里多，城濠长达6里有余，规模宏大。南宋在旧城之南再筑新城，是因为进出雷州的水路港埠主要在城东南的南渡河，盗匪多由此入城，于旧城南建外城可作为内城的屏障，"雷郡新城实内城之屏障，唇齿相依，不可或缺。如丁亥狼兵围雷，自七月至九月，帅老卒疲，内城晏然无恙，止劫新城而去，非新城捍卫之力乎。"[2]而经济的发展、城市人口的增加也影响着新城的建设和发展，明清时期新城坊市的增加和向城门内外的发展也说明了这一点。以后历代雷州城虽屡经修葺，却一直保持着这种格局。

雷州在历史上属于历代府治之所在，其行政等级属于府级，雷州属于按照古代一般县级规模建立的城市。这主要因为城市规模与形制除了受到行政等级的影响，还受到历史、地形地貌、交通、地方经济发展特别是商业发展等多方面因素的影响。

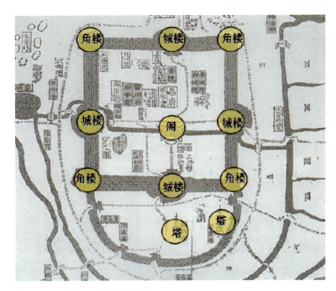

图3-2-18 雷州古城墙平面示意图

雷州古城由旧城、外城、二桥区域、关部区域以及雷湖区域共同构成，其中旧城部分是南北长、东西短的长方形格局，中间的十字大街呈南北对称、东西不对称的方式排布，这主要是由于城东和城西之间的高程不同，这种布局是为了顺应地形；外城部分北部与旧城相连，其他三面呈不规则排布，这主要是由于雷州古代的夏江河环城而流连接了西湖和特侣湖，同时古城西侧紧挨着西湖，因而外城的形状是由于河流湖泊形状的限定所致。西南部的二桥区域和南部的关部区域是清代到近代商业发展和人口扩张后发展起来的区域，呈自由发展、无规则边界的特征。

雷州城内交通畅达，以陆路为主，其间纵横交错的街道构成了一个完整的交通网络系统。它们通过城门与城外交通连为一体，形成便捷的内外交通。根据历代的府志、县志记载，明朝时期雷州街道网络已形成，清代

---

[1] 嘉庆．雷州府志．建置．
[2] 康熙．雷州府志．建置．

进一步完善。旧城街道形成时间较早，街道多为建城时所设，因有所规划，故较规则平整，同时受中国古代都城布局的影响，其主要街道也多为东西、南北走向，且与城门相通。据明万历《雷州府志·建置》记载，其中连通东西城门的街道一条，长约1里，称东西街；连通南北城门的街道一条，长约2里，称迎秀街。两条主干道相交于城中心偏东位置，形成十字形交叉，构成现今旧城交通网络的基本架构。另外，旧城东西向的街道还有中正巷、西街等，西街又分大、小西街，"司狱司南直上，呼曰'大西街'，恺悌坊西，呼曰'小西街'。"① 新城街道形成较晚，主要在明清时期。受地形和修建时间等因素影响，街道多弯曲自然。新旧两城的主要街道在明成化二十年（1484年）由知府魏瀚"伐石铺砌"，今城中一些街道还遗留有明代的青石路面。另外，雷州城外也开辟了一些街道。

唐代以后，雷州城市日趋兴盛，并逐步形成了一些功能相对集中的区域。官衙是一个城市的指挥机构，因此官衙区往往在城市布局中占据着极其重要的地位，雷州城亦如此。官衙机构一直作为雷州半岛的政治中心，既是历代海康县治地，又是唐代郡治、宋代军治、元代路治和明清府治所在地，同时它还是中国南疆边关重镇，因此军政官衙机构众多。雷州的官衙区主要集中在旧城西北部，包括海康县治、雷州郡（军、路、府）治，还有监狱署、元宣慰司（明雷州卫、清参将府）、左营、右营、火药局、武行署等。雷州官衙区之所以位于城西北部，一方面与中国古代城市官衙布局特点有关，中国古代城市官衙布局有一个突出的特点，即官衙往往居于城邑中心或地势高处，以体现出地位和权威，而雷州城西北部地势略显高亢，因此雷州衙署设置于此，有高屋建瓴之势，利于防守。另一方面历史上雷州周围多盗匪，他们多沿海路从城南进攻，而旧城位于新城之北，有新城作为屏藩，旧城的官衙安全才有保障。

由于受中国古代传统文化的影响，各地的官学一般都设在官衙附近。雷州城早期的文教区主要设在城西北的官衙附近，如宋代始建县学宫和府学宫于此，雷州的第一座书院莱泉书院也于此时在寇公祠兴修，贡院则在学宫稍北处，从而形成密集的文教区。明代以后，雷州文化教育发展迅速，仅城区就有9所社学和怀坡、崇文、文会、雷阳、平湖（莱泉）5所书院。这些社学和书院除一部分在官衙区附近外，大多集中在旧城东南部，如著名的雷阳书院等，形成新的文教区（图3-2-19、图3-2-20）。

雷州早期的居民区也是按里坊制建设，到明代后还保持这样的称谓，如21坊、下河里、灵山里等。宋代以前居民区设在封闭的坊墙内，宋代以后，逐步开始和工商业区杂处，并开始沿街布设，形成连片街区，每个居民区都有巷口楼或牌坊标志。据明万历《雷州府志·建置·坊表》记载：明代雷州城有21坊，其中位于旧城的有迎恩、镇宁、安仁、桂叶、中正、乐安、贵德、明善、恺悌、守廉、澄清、官贤、拱宸、西湖共14坊，位于新城的有文富、调会、登云、南亭、解元、宁国、文昌共7坊。清中叶以后，随着人口的发展，居民区进一步扩大，新增10坊。其中除仁里、荐贤和龙兴在城内外，其余的主要出现在旧城四水关内外。东关外有兴贤、富教、宜稼坊，西关有昭贤、守富坊，南关有永宁坊，北门外有那芦坊。这反映出这一时期社会经济的发展、人口的增加、城区面积的拓展和居民区向城外扩展的趋势。

清中叶以后，由于雷州港内外贸易的兴盛，雷州口海关在今关部康皇庙北设立，遂使这里成为繁华的商业区，而居民也大量拥入新城，在这里形成新兴的居

---
① 万历. 雷州府志. 建置. 坊表.

图3-2-19 雷州海康学宫大成殿

图3-2-20 雷州海康学宫大成殿梁架

① 嘉庆. 雷州府志. 建置.

住区，有曲街、苏楼巷、钟楼里、灵山里、下河里等（图3-2-21、图3-2-22）。这些地方如今仍保留了许多府第和祠堂。如岭南"三大清官"之一的陈端清公祠就位于钟楼里，翰林院编修陈观楼故居观察第就位于下河里，典型的雷州民居宋屋巷位于灵山里。

雷州虽然一直为边关军事重镇，但同时它又是历代雷州半岛的政治、经济、文化中心，因此其商业区同样是城市布局的一个重要组成部分。宋代以前，雷州城的市场和同时代的其他中国城市一样实行封闭集中的管理制度，市场设在指定的坊内，实行封闭集中管理。宋代以后，市场也逐步推行开放的管理制度，工商居民区杂处，市场沿街布设，形成众多的商业区。宋至明中叶，雷州的商业区主要集中在旧城，其中旧城中的东西、南北向的主干道是最重要的商业区，店铺密集，货物品种繁多。另外，大西街、小西街、嘉岭和大新街的商业也很兴旺，人烟鼎盛。如大新街主要经营苏杭布匹、日用百货，亦有书店、药房、制笔等业；镇中东路经营酱料、糕饼、药材、蒸酒、粮食等业；镇中西路的饮食、钱庄、理发等业也十分兴盛。这些街道的市场是由一个个的店面组成，它们或彼此共墙，或紧相连接，多前为店铺，后为仓库或宿舍。明朝时，来往的货船沿南渡河支流南亭溪直达城西的西湖惠济东桥，但东西行人来往不便，于是跨南亭溪架一桥，方便行人。但由于桥横溪上，船舶只能停在桥南，明嘉靖十三年（1534年）知府黄行可便以石砌桥门，又疏浚溪流，使船重至惠济桥下，"舟楫运货，从桥下乘潮而过"，"山程水驿，从无阻截之区，攘往熙来，并鼓康衢之腹"。①

与此同时，城南新城商业也逐步发展起来，有与城内平分秋色之势。其中南亭街以布匹、药材、纺织为著；二桥街则以土扎、油糖、铜铁、竹木、缸瓦有

图3-2-21 雷州下河里灵山公馆

图3-2-22 雷州下河里民居

名;曲街不仅有繁荣的商业,而且手工业也密集,有铜铁、首饰、纺织、木作、石刻等行业。新城商业虽屡遭兵火,但仍欣欣向荣。而城门附近也因交通便利发展成商业区,如南门市和西门市等。

## 第三节 乡镇格局

广东乡镇聚落除了大量村落之外,一般分为两类:一类是普通农村、渔村等村落;另一类是墟镇,包括墟市、集镇。墟镇是农村产品和货物的交换、买卖集散地,它以商品经济为主,一般是以经济贸易为主。故墟镇民居采取线形布置的形式,前铺后宅,住商合一,墟市、集镇的布局与村落布局会有很大区别,它与普通村落以居住为主的块状里坊布置形式截然不同。县城是墟镇的扩大形式,但同时也是政治、经济的中心,除了商贸街铺街线形形态外,其空间也会按照古代城市建制理念原则进行布局。下面以三个不同历史时期形成的城镇来论述。

# 一、龙川佗城

佗城古镇始建于秦朝，位于广东省河源市龙川县最南端。佗城原名为龙川城，公元前214年，赵佗平百越，设置龙川县，县治在佗城（称城厢），赵佗为县令。秦汉至民国两千多年来，均为县衙署的所在地。唐、宋两朝建循州治所。1949年县城迁往老隆，为纪念赵佗，更名为佗城。1949年设佗城镇，1983年改区，1986年复设佗城镇。

龙川之名据裴渊《广州记》：本博罗县之东乡，东龙穿地而出，即穴流泉，因以为号。一说与其地势有关，为龙潭自鳌山分注会于川，故名龙川。由此也可以看出，龙川地理条件十分优越。古龙川县地域广阔，辖区包括现广东省的龙川、兴宁、五华、和平、连平、东源、源城、紫金、陆丰、海丰等县全境及平远、新丰、江西定南、寻乌等县的部分，几乎涵盖今天粤东北、粤东的大部分区域，而佗城正属于古邑龙川的中心地带，是一重地。

据《史记》记载，秦朝统一岭南后，设南海郡治，以任嚣为郡尉统管一郡，下辖番禺、龙川（今广东河源龙川县）、博罗（今广东惠州博罗县）、四会（今广东肇庆四会县）四个县。因龙川具有极其重要的地理位置和军事价值，故命平定岭南的秦军副将赵佗任龙川县令。而赵佗选定佗城作为龙川县的治所，也是因为它属于重中之重，具有极其优越的地理条件。据《龙川旧志》载，龙川"居郡上游，当江赣之冲，为汀潮之障，则固三省咽喉，四周门户"为"水陆之要道"。在地理位置上，北可出江西沟通中原，南可至南海，西可达梅关，东可至闽越之地。而在地势上，有虎踞龙盘之势，东江水如龙，流经城东、城南；四周群山若虎，有霍山和鳌山、东山、狮子石山、湖山、南山、海珠山、丹凤山等。进可攻，退可守，是极佳的治所。

因此赵佗任县令之初，便仿照中原都城建设的模式在今天的佗城镇筑龙川县城。虽然是参考营国的手法去建造的，但当时百越始平，尚未开化，受制于现实条件只能有所妥协。因人力、物力、财力有限，赵佗筑的是方形夯土城，城东至老城街，城南至县前街，西城至城头，城北至北角塘，城垣周长仅800多米。

随着生产力水平的提高和经济的发展，宋代佗城的财力、物力、人力具备了建砖城的条件，将秦时建的土城扩大改建为火砖城。由老城街东扩展至小东门、大东门；县前街向南扩展至南门街的南门；北角塘向北扩展至北门。全城筑有高5米、宽1米，周长约2400米的城墙，同时改土筑为外皮砖砌。设5个城门，各门有戍楼，城墙有垛，作哨防敌之用。城治外围辟有护城河沟，深沟高垒，固若金汤。

到了明代，佗城形态逐步定型。明弘治十八年（1505年）为进一步加强防御能力，在老城北新建一小城名"新城"。至嘉靖十八年（1539年），为保护主城，又扩建上五里城、下五里城、下廓城为附城。至此，佗城共有六座城门，各门有戍楼，后因战火而毁（图3-3-1）。

民国28年（1939年）春，民国政府下令拆毁佗城全部古城垣、古城楼，辟为环城公路，护城沟改为池塘，风貌被极大地破坏。1949年中华人民共和国成立前夕，佗城仍完整保留了县前街、南门街、大东门街、小东门街、百岁街等，店铺300多间。至今仍保存众多古迹和古建筑：如新石器时代的文化遗址坑子里、牛背岭；秦时古城基、越王井、马前岗等遗址；唐代的正相塔；宋代的循州治所；明清时代的城隍庙、越王庙（图3-3-2）、文庙学宫、考棚（图3-3-3、图3-3-4）、正相塔等。

佗城学宫在佗城镇小东门，据《龙川县志》记载，龙川县于唐代始建学宫于城北，南宋时对学宫修葺过，元代至元十八年（1281年），龙川学宫遭到兵燹，明代前期，当地官员重建学宫，但到了清朝顺治年间，学宫

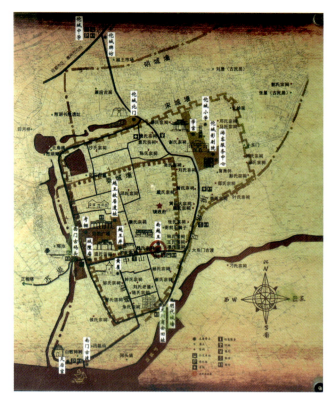

图3-3-1 龙川县佗城镇城墙示意图

图3-3-2 龙川县佗城镇越王庙

图3-3-3 龙川县佗城镇考棚门厅

图3-3-4 龙川县佗城镇考棚内院

又被攻城的贼寇毁坏。现存的龙川学宫建于清康熙七年（1668年），至今仍保存有大成殿、明伦堂、尊经阁等建筑。据学宫文化研究专著《学宫时代》称，在全国可查考的204座学宫和14处考棚中，只有河北定州和广东龙川两地目前还是学宫与考棚并存。学宫坐北朝南，大成殿面宽五间26.56米，进深四间24.40米，高18米，歇山重檐顶，抬梁与穿斗混合式屋架，檐下四周斗栱重叠出跳，梁柱上有凤、鸟、鱼、龙各式漆金雕刻，显得古朴大方（图3-3-5）。

正相塔又名"老塔"和"仙塔"，在广东省塔式建筑中，是在形制、结构、外观上保存较好的宋代佛寺砖塔之一。始建于唐开元三年（公元715年），宋代重修。塔原名开元塔，因南宋开庆元年（1259年），左丞相吴潜因反对立度宗为皇太子，被贬谪住在塔下古寺，故更名为正相寺和正相塔。塔平面六角形，为七层楼阁式塔（图3-3-6）。

图3-3-5 龙川学宫大成殿外观

图3-3-6 龙川佗城正相塔

## 二、佛山古镇

佛山自宋代以后开始兴起，是由渔村墟市发展起来的一个工商业城镇。地方志载："佛山成聚，肇于汴宋"。明代时佛山处于发展时期，工场手工业规模日益扩大。"佛山商务，以锅业为最"，说明佛山冶铁业相当发达。另外佛山丝织业、成药业已发展到相当规模。明代佛山地方划分为二十五铺（街坊）。

明末清初，佛山为国内外贸易的重要地点，形成与广州并立的岭南二元中心市场。各省货物，皆先到佛山，故南北互输也以佛山作为枢纽。清代中叶，佛山处于鼎盛时期，手工业的行业有300多个，铸铁、陶瓷、纺织、爆竹、中成药等远销国内及南洋等地。全盛时期人口达十多万户（50万~60万人），发展为二十八铺，有神庙150多间，神社100余座，祠堂300多间，当楼56个，戏台36个，各省在佛山设有18省会馆，大小街巷1300多条。汾江水面上往来船只终日不断，状若穿梭。城内三墟六市、六十渡口、二十桥梁，处处人来人往、熙熙攘攘。在中国封建社会后期的经济上，佛山与京师、苏州、汉口并称为天下"四大聚"，与汉口镇、景德镇、朱仙镇、并称为"中国四大名镇"。[①]

佛山地势南高北低，汾江河水环绕四方，如玉带围腰。"汾江河"，古名"分江河"。后人以"分"字不祥，改称为"汾"直至今天。汾江河是佛山历代的水路交通运输枢纽。水源来自西、北两江，汇合于佛山南海县。除汾江河外，佛山过去还有许多纵横的河涌，如记载中的大塘涌、仙涌、婆娑涌、大口涌、沙涌等。

自宋以后，中原人口大量南迁，加速了佛山的开发，手工业、农业迅速发展。商业和手工业因而逐渐兴旺，明代中叶，佛山已成为相当繁荣的商业和手工业

---

① 张红霞. 佛山市祖庙东华里历史街区保护与更新研究[D]. 广州：华南理工大学，2007.

市镇,吸引了岭南乃至全国各地的商贩。明景泰三年(1452年)的《祖庙灵应祠碑记》载:"南海县佛山堡东距广城仅五十里,民庐栉比、屋瓦鳞次……"

城市布局是依据地形而发展。随着手工业和商业的发展,铺区发展成形,各行业逐渐分类聚集,到乾隆至嘉庆年间,行业趋向集中,出现手工业和商业区。铺区划分成南部的手工业制造、北部的商业中心区和中部的工商、民居混合区的三大功能区划。[①]

南部的手工业制造区为铸造业集中地。冶铁业主要沿汾水集中在西部和南部地区;纺织业则主要集中在东部和东南部的乐安里、舒步街、仙涌街一带。北部为商业中心区,濒临汾水的三铺形成一个商业专业区,因靠近水运,处处码头,是清代佛山发展最快的区域,商业会馆、酒楼和戏班云集,店铺鳞次栉比。中部的八铺,是手工业、商业和民居住宅的混合区。北部、中部地区是街巷纵横、人口密集的闹市商业区。手工业作坊和店铺,居民住宅交织在一起,很多街巷是以行业命名的,由于地域所限,大多数街巷都是狭窄弯曲的。康熙年间吴震方在《岭南杂记》中提到,佛山"街道甚窄,仅容两人交臂而行"。部分较为整齐的街巷,则多是宅居内部的通道或名门大族聚居的地方,如东华里等。

祖庙东华里历史街区位于佛山老城区的中部商住混合区,是一个手工业、商业和居民点交织在一起的区域,既有工商会馆,也有手工作坊,既有店铺,也有民居,特别是成片成岛状的宗族聚居地,街区集中体现了佛山作为传统民间手工业城镇的特点(图3-3-7~图3-3-10)。东华里街区西临祖庙涌,区内有泥模冈、莺冈、黄伞冈等多处土冈。城市的布局依据地形而发展,街区的建设也是因地制宜,顺应自然环境,所以地势的变化导致了街区格局的扭转。街区内街巷纵横,狭窄曲折,1~2层的传统建筑非常密集,店铺、民居交织在一起。由于地势的自然因素和功能的差异,主街道路两边呈现出不同的街巷肌理。街巷与建筑的组合形式主要分两种:一是若干座三到四进、面宽三间10米左

图3-3-7 佛山东华里历史街区商铺

图3-3-8 佛山东华里历史街区会馆

图3-3-9 佛山东华里历史街区宅居内巷

---

① 罗一星. 明清佛山经济发展与社会变迁[M]. 广州:广东人民出版社,1994.

图3-3-10 佛山东华里历史街区宅居天井内院

右的建筑并列，形成前后巷道间的平行肌理，巷道间距离与三到四进的建筑进深相近，约为50米；二是面宽多为4米左右的单开间竹筒屋，进深十余米不等，沿巷道垂直方向成组布置，但较灵活。

历史街区中的文会里嫁娶屋（位于佛山市禅城区福贤路文会里36、38、40号），始建于清中叶，原为富商杨氏家族的大宅第，晚清时随着产权的易手，逐渐被用作固定的嫁娶屋，临时出租供给办婚事的人使用。据乾隆《佛山忠义乡志》记载，在清乾隆时期佛山镇上的居民已有10万户，人口多达40万。除少数富户、中产人家有宽敞的住居外，多数居民住在狭窄的竹筒屋内。人们遇婚嫁喜事便需较大的场所摆宴席，于是大型宅第建筑作为一种专供出租操办婚嫁喜事的场所遂应运而生，并形成一种相沿已久的习俗，成为佛山地区特有的一种"嫁娶"文化。嫁娶屋坐南朝北，建筑平面为三开间三进院落的合院式布局，主体建筑面阔11.36米，进深28米，建筑面积约318平方米，主体建筑左右两侧为贯通首尾的青云巷，后部为辅助用房，头门为凹门斗入口形式，中堂有轩廊，采用镬耳山墙和龙舟脊，砖木结构，清水砖墙，花岗石墙脚，布局严谨，空间高敞，有显著的地域建筑特色（图3-3-11、图3-3-12）。

东华里历史街区内还有祖庙、家庙、祖铺等22处重要文物保护单位，以及市场、会馆、义仓等历史遗迹。佛山祖庙始建于北宋元丰年间，是供奉北帝的神庙，居佛山诸庙之首，故称祖庙（图3-3-13、图3-3-14）。民间社会可以在乡贤的旗帜下凝聚，也可以在共同供奉的神灵面前聚集。历史上佛山受官府的管理较弱，基本上属于传统民间自治的社会控制模式，所以可想而知祖庙的地位。祖庙位于佛山老城的中心，许多重要的公共建筑群是以祖庙为中心分布的，包括政治管理机构，市、墟等市民集散之所。

政治组织机构的建筑形式有忠义流芳祠、大魁堂、义仓、八图祖祠等。忠义流芳祠（祖庙内）是全镇共同信仰的代表。大魁堂是乡绅议事决策并管理祖庙产业的机构，大魁堂是崇正社学内的一座建筑，据乾隆《佛山忠义乡志》记载："崇正社学在灵应祠左……"，清代大魁堂逐渐成为佛山权力的中枢，主要功能是决议乡事、出纳祖庙尝款、组织地方公益事业（创办义仓），犹如合镇的政府决策机关。义仓建于祖庙铺麒麟社街，是赈灾办学的民间组织，是灵应祠赈灾物资的储存地。八图祖祠是清代佛山土著建立的一个超宗族的地缘性集团，他们认为除了明初八图子孙外，其余都是"非我族类"，不得入八图祖祠。八图祖祠的建立不仅是土著宗族争取自己权力的一种表现，同时也是面对外侨的涌入所建立的一种自治机制，是城市社会自组织"协同"的一种措施。[1]

由于官府管理力度不大，佛山的民间自治，特别看重血缘、地缘，崇尚神权、族权、父（夫）权。在佛山历史的很长一段时间内，宗族势力在乡里制度中占据重要的地位，集行政和宗族权力为一体，并且通过多种方

---

[1] 邱衍庆. 明清佛山城市发展与空间形态研究[D]. 广州：华南理工大学，2005.

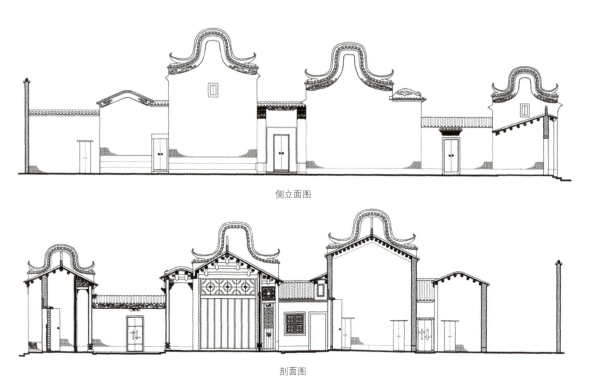

侧立面图

剖面图

图3-3-11 佛山文会里嫁娶屋侧立面图、剖面图(来源:《梓人绳墨》)

图3-3-12 佛山文会里嫁娶屋外观

图3-3-13 佛山祖庙灵应牌楼

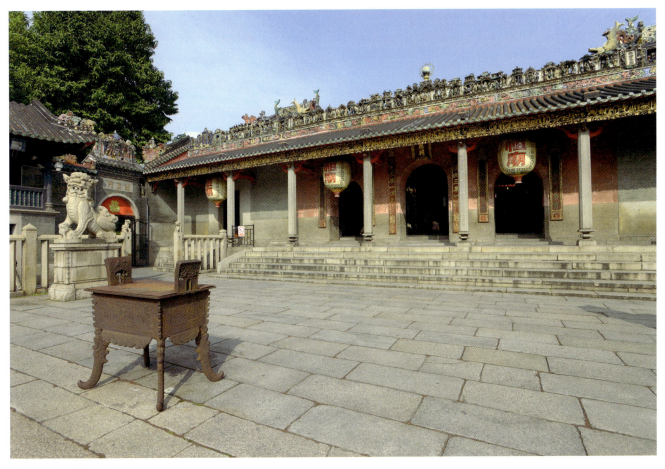

图3-3-14 佛山祖庙山门

式实现了对乡族权力的整合。明代以后，强大的宗族势力集团掌控着佛山社区的命脉，管理着佛山事务的方方面面。东华里历史街区内遗留了多处大宗族的宗祠：傅氏家庙、简照南佛堂、蓝田冯公祠、隔塘霍氏家庙等古建筑群，他们象征着家族强大的凝聚力、显赫的地位和权力，建筑豪华气派。蓝田冯公祠由明代聚居此地的冯氏家族所建，清中叶后重修，规模颇大，主体建筑坐北朝南，头门、前殿、正殿等共四进合院式布局，沿纵轴线依次排列，各建筑均三开间，硬山镬耳式封火山墙，具有当地祠庙典型特征。

佛山早期的居民多聚族而居，以祠堂为中心，住宅紧靠排列，成排成围地形成相对封闭的建筑群落。其中以东华里最为著名，东华里街口建有门楼，闸门可关。街内建有祠堂一座，街内两旁为有高大镬耳墙的青砖大屋，每座均有三进，之间有青云巷，街巷整齐，房屋划一，高大坚固，为清代佛山传统民居聚居区的典型。这样的氏族聚居地，其内部有着很强的凝聚力，自成一区，独立于工商街区之外。

佛山民间有"三墟六市"的说法。"市"是古镇主要的经营活动场所之一，没有固定店铺经营。濒临祖庙商业街，是佛山历史上的繁华地带，清代时居民多在自家内从事手工业生产，前店后铺，自产自销，产品多是佛山传统手工业品，厂店家不分。其行会会馆有楚南会馆、江西会馆、山陕福地等。东华里街区有酒行会馆和山陕福地，酒行会馆是行业性会馆，山陕福地是地域性会馆，是山西、陕西商人在区内建立的会馆。

## 三、开平赤坎

赤坎镇位于开平中部,潭江中游河畔。赤坎地名起于清雍正年间,原名"赤磡",因土色红赤,地处丘磡而得名。赤坎是著名的侨乡,旅居海外的华侨人数比现在赤坎镇总人口还多,据赤坎镇志统计,现全镇总人口为5.2万人,但是在国外的华人、华侨总人数高达7万人以上。

明朝时期,潭江流域东部人口大幅增加,人口开始出现向西迁移,开平一带人口逐渐增加,农业手工业的发展促进了商业贸易的兴旺,使潭江中游的墟镇数量大幅增加。赤坎就是在这样的背景下于清中自发式形成的商业墟镇。

赤坎位于潭江上游与中游的交汇点,潭江流贯赤坎全镇(图3-3-15、图3-3-16)。潭江上游的多条支流在附近汇入干流,赤坎周围被潭江水系所包围,主要的支流包括有镇海水、溍口冲、米岗冲等,这些支流与潭江干流构成镇区一带的河网,使赤坎处于水道交通的节点上,成为与潭江中游的长沙镇、水口镇齐名的水路交通枢纽。

清末,赤坎与四周的贸易往来主要通过水路。通往县外已有定期的航班通行于澳门、广州、佛山、东莞、江门、新会、台山、鹤山、陈村、大良、中山等39个港口。还有与县境内的赤水、塘口、百合、东山、四九、马冈、楼冈、水口、长沙等23个乡镇的码头相连,客货水运航线多达近100条。赤坎的客货码头,多集中于长堤路堤段,是货物的上落点,人们坐船的上落处在中华东路的码头。

图3-3-15 位于潭江上游与中游的交汇点的赤坎镇

图3-3-16 濒临潭江的赤坎镇

到了民国初期，赤坎的交通格局又发生了较大的变化。以华侨投资为主体，公路建设开始兴起，1922年，由赤坎到百合的百赤茅公路建成通车。此后两三年时间，先后建成赤坎为中心的赤水、赤介、沙炎白、蚬牛同、东滘龙等6条公路，其中百赤茅和沙炎白公路成为后来的广州至湛江省道的一段。水陆交通的便利，为赤坎的经济发展带来了极为有利的条件。

水陆交通便利促进了商业贸易的繁荣，反过来，商业贸易的发展又带动了交通运输业的发展，两者相辅相成。在此基础上，适逢在清中后期为生计背井离乡赴外埠的赤坎人，纷纷回归或寄钱回来养家、建房、置业、做生意，为赤坎的发展注入大量的资金。与此同时，民国政府推行市政建设，赤坎也展开大规模地改造街区，修筑长堤，兴建起骑楼屋，完善下水道。据《赤坎镇志》记载，这些铺屋有60%～70%为侨资购买。在华侨及侨资的推动下，赤坎迅速兴建成颇具规模的城镇，只有6000多人的赤坎镇，就有840多户商户和3000多人从事商业行业。四邻乡镇的农产品、禽畜、手工业品均到赤坎进行交易。街市已有木器街、竹器街、丝绸街和牛畜市场、花鸟市场等。较大型的公司有汽车贸易公司、电话公司、石油公司等，以及有4家电影院、18家茶楼酒家、23间私人诊所等。特别是墟日，镇上熙熙攘攘，人山人海，商业贸易繁荣兴盛。

赤坎镇的街道格局，在初建时期即分上、下埠。上埠建有东兴街、丛兴街、西隆街；下埠建有拱北街、联兴街、长兴街。但街市只有两米宽，路面为花岗岩石条铺砌或用碎石填实，街巷狭窄，行人拥挤。民国15年（1926年）12月马路拆建工程动工，经过两三年基本完成，此时的赤坎有两条东西走向平行的主要街道：一条是长堤路，长1100米，宽12米，分为堤东路和堤西路；另一条是中华路，长1660米，宽9米，分为中华东路和中华西路。纵向的塘底街是这两条主要街道东、西路段的分界线。长堤路、中华路构成全镇的路网骨架。

此时的镇区往东西向延展，呈长条形，南北宽530米，东西长1公里，内部路网呈自由式布局，主干道宽9米，次干道宽约5～7米不等，巷道宽2～3米。内部道路线形缓延曲折，多"U"形路和三岔路口。岔路口处的建筑造型和装饰比周边的建筑更讲究和丰富，形成视觉吸引点。内街剖面的高宽比1:2～1:1，尺度宜人。加上不断变化的道路线形，使空间显得有动感，不单调。镇区的发展轴线是潭江北岸的长堤街，司徒氏图书馆位于长堤街东端桥头处，关氏通俗图书馆位于长堤街西端另一座桥的桥头处，形成轴线上的两个端点。

前面所提的赤坎镇东、西两端的直线距离约1000米，在这个短短的范围内却建有两个墟市，一个叫上埠，一个叫下埠。这两个墟市功能相同，开墟日期同为三、八日。自始，关氏在西面的上埠聚居、做生意；司徒氏在东面的下埠聚居、做生意，形成功能相同的两个居住片区。这样的结果必然会削弱墟市的辐射功能，但这样的格局又是如何产生的呢？其直接原因是赤坎的关氏和司徒氏两大家族各自发展和相互竞争而形成的，据《赤坎镇志》载，司徒家族约于清顺治年间开始在镇东的潭江边摆摊交易，关氏家族则于康熙初年在古镇的西端潭江边设摊铺市。两大家族先后进入东、西端进行经营，两集市距离只有500余米，虽各做各的生意，但也在暗中竞争。此后，司徒家族在东端逐渐建成了拱北街、长兴街、联兴街等，形成拱北街市区，人们称之为下埠。同时，关氏家族则在西端建立丛兴街、西隆街和东兴街等，称之为上埠。上、下埠经过各自的发展，最后以塘底街为界。两埠之间，常为经济利益而产生摩擦，需官府调解才得以平息。这种空间上的一镇两埠格局，维持了由清康熙到道光末年的一百多年时间。

清末，赤坎镇的集市开始兴旺，做买卖的人越来越多。此时的主街才不到2米宽，小巷更窄，显得十分拥挤，经常堵塞，已不能适应商业的发展。扩宽街道，修建新店铺成为两族人的共识。1908年，关荣耀与司徒懿凤等人倡议创办赤坎商会，负责解决商业纠纷、管理商户、筹建马路等事宜。会长由两族人员轮流担任。此后两大家族在合作与竞争之中，推动了赤坎的发展。

民国初期，赤坎镇请了广州规划师按广州的建设经验，统一规划，拆旧铺、扩街道、新建骑楼街商铺。但遇到原铺主反对，后由两族族长出面协议，消除阻力，使工程得以顺利进行。经过改造建设后，上、下埠连接在一起，形成统一的市镇，各自建设的街道也被统一冠名，如中华路、长堤路等。在大规模的改造中，氏族组织发挥了很大的作用，两族人既按统一的规划，又各自组织建设，暗中较劲，尽己所能要超越对方。此时的赤坎以纵向的塘底街为界，西边上埠仍是关氏族人聚居和做生意，东边的下埠为司徒氏族人聚居、做生意，在空间上形成互不相渗的两大家族中心。在这种合作与竞争之中，把街道全部建设成两边骑楼建筑、面貌焕然一新的镇区，形成既有分隔又协调统一，具有岭南本地色彩且中西合璧风格的空间形态（图3-3-17、图3-3-18）。民国时期的赤坎，为回形路网、均质而紧凑的建筑形态，氏族势力分割的用地布局，以及沿河带形扩展等都是近代赤坎镇的空间形态特点，产生这些特点的原因是商业发展及氏族社会形态的存在。

民国初期，赤坎镇的文化日渐兴盛。司徒氏与关氏两族人为了开启民智，发展文教，为族人提供学习文化知识的场所，先后在长堤路的两端兴建两座氏族图书馆，成为赤坎镇区的重要标志物。

"教以人伦"是司徒氏家族的族训，华侨在外谋生艰难，更明白文化教育的重要性，1923年司徒氏在华侨中筹得银元4万，在下埠堤东路开始动工建设图书

图3-3-17　赤坎镇商业骑楼街

馆。司徒氏图书馆占地810平方米，三层中西合璧的楼房，红色的门窗、黄色的主柱、白色的墙体，显得典雅大气，具有典型葡萄牙建筑风格。一层是报纸阅览室，四周陈列的都是司徒家族的名人事迹；二层是藏书借书室，藏书3万册，有《四库全书》《万有文库》等巨著；三层是书画陈列室，展有美术家司徒魁送的巨幅油画等，供大家鉴赏。1926年旅加华侨捐资，在图书馆顶层增建一座大钟楼，上嵌购自波士顿的名牌大钟。在三层楼正面，有"司徒氏图书馆"横额。一层正门的门楣上，大理石刻有"司徒氏通俗图书馆"几个苍劲有力的大字。

司徒氏图书馆落成后，上埠的关氏族人也不甘落后，第二年就成立了图书馆筹建委员会。不到5年，关族图书馆就矗立在上埠堤西河畔，与司徒氏图书馆适逢呼应。关氏图书馆三层高，钢筋混凝土结构，大门两侧立着两根3米高的古罗马圆柱，四根方柱贯穿二、三楼，柱头由漩涡与璎珞饰件组成，体现文艺复兴时期的建筑风格（图3-3-19）。楼顶三角形山花是巴洛克式建筑风格。关姓族人选购了德国大钟，与司徒氏的美国大钟相媲美。图书馆一层是阅览室，二层收藏图书，三层供关氏家族归国华侨联谊聚会之用。馆内收藏了《四库全书》《二十四史》等巨著，馆藏图书约万册。这座图书馆也是关氏家族内外乡民的精神家园。关氏家族在赤坎发展兴旺的历史，历代名人的功绩，也在这里得到传承和光大。

图3-3-18　赤坎商业骑楼街立面造型

图3-3-19　赤坎镇关氏图书馆

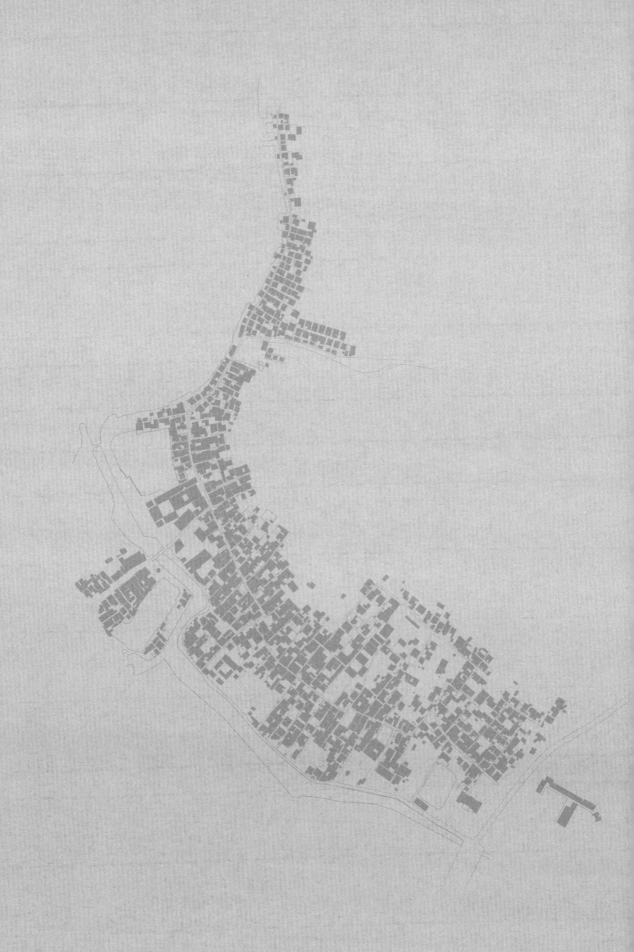

# 第一节　村落形态类型

## 一、梳式布局

广府传统村落布局的典型形式是梳式布局，如广州黄埔区沙埔村（图4-1-1）、开平蚬岗镇横村（图4-1-2）等。中国广大农村是以自给自足的小农经济为基础，因此在村落中所看到的建筑，绝大多数是民居，村落组成即以民居为主。广府民居一般两代人居住，长子因供养父母则三代人合住。兄弟成家后则分居，故家庭结构以一家一户为主。小型住宅一般是单座三合院形式，也有四合院形式。村落主要是由各种类型的民居组成。在梳式布局系统中，其村落的建筑，民居占了90%以上。平面单元大多是三合院，其外观和平面都一样，整齐划一，几乎所有的建筑组合，都像梳子一样排列成行，两列建筑之间有一小巷，称为"里"，就是古代的"里巷"，它是村内的主要交通道（图4-1-3）。民居建筑纵向安排，少则四五家，多则七八家。梳式布局系统主要集中在粤中广府地区。珠江三角洲地区也称此为耙齿巷布局。粤西、粤东及广西、海南地区都有梳式布局的村落。

粤中的梳式布局中较少有横巷，民居前座的主体建筑后墙即为后座民居天井的院墙。前后两座民居之间没有巷道作为房屋出入口，因此其民居入口多设在侧面。三间两廊式民居出入口开在纵向巷道的两侧，可同时作为对开门（图4-1-4），当各户将入口敞开时可以形成贯通村落的横向通道，用以弥补梳式布局中横巷稀缺的问题。梳式布局是带有明显秩序和规律的村落营造方式，其建设过程通常受人为的控制，是集体意识驱动下的选择。

梳式布局的宗族祠堂可以放在村落中间，也可放在两侧，但无论如何，都在民居的前面，面对池塘。当宗族过大则设分祠，各分祠也是横向排列放在村落前面，各房民居则跟在自家分祠后面，如广州花都区炭步

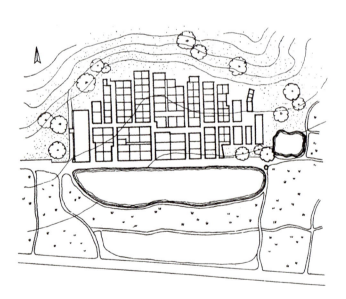

图4-1-1　广州黄埔区沙埔村平面图

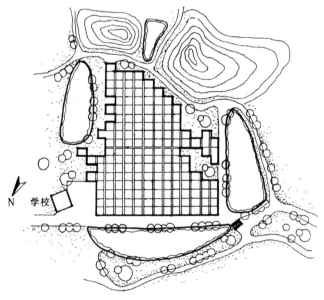

图4-1-2　开平蚬岗镇横村平面图

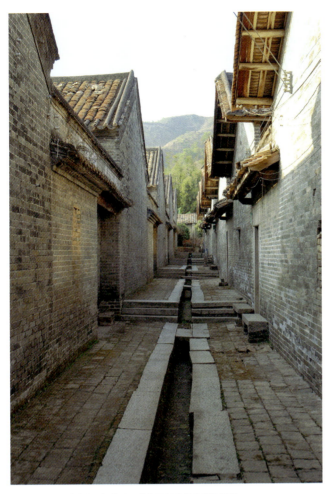

图4-1-3 两列建筑之间的"里巷"是村内的主要交通道

图4-1-4 钟楼村内能相通的三间两廊民居对开门

镇的塱头村（图4-1-5）。虽然各村落因营造过程的差异最终呈现不同形态，但其构成要素必然包括前塘后山的格局、横向排列的祠堂、多条纵向的巷道、均质分布的民居单元。

梳式布局村落中，建筑群前为一小广场，称为禾坪，或称埕，作晒谷用（图4-1-6）。坪前为池塘，半圆形，也有做成不规则长圆形，用于蓄水、养鱼、排水、灌溉、取肥、防洪、防火等，面积一般为13000～20000平方米（图4-1-7）。在水乡或山区中，若村落边有河涌、溪流，则不再辟池塘。村后、村侧结合生产植树、栽竹，既可防台风，又可挡寒风，还有美化环境的效果。村口有门楼，有一座者，也有在左右村口各设门楼者。门楼上刻有村名，远望屹立在田头，很醒目。

村内的交通，纵向交通是里巷，巷宽1.2～2米，村前禾坪也兼作横向交通道路。古代道路系统分为五级，即"路、道、涂、畛、径"，称"田间五涂制"，第一级为径，作步行道，不能通车。据《周礼·地官·遂人》及郑玄"注"的解释，五涂制度是"径容牛马，畛容大车，涂容乘车一轨，道容二轨，路容三轨"。径容牛马，即径宽等于两头牛同时走过的宽度，一般为4～6尺，与现在巷宽相符。至于村前禾坪宽度，也约等于畛宽，可容大车通行。为了防御，巷设"阛门"，如广州沙铺村五巷设五阛门，每个阛门都有名称以示区别。其名自东到西分别为东华里、仁和里、中胜里、丛

（a）花都炭步镇塱头村总平面图（来源：《中华古村落 广东卷》）

（b）花都炭步镇塱头村鸟瞰（来源：李丰延 摄）

图4-1-5 花都炭步镇塱头村

图4-1-6 村落建筑群前用作晒谷的禾坪

图4-1-7 村前挖掘池塘的佛山三水大旗头村

桂里、西华里，这种里巷布局很像古时的闾里。

梳式村落的总平面布局中，大多单向沿纵轴线排列成行，但也有在总体布局中呈两种朝向或多种朝向的。如广州从化木棉村，为谢姓家族，村落建筑分别向东、向西南设置，形成双向的梳式布局，水塘也设在东、西南两向；而广州从化陆姓家族的钱岗古村，梳式布局主要向南与向东，其水塘设在东、南及西南向，形成半围合的水系格局。

### （一）从化太平镇钟楼村

规整的梳式布局之典型是广州从化太平镇的钟楼村（图4-1-8）。该村姓氏欧阳，建于清朝咸丰己未年（1859年），据村中的老人说，他们是唐宋八大家之一欧阳修的后裔。整个村落依村后的挂金钟山而建，坐西北向东南。村四周有4座用以自卫的堞垛，村外则是壕沟，类似古城池的护城河，既可防护排洪，又把村落与四周分开。村落左后角建有五层楼高的炮楼，在楼的四、五层之墙体上开有狭小工字形和圆形枪眼（图4-1-9）。围墙、护城沟、炮楼等防御性的建筑物和

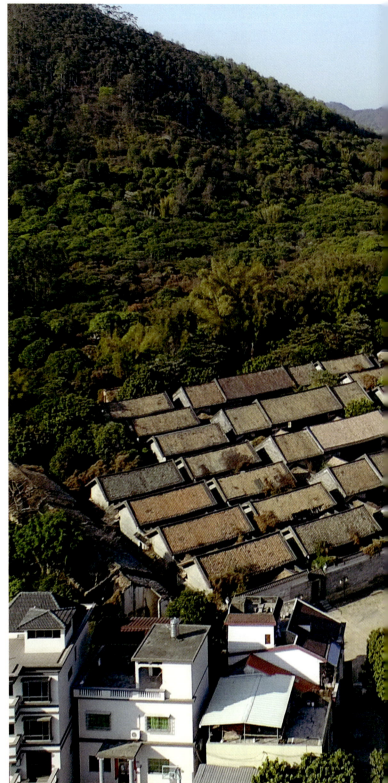

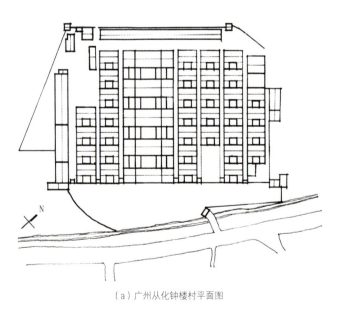

（a）广州从化钟楼村平面图

图4-1-8 广州从化钟楼村

(b) 广州从化钟楼村鸟瞰（来源：李丰延、陆琦 摄）

图4-1-9 钟楼村内的炮楼

图4-1-10 钟楼村欧阳仁山公祠

构筑物,在动乱岁月可保证全村免遭贼匪的袭击。

钟楼村以欧阳仁山公祠为中轴线,祠堂是建村者欧阳枢与欧阳载兄弟为纪念父亲欧阳仁山而建的,占地面积2500多平方米,祠堂砖木石结构,硬山屋顶,面阔五间,纵深五进,是目前从化现存规模最大的祠堂(图4-1-10)。

祠堂两旁为梳式布局的民居和巷道,左4巷右3巷,每个巷口建有隘门。巷中间是一条花岗岩砌边、青砖铺底的排水渠,依地势步步而上(图4-1-11)。巷两侧是三间两廊的民居,每排7户。民居青砖砌墙,山墙屋顶为悬山结构,入口大门开在侧面,花岗岩门框双掩木板门,对着巷道门后的侧墙上有砖雕门官位。与天井相对的正厅室内中轴底端,置有供奉祖先神位的神台,高2米。

## (二)三水乐平镇大旗头村

佛山三水乐平镇的大旗头村,又名郑村,是广东省佛山地区保留较完整的清代大型村落(图4-1-12、图4-1-13)。大旗头村选址修建按风水学的模式营造,古代风水是聚落环境不可缺少的组成部分,在地理环境不能完全适应选址的要求时,对于不太理想的地形,要进行人工处理,使之顺应聚落兴旺的需要。风水学认为:

图4-1-11 钟楼村里巷隘门

"塘之蓄水，足以荫地脉，养真气。"水是人们生活的源泉，根据聚落坐北向南的要求，池塘一般设在村前，前塘后村这一总体布局方式，普遍用于岭南广大乡村。大旗头村在村前挖掘池塘，作蓄水、养鱼、灌溉之用，还打了多口水井，供饮用和洗涤。挖水塘，打水井，有利于降低地下水位，使村落地面干燥，空气得到调节。南方多雨、潮湿，春夏成涝，大旗头村有良好的排水系统，在巷道内相隔数十米就设置个钱眼形地漏的排水"渗井"，还有多处下水道出口，渗水口与地下管网相连，最终使水全部排入水塘，即"四水归塘"。

与水塘方向相垂直的是为数众多的纵向巷道，都交汇于塘边的晒谷场，形成梳式布局系统。晒谷场平时可作社交游憩场所，节日可开展文娱活动。其总体布局采用南面开放，北面封闭的格局。门开通气，门闭聚气，前低后高，加上池塘调节，促进空气流通，冬暖夏凉，四季咸宜。村内设有可供两头牛并肩而过、南北走向的宽里和一条东西走向的窄巷，交通便利，里巷又成为村落的防火通道（图4-1-14），从水塘至里巷的前低后高的步步升高法，既便于排水，又形成一种特有的韵律。大旗头村是集家庙（祠堂）、私塾、民居于一体的大型建筑群。由于先祖曾沐皇恩封为"振威将军"和"建威将军"，因此，振威将军家庙和建威将军家庙是该村的标志性建筑，其用料之讲究，装饰之华美，为当地之最。

梳式布局系统的村落，建筑物顺坡而建，前低后高，地高气爽，利于排水。它坐北向南，朝向好，有阳光，通风也好。这种村落前面有广阔的田野和大面积的池塘，东、西和背面则围以树林。村落的主要巷道与夏季主导风向平行。在正常情况下，越过田野和池塘的凉风就能通过天井或敞开的大门吹入室内。当夏日骄阳当头无风情况下，民居将充分利用巷道和天井内空气的对流作用。由于村内巷道窄，建筑物较高，巷道常处于建筑物遮影下，巷内温度较低。当村内屋面和天井由于受太阳灼晒后造成气流上升时，田野和山林的气流就通过巷道变为冷巷风，源源不断补充入村，形成微小气候的调整，使民居仍然得到一个舒适的环境。因此，梳式系统布局的村落虽然密度高，间距小，每家又有围墙，独立成户，封闭性很强，但因户内天井小院起着空间组织作用，故具有外封闭内开敞的明显特色。同时，这种布局通风良好、用地紧凑，很适应南方的地理气候条件，成为我国南方的一种独特的村落布局系统。

（a）佛山三水大旗头村总平面图

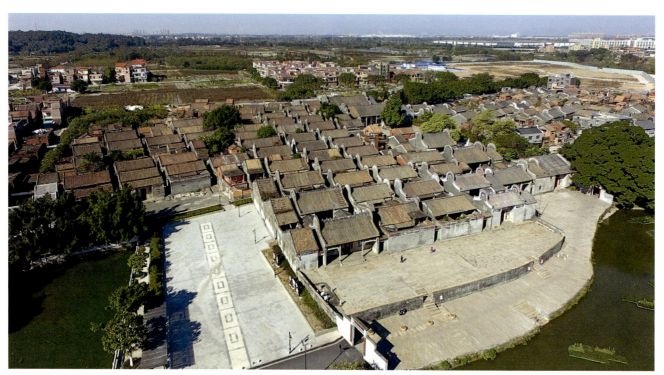

（b）佛山三水大旗头村鸟瞰（来源：李丰延、陆琦 摄）

图4-1-12　佛山三水大旗头村

图4-1-13 佛山三水大旗头村近景

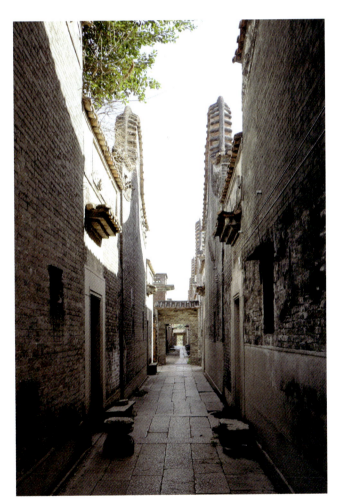

图4-1-14 大旗头村青云巷

### (三)东莞石排镇塘尾村

东莞市石排镇塘尾村,占地面积39565平方米(图4-1-15)。主要巷道有南北走向的7条直巷和东西走向的4条横巷,形成"七纵四横"不规则的梳式布局(图4-1-16)。道原由红砂石铺砌,宽2米左右,并有完整的明、暗排水渠,与村前水塘相连形成完善的排水系统。清末光绪年间,改建部分红石巷为花岗岩麻石巷,横穿围面。古村落以围墙为界,村口水塘为中心空间,依自然山势缓坡而建。围墙环绕村落,红砂岩墙基,青砖墙体,建于清康熙四十六年(1707年)。围墙开东、南、西、北四个门楼,以东门规模最大(图4-1-17)。门楼上各有题额:东门为"秀挹东南";西门为"口秀坊";南门为"淳风里";北门题额今已不在。门楼集交通、防御、祭祀于一体,均设有福德宫供村民上香祭拜。东门楼二层中还设有关帝庙。围墙还附设17座谯楼,加上村中的独立谯楼、巷道门楼、围门楼,共计28座,按照二十八星宿的名称来命名。谯楼又称炮楼,一般长宽各约4.5米,高约7米。围墙上还开有瞭望与射击用的瞭望孔108眼,暗合36天罡、72地煞之数。古村的围墙、围门和谯楼共同构成了完整的防御体系。

图4-1-15 东莞石排镇塘尾村鸟瞰（来源：李丰延、陆琦 摄）

图4-1-16 石排镇塘尾村民居纵巷与横巷

图4-1-17 石排镇塘尾村村围东门楼

塘尾村现保存明清时期祠堂21座，书室19座，古民居268座，围门4座，谯楼17座，保留着较为完整的古村落格局和传统建筑风貌。祠堂为古村落的核心建筑，现存的21座祠堂中，尤以李氏大宗祠、景通公祠、梅菴公祠、守善堂、兰苑公祠、七房厅与墩睦堂等具有代表性。

李氏大宗祠堂号追远，是塘尾村中现存年代最早、规模最大的祠堂，始建于明代成化年间，宗祠五开间三进，镬耳山墙，采用抬梁与穿斗混合式建筑结构，门外广场有清光绪二十三年（1897年）乡试中举第三名的举人李衍广所立旗杆夹；景通公祠堂号光裕，始建于明代隆庆年间，为三开间二进，抬梁与穿斗混合式梁架结构，硬山顶（图4-1-18）；梅菴公祠堂号笃庆，始建于明代万历年间，三开间二进，抬梁与穿斗混合式结构，头门保留"一门两塾"古制，门前两边有红砂石砌塾台，祠堂檐下彩绘至今仍清晰可见，色彩鲜艳（图4-1-19）。后进左侧为康王帅府神楼，供奉康王神像，故此处又称为康帅府。塘尾村民每年农历七月初一至初七，抬康王神像巡游全村，祈求康王保佑平安幸福，演化成一种独具岭南特色的民俗活动，称"康王宝诞"，为广东省非物质文化遗产项目之一。

民居与书室、祠堂与书室相结合是塘尾古村落的一大特色。塘尾自建村以来学风兴盛，明清两代共有举人2名，秀才42名，通过考试选拔的贡生2名，还有众多的国学生（监生）。自明至清，先后建有书房30间，家塾3间，建筑外表虽不奢华，精致之处藏而不露。现存的19间书房，其布局、装饰均有不同，以亮德书房、乐平书房、惠宗书房、卓卿家塾、宝卿家塾、渭川公家塾最为典型。

乐平书房占地面积143.25平方米，局部为二层民居，建筑整体错落有致，小巧精美，内部壁画精美，彩画、木雕、石雕甚多（图4-1-20）。二层楼保留了完整的一面木隔墙，墙上的门窗均有精美木雕，并题有一

图4-1-18　石排镇塘尾村景通公祠

图4-1-19　石排镇塘尾村梅菴公祠

图4-1-20　石排镇塘尾村乐平书房

副对联:"低看湖水天机畅,远眺云山眼界宽";惠宗书屋由书室、住宅、门楼组成,占地面积242平方米。书室为单间两进内天井形式,中西合璧。头进门厅平屋面,二进两层高,二层与头门天台用架空侧廊连接。书房中的天花、栏板、隔扇屏风雕刻精美。住宅为三间两廊三合院,内天井花窗两侧有"聊借好花行乐事,且将闲地养余年"灰塑对联,透出主人雅闲的心态。

塘尾古民居有着浓郁的岭南地方特色,采用三间两廊或明字屋布局,充分考虑到南方炎热多雨潮湿的气候特征,利于通风散湿。在建筑材料上,采用红砂岩和青砖,如红砂岩做门、窗框和墙基,墙体为水磨青砖。在装饰题材上,除中国传统民间题材外,更多采用岭南地区的瓜果等装饰题材,屋顶夔纹、镬耳,墙上砖雕、灰塑、彩绘,室内梁架有木雕等,具有鲜明的广府文化特色。李凤池民居是塘尾民居中较有特点的一栋。民居约始建于明万历年间,清光绪年间重修。民居与书房相连,呈"L"形分布,民居为两进三间,次间设阁楼。民居与书房各有独立的外门出入,在内部设一过道相通,使用方便。

## (四)云浮腰古镇水东村

水东村位于广东省云浮市云城区的腰古镇,坐落在新兴江水之东,故取名"水东",目前村内仍保存着较为完整的明清时期的布局和建筑。粤西为山区,水东村开村始祖程绍明当时选中此地建村,主要是看中了流经这里的新兴江两岸谷地平原,择水而居,农田浇灌用水方便。村落占地面积达45000平方米,是风水中所谓的"莲花地",故村民建屋可不必单一朝向,于是就形成了如今独特的古民居建筑群。虽然古民居建筑群组坐向各有不同,但也是按传统的梳式布局建造。村中的明清古建筑群走向顺应地势,将整个村的建筑分为南、北两部分,南面部分在村的中间巷划分,又将民居建筑分为东、西两部分,一边是坐东朝西,另一边是坐西向东。北面部分为南北朝向。村落有着严格的规划,并按规划要求经过许多年逐步建成(图4-1-21)。无论何时何家建屋,都须依照祖宗定下的规矩和要求修建。

水东村目前保存着明清建筑500多座,其中有明代所建庙宇1座(明徵庙),祖祠3座,民居163座;清代建筑祖祠6座,民居421座。村内最具特色的9座程氏宗祠,以寿庵祠年代最为久远,建于明朝末年,是程氏八世祖素隆公为纪念其父程用爱而建,因程用爱字寿庵而得其名。寿庵祠位于整个古建筑群的中央,整个建筑为砖木结构。祠堂外墙上半部分由青砖砌筑,而台阶及外墙下半部分则皆由红砂石砌筑。据村里老人说,以前水东村依傍新兴江,水路运输便利,这些红砂石都是由水路从福建运输过来。外墙两侧有高出屋面的封火墙,端部呈月牙形向上弯曲。屋内外有石雕、木雕、砖雕和灰塑等装饰,主要以各种神兽、民间故事、花草图案等为内容。在众多祠堂中,程氏大宗祠是水东村甚至云浮市最大的宗祠之一,占地1200平方米,建于清乾隆十七年(1752年),完工于乾隆十九年(1754年)(图4-1-22、图4-1-23),宗祠为二进,高梁大柱,气势恢宏,右侧天井有一株苍劲挺拔的罗汉松,高达5米,枝叶茂盛,至少已有300多年,相传这株罗汉松是国外引进的,逢年过节,乡亲们都会给这百年老松敬上一炷香。

早期民居多以三间两廊为主,呈梳式布局系统(图4-1-24),建筑面阔三间,进深一进或二进,天井起着通风、透光、排水作用。后期建筑除了单层宅居外,还有不少两层的青砖楼房,两层楼房年代建造较晚,平面布局灵活,较为随意,不一定是传统三间两廊的对称布置方式,但是建筑砖石选料、施工、与地形结合都非常讲究,民居外墙和封檐板木多有灰塑及木雕装饰。另外,还有位于广州市从化太平镇的木棉村,因多栽木棉树而得名,相传由宋代谢氏建村。村中民居建筑布局也是分为东、西两部分,坐东朝西和坐西向东(图4-1-25)。

图4-1-21 云浮腰古镇水东村总平面（来源：google earth航拍图）

图4-1-22 云浮腰古镇水东村程氏大宗祠

图4-1-23 云浮腰古镇水东村程氏大宗祠厅堂与院落

图4-1-24 云浮腰古镇水东村民居巷道

图4-1-25 广州从化太平镇木棉村（来源：李丰延、陆琦 摄）

## 二、网格式布局

网格式布局也称作棋盘式布局，与梳式布局都是较为常见的规整式村落布局形式。所不同的是，房屋与道路格局似网格即为网格式，格局似古代木梳即为梳式。网格式的特征是方正、纵横向均匀，即村落巷道纵、横向贯通呈格子状，每栋（户）民居相对独立，四周有巷道与其他民居隔开。而梳式的特点则是纵向设巷道延伸，横向无巷道连接，或大型村落纵向过深为方便横向联系设置一、二条横巷，通常横巷不贯通。将网格式布局与梳式布局村落进行比较后可以看出，网格式村落布局的横向巷道数量较多，与纵向通道不相上下，平面格局纵横交错、交通流线四通八达；而梳式布局村落的交通主要由纵向来承担，没有或仅有少量横向通道。

网格式和梳式两种道路布局的差异对于民居形式的选择，特别是大门出入口有较大影响。梳式布局中少横巷，前后民居之间间距狭小或没有间距而不适宜作为房屋出入口，因此民居大门的出入口多在侧面。相比之下，网格式布局四通八达的交通体系则让民居形式的选择更具灵活性，出入口也可朝向最佳方位。梳式布局的单体民居主要是三间两廊，网格式布局除了三间两廊三合院及四合院外，还有排屋等民居形式。

排屋民居为主的网格式村落，较为典型的是粤西肇庆槎塘村（图4-1-26、图4-1-27）。槎塘村位于肇庆高要市回龙镇北面的香炉岗东北麓，始建于清光绪二十二年（1896年），紧邻富有特色的古村落——"九里一坊"黎槎村，村民全是由黎槎村移居于此的苏、蔡族人后裔。"十字明间耙齿巷，百年岁月槎塘村"，所吟颂的正是有着"网格棋盘村"美誉的槎塘村。村落三面低山环抱，一面临水，横平竖直均为单层的建筑群体，是槎塘村的风貌特征。

整个村建在山坡上，根据地形分成10个约9米宽的

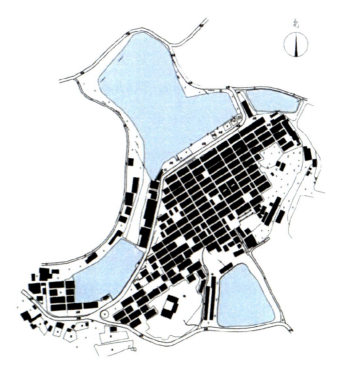

图4-1-26　粤西肇庆槎塘村总平面图

图4-1-27　网格式布局的粤西肇庆槎塘村

大台阶，每个台阶建一行房屋，形成横巷，纵向又分成7个巷道，形成一个个小方体。先筑村道，再建民居，整条村形成了网格棋盘一样的格局。每一条巷道都规定有严格的宽度，房屋都是一间连着一间，以五间或七间相连的屋为一组，每组之间2.1米宽的横直巷道相隔，横排8列，每列10组，全村80组，400多间整齐有序地

图4-1-28　槎塘村纵巷　　　　　图4-1-29　笔直的巷道将房屋间隔得井井有条

排列在香炉岗155米长、86米宽的前低后高的缓坡上。站在任何一条巷道上，东南西北四个方位一目了然。站在山坡上看整条村，笔直的巷道将房屋间隔得井井有条（图4-1-28、图4-1-29）。这就是"十字明间耙齿巷"的由来了。

村中的主巷道大部分用大理石和青砖铺砌，槎塘村的房屋统一规划与统一兴建，规划兴建的房屋实行高度、长度、宽度一致，统一采用青砖、杉木、瓦片建造，保证了巷道宽度统一、结构统一以及材料统一。村中首排房屋的门口均向里开，进出村只能从一个门楼通过，这种布局，形成一堵坚固的围墙，起到防御盗贼劫匪的作用。

槎塘村后有山坡、风水林，前有半月形的池塘，左有一座青龙形状的山冈护卫，右有一座虎形山丘把守，村前远处有一座像案台一样的大墩，为典型的风水学上的风水宝地。按照当地的习惯，村民一般喜欢在村前种榕树，但槎塘村却在村前种了两棵根深叶茂的相思树，树干两人方可合抱，树荫遮盖200多平方米。据说以前村里人为了谋生，纷纷到海外打工，他们思念家乡，惦记亲人，村民便在村前种下两棵相思树。

## 三、放射式布局

放射式布局，严格来说，是梳式布局的特殊类型或称变异形式，梳式布局的建筑朝向大多为单向或者双向，放射式布局即为多向布局方式的村落，使村落呈放射状的结构状态。这种村落格局不多见，由于地形地貌的原因，周边地势低洼，为了避免岭南夏季雨水量大引发的水涝，村落建在较高的小山岗上。村落多向，纵巷通向山冈，汇集山顶，形成放射状的结构格局，这种结构格局，能够最大限度地解决排水的问题。环绕村落外围的是池塘，水塘可分成多个，大小不一。

### （一）高要蚬岗镇蚬岗村

蚬岗村位于高要市蚬岗镇，由蚬岗一村、蚬岗二村和蚬岗三村组成。蚬岗村从明朝初年开村，现有李、叶、邓、尹、石、钟、何、陈等17个姓氏，其中以李姓居多。李氏家族明初从佛山南海小塘移居至此处，分有五坊十五里居住。蚬岗村地处水乡高岗，四面环水，呈蚬状，观之犹如巨蚬蛰伏水中（图4-1-30、图4-1-31）。村中民居按"八卦"布局，依岗而建，从空中俯瞰整个村庄为放射形状，一幢幢房子构成一个个圆圈，结构整齐，地势天成，图案优美。村落"八卦"直径约600米，20圈左右，每进一圈，房屋递减，至岗顶最后一圈房屋剩有10多间。村落布局精巧，共有8个出口，八大水塘绕村而置，每个出口均栽种有古榕树。岗顶原也栽种有8棵古榕树，暗含"八卦"方位。村道以石板铺砌，纵横交错，错综复杂。16座祠堂分布在村落外围，所以有"八卦十六祠"之说，有的祠堂相隔只有几米远。

村落民居主要沿袭珠三角中心区域的建房理念，青砖墙体，以三间两廊为主形，稍作变化。入口大门有两

图4-1-30　呈放射状布局的肇庆高要蚬岗村（来源：google earth卫星图修改）

图4-1-31 肇庆高要蚬岗村鸟瞰（来源：李丰延、陆琦 摄）

图4-1-32 肇庆高要蚬岗村外围古榕水塘景观

种基本形式,一种是"凹斗门",即大门后退30厘米到70厘米,形成凹口状;另一种则直接在墙上开门,只在门上方做门罩挡雨。门罩的出挑方式有多种,有石雕斗栱出挑、木斗栱出挑、砖砌叠涩出挑,一般配合相应的工艺做装饰。村落建筑两端山墙普遍采用的人字形山墙,民居中常用的山墙是一种简单的人字形山墙,仅在顶部耸起,而在两端靠近檐口的位置降到和屋面相平的高度。立面外墙一般不开窗。

蚬岗村外围环村池塘长2公里多,宽60米,誉为"瘦西湖",两岸翠柳依依,古榕参天,遮天蔽日,水面鹅鸭嬉戏,水牛玩耍,一幅乡间野趣图。该村落与众不同的特点在于:一是水多,寓意以水为财;二是祠堂多,寓意旺丁兴族;三是榕树多,寓意福荫子孙。这些体现了村民追求、向往美好生活的强烈愿望(图4-1-32、图4-1-33)。

## (二)高要回龙镇黎槎村

黎槎村与蚬岗村同为放射状布局,也同在高要市,相隔也不远,但村落格局却有很大的不同。首先是宗祠祖堂,蚬岗村的祠堂设在村落的第一排,开放性强;黎

图4-1-33 肇庆高要蚬冈村李氏大宗祠怀德堂

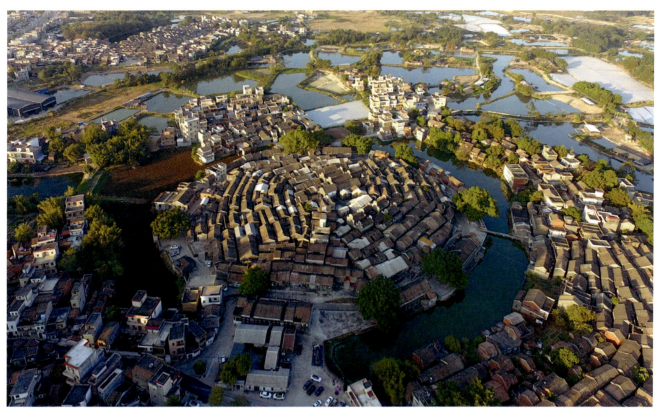

图4-1-34　肇庆高要回龙镇黎槎村鸟瞰（来源：李丰延、陆琦 摄）

槎村的祖堂位于村落中央，周围民居环抱。外围第一排屋向里开门，通过门楼进入村落，其防御性强。其次是建筑类型与形象，蚬岗村宗祠气派，装饰华丽，民居以三间两廊为主；黎槎村祖堂、酒堂朴实无华，少有装饰，民居以排屋为主。

黎槎村位于高要市回龙镇北面的黎槎岗上。该村初为周姓人士开村，故原称"周庄"。南宋时期，由于该村没有水利堤防设施，低洼地带常受洪水淹浸，所以村民们多将房屋建于山腰上，山冈名"凤岗"。南宋后期至明代永乐时期，苏、蔡两姓族人分别从粤北南雄珠玑巷迁至凤岗定居，人数不断扩大，形成了近代黎槎村苏姓居东，蔡姓居西的格局。村民见凤岗四周环水，按"八卦"形状布局建房，取"黎槎"为村名。"黎"有"众多"之意，"槎"即"用竹木编成的木筏"（图4-1-34）。

这个以南雄珠玑巷移民后裔为主体的村民聚族而居，所建的房屋建在小山岗上，一圈又一圈地环向岗顶。村庄最外一圈约有90间房，房子之间略呈弧形分布，每进一圈，房屋递减（图4-1-35、图4-1-36）。岗顶是村中最高处。主巷道由岗顶向四周呈放射形分布，一共有15条主巷道，横巷84条，纵横交错的巷道多达99条，巷道路面都是由小石块或鹅卵石铺砌成，每条主巷道都会延伸至一个门楼。巷道布置有如迷宫，是古时候村民为防盗匪而设置，有的巷道看似尽端却相通，有的看似相连却无路，陌生人走进古村常会迷失其中。村中入口除了几个通道外，其余周边都是护村池塘。池塘与村的外沿之间，便是环村大道，在环村大道不同的方向上共有10个门楼，一门一坊。每个门楼有不同的名字，分别是仁和里、遂愿里、兴仁里、淳和里、尚仁里、居和里、柔顺里、毓秀里、仁华里、遂德坊这"九里一坊"（图4-1-37）。

图4-1-35 高要黎槎村民居建筑与横巷

图4-1-36 高要黎槎村内民居

图4-1-37 高要黎槎村里巷入口

黎槎的民居大多为砖木结构，条状单间联排屋，建筑用材与装饰都十分简陋，由青砖、花岗岩、杉木、瓦片、瓦筒、石灰、沙等建造而成。村民都信奉建屋不能高过祖堂，不然就会不吉利，所以村里的房屋建筑高度、结构也因此保持了一致。村落祖堂为各分支家族的家庙，分布在各里坊内，有18所之多。祖堂大小不一，多为两进，祖堂为两进，内有天井院落，旁侧有储蓄房（图4-1-38），两侧封火山墙有的做成镬耳状，立面屋檐下有灰塑彩画装饰，屋脊有鳌鱼尾。富裕的家族祖堂门口的石阶会施以精细的花纹，石材也更坚硬名贵。祖堂是族人拜祭祖先的地方，每逢初一、十五、大的传统节日以及婚嫁喜庆事宜，便相聚于此，慎终追远，祭祖思源。酒堂是该村落特有的一种建筑类型，是族人婚嫁喜庆聚会的地方。设在村落外围的环路边，与门楼相对。酒堂内设厨房锅灶炊具，堂外为古榕广场，平日倒十分幽静，凡有喜庆事宜则门庭若市、热闹非凡。黎槎村有兴义、联秀、绍安、永和、光华、遂德、叙乐等酒堂。兴义酒堂平面呈长方形，进深12米，面积有300多平方米，归属兴仁里。设有正厅、客厅、厨房、储物室，正厅前有天井。联秀酒堂长23米，进深9米，面积达200多平方米，归属柔顺里。

黎槎村有以下几个与众不同的特征：一是以水为脉。没有水万物难以生存，该村环村大道外围的护村池塘，总面积达1万多平方米，既可养鱼，又可美化环境，起着护村作用；二是以屋墙为围。自古以来，人们不论开村还是建宅，都非常注重村界和宅界。过去人们在比较安全的地方建村，仅立界碑，而在一些容易受贼人滋扰或外族侵犯的地方则建围墙来防卫。黎槎村临环村大道利用最外围的一圈房屋作为防护；三是房屋和主巷道大都是以石为基础，防水防潮性能好。在10个门楼中除"遂德坊"门楼外，其余多用花岗岩或红砂岩砌筑房基，在门楼内、外的通道上也都用花岗岩或红砂岩铺砌路面。

## 四、密集式布局

密集式布局，主要指潮汕地区多种类型的民居高密度组合在一起形成村落，内部交通系统纵横交错。村落形态有两种形式，规整或非规整的布局。规整式大多中轴对称，有规整的巷道，为大型民居建筑群，如三壁连（图4-1-39）、驷马拖车（图4-1-40）、图库等，这类民居一般一个围居（寨）就是一个村落。非规整的村落

图4-1-38　高要黎槎村祖堂的内部空间

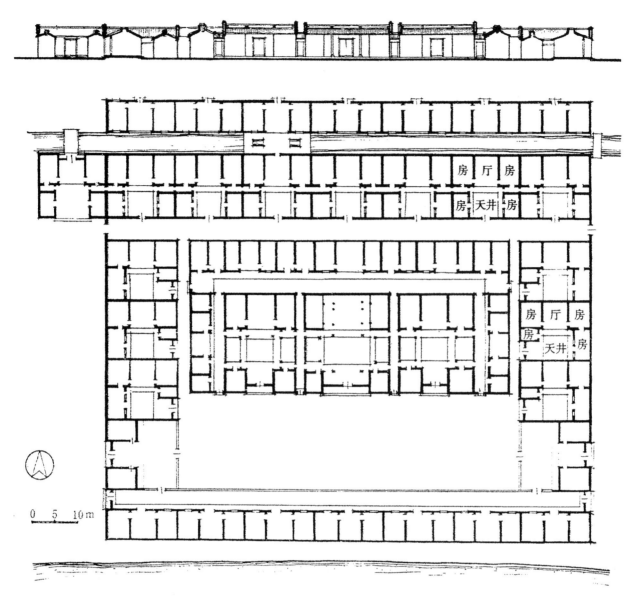

图4-1-39 澄海南盛里布袋围三壁连民居

布局常以大型住宅为主体，旁边附属小型民居的形式出现。村落大多开始建村时也是大宅，后来因子孙繁衍就在大型住宅旁侧增建侧屋，或另建小型民居如爬狮、下山虎、四点金等。增建时，有的由于没有规划，故显得比较零乱。如潮州市潮安县登塘镇登塘村（图4-1-41）、潮州市潮安县铁铺镇八角楼村（图4-1-42）等。

潮阳市峡山镇桃溪村的图库（图4-1-43）是潮汕地区密集式规整民居的一种形式，通常为一个姓氏族人共同使用，有互助与防卫作用。图库的平面是：正中为三座落，两侧为厝包，再两侧为横屋，其背面再加后包屋组成。这种规整的平面形式，好像一个繁体的"圖"字，故当地称之为"图库"。图库的特点有三：一是严格的封闭性，建筑物周围用高围墙，一般为两层，少开门，不开窗；二是四角带有角楼，作瞭望防御用；三是平面内，每一区都设围墙，围墙设洞门，建筑物之间也都设门，甚至房间之间也都设门，这些门户平时可开通

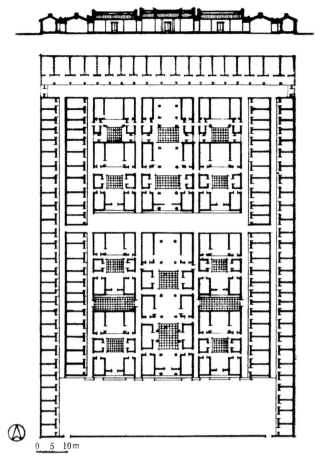

图4-1-40 揭阳某村落驷马拖车民居

联系，一旦有事发生即可关闭。因而，图库建筑实际上是一座有利于保卫和防御的集居住宅群。

密集式布局有三个特点：一是建筑密集，外有高墙，封闭性强，它既能适应封建礼制和宗法制度的需要，又可夏防台风和冬防寒风；二是适应气候条件，内部建筑采用敞厅、天井等方式，使其通透凉快，形成开敞的平面布局形式；三是庭院天井的丰富变化和灵活布置，它不但具有通风、采光、换气、排水、交通等功能作用，而且还有美化环境和满足人们户外生活的作用。在密集式布局中，不同形状、大小、位置的天井和厅堂，与巷道一起共同组成独特的通风体系，故炎炎夏日，在大屋内仍然感到凉快。

密集式村落的形成，是同宗或同族人为了团结集居和防御而建造的。村落建筑组群的大小，看人口多少和经济水平而定。密集式布局的村落，一般建于平地，要求有良好的迎风朝向，一般为南向，也有其他朝向的，这是根据当地地形与气候条件的差异而有所改变。村落内部以爬狮四点金，或三座落作为民居的基本单元，然后加以组合发展而形成整个村落，其布局方式通常是以

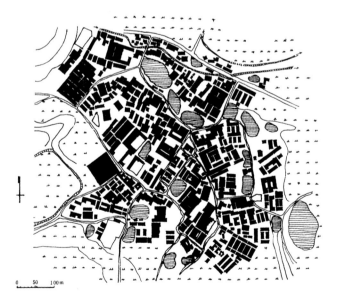

图4-1-41 登塘镇登塘村总平面图

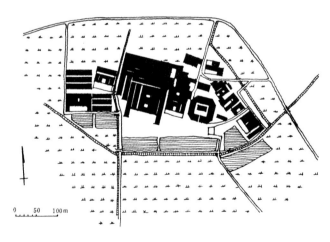

图4-1-42 铁铺镇八角楼村总平面图

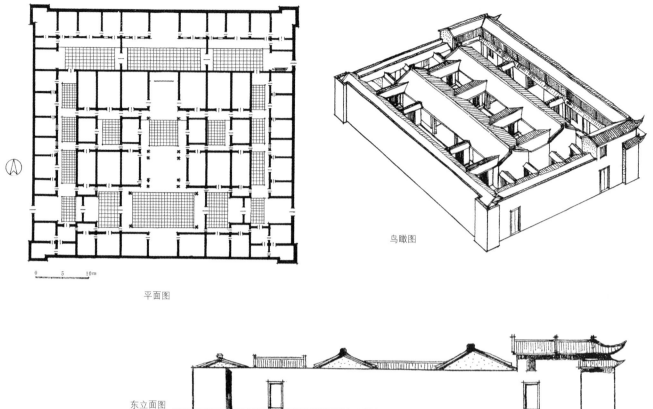

平面图　鸟瞰图　东立面图　纵剖面图　横剖面图

图4-1-43 峡山镇桃溪村图库民居

祠堂为中心，四周围以基本单元民居。村前有半圆形池塘，塘前为阳埕。村内交通靠巷道，村外出入口在两旁。规整式的村落多数采用对称格局，布局严整，村边界面方正。而非规整密集式的村落界面灵活弯曲，村内民居建筑布局在中心区域较为规整密集，越往村落四周就越凌乱自由。

（一）潮安古巷镇象埔寨

较为典型的规整密集式村落是象埔寨，位于潮州市潮安区古巷镇，始建于宋代，距今已有近千年的历史，是目前粤东地区保存完整、年代久远的古寨之一。象埔寨倚象岭朝笔峰，韩江支流横溪的旁边，潮汕早期的古寨多位于江河的岸边，古时寨前曾是川流不息的古港。

寨南寨北有护寨的河渠，一面靠山，三面临水。整个方寨外围由高大牢固的寨墙围陇，寨楼大门上有石匾额"象埔寨"，落款上为"壬戌之秋"，下为"颍川郡立"，说明古寨陈氏祖先乃从河南中原南迁而来。

象埔寨呈方形，面宽162.4米，纵深154.4多米，坐西向东，总面积25000多平方米（图4-1-44、图4-1-45）。寨内有三街六巷七十二厝，三街六巷笔直布置。一进寨门便有一条直通大宗祠的大道，长110米，宽5.9米。大道两侧各有三条平行直巷，每条巷长140米，宽2.3米。从寨内至大宗祠后，有三条横街与巷交叉穿全寨，前街长157米，宽2.7米；中心街长157米，宽3.7米；后街长157米，宽1.5米。全寨三街六巷都贯通，四通八达（图4-1-46、图4-1-47）。从寨门到大宗祠一线就像是整个古寨的中轴线，围绕中轴线的纵横巷道使古寨四通八达。宗祠位于围寨后部中央，陈氏大宗祠在围寨中轴线的末端，左右两侧有小宗祠。

沿中轴线行走，尽头可见门亭一座，为"留芳亭"，上面篆刻着"陈氏家祠"。留芳亭为"八柱四垂"建筑，这种三进祠堂前面设置留芳亭的格局，在广东的祠堂建筑格局里面较少见，是目前粤东地区唯一的一座。留芳亭进去后，祠堂群前的外埕共有4座院门（图4-1-48）。陈氏宗祠包括陈氏家祠、西湖公祠和松轩公祠。陈氏家庙（即大宗祠）位于寨后部中央，是陈氏十世祖枫坡公于明永乐庚子年（1420年）创建，占地约603平方米，祠堂三进，坐西向东。中堂匾额"孝思堂"，寓意后世子孙要孝敬长辈，代代相传。大宗祠左边是西湖公祠（二房祠），建于清光绪三十年（1904年）。右边是松轩公祠（房祖祠），建于清乾隆二十九年（1764年）甲申九月。这两座祠堂外埕都配有"龙虎门"的建筑格局。松轩公祠前面为雍穆公祠，建于清道光十七年（1837年），是一座华贵尚美、精雕细刻的清式建筑。寨中还有古庙两座，一座是仁里庙（又名"花宫"），另一座是玄天上帝南北庙。

象埔寨的民居类型很多，但主要为潮汕地区常见的"四点金""爬狮"和"从厝"等几种形式，通过不同面宽、进深、开间，加上不同房间尺寸以及建筑平面内部的不同组合，组成了丰富的平面类型，即通过民居平面单元类型的组合构成，其特点是组合合乎模数化。象埔

图4-1-44　潮州象埔寨总平面图（来源：《中华古村落　广东卷》）　　图4-1-45　潮州象埔寨鸟瞰

图4-1-46 潮州象埔寨主街道

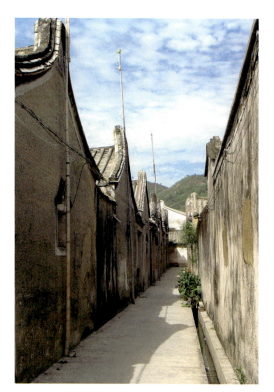

图4-1-47 潮州象埔寨巷道

图4-1-48 潮州象埔寨祠堂前的外埕院门

图4-1-49　潮州龙湖古寨寨门　　图4-1-50　潮州龙湖古寨街巷

寨民居风格一致，外观朴实，并不张扬，只是入口门楼高出，显示一定的雄壮和严肃感，并且家家有水井，使用方便。

### （二）潮安龙湖镇龙湖寨

非规整的密集式布局有潮安的龙湖寨。龙湖又称塘湖，因西、南、北皆池塘（古彩塘溪遗迹），故名。据《海阳县志》记载，初创年代为南宋绍兴二年（1132年）之前，经数百年龙湖先民的建设，至明嘉靖年间，为防御倭寇的侵扰，筑寨自卫，形成了"三街六巷"的聚落规划格局，寨中汇聚有数百座宗祠、府第、商宅、宫庙等建筑物。龙湖古寨地处潮汕平原，韩江中下游之滨，古寨呈带状，南北走向，面积约1.5平方公里，寨内辟三街六巷，从门到街巷显得设计有致，布置明朗，俨然一座小城，其地形及建筑风格与古时潮州府很相似，故龙湖有潮州小城之称（图4-1-49～图4-1-52）。历史上的龙湖寨水陆交通便利，对它后来成为繁荣的商埠是一个重要的条件。龙湖寨东有韩江西溪，西临尚未湮没的古彩塘溪，陆路又是通往府城的要道，周围十里沃

图4-1-51　潮州龙湖古寨模型

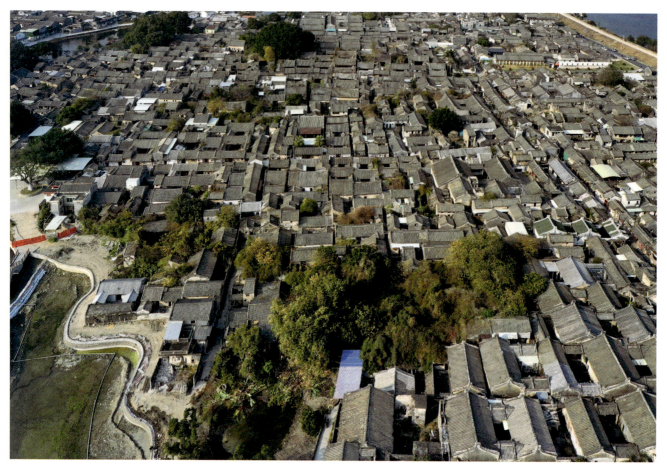

图4-1-52 潮州龙湖古寨建筑群鸟瞰（来源：李丰延、陆琦 摄）

土。龙湖寨恰处于韩江的出海口，大宗货物运输多通过水运，由于龙湖具备水陆交通的特殊位置，自然而然地成为历史上潮州的物资集散地之一。

龙湖古寨的寨内结构相当讲究，是先人按照九宫八卦修建的，寨中央直街长1.5公里，由于形似龙脊，便将原先的俗称"塘湖"改为"龙湖"。中央直街的东面有新街、上东门街、下东门街，西门有五宫巷、隆庆巷、福兴巷、狮巷、中平巷、伯公巷，形成"三街六巷"的工整格局。在平面布局方面，因地理条件的限制，龙湖寨中的府第、民居大部分无法横向发展，形成多纵轴线的建筑群体，只能沿中轴线纵向发展，个别府第达八进之多。这些建筑平面布局在潮州民居建筑中甚为罕见。龙湖寨至今仍保存着许多明清时期的古民居建筑，如探花府、进士第（方伯第）（图4-1-53）、太卿第、儒林第（图4-1-54）、绣衣第、夏氏府（夏雨来故居）等。

过去寨内最大祠宇是许氏宗祠，始建于康熙年间，坐西向东，为潮州传统建筑"四点金"格局的扩大，占地面积780平方米，分为四进布局，中轴序列有大门、二门厅、中厅和后厅。二门厅为较具特色的三门面，称为三山门，其中门也称鞠躬门，中门上额有两个长出的圆形门簪，中门两旁有石鼓两个，这石鼓也称户对，三山门的建筑体现出主人身份的显贵。三山门的中门平时都是关着，有高贵客人或祭祀大事才开中门，平时出入都走旁门。中厅为"明序堂"，每年冬节祭祖或开席时，必须按辈分入座（图4-1-55、图4-1-56）。后厅"著存堂"为祖公厅，中设神龛，供祖宗神位，是每

图4-1-53 龙湖古寨进士第

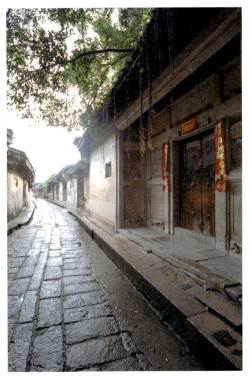
图4-1-54 龙湖古寨儒林第

图4-1-55 龙湖古寨许氏宗祠大门

图4-1-56 龙湖古寨许氏宗祠门厅望"明序堂"

年祭祀的地方。婆祠是龙湖古寨另一个有名的祠堂，由清代龙湖巨商黄作雨为其生母周氏所建的"婆祠"，也是潮州唯一的女祠。婆祠的建筑格局为门前广埕的二进四厅相向，四面八履形式，大门牌匾由清代大儒翁廷资所书写。龙湖寨天后宫位于龙湖寨南门内，始建于明代，清代迁于今址。天后宫的大门门神并非一般祠宇所见的武将——传说中唐朝的秦琼、尉迟恭，而是绘着两位端庄肃穆、和蔼慈祥的女性，她们手捧如意，身着罗裙，不加冠，背后有飘带，这在潮州庙宇中未见先例。

## 五、组团式布局

组团式布局是村落格局内由多个民居建筑组群小聚落共同组成村落，民居组群之间通过道路、晒谷场、水塘等相连，这种村落多受地形地貌等山水自然环境和宗族姓氏等宗法礼制观念影响，呈现分组团聚居方式。

### （一）郁南大湾镇五星村

位于粤西云浮市郁南县大湾镇的五星村，采用组团式布局的形式建村，村落有黄、王、张、李、廖等多个姓氏，而以李氏最多。据记载，明清年间李氏家族从福建上杭一带，经广东南雄、南海沙头，最后迁徙到了大湾寨（即今五星村）。当今的五星村，是粤西地区较具代表性的传统村落，属于广府文化和客家文化的影响重叠区域，其村落和建筑兼具广府和客家民居的特征。村落所处的南江经流大湾时受狮子山阻挡，蜿蜒的江水在此分两路流走，绕了个弯，"大湾寨"由此而得名。大湾古村是具有典型粤西南江文化特点的古民居村落，建筑群的总体布局体现了注重整体规划的理念，既保留古制又融汇南北的文化因素，村落建筑群的布局以宗祠为中心，其他建筑分散布置，但又凝聚于这一个中心（图4-1-57、图4-1-58）。

五星村里的宗祠大都修建在清咸丰元年至宣统年间。李氏后人为纪念祖先，清朝时期兴建了李氏大宗祠、象翁李公祠、诚翁李公祠、峻峰李公祠、禄村李公

图4-1-57 组团式布局的郁南大湾镇五星村

祠、芳裕家塾、洁翁李公祠、锦村李公祠、拨亭李公祠、介村李公祠、学充李公祠共11座祖祠。

村口面对池塘依次排列着诚翁李公祠等多座祠堂，祠堂群均坐东南向西北（图4-1-59）。诚翁李公祠建于清朝末期，坐东南向西北，三间二进，青砖瓦木结构，硬山封火山墙顶；象翁李公祠建于清朝光绪二十二年（1896年），三间三进，砖木结构，龙船卷尾脊，每进之间两侧有廊道相连，第一、二进为人字形山墙，第三进为镬耳墙，该祠堂的特点是厅堂宽阔，雕刻精美，工艺精致；峻峰李公祠建于清朝宣统元年（1909年），

图4-1-58　郁南大湾镇五星村民居建筑群

图4-1-59　郁南大湾镇五星村村口祠堂建筑群

图4-1-60 郁南大湾镇五星村峻峰李公祠

图4-1-61 郁南大湾镇五星村祺波大屋室内

深三进,大门石柱上为虾公梁,红石大门插,建筑为砖木结构,三进都为镬耳山墙。一进与二进之间天井连接,天井两边各有两房,二进厅堂上悬挂"芳裕堂"匾额(图4-1-60)。二进与三进之间建有一方亭连接,亭子底部用白麻石铺叠砌高台,内有四根石柱将亭子擎起,亭子独特精美。瓦脊用石湾彩色陶塑,光彩夺目。建筑木雕装饰,题材有花草、龙凤、神话故事及民间传说人物等;禄村李公祠建于清代,多次重修,三间三进,前面有围墙围着的明堂,围墙右边置斗门。青砖瓦木结构,硬山顶。

五星村古民居建筑保存完好的有46座,建于清咸丰元年到民国初年,其中古民居"大屋"27座。档次稍微高一点的建筑,山墙两边都圆弧形突出,为"镬耳"状,有些也建于民居的正面和背面,成为外部的主要装饰,从实用性趋于艺术性,这是南江流域村落与民居的地方特色。步入古村落,遥遥望见镬耳墙鳞次栉比地排列着。每幢大屋占地1000~2000平方米不等,错落有致。单体建筑门面宽阔、净空高、天井宽敞,通风采光好、门前屋后常有花径小院,建筑节奏舒缓平和。屋脊和山墙之上多有极具匠心的灰塑装饰。

祺波大屋是其中最具代表性的大屋,尤其是出类拔萃的雕刻艺术(图4-1-61、图4-1-62)。祺波大屋于1879年由大湾富商李景献的二儿子李祺波建造。大屋

图4-1-62 郁南大湾镇五星村祺波大屋屋檐封檐板木雕装饰

以石条为墙基础,砖砌山墙,结合砖柱、木柱、梁架结合为一整体,加上镬耳墙、压脊、阴阳砖等构造做法达到防风、防火、防水之功效。大厅内,四条大木柱托起整个屋架,花岗石柱础、透雕木挂落柱饰、蝙蝠造型的驼峰拱托、鳌鱼形的穿枋、彩绘的梁托瓜木以及题材多样的墙上彩画。特别是封檐板,做工十分精细,可谓木雕精品,内容多选用具有地方特色的戏曲、历史故事、神话传说、吉祥图案等,体现了浓厚的粤西特色和南江流域的文化艺术风格。

## (二)澄海隆都镇前美村

粤东的前美村,位于汕头市澄海区隆都镇,创建于元末明初。隆都是韩江三角洲平原中部北侧的一个古镇,被韩江的汊流和低丘陵包围,地理位置相对独立。前美村的居民是在元明换代的时候,才迁入此定居。从地名上也可看出,前美村是由多个小型自然村落组成,明嘉靖《潮州府志》上,就有前溪和溪尾的村名。清代中期溪尾改名"居美",至民国30年(1941年),前溪和居美两个村落合并,各取村名的一字,合称前美。名称一直沿用至今。前美村除了前溪和居美两个村落外,还包括朱厝、居美、后陈、竹宅、前溪陈和前溪许等自然村组团(图4-1-63~图4-1-65)。前美村聚落呈带状分布,起止数里地,一字形摆开,又各抱阵势。各建筑居住组团——自然村的外围均有水塘环围。

前美村的居民,陈姓最多。在潮汕地区,向有"陈林蔡,天下镇(占)一半"的俗语,陈姓乃是潮汕地区的第一大姓。在元代末年,一世祖世序公躲避战乱迁入潮州,居于溪尾(居美)村。世序公去世后,长子松山公定居在溪尾,其他三子则向溪尾附近地域扩散,次子松隐公派分竹宅,三子松川公派分后陈,幼子青山派分土尾(麦头围),后来有部分后裔又迁回溪尾居住。现溪尾有两座相邻的陈姓祠堂,一座是陈氏家庙,建于清康熙年间,雍正五年(1727年)在原来单进的祠堂前面加建了一进,成为两厅一天井,左右通廊的格局。另一座是谦牧公祠。清康熙中后期,前溪陈氏发展迅速,超过定居在溪尾、后陈和竹宅的陈氏其他支派,成为这

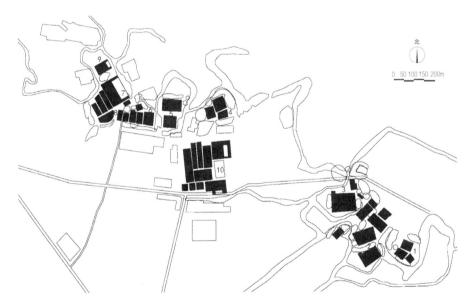

1. 朱厝  3. 后陈  5. 卜底园  7. 永宁寨  9. 西门
2. 溪尾  4. 竹宅  6. 沟头    8. 寨外    10. 新乡

图4-1-63 汕头澄海隆都镇前美村总平面图

图4-1-64 澄海隆都镇前美村新乡鸟瞰（来源：李丰延、陆琦 摄）

图4-1-65 澄海隆都镇前美村下底园、沟头、永宁寨鸟瞰（来源：李丰延 摄）

个历史文化名村最核心的部分。跟陈氏差不多同时定居于溪尾的,还有朱姓的村民,也从福建迁来。两个姓氏的村民在同一个地域内各自聚族而居,形成相邻的两个村落——溪尾陈和溪尾朱(朱厝)。朱厝的人口比陈姓少,有朱氏大宗祠,崇祀朱文公朱熹,祠堂建于清康熙年间,建筑面积428平方米,格局与陈氏家庙相同。

后陈主要是世序公的三子松川公的后裔居住,村头有陈氏家庙松荫堂,建于清雍正乾隆年间,是松川公派的宗祠。祠堂建筑面积448平方米,也是两进一天井,左右廊庑,后厅加盖拜亭的格局。

新乡,是前溪最后建成的聚落组团,也是前美村集潮汕建筑样式之大成建筑群的所在地。潮汕人多地少,华侨众多,经济发达,人文鼎盛。潮人聚族而居,具有深厚的宗族观念。这一观念,体现在村落建筑上,就是以宗族为中心的围合式格局。特别是富贵望族之家尤为重视此风,以立规模宏伟的宗祠为善举,以建气势恢宏的"驷马拖车"为荣耀。陈慈黉故居的郎中第、寿康里、善居室均在此。

陈慈黉故居始建于清朝宣统二年(1910年),总占地25400平方米,建筑面积16000平方米,包括郎中第、寿康里、善居室和三庐等,共有房413间,厅93间,形成规模宏大、中西结合的建筑群体。郎中第是为纪念曾官拜"郎中"的陈慈黉之父而命名,坐西向东,当地俗称"老向东",清宣统二年(1910年)动工,历时十余年始建成,整座建筑物为龙虎门硬山顶"驷马拖车"式,共4进阶,龙虎门内置舍南、舍北书斋各1座,两厢为平房,四周由骑楼、天桥连接,有房126间,厅32间(图4-1-66);寿康里,1922年兴建,至1930年建成,格局与郎中第基本相同,坐北向南,在"驷马拖车"的基础上有所调整,占地4097.2平方米,有房95间,厅21间,门窗嵌各色玻璃,闪光透亮,金碧辉煌,院内东北角有优美别致两层的"小姐楼",作为未婚姑娘读书住宿的闺房;"三庐"别墅,是寿康里的附属建筑,占地面积799.2平方米,为二层楼房,有房26间,厅4间,建筑小巧玲珑,幽静舒适,临池近野,是陈家专门用于接待客人,也是族人议事的地方(图4-1-67);善居室,始建1922年,至1939年日本攻陷汕头时尚未完工,占地6861平方米,为4进阶"驷马拖

图4-1-66 前美村陈慈黉故居郎中第建筑群

图4-1-67 前美村陈慈黉故居"三庐"别墅

图4-1-68 前美村陈慈黉故居善居室鸟瞰

车"式建筑，共有房166间，厅36间，是所有宅第中规模最大，设计最精，保存最为完整的一座，两侧及后包为楼房，分成若干院落，各院落分设院门，前后左右天桥相通（图4-1-68）。善居室既吸收西洋之阳台、敞窗的建筑风格，又运用传统的院落、连廊等建筑形式，外观庄严、朴素大方，室内窗棂斗栱典雅精巧。

## 六、混合式布局

常见的有梳式、组团式或梳式、散点式等布局形式混合运用，但有一定的规律性，大多核心区较为规整划一。这种村落格局模式，广府地区多为后期人口大规模发展，同时建设土地及条件受限导致；另外，广府区域内的其他汉族民系村落，受多种文化元素影响，也出现混合式的布局。

粤西雷州半岛一带的村落混合式组合较多。琼雷民系从移民渊源上与闽海有直接联系，而与其地域邻近的广府民系由于政治经济的优势地位长期对琼雷产生文化辐射，琼雷传统村落布局也深受两地影响，并表现出对本地的亚热带海洋性季风气候的适应性。

梳式布局广泛分布在雷州市域80%的区域，尤其集中于雷州城区附近，体现出广州与雷州两所州府城市间较为密切的文化交流和影响。但雷州村落的梳式布局较广府梳式更为疏朗和松散，纵巷宽度较大。梳式布局的平原和盆地村落往往在平坦的土地上选择一块稍微高起的地块作为居住用地，周边低洼处便成了水稻田与鱼塘，或者是旱地作物为主的田地。村落中，民居建筑以祠堂为中轴，在其两侧展开多列建筑形成聚落的面宽，每列建筑依前后民居数量形成一定的聚落进深。村落讲究顺应地形地势，由前至后逐渐升高，且高差较大，由村前主街联系着顺地形抬升的若干条大致平行的巷道，村落背后有后山作为风水靠山并植风水林。高差有利于村落巷道排水，同时也营造出了层次丰富的村落景观。

当村落内部地形变化比较复杂时，民居单元受地形限制无法获得较为规整的街巷体系，其秩序感就大大降低。不少村落的总平面依据实际地形条件，使原来规整的梳式产生扇面状、放射状等各种变体。而多姓共居，原本拥有多个不同朝向的梳式组团，随着时间发展，族群融合，打乱原有的组团分布规律，使内部建筑布局较为自由，道路蜿蜒曲折，进而营造出形态多变的院落及层次丰富的巷道空间，形成"自由式布局"。

### （一）雷州龙门镇潮溪村

位于雷州市龙门镇北部的潮溪村（图4-1-69），始建于明代崇祯年间，原名陶溪村，村子因地处河溪之畔，有潮有溪，因此到清乾隆年间正式更名为潮溪村，村落四周环境优美，土地肥沃，为陈姓世居的血缘村落。从清代至民国初年，潮溪村频现几代世宦的书香世家，在当时科举制度的影响下，文化盛行带来了经济的繁荣。官员退隐后，回村建房，置办田地，田地绝大部分购于外村。

潮溪村坐北朝南，村落地势东、西、北略高，形似古代"谷箕"而被称为谷箕地，东南面地势开敞，迎取以夏季为主的常年主导风向。村落东、西各一条小溪汇入自村旁蜿蜒而至的溪流，溪流曲折平缓，酷似天然护城渠将村庄包围。村南还有一水塘，村北不远之处有山

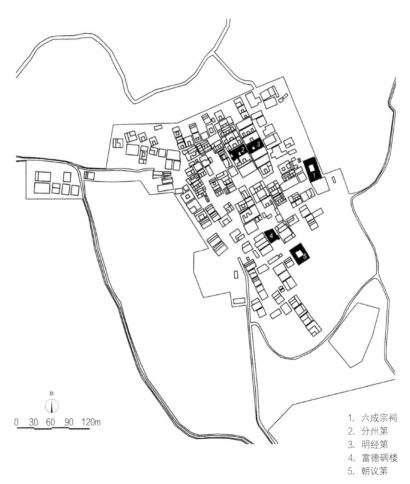

1. 六成宗祠
2. 分州第
3. 明经第
4. 富德碉楼
5. 朝议第

图4-1-69 雷州龙门镇潮溪村平面图

图4-1-70 雷州龙门镇潮溪村鸟瞰

岭,形如"谷围",被称为"谷围岭",此岭比潮溪村聚落地势高大约三四十米,村落形成"枕山""面屏"的格局。

村落形态方正集中,至今保持了自清代康熙年间形成的历史风貌和形态,村落骨架明晰,路网采取鱼骨式布置,以一条贯穿东西的横巷为村落的中心巷,6条青石砌筑的直巷垂直于中心巷。村落东、西、南三向各有出入口,设置村门。该村共有数间祠堂,总祠堂在中心,分支祠堂在总祠堂两侧,民居围绕祠堂在外侧进一步展开,聚落的水平空间和竖向空间层次都很丰富(图4-1-70、图4-1-71)。

潮溪村民居建筑群由85座砖木结构的房屋组成。民居宅院布局平直,沿街巷依次排列。现保存较好的古民居有"朝议第""儒林第""分州第""明经第""观察第""司马第""奉政第""藩佐第""蹉尹第""富德""德晖""道义""修齐""德成"14座豪华宅第,还包括防御性碉楼9座,均为院落式布局的红砖大厝,

图4-1-71 雷州龙门镇潮溪村民居街巷

民居建筑模式大致相同，以封闭院落为核心，建筑整体布局采用向心围合的方式（图4-1-72）。潮溪村民居在外观上，采用红砖红瓦砌筑，马鞍脊屋面，山墙艳丽张扬，造型多样，装饰富丽。建筑木雕及灰塑精致，装饰优美。

## （二）雷州南兴镇东林村

始建于南宋祥兴年间的雷州市南兴镇东林村，为林姓世居。东林村所处的地理地貌为典型的平台阶地及低丘陵地带，地势平缓起伏不大，村落选址较难做到"枕山""面屏"的地理格局，因此在村落整体布局与建设中，通过人为修整，完善了村落的环境格局，如栽植防护林、挖掘水塘等。东林村由院落式建筑构成邻里居住组团，再构成村落街巷空间。

村落主体梳式布局，街巷以南北向为主，局部有横向巷道与南北主巷道相通。村落内部空间形态布局与其功能组织相辅相成，通过生产场所、居住场所和公共场所组成完整的村落空间体系（图4-1-73~图4-1-75）。东林村四周良田环抱，村落北面外围有茂林灌丛遮挡北边的寒风，林带外有环绕村落的水系，形成西、北、东三面的围合，入村道路在村落的南面。

东林村祠堂有宗祠、支祠与家祠，总数不下10座，宗祠和支祠位于村落南面入口和西面等处，多个宗祠依次南北排布。祠堂一般位于村落内空间比较重要的位置，如村口空间，由南往北依次排有3座祠堂。东林村的祠堂庭院空间较大，以利于容纳更多的族人。祠堂坐北向南，主入口设在南向，整体布局追求中轴对称，仪式性强。院落较小的祠堂通常入口外设有广场，形

图4-1-72 雷州龙门镇潮溪村民居内院

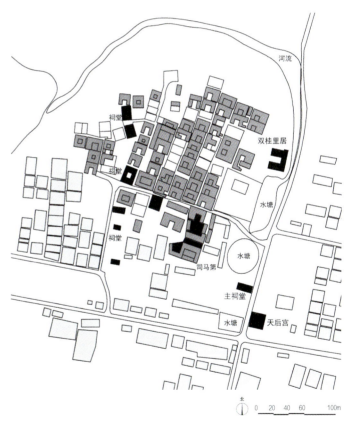

图4-1-73 雷州南兴镇东林村平面图

图4-1-74 雷州南兴镇东林村鸟瞰

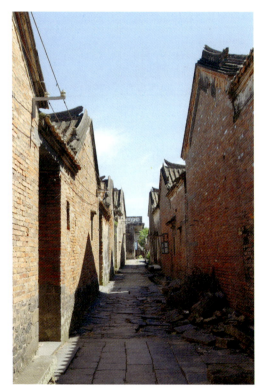

图4-1-75 雷州南兴镇东林村民居巷道

成公共活动空间。"双桂里"祠堂位于东林村中部，始建于清代，坐北向南，两进，砖木结构，硬山顶，整个空间组合是四合院加东偏院。建筑有门厅、正厅、厢房等。大门檐廊石柱高达4米，门口有清代石鼓一对，两侧墙壁上做有彩釉漏窗。建筑装饰有木雕、石雕、陶塑、灰塑、彩画等，华丽多姿。祠堂东侧有天井小院，内附带碉楼，别具一格。

### （三）开平塘口镇自力村

坐落在潭江支流镇海水河西岸的开平市塘口镇的自力村，由安和里（俗称犁头咀）、合安里（俗称新村）和永安里（俗称黄泥岭）组成（图4-1-76）。清道光十七年（1837年）犁头咀首先立村，当时只有几间民居，周围均是农田，后购田者渐多，又陆续兴建了一些民居。鸦片战争后，开邑地区很多人背井离乡，到国外谋生，自力村人也不例外，赚钱后纷纷回来置产建屋。自力村规划建设依自然环境而发展，小河环绕村前，池塘散布在村周围的稻田之间或村中，3个自然村落为梳式组团布局，规模都不大，村落格局中，传

图4-1-76 开平塘口镇自力村远眺

统民居还是以青砖素瓦三间两廊为主的梳式布局,碉楼与居庐则零星分散(图4-1-77)。

自力村最突出的特点就是散布在村落田野间的碉楼群和西式别墅群(当地将西方风格的别墅称为"庐")。该村的整体格局,无论是中式传统民居建筑组群还是西洋韵味的单栋碉楼居庐,都与周围自然环境协调一致。碉楼和居庐门、窗皆用厚铁板制造,建筑材料除青砖是本地产的外,铁枝、铁板、水泥等均是从国外进口。墙体结构有内夯土外包青砖的,有青砖夹少量钢筋混凝土的,也有钢筋混凝土的(图4-1-78)。

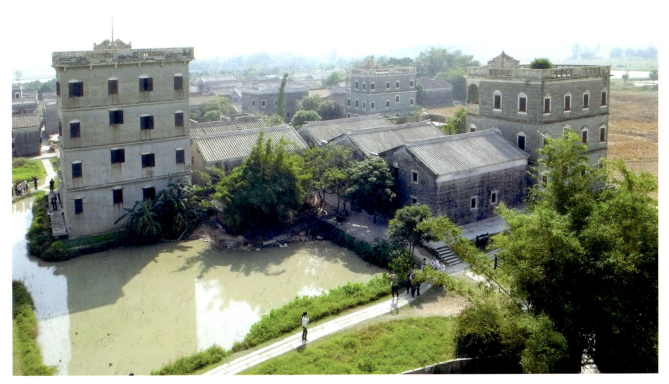

图4-1-77 开平塘口镇自力村鸟瞰

图4-1-78　开平塘口镇自力村碉楼群

碉楼和居庐一般以始建人的名字或其意愿而命名。碉楼的楼身高大，多为四五层，其中标准层二至三层。碉楼的上部结构有四面悬挑、四角悬挑、单面悬挑、双面悬挑等，多带有外来建筑特点，有柱廊式、平台式、城堡式的，也有折中混合式的。自力村碉楼建筑精美，保存完好，结构坚固，中西合璧。9座碉楼和6座庐依建筑年代先后为：龙胜楼（1917年）、养闲别墅（1919年）、球安居庐（1920年）、云幻楼（1921年）、居安楼（1922年）、耀光别墅（1923年）、竹林楼（1924年）、振安楼（1924年）、铭石楼（1925年）、安庐（1926年）、逸农楼（1929年）、叶生居庐（1930年）、官生居庐（1934年）、澜生居庐（1935年）、湛庐（1948年）。

铭石楼是自力村最有代表性，也是最精美的一座碉楼，由旅居美国芝加哥的华侨方润文于1925年回乡修建，钢筋混凝土结构，楼高6层，外有院落。入院右侧的副楼为放置农具的厢房和佣人使用的厨房，主楼坐落在左侧台地上，坐西北朝东南。首层厅堂隔间采用雕花玻璃的柚木隔扇，做工精美的隔扇、彩色玻璃画及室内装饰反映了华侨的经济能力与审美情趣。二至四层为居室。五层是祭祖的场所和敞廊，神龛为金漆木雕，上有雕刻着表示吉祥的龙、凤、麒麟、喜鹊，表示长寿的鹤、鹿，象征文人气节的梅、兰、竹、菊以及与传统文化修养有关的琴、棋、书、画等。五层的前部是宽广的敞廊，建筑廊柱为仿罗马爱奥尼克风格的柱式，四角向外悬挑，前面两个开敞，后面两个封闭。六层平台上有中西合璧造型的凉亭。

## 七、散点式布局

散点式村落一般分布在山区，或者靠近海边，是指民居单元之间相隔距离较远，呈松散状分布的形态。山区客家村落多散点式布局。而沿海渔村，因渔民以出海打渔为生，生活比较贫苦，家庭财产积累有限，建筑的防盗需求弱，不需建设围合严密的院落。渔业多以家庭为单位进行，宗族力量对村落的规划控制也较弱，不易形成规整度高的街巷体系。并且为了从事织网、晒网、晒海产等渔业生产活动，每户房前都会有较大劳作场地，也一定程度上导致了聚落的松散格局。

客家村落常用组团与散点结合的方式组成村落，一般按姓氏宗族分置在坡地或山脚处。客家人向来重视"天人感应"，常利用天干地支、八卦和五行相生相克的风水学说，将自然环境中的山峦分为二十四个不同朝向，在不同的年份，所建的房星的位置和朝向都有不同的讲究，并一定要按常规所定的方位建造。其中最重视的是以山作为居室后部的依托之物，有山靠山，无山靠岗，或借远山作居室背衬，这样就可以上应"苍天"，下合"大地"，达到"吉祥"的目的（图4-1-79）。

粤东梅县南口镇侨乡村，距梅州城17公里，由寺前排、高田、塘肚三个自然村组成。有潘姓、朴姓、温姓等共6500多户，全村总面积约为1.5平方公里。侨乡村背依三星山，面临渐河，风景秀美、生态盎然（图4-1-80～图4-1-83）。由于人多田少，清末民初许多村民漂洋过海到东南亚及欧美各国谋生，其中许多人后来成了知名华侨，该村也成为著名的华侨之乡。据传约在明朝成化二十三年（1487年）至弘治十六年（1503

年）之间，潘氏十五世永发公的夫人陈氏带着两个儿子到南口三星山下的寺前排（原称三星寨）开基，至今已有500多年的历史。潘氏在这片土地上开垦躬耕，世代繁衍，与刘氏、黄氏、谢氏、温氏、濮氏、钟氏、陈氏、谢氏等共居于此，和谐发展，后以潘姓最为发达。

三个自然村中，寺前排位东，塘肚在西，高田居中。从风水上说，主峰高371米的三星山是整个村子的主山，农田是大名堂，对面的围龙冈即是案山了。村内一条正反弯形状的渐水河，形成了风水学上所谓的"太极水"，渐水河"水口"闭锁合乎风水之说法。村内传统建筑绝大多数依山麓地势或沿村道两边而建。村落建筑以围龙屋为主，围屋前有半月形池塘，屋后种植各种四季常青的乔木，浓郁如盖，是客家的生态保护区。村子中央遍布田畴，土地平整，种植着众多农作物和经济作物。溪河从村子田畴之间蜿蜒而过，两岸长满了香蕉、杨桃和凤尾竹，改善了村落的生态环境。村内北部为大片的水稻田和蔬菜田，部分农田内种植有香蕉、柚子、龙眼等经济作物。

侨乡村的围龙屋大体可分为三个建造时期。早期以

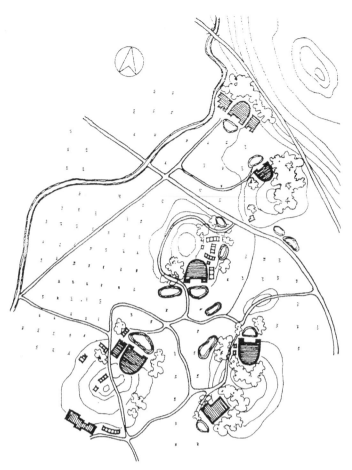

图4-1-79　广东梅州村落客家围龙屋民居布局图

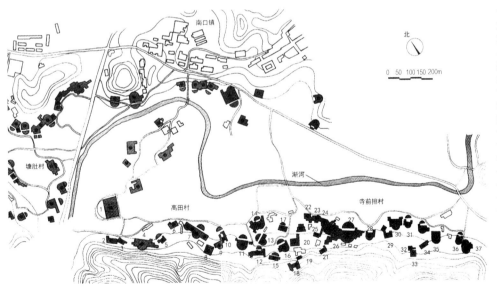

图4-1-80　梅州南口镇侨乡村总平面图（来源：《中华古村落　广东卷》）

1. 南华又庐
2. 承德楼
3. 谢屋
4. 宝树流芳
5. 宝树堂
6. 绳贻楼
7. 上新屋
8. 南华堂
9. 鲁国堂
10. 毅成公家塾
11. 德馨堂
12. 上窝
13. 下窝
14. 兰馨堂
15. 钦才庐
16. 伟新庐
17. 琛如庐
18. 锦冈围
19. 友和庐
20. 仁安庐
21. 庆光庐
22. 敦贻庐
23. 蕉园下
24. 老学堂下
25. 彬华庐
26. 始光庐
27. 老祖屋
28. 下新屋
29. 刘氏家祠
30. 东华庐
31. 江夏堂
32. 云泉寺
33. 美华庐
34. 彤照庐
35. 荫华庐
36. 钟屋
37. 庆云庐

图4-1-81　梅州南口镇侨乡村民居群（来源：段佳卉 摄）

图4-1-82　南口镇侨乡村承德楼

图4-1-83 南口镇侨乡村上新屋

明嘉靖年间的老祖屋为代表,如老祖屋、兰馨堂、品一公祠等,是客家人大家庭聚居的大型集合式住宅,这些围龙屋虽规模较大,但祖堂窄小,房屋低矮,显得非常拥挤;过渡时期以清中叶的上新屋为代表;后期以清代末年的"南华庐"等华侨屋为代表,许多人漂洋过海到东南亚及欧美各国谋生,在外事业有成的华侨都遵循落叶归根的传统,回到家乡买田置地建大屋。侨乡村的古围屋建筑风格各具特色,主要有围龙屋、堂横屋、杠屋等98座,包括寺前排村30座、高田村28座、塘肚村40座,其中20世纪40年代前建造的有80多座。

## 第二节 村落文化类型

广东境内,北为山地丘陵,中部为网河密布冲积平原和三角洲,南临大海。这三种不同地理环境,使当地的先民一开始就创造出三种亚文化并存的状态,奠定了文化差异的基础。北部山区民风彪悍;中部河谷和冲积平原,既利于农耕和稻作文化产生,又因其居于沿海和山区过渡交汇之处,易于交易运输,形成商贸文化;沿海地区的大海造就当地居民敢于冒险,勇于向外开拓的进取精神,成为海洋文化的本质特征。无论是农耕文化、商业文化还是疍民、军屯文化,都有一个共同点,即敢于开拓和勇于面对自然环境和机遇的挑战,具有敢于开拓和勇于承担风险的决心和能力，逐渐养成岭南人"性并轻悍，易兴逆节"的社会文化特质。

# 一、农耕文化

在传统的农耕社会形态中，自然环境对农业生产起着决定性的作用。良好的自然环境是作物丰产的保证，也是村落繁衍与发展的基础。因此，区域的自然环境，往往成为古代村落选址的首先注重因素。其中，水体、山体以及耕地是最为关键的考量要素。传统村落基本处于农耕为主的社会形态，自然环境对农业生产起着决定性的作用。因此，合理利用自然优势，趋利避害，就成为村落选址的首要标准。耕地和水是农村聚落存在和发展的根本性因素，它们的广狭丰歉决定着这一块地方对人口的承载。

村落规模的大小、人口的多少与其拥有的耕地有直接的联系，人口众多的村子，拥有的土地（特别是耕地）肯定不少。当人口超出耕地所能支撑的最大值时，就会分出一部分人口，寻找（开垦）新的耕地，重新建立新的村落。当然也包括村民田间劳作所花费的距离时间，若开垦的耕地过远，也会在新耕地附近建居屋，从而逐步扩大成为村落。如潮汕平原的澄海前美村陈氏村民，据《陈氏族谱》记载，陈氏是宋岐国公陈洪进的后裔，世居福建泉州，在元朝末年，一世祖世序公为了躲避战乱，带着四个儿子迁入潮州，卜居于该村的溪尾，世序公在明洪武十五年（1382年）去世后，因人口增多，除长子松山公定居在溪尾外，其他三房则向溪尾附近地域扩散。

早期岭南地区的耕作方式多为火耕水耨或刀耕火种。"火耕水耨"是宜用于平原低地的粗放型耕作方式。《汉书·地理志八》有载，应邵注云"烧草下水种稻，草与稻并生，高七八寸，因悉芟去，复下水灌之，草死独稻长，所谓火耕水耨。"《史记·货殖列传》中亦记载："楚越之地，地广人稀，饭稻羹鱼，或火耕而水耨，果隋蠃蛤，不待贾而足。"这说明火耕水耨是在古越地区的主要耕作方式之一。而"刀耕火种"是另一种自古流传于丘陵山地的原始农业耕作方式。春天放火烧山腾出土地播种，由作物自然生长，成熟后收割，是一种听天由命的、粗放的耕作方式，直至唐代，这种耕作方式仍很普遍。刀耕火种一般用于旱地，种植坡禾，是一种梯田（又称"畲田"），也有些被开垦为水田。这种耕作区多分布在坡地、低丘，也有些分布在三角洲边缘平原、谷地、高地和山间小盆地（俗称为峒）。峒田就是刀耕火种耕作区的一种，例如顺德锦屏山东侧有峒田，称"白云峒"，被认为是唐代刀耕火种开发峒田的见证。

明清以后，农业有了很大的发展，随着农田水利的兴修、围垦沙坦和开垦荒地，以及生产工具和耕作技术的改进，特别是农作物一年三熟种植，两季水稻，一季旱地，粮食产量显著提高。明嘉靖《广东通志》记载着稻有早、晚、旱3种，"其品甚繁，诸郡皆有"，除珠三角平原地区外，就连粤北山区也是"田一岁再熟"，韶州府仁化县有早稻和晚稻，并有60日熟和100日熟的不同品种；南雄府的始兴县，也有早稻、晚稻、早糯、晚糯。《广东新语》还详细记载了一年两熟的稻谷品种和插秧与收割的时间：立春后十日浸种，到小暑前十日尽熟。早熟在旧历五月中即可有新米，叫作吊犁早。稍微迟一些的叫作百日早、夏至白。早稻收割之后，又开始插秧。晚稻收于九十月。低洼积水地区有一种"界稻"，十一月种至翌年四月熟，也是双季稻。《白沙子全集》有："田舍邀尝早稻香""二顷坡田幸晚收"等记载。

广东番禺、南海、顺德、东莞、中山等地区地处河网密布的珠江三角洲冲积平原，在漫长的农业社会时期，以农业经济为基础，在社会、经济、文化等多方面相互作用下，形成了河网纵横、桑基鱼塘、养蚕丝织、花果飘香这种具有地域特点的农耕文化特色。珠江水系进入三角洲地区后，愈向下游分叉愈多，河道迂回曲折，时离时合，纵横交错。这些水道将历史上形成的冲积平原切割成块，各平原地块之间则由水系主要河道及密如蜘蛛网的小河连通，这种蜘蛛网般的小河道在珠江三角洲水乡地区称为"涌"，河涌水网不但为商贸交通的发展创造了有利条件，也为珠江三角洲地区水乡聚落文化特色的孕育及形成奠定了天然水网环境基础。岭南水乡环境及格局包涵着两种基本形态：其一是纵横交错、密如蛛网的水系；其二是成群连片、波光闪烁的基塘。

基塘是指珠江三角洲地区的"果基鱼塘""桑基鱼塘"和"蔗基鱼塘"的农业经营模式。明朝初年，朱元璋在全国各地推行桑、麻、枣、棉的种植，广东各府州县的地方官也不乏提倡种植桑麻，这对经济作物的栽培有较大的影响，而且在同样面积的土地上种植经济作物，远比种水稻等粮食能获得更多的经济效益。随着农业商品性生产的发展，使得农村的生产结构相应发生了变化，"甘蔗的种植，推动了榨糖业；蒲葵的种植，推动了制葵业；蚕桑的发展，推动了丝织业；麻和棉花的种植，推动了织布业；席草的种植，推动了制席业……"[1]。岭南"农者以拙业力苦利微，辄弃耒耜而从之。"[2]珠江三角洲一带出现了弃稻谷农田生产而种果、养鱼、植桑的风气，走上"稻田→果基鱼塘→桑基鱼塘"的农业生产商品化的道路。明初开始把田地改为基塘，所谓"基塘"就是将地势低洼、水潦浸泡、生产条件较差的土地深挖为塘，将泥土复于四周成基，塘用来"蓄鱼"，基面"树果木"，称为"果基鱼塘"。明末清初，出现了"桑基鱼塘"，即将原来基面种的果木改为蚕桑。桑基鱼塘一经出现，便很快取代了"果基鱼塘"。至清乾隆、嘉庆年间，再次"弃田筑塘，废稻树桑"，使原有桑基鱼塘区进一步扩大到基塘范围以外的区域，至清道光年间，如广东南海九江乡已是"境内有桑塘，无稻田"的情景。"桑基鱼塘"的扩展使珠江三角洲成为蚕丝和丝织业生产中心，成为我国三大生丝产区之一。桑基鱼塘这种基种桑，塘养鱼，桑叶饲蚕，蚕屎饲鱼，塘泥培桑的生产方式，栽桑、养蚕、养鱼三者有机结合，使桑、蚕、鱼、泥之间相互依存、促进，在获取经济效益的同时营造了循环经济的理想生态环境。

珠江三角洲水乡与平原旱地广府村落最大的区别在于聚落与河涌水体的紧密关系。一般的村落会在村落前排（祠堂）前面挖掘水塘，以利于用水和排水防涝。水乡村落则依河或夹河修建，利用水资源服务于当地的生产经营方式。村落形式主要有带状和网状水乡格局。

带状水乡村落的典型案例是广州番禺石楼镇大岭村，背依碧绿葱葱的菩山，前临潮汐涨落的玉带河，村落从南至北以沿河涌街道作为骨架呈线形扩展，民居沿着溪水坐东北向西南弯曲有序地排列。错落有致的民居与小溪、石桥结合，构成以广裹瓜菜田为边缘景观、"菩山环座后，玉带绕门前"为空间格局的岭南水乡聚落（图4-2-1）。

网状水乡最有代表性的要数佛山市顺德杏坛镇的逢简村（图4-2-2），早在清代，逢简村民就弃田筑塘、种桑养蚕，逢简村北临西江航道，水运发达，村内河道纵横，鼎盛时人口达万数，设有东西二市，里面有庙宇、酒楼、商铺，有"小广州"之称。逢简村以水道为界，河涌呈井字形，自南往北流过古村，汇入西江支流，把村落切割成若干小沙岛（图4-2-3、图4-2-4）。村落外围是环绕的河涌和分布的祠堂庙宇，河道中保存了古村原有的空间格局和自然景象，

---

[1] 蒋祖明，方志钦. 简明广东史[M]. 广州：广东人民出版社，1993：236.
[2] 屈大均. 广东新语·卷14[M]. 北京：中华书局，1985：372.

图4-2-1 番禺石楼镇大岭村总平面图（来源：《中华古村落 广东卷》）

图4-2-2 佛山顺德杏坛镇逢简村

图4-2-3 逢简村口拱桥景观

图4-2-5 逢简村河涌驳岸

图4-2-4 逢简村河涌小桥人家

两旁筑有红砂岩或麻石铺砌的驳岸，每隔一段有小埠头连通门巷，河道一侧与其平行的是麻石铺砌的临河步道（图4-2-5），古榕、蕉林、石榴在河两岸绿盈红肥。

无论是稻作生产，还是桑基鱼塘，都是在农耕文化背景下的产业发展。广大农民离不开赖以生存的土地，村落靠近耕地，特别是山区平地的客家宅居，出门就是农田（图4-2-6、图4-2-7）。同时，乡村也离不开上千年来形成的耕读文化，鼓励走"耕读入仕"的道路。

恩平县圣堂镇的歇马村，为梁姓聚居。梁氏先祖在元朝时期南迁岭南，经南雄珠玑、广州等地，于明建文至永乐年间（1399~1424年）由先祖梁镇胜迁到恩平立村。因村后有松山，山形似马立于村口锦江河畔，故名歇马村。村落坐西北向东南，背靠松山，面向开阔的锦江河，地势前低后高，村民们传承中原的农耕文化，以种植水稻、甘蔗、花生等作物和养鸭为主业，过着半自给自足的农耕生活。明弘治年间，村人梁廷弼、梁廷赈兄弟二人相继中举，首开入仕先河，歇马人从此走上"耕读入仕"之路，至清末，全村出监生、贡生、举人200多人，其中进士5人，被誉为"举人村"。

广州市番禺区石楼镇大岭村，位于珠江出海口冲积平原水网地带，村落格局完整，历史遗存丰富，环境风貌优美，传统建筑精美，因出了1个探花、34个进士、53个举人和100多个九品以上的官员而闻名。农耕文化决定了农民以人丁兴旺、财源茂盛、人文发达为理想追求。

图4-2-6 农耕文化背景下的客家民居

图4-2-7 梅州南口镇客家村落民居外的稻田

## 二、商业文化

明清时期广东珠江三角洲地区由于对外贸易发展，改变了过去单一种植粮食作物的生产方式，转向同时经营多种经济作物，甘蔗、花卉、果木、桑蚕等，以致广东粮食不能自给，多由广西、湖南、江西等地提供。而桂湘赣地区所需日常，特别是食盐则从广东运销。粮食向南运输，食盐向北运输，于是广东与广东交界地区湖南、江西、广西等地形成了"商贸交易线"。这些交易线以水上交通为主，陆路交通为辅。如湖南郴州盛产银、铁、铅、锡等矿产，后采矿业兴起，通道发展达岭表（岭表即岭南）。到了嘉庆年间，郴州豪绅和官员又对农业、种植业"谆谆劝谕，教民以开垦种植之法，而物产日丰"。于是郴州商人大量将当地生产的"油、烟、姜、炭"等物，运销外地，"且广行湖之南北焉"。粤商的成批入桂，始于明，盛于清。粤商进入桂东南地区与湘商、赣商相比，有着无可比拟的水路交通优势，怀集地处的桂东南地区是两粤的出入口，并有西江贯穿两广。

传统商贸交易主要依托航运，故大量商贸圩市沿江河崛起。受商贸利益等驱使，许多移民聚落会选择在商业经济发达地区和商贸驿道沿线。而聚落及民居形式也会向有利于商贸交易和交通运输的功能方向发展。流经粤西怀集的马宁水自古就是梁村、马宁等乡镇的"黄金水道"。梁村镇的湘田村，又名"湘岗寨"，该村村民的祖籍是在湖南，先祖通过经商，沿古道水陆兼行到梁村镇落户，现已传至24代。以前梁村、马宁等平原区镇的村落要建房屋，必须要到怀集县山区的蓝钟镇购买木材，由于当时没有道路和车马运输，村民就将购买的木材扎成木排，沿马宁水顺水而下。马宁水的重要交通运输作用催生了"梁村圩"，最终发展成有"小佛山"之称的梁村镇。据《怀集梁氏十二房族谱》载："迄至六、七世祖，遂分十二房……于谭锡格十园开辟农贸市场梁村圩。"《怀集县志》也有明初设慈乐司（慈乐寨）于梁村的记载，故梁村圩最迟在明初已是兴盛一方的圩市。梁村镇街巷还留存有各地各姓人来此经商的商铺遗址。据传，过去马宁水可行大船，航运货物卸载的码头在圩河边有很多处，河边还留有码头遗址。怀集县的梁村、岗坪一带作为"米粮川"，主产的稻米山货，都通过相连的水陆商路，遵循价格规律，形成"翘板式"的倾销方向，有时向着广西、湖南一头，有时向广州一端倾销。

商人的流动、商贸的联系使广东与广西、湖南、江西之间能够互通有无，各取所需，也使它们之间的经济文化在交融中共同发展。广西东南地区的传统民居之前是少数民族的干阑式建筑，建筑材料多为木竹和茅草。随着商业移民的迁入，促进了经济发展，桂东南地区的建材逐渐被砖、瓦、石替代。而商贸交通型村镇对区域经济发展有较大影响，佛山顺德碧江村据清咸丰《顺德县志》中载："碧江属龙头堡，民夹水而居，百货辐辏。"由于水上交通方便，历史上已形成集市，百年前已形成三圩六市，为顺德县农村四大圩镇之一，素有"文乡雅集"之称。造纸、腌笋非常有名，米行等各业兴盛，为广州货物的一大中转站之一。

街巷圩市的排屋，多出现于以商贸为基础营建的聚落，一户为一栋，一般为两层，"上住下铺"或"前店后住"。户与户之间紧密相连，甚至共墙，沿街道两旁布置延伸，围合成狭长的街道空间。广东粤北韶关市始兴县的周前村，位于流经始兴浈江支流的墨江边，过去是个重要的商贸集镇，收购粤北山区的货物，然后通过浈水南下运往广州，或浈水东去抵达江西，后来水运被陆运取代，商镇没落成为客家农耕村落。但村落形态具有明显的宽阔主干道，两旁为两层的骑楼，骑楼为双坡顶建筑，首层为商铺，二层住家，骑楼柱子为砖柱，梁板和围护结构均为木材（图4-2-8、图4-2-9）。商店铺面用木板墙，中开双扇门，有的木板门前设置栅栏小门，过去铺面的板墙应可拆卸。室内进深较大，有多进。首层前进的铺面有的做成两层空间，上有小型的跑马廊（图4-2-10），也是方便存货。屋顶上有采光口，以保证室内光亮。前、后进之间有楼井连通二楼，楼井空间也比较大，方便二楼货物储藏（图4-2-11）。宽阔主干道其实是一个条形的广场，广场端头有一戏台，该戏台在20世纪五六十年代曾被烧过，后又复建，但非常简陋，远没有原来的戏台美观（图4-2-12）。周前村过去还有两座当铺，现一座已毁，一座残败。

黄塘村地处韶关始兴县马市镇南1公里处，比邻浈江，前与太北岭、虎家岭隔岸相望，背靠喇机山，南侧为耕地，并有金刚河穿过，上游通往江西，下游流经韶关汇入北江。马市镇早在三国时期就是中原进入广东的必经之路，拥有重要的水陆码头和陆路驿站。黄塘村为单姓赖氏，据族谱记载，赖氏东晋时迁至浙江松阳，

图4-2-8 始兴县周前村过去的商业骑楼通道

图4-2-9 始兴县周前村骑楼过去的店铺门面

图4-2-10 周前村商铺室内二层跑马廊

图4-2-11 始兴县周前村骑楼商铺室内楼井

后子孙分迁至广东、江西、福建相交等地区。约1540年，赖氏祖先二十三世开基祖赖文玉从始兴罗围迁居于此，以农耕为业。黄塘村的发展在清朝嘉庆年间达到高潮，赖氏后人赖日兆卸任清朝官员告老还乡在黄塘村购置田产，同时又资助族人在马市镇经商，一时间马市镇商铺林立。而黄塘村依靠自身的地理交通优势，承担起浈江、马市商贸交流的重要角色，成为当时富甲一方的村庄。黄塘村的建筑布局受到水系影响呈东北至西南走

图4-2-12 始兴县周前村戏台广场

向，聚落形态呈两头小中间大的梭形。聚落内部有纵横向各四条的巷道，宽度1.2~1.6米，横向巷道主要解决内部交通问题，纵向巷道主要起到村落与外部的沟通作用。繁荣时期沿街建筑基本为色彩和形制统一的青砖修砌，功能为商住两用，主要售卖从浈江水路运输过来的油、食盐、茶叶等。整个聚落呈条层式布局，因此线形的街巷和沿街商铺格局减少了市集喧嚣对聚落内部居住环境的影响。清同治年间，由于防御需求，村内先后建造了上关老围和下关大围两座方形围居。

## 三、疍民文化

"疍户""疍家""疍民"是对水上居民一种带有歧视性的称谓。学术研究认为"疍民"是岭南古老的居民，以舟楫为家，捕鱼、采蚝为生，自相婚配，不与岸上人往来。清代《南海县注》有疍民就是岭南土著的说法。关于疍民起源的说法，认为疍民乃古越人中"海夷"的一支，因当年不满秦始皇杀其部落酋长西瓯王，遂匿居于水上。也有认为他们是东晋卢循起义的余部，因为疍民的另一个称谓是"卢亭"。疍民常年栖居于渔船，过着漂泊不定的生活，或者在河涌荒滩建起分散的茅棚，这种为贫苦渔民居住的"水上民居"俗称"水棚"，是在水中用木柱支承的一种简易房屋，可以说是沿海沿河建筑的一种特殊类型（图4-2-13、图4-2-14）。

传统的疍家水上建筑称为寮屋，寮屋的结构类似于陆上园林中的水榭建筑，只不过寮屋的根基是扎在水边的浅滩中，涨水时整个村子的房屋仿佛漂浮在水上。旧式寮屋多以竹子、树皮、茅草搭建而成。过去疍家村落中这种寮屋依水而建，小船依靠寮屋的景观随处可见。疍家沿河"水上民居"在两广、海南、福建等地均有分

图4-2-13 粤中河涌水上民居

图4-2-14 粤中江河内湾水上民居

图4-2-15 干阑式做法的水上民居

图4-2-16 疍家民居的水上街道

布，是以水为居的疍家人上岸后的房子，名曰"疍家棚"。在一条细长笔直的小河涌两旁，排列布置垂直于河涌旁，形如古代越人的干阑式建筑，建造简单，形式简陋（图4-2-15）。

水上民居多设在江河内湾或小溪侧边，大多集中成群建造，像链条般密级地排列在河涌两旁。这种水上渔村是用木板架成80～150厘米宽的水上街道（图4-2-16）。街道可分叉向水面伸出，长可达200～300米。渔民的水棚分布在街道两边，水棚后面就是河面，渔民小船可直达住家门口，水陆交通方便。密集的水棚聚落，前街后河，水陆两达，并以其错落有致、鳞次栉比的组合，与舟楫穿梭、水中映像，一同构成了独特的水乡景观。

这种水上民居比较简陋，水棚下部为木桩基础，上部为绑扎的竹木构架，地面是架空木地板，外墙常用树皮或蔗皮来做围护，采用竹或蔗皮编成的支摘窗，以调节遮阳。内隔断用竹子或蔗皮编织，屋顶则铺以厚20～25厘米的蔗叶或稻草隔热。条件好的民居，其建筑材料和结构，从墙壁、地板、楼梯、栏杆到屋架，都用木造，屋面有用木板或板皮，也有用瓦面的。屋顶有悬山形式，或做单面歇山，利用山尖来采光通风。平面布局简单，只有厅、房。厨房可与厅堂连在一起，外观以坡屋与住房相连，也可单独建造，附设于厅堂侧边，用木板道与厅堂相通。每户设有露台，并备以木梯、木栈道通达各自停泊的小船。有的木棚住房在靠近河边的一面，白天将活动式板壁取下，作为有盖阳台，以获取阳光，晚间则把板壁装上。室内靠水的一侧是厨房，靠陆地的一侧是居室。每间民居旁都有梯级连接堤岸，以作乘船通道。聚落由河道环境和民居组成，没有任何公共建筑（图4-2-17、图4-2-18）。

广东东莞的沙田镇水网密集，河涌河道纵横交错，江海河湖汇聚，拥有无可比拟的水资源，是一个典型的沿海水乡聚落。过去居民大多数是生活于水上的"疍家人"，水便是他们的一切，他们与水为一起，不分彼此。沙田镇纵向水系流域面积较大，雨季流水从上游冲下摧毁力较强，水系河涌支沟流域面积较小，水流稳

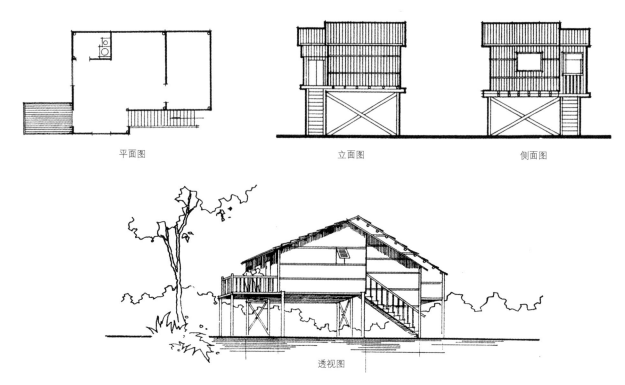

图4-2-17 广东四会仓岗疍家水上民居

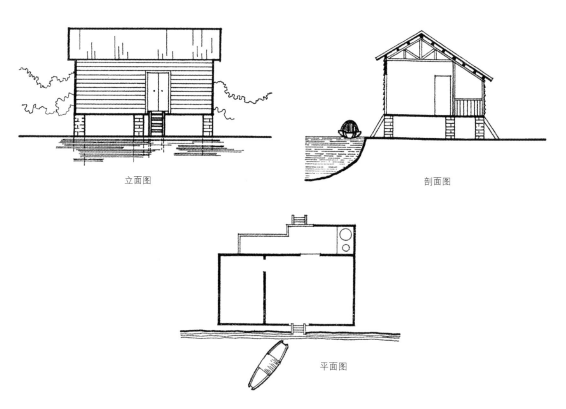

图4-2-18 广东珠海斗门区沙田地区疍家水上民居

定，疍家村落选址充分考虑了这一自然条件，村落选址紧贴河涌支沟，让支沟的水流穿过村落，这样便于村落用水以及疍民行船的需求。而流域面积较大，水流不稳定的水道则从村旁流过，避免流水冲击，也便于灌溉农田。水是沙田疍家村落形成和发展的重要环境因素，其选址体现了村落营建中因借自然、利用自然的理念，水环境空间是村落环境空间的重要组成部分，渗透到村落的各个角落，成为东莞沙田疍家村落外部环境中最有情趣的空间。村落水环境丰富多样的构成形式，营造出民居形式多样，富于变化而又统一协调的景观特点。

疍家这种平行于河流或者河岸的集居形式逐渐形成村落，村落中街巷顺水而走，宅居沿水而建，形成了顺应水系走向的线性动势的空间特征。绝大多数原始疍家村落布局采用水—村（居）—路的单排民居组合方式。后来随着村落的扩张发展才不断衍生出一些新的双排民居组合方式。为了生产生活的便利以及适应水环境空间。

发展到现代，疍家村落民居依然临水而建，不过已经全部居于陆上，建筑形式也多为院落式民居。该类建筑邻水泮田，厨房、厕所与主要居住空间分开布置，用墙将各类空间围合起来，形成生活庭院，院落紧邻水道。民居后院常设有自家独立小码头，便于疍民进行水上活动。在疍家村落中，河涌的周边还有不少小水闸，这些水闸都和鱼塘连通。开挖的鱼塘除了村落居民养殖之用外，在汛期也会起到调节水量的作用。

## 四、军屯文化

还有一种聚落类型是军屯，即驻屯的军队，朝廷制定"寓兵于农"的政策，利用驻屯军队就地耕种土地。汉武帝元鼎元年（公元前116年）就在西北边关以六十万人戍田。曹操整合军屯与民屯，在各地设立田官专门负责屯田，认为"夫定国之术，在于强兵足食，秦人以急农兼天下，孝武以屯田定西域，此先代之良式也。"[1]明代早期为了促进军屯的发展，朝廷还调拨耕牛、农具和种子，而各地军屯月粮能自给且有盈余。卫所是明代兵制的核心编制单位，明洪武十七年（1384年），在全国的各军事要地，设立军卫，一卫有军队五千六百人，其下依序有千户所、百户所、总旗及小旗等单位。有事调发从征，无事则还归卫所，并与户籍制度配合，维持卫所制运行。清代的卫所职能沿袭明代，并制定了严格的规则，为当时的社会稳定发展起着非常重大的作用。广东是海防前沿，有相应的海防体系和卫所军屯建制。

军屯制度下形成的屯堡，其"屯"是指军队驻地，而"堡"指地势险要之地。明王朝建立后，元朝残余势力盘踞云贵，不愿归附。为了达到经营西南边疆的目的，明洪武十四年（1381年），朱元璋命颍川侯傅友德为征南将军，发动大军南征，每占一地便屯军驻守。建立了以军屯为中心的"屯""堡铺卫""历"等聚落，这些聚落被统称为屯堡。民国《平坝县志》载："名曰屯堡者，屯军驻地之地名也"。屯堡的村落大多建筑在内有水源，近溪河而靠山的位置。这些村寨都以石头砌成的城墙作为寨墙，并建立有屯门和用于瞭望防御的角楼或望楼，具有很强的军事堡寨的特征。

屯堡内通常只有一条主要街道，或十字街道体系，街道终端为城寨大门。居民住宅比较规整地分布在街道两旁，民居通常采用三合院或四合院式布局，与中原民居类似。明初卫所的设置和军屯的兴起主要是为保障军力，镇压各种反抗势力，由于军屯占据了大量良田及外来人口增多，常与本地居民之间发生矛盾，故反抗军屯的事件屡有发生。《明实录》上记载的当地少数民族大规模攻打屯堡的暴动就有20多次。因此屯堡民居

---

[1] 三国志·魏志·武帝纪.

非常注意加强防卫功能，堡墙高厚，大门坚固，有些屯堡内还筑有碉楼。

广东的开平，在古代地处新会、新兴、恩平、新宁（台山）四县交界处，县境的苍城一带山岭纵横，林密人稀，经济落后。在社会动荡、人民生活艰难的状况下，民众造反，匪害为患。明朝中后期，反抗官府的人多聚集这一带，凭险抗争，官府屡剿不灭。明隆庆年间（1567~1572年）就发生过四个县的民众联合一起，举行造反起义。岭西兵备佥事李材出兵镇压，事后李材为维持这一带的治安，在苍城设置开平屯，派兵驻守。为加强防卫和长期驻守，随即建城墙。"城墙周长800米，墙高2.56米，厚0.64米，开有两个城门——东门和南门"。这时的开平屯，实际上只是兵营，人数不多，屯内有水塘、耕地、菜园等。明朝时期的兵屯制，从形式意义上讲，类似于当年的"生产建设兵团"，既是兵或预备役兵，又是一个农场的劳动者。兵屯的兵负有驻守防变责任，又要开荒种植。后来随着社会环境的改变，屯兵大部分在当地落籍。屯制虽然撤销，兵屯所建立的城墙等设施，为后来的地方治所建立了物质形态基础。

早在北宋年间，军队就在广东沿海置巡海水军，"东起潮州，西至琼雷"，沿海一线设兵营，立寨防海。如台山广海卫城，在北宋时期是营寨，也是船只停靠的港湾。到明朝时，广海成为外国关船停泊检查的港口，因沿海倭寇猖狂，广海被设为"卫"。明朝的防海北起天津大沽口，南至广西钦州防城的沿海地带，置建了36座卫城，广海是其中之一。广海卫城于明洪武二十七年（1394年）始建，早期卫城周长1024丈，有垛口874个，敌楼15个，窝铺42个。曾筑有子城，城墙高二丈，厚二尺。城外筑有城池，深五六尺，宽五尺。后经多次扩建，形成依山就势的格局，城池坐北朝南，东西长2.5里，南北宽1.5里。城墙周长约12里，高约7米。城墙正方位处开门4个，分别为"朝阳门""清海门""迎仙门"和"迎恩门"，另设有东、西两水关，四门均筑二层的门楼，并设瓮城。广海卫城东、北、西面环山，三面的山体是天然的屏障，形成半封闭的空间，南面临南海，地处台地向南有居高临下之势，向南开阔又便于对南海的瞭望监视，易守难攻，空间上显现出军事要塞的形态。广海城内由十字街连接四城门，形成十字空间结构。城内街巷分布有三街六巷。三街：一是十字街，后又称"南门直街""北门直街""东门直街"和"西门直街"，以十字走向而命名；二是署前街，位于都司署前面而得名；三是碛石街，因街之北端在麒麟山下，遍布大石，故而得名。六巷：为姓氏聚居的街巷。一是吉子巷，为吉姓人聚居；二是伍家巷，位于城东南侧，是伍姓人居地；三是大地巷，于北门西侧，因地大而得名；四是佘龚巷，佘龚二姓居住，位于西侧；五是梁家巷，在西边城隍庙侧梁姓居住；六是门神巷，位于西边。十字街是全城的街巷骨架，便于与防卫要点东、西、南、北门的联系。其他街巷，均沿此骨架和地形地势而分布，与严谨的十字形骨干道形成鲜明的对比（图4-2-19）。

大鹏所城即鹏城村，位于深圳市东部大鹏镇，始建于明洪武二十七年（1394年），是明清两代南中国海防军事要塞（图4-2-20）。明代初期建立的"卫""所"

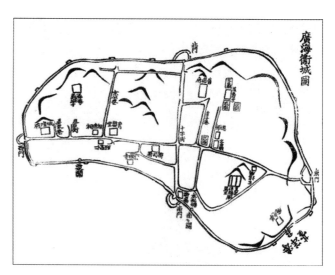

图4-2-19　清道光十九年（1839年）广海寨城图（来源：清道光《广海镇志》）

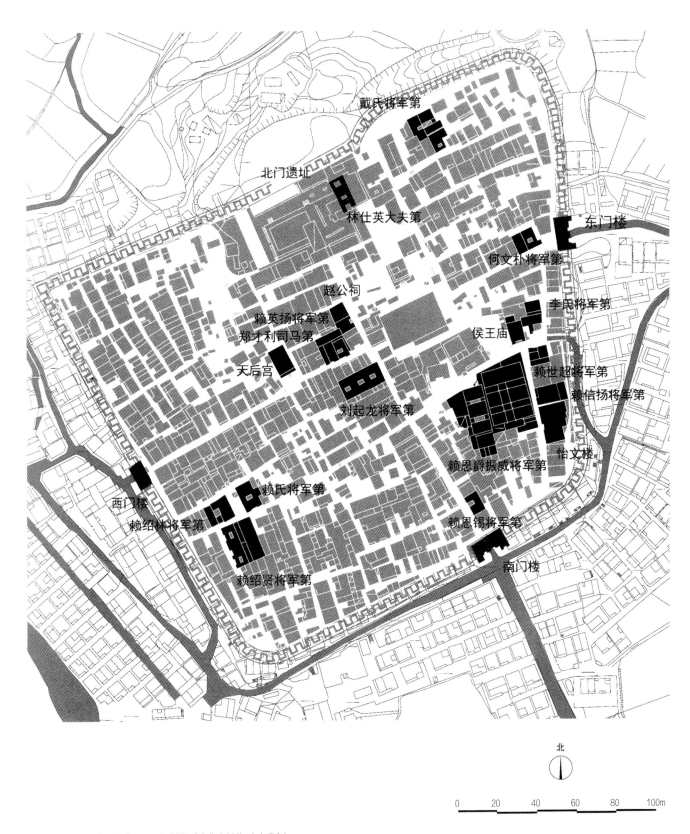

图4-2-20 深圳鹏城村总平面图（来源：《中华古村落 广东卷》）

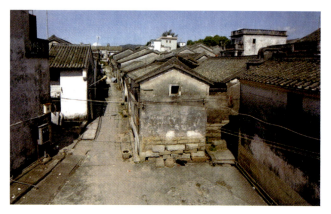
图4-2-21 深圳大鹏所城东门街

图4-2-22 深圳大鹏所城东门街巷

军事制度,是最基本的军事编制单位。明洪武年间,广州左卫千户张斌奉命筑"大鹏守御千户所城"。大鹏所城战略地势险要,从海路扼守珠江口,防备外敌入侵岭南重镇广州。清代大鹏所城将士在赖恩爵将军带领下取得了鸦片战争首战——九龙海战的胜利,在中国近代史上占有重要地位。大鹏所城是我国保存最完整的明清海防卫所,也是研究明代卫所军事制度的重要实证。

大鹏所城的得名源自当地的自然环境,过去属新安县管辖,新安城东有大鹏山,由"罗浮逶迤而来,势如鹏然",故名之。整个古城呈方形布局,地势北高南低。据清康熙《新安县志》记载:"……沿海所城,大鹏为最……内外砌以砖石,周围三百二十五丈六尺,高一丈八尺,址广一丈四尺,门楼四,敌楼如之,警铺十六,雉堞六百五十四,东、西、南三面环水,濠周围三百九十八丈,阔一丈五尺,深一丈。"大鹏所城格局完整,有雄伟的古城门,古色古香的老宅,特别是气势宏伟的将军府第。街道空间特色突出,城内有东西、南北向的主要街道3条:南门街、东门街(图4-2-21)和十字街,街道地面用长条石板铺筑,街道宽约4米。现城墙门有东、西、南3座,其中东、南两门保存较好,皆为明代建筑(图4-2-22)。北门在清嘉庆年间被堵塞。城门通道地面用花岗岩石板铺设,顶部用平砖和模形砖以三顺三丁的纵连砌法结拱起券。城墙长1200多米,东城墙长约306米,南墙长约255米,西墙长约318米,北墙长约361米。城外有环绕着深3米,宽5米的护城河。

大鹏所城雄伟庄重、风格古朴,内有近10万平方米的明清民居建筑群,城内主要建筑有参将署、县丞署、军装局、关帝庙、天后宫、守备署、赵公祠、华光祠、刘起龙将军第、赖恩爵将军第等。古建筑鳞次栉比,错落有致,窄街小巷,石板铺就,厅堂厢房,古色古香。刘起龙清道光六年(1826年)任福建水师提督,皇帝诰封为振威将军,其府第是一座典型的清中叶时期天井院落式建筑,位于古城南门街内,该府第呈不规则梯形,门首横额题"将军第"(图4-2-23),平面布局为三进三间,二厅一天井六厢房,大门侧开,内有后院。赖恩爵的振威将军第建于清道光二十四年(1844年),位于南门右侧内,有数十栋屋宇,厅、房、廊、院组合丰富,规模宏伟,建筑面积2500平方米,门首横额楷书"振威将军第"五个大字,将军第侧门内进,三套三进三间,均为三厅二天井(图4-2-24~图4-2-26)。

鹏城赖氏三代出了五位将军,三个一品两个二品,两个提督三个总兵官。赖英扬将军第位于正街郑氏司马第之东侧,为两进二开间一天井的府第式建筑结构;赖世超将军第位于赖恩爵振威将军第对面,是赖氏第一代将军赖世超的府第,为清中期府第式建筑;赖恩锡将军第位于南门附近,是赖恩爵将军之堂弟;赖绍贤将军第位于西门内,规模仅次于赖恩爵振威将军第,占地面积1500平方米,有大小房间35间,赖绍贤为赖恩爵之长子;赖绍林将军第位于赖绍贤将军第侧面,为赖恩爵第四子,平面布局为侧门内进,二进二间。大鹏所城的传统民居,大多保持了所城初建原貌,条石框窗、青砖砌墙和红砖铺地,从这些民居特点来看,具有广府和客家两地民居的综合特点(图4-2-27),因为深圳东部处于广东广府、客家民系的交汇点上。

图4-2-23　大鹏所城刘起龙将军府

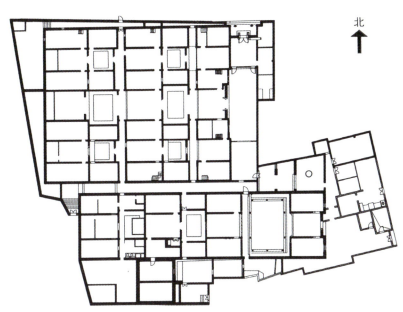

图4-2-24　赖恩爵振威将军府总平面图

图4-2-25　赖恩爵振威将军府大门

图4-2-26　赖恩爵振威将军府厅堂

图4-2-27　深圳大鹏所城内巷民居

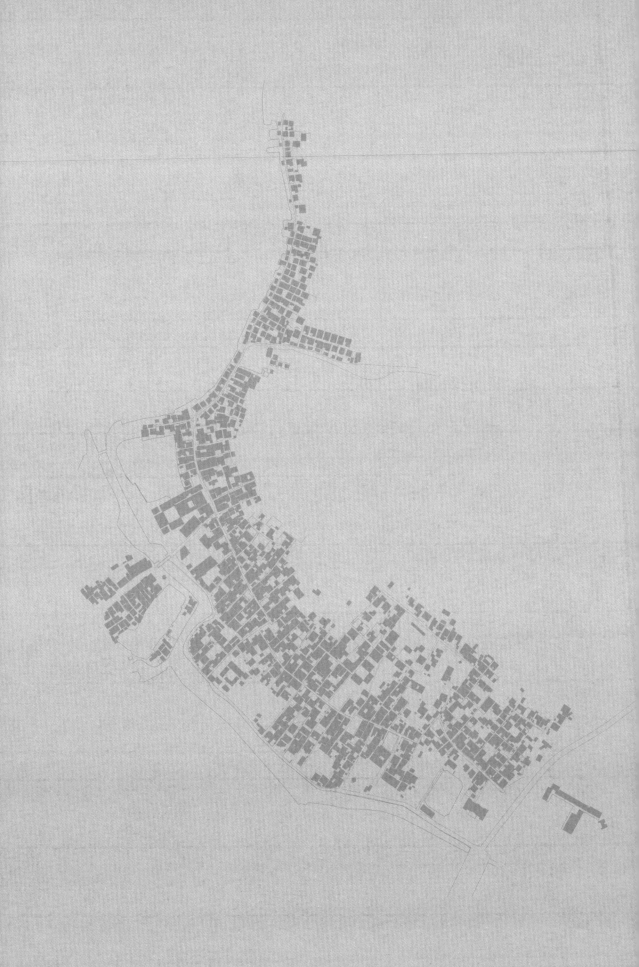

# 第一节　聚落民居平面组合

## 一、广府民居基本类型与组合

### （一）竹筒屋民居

竹筒屋，即单开间民居，当地有的地区称为"直头屋"。竹筒屋为普通居民所住，农村单层居多，城镇建有楼房。它的平面特点在于每户面宽较窄，常为4米左右，进深视地形长短而定，通常短则7～8米，长则12～20米。平面布局犹如一节节的竹子，故称之为"竹筒屋"（图5-1-1）。形成此类平面的主要原因是：粤中地区人多地少，地价昂贵，尤其城镇居民住宅用地只能向纵深发展。同时，当地气候炎热潮湿，竹筒屋的通风、采光、排水、交通可以依靠开敞的厅堂和天井、廊道得到解决。

竹筒屋的规模有大有小，房屋高度有单层者，也有多层者。由于平面布局纵深长，屋面相接，只能内向排水。但这种楼房住宅，由于有几个内天井，而且楼层有不同高度，前后开窗不受限制，它利用开敞的厅堂、通透的内部间隔、低温而直通的廊道以及不同的层高、不同位置的天井所造成的风压和热压原理，使得民居室内空气流畅，通透而凉爽。

竹筒屋是广东传统城镇常见的居住建筑类型，竹筒屋常呈联排状形式，五到七间左右为一排，前为

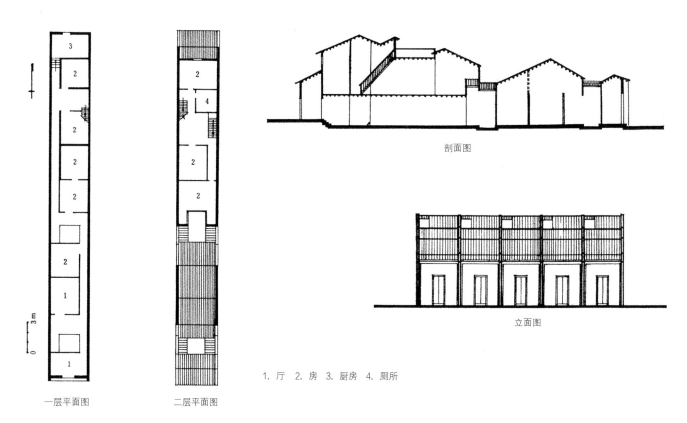

1. 厅　2. 房　3. 厨房　4. 厕所

图5-1-1　广州文德南路厂后街竹筒屋民居

图5-1-2　广州西关联排竹筒屋民居

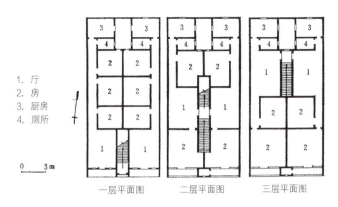

1. 厅
2. 房
3. 厨房
4. 厕所

图5-1-3　广州宝贤南路多层竹筒屋民居

街巷，后背对后背相靠，形成密集式的聚落空间形态（图5-1-2）。广州西关是旧城民居集中地区之一，区内街巷纵横，住宅毗邻密集，它的形式多数是竹筒式或明字屋式的楼房住宅，各家独自建造，虽然联排设置，但互不干扰。沿街设置的城镇楼房式竹筒屋，采用单跑楼梯，底层常做成骑楼商铺，楼上住家（图5-1-3）。

## （二）明字屋民居

明字屋为双开间民居，因简单的明字屋平面像汉语"明"字，故称明字屋。它由厅、房和厨房、天井组合，平面布置比较灵活自由，两个开间可大小不一，进深可长可短。明字屋的优点是功能明确，平面紧凑，使用方便，通风采光好，所以在城镇中这类住宅也较多。

广州西关的明字屋民居，一般是较为富裕的住户所采用，其布局方式与竹筒屋基本相同，所不同的是房间多一些而已。书香之家都在次间屋的前厅尽端辟一小屋，作为书斋，称"书偏厅"。书斋前有过厅，与门厅相通（图5-1-4）。更富裕者，则在后部小院天井辟作庭园，沿墙壁做假山，院内种花草，置盆景，这种布局方式既有利于美化生活，又有利于微气候的调整。城镇聚落中的明字屋，常与竹筒屋混合在一起，也是采用联排并联方式共同组合成密集式的聚落空间。

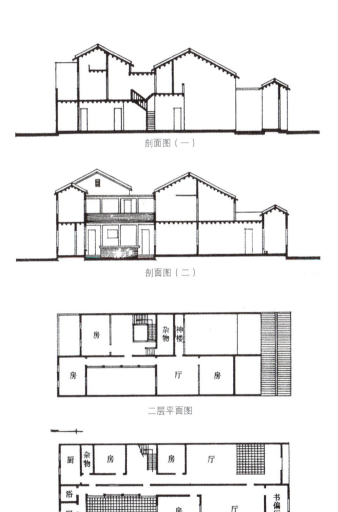

图5-1-4　广州西关逢源正街双开间民居

## （三）三间两廊民居

三间两廊屋，即三开间主座建筑，前带两廊和天井组成的三合院住宅，这是广府地区最主要的平面形式，特别在农村，大多数都是三间两廊民居（图5-1-5）。其平面内，厅堂居中，房在两侧，厅堂前为天井，天井两旁称为廊的分别为厨房、柴房和杂物房，天井内通常打一水井，供饮用。

厅与天井之间可以有墙间隔，正中开门，即厅门。粤中地区的三间两廊民居也有的不设墙与门，为全开敞式，这种方式通风采光好。卧房在厅的两旁，

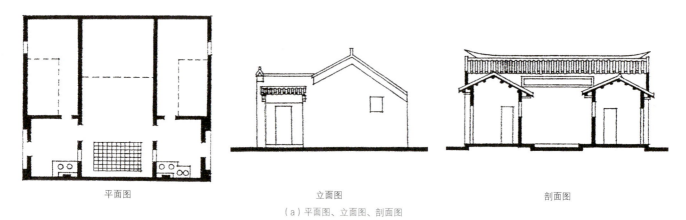

平面图　　　　　立面图　　　　　剖面图

（a）平面图、立面图、剖面图

（b）花都塱头村三间两廊民居建筑群（来源：李丰延　摄）

图5-1-5　广府地区三间两廊屋

房门一般由厅出入，也可由廊道出入。卧房置有阁楼，作储存稻谷和堆放农具、杂物用。三间两廊屋的大门布置方式有两种：正面入口和两侧入口（图5-1-6），这由总体布局和道路系统来决定。

粤中民居的许多类型平面，基本上是由三间两廊屋发展、组合而成的。如向横宽发展成为多开间形式，这是由于原有的房间不敷应用而向一侧增拼发展而成多开间民居（图5-1-7），增建的房屋单元也带有天井，这是交通联系、通风、采光、排水所必需的，平面呈不对称形式，比较实用。也有向纵深发展，如三间两廊加前屋成为四合院形式，这也是农村多见采用的一种平面形式（图5-1-8），当地称为"上三下三"，即上三间，下三间，正中为天井，这类平面的优点是房间较多，独户使用，比较方便，它的朝向一般都属坐北向南，大门可正中开，也可以在两侧开门。有的平面布局是两座纵向三间两廊屋的组合体，成为两进院落式建筑，如肇庆四会市某宅（图5-1-9）。当城镇用地紧张时，常采用楼房形式。

图5-1-6　广州从化太平镇三间两廊民居侧门入口

图5-1-7　广州从化太平镇三间两廊民居天井内院

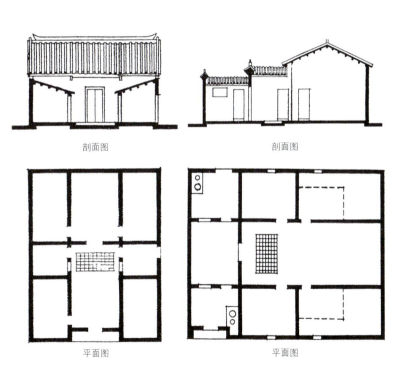

图5-1-8　大门正开与侧开的三开间天井式民居

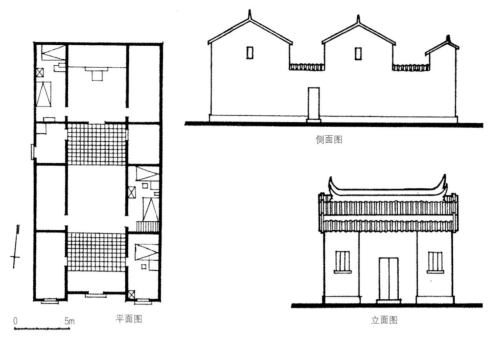

图5-1-9 肇庆四会市某三进民居平面图、侧面图、立面图

## （四）大型天井院落式民居

乡村天井院落式民居大多在三间两廊民居的基础上向纵深发展而成，头进为门厅，而后为厅堂。大型住宅的厅堂，有上、中、下堂之分。上堂设神龛，供奉祖先牌位，也称祖堂；中堂较宽敞，作行礼宴客之用，亦称"官厅"；下堂为门厅。各堂前后都有屏风或隔扇，关闭时可独立使用。当节日或有婚丧大事时，屏风、隔扇可拆下，几个厅堂连在一起，并和天井打通，有时还在天井上空加盖棚顶，成为一个大空间。这种厅堂布局是比较适应宗法制度下家庭生活需要的。在厅堂两侧，建有横屋。横屋间是多功能使用的标准房间，可作卧房、厨房、牲畜房，也可作粮食加工、储藏、农具杂物和谷仓等。

城镇民居中也有比较大型的民居，主体建筑三开间，它的平面组合实际上就是三间两廊的扩大，也可以说是多间竹筒屋民居的并列（图5-1-10）。清末广州老城区的大宅，从平面布局、立面构成、剖面设计到细部装修等，都有它一整套的模式和独特的地方风格，俗称"古老大屋"。西关大屋多取向南地段，建在主要的街巷上，平面呈纵长方形，临街面宽十多米，进深可达四十多米，典型平面为"三边过"，即三开间。三开间的西关大屋，其正中的开间叫"正间"，两侧的开间称"书偏"，书偏之名是指取旁侧的书房和偏厅。

西关大屋平面布局一般为左右对称，中轴线上为主要厅堂，全屋一般有二至三进，大宅则更多，厅之间用天井相隔。门厅后有轿厅（茶厅）、正厅、二厅（饭厅）等，形成一条纵深的中轴线（图5-1-11）。正厅面积最大，是全屋的主要厅堂，也是供奉祖先和家庭聚会议事的场所。正厅因其后部上方装有神位和祖先位，故又称神厅，即在厅内靠后墙处设一阁楼，名为神楼，上供祖先牌位。两侧用房主要有偏厅、书房、卧室、厨房和楼梯间等。偏厅是家属生活休息和接待客人的地方，偏厅或书房前面常设有庭院，栽种花木，布置山石池水以供游憩观赏。

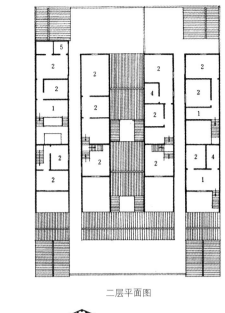
二层平面图

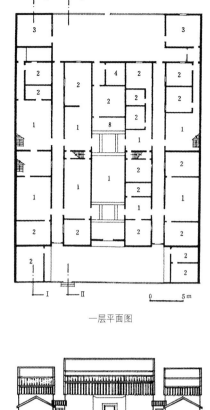
一层平面图

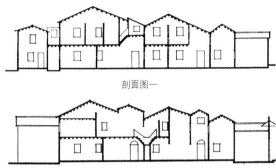
剖面图一

剖面图二

图5-1-10 广州宝贤南路38号某宅

立面图

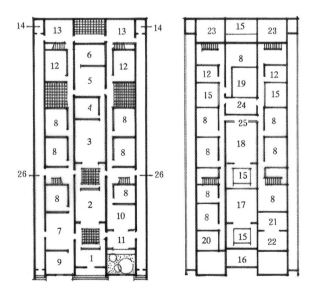

图5-1-11 广州西关大屋平面图

1. 门厅
2. 轿厅
3. 正厅
4. 头房
5. 二厅
6. 二房
7. 偏厅
8. 房
9. 倒朝房
10. 书房
11. 前廊
12. 佣人
13. 厨房
14. 厕所
15. 天井
16. 门厅上空
17. 轿厅上空
18. 正厅上空
19. 二厅上空
20. 偏厅上空
21. 书房上空
22. 前廊上空
23. 厨房上空
24. 杂物
25. 神楼
26. 青云巷

建筑立面为青砖石脚砌筑，正间檐下做成木雕封檐板（当地叫"花苴"），大门由脚门、趟栊和硬木板门组成，造型别具特色，故入口大门是西关大屋最有特色的部分。趟栊门是可以滑行拉开、合上的木门，由十多条直径10厘米左右粗大的大圆木横架做成，具有防盗的作用，同时不会影响采光和通风（图5-1-12、图5-1-13）。西关大屋可以说是清末时期广州传统民居中的代表作。

在城镇聚落中，这种大宅相对独立，与隔壁民居之间常设有一条俗称"青云巷"的小巷与邻居相隔。青云巷是取"平步青云"之意，因为狭长阴凉，又称之为"冷巷"。其功能具有交通（女眷及婢仆出入）、防火、通风、采光、排水及清粪便倒马桶等多种用途。青云巷的入口处常做成小门楼，当青云巷较长时，则在中段处加设门洞分隔。

粤西广府天井院落式民居是在三开间合院建筑的基础上组合而成，中小型可扩展为两进、三进的合院民居。随着空间的扩展，这类民居具有更丰富的空间序列层次，集礼仪、接待、生活、居住等于一体，较好地实现了生活空间的对内、对外功能。民居通常是正面为宅居主入口，只有当正面有别人房屋而难以设出入口时，才从侧面开门。中大型民居有更强烈的中路空间序列，多进天堂，起着接待、议事、祭祖、日常生活、生产等综合功能，中路厅堂三开间为主，也有五开间等。两侧的生活空间有横屋，横屋与中路主体厅堂间设有条状天井相隔（图5-1-14）。当家族人口多时可设有多排横屋，外观颇像客家民系的堂横屋建筑。大型民居组合使整体空间呈现出较为封闭的特征，防卫性较强。

如坐落在郁南县连滩镇的西坝石桥头村光二大屋，始建于清朝嘉庆年间，历时十余年建成。大屋主人邱员清，字泽微，号润芳，因其头顶光秃，在兄弟中排行第二，人们便叫他为"光二"，所以该屋称为"光二大屋"，雅称"光仪大屋"，因粤语中"二"与"仪"谐

图5-1-12　广州西关大屋民居

图5-1-13　广州西关民居趟栊门

图5-1-14　粤西云浮罗定大型府第式民居

音。建筑外观青砖砌筑，高墙耸立，故当地村民又称其为"清朝古堡"（图5-1-15）。光二大屋呈四方形，中轴对称，前低后高，回字形布局，共有六进，内座建筑为四进，前门和主体建筑居中，在中轴线两侧对称地分布着其他房间，结构紧凑，主次分明。大屋内有厅堂（图5-1-16）、起居室、仓库、磨坊、舂米房、密室、晒场等。最后一进是更屋，为整座建筑的最高处（图5-1-17）。建筑外圈把整座大屋联结一起，围墙上有枪眼，供对外射击。大屋围墙顶上，有环绕四周的通道，屋顶可以行人，进行巡逻、放风。

这种乡村大宅，建造与城镇大宅一样，独立地块独立建造。城镇大宅因用地紧张，除了两边设青云巷外，后部常与其他建筑相接。而乡村大宅由于用地宽松，所以与相邻宅居留有通道，其独立性更强。

（五）广府聚落民居组群空间特点

广府聚落民居组群布局与巷道布置有很大关系，村落民居常采用梳式系统布局，这种村落的交通像梳子一样，主要是靠顺着风向和坡势的巷道（图5-1-18）。而水网水乡地区的村落民居，则沿河涌或水塘呈垂直巷道布置方式，以取得水面清凉的微气候条件。与水塘方向相垂直的众多纵向巷道，交会于塘边的晒谷场，晒谷场平时可作社交游憩场所，节日可开展文娱活动。其总体布局多采用南面开放，北面封闭的格局，门开通气，门闭聚气，前低后高，加上池塘调节，促进空气流通，冬暖夏凉，四季咸宜。

村落中，因总体梳式布局关系，三间两廊屋都在侧面开门。因此，侧面大门和山墙部分就成了小巷内各户民居的重点装饰，山墙的材料、构造、墙尖的形式以及

图5-1-15　粤西云浮郁南光二大屋鸟瞰

图5-1-16　粤西郁南光二大屋厅堂天井

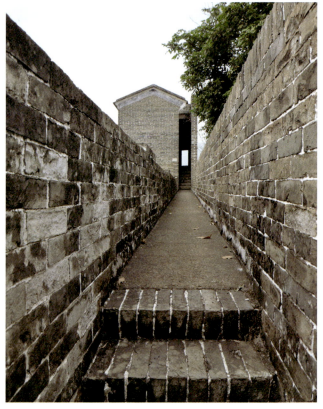

图5-1-17　粤西郁南光二大屋更屋甬道

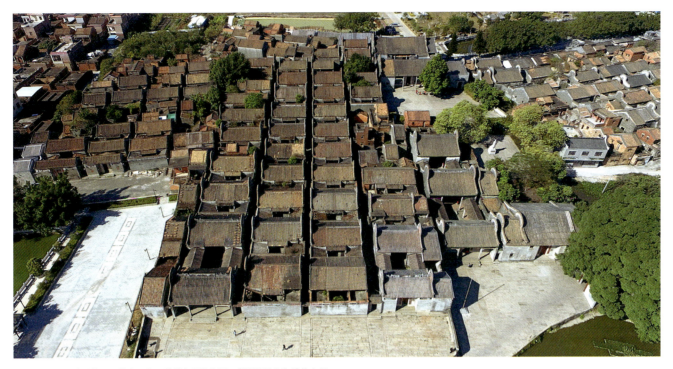

图5-1-18　广府村落采用梳式系统，巷道交通像梳子一样顺着风向和坡势布局

图5-1-19　顺德烟桥村梳式巷道

大门的门楣、檐下、墙面等就组成了巷道内富有节奏和规律的艺术处理（图5-1-19、图5-1-20）民居的大门一般都不在正中，而都朝向巷道，巷宽1.20～2.00米，在房屋建筑的遮挡下，形成大面积的阴影区来减少辐射热。在小巷中，人们只能看到鳞次栉比的山墙和宅门。因视线和视距的限制，宅门成为视角的中心，而屋脊与山墙的装饰作用则降为次要。宅门的做法常见有门檐式、凹肚式等形式。

至于城镇民居，同样运用这种原则，像广州西关住宅区内街巷呈棋盘形，小巷一般都东西向，故住宅基址都坐北向南，对接受阳光和通风都很有利。在外观方面，这些小巷一户一户并列整齐，在巷内古老的石板路面陪衬下，呈现出一片古朴宁静的居住气氛。有的楼房民居，为了通风采光好，二楼用阳台，可是底层沿街仍采用传统的古式双扇大门。大门外趟栊门，起到安全作用又有良好的通风效果。

聚落民居在设计方面，充分考虑了亚热带气候的特点，采用整齐封闭的外墙以减少太阳辐射和防御台风袭击，同时对防火和保持私密性也很有好处。建筑利用起伏的坡屋面、小庭院（天井）、敞厅、高侧窗、天窗、楼层采光井、各种通透和可以活动开启的门窗等来组织自然通风，使居室达到冬暖夏凉的效果。

在广东，粤中地区商业发展较早，农村中富有者在村中买田建宅，更多的则到城镇中经商买屋。因此，在粤中地区农村中，大家族合住在一起的大宅第较少，而较多见的则是一家一户的三间两廊民居。此外，一些士大夫阶层则喜欢在家乡建宅的同时，附建庭园一处作为回乡省亲或晚年休息享乐之用。

## 二、潮汕民居基本类型与组合

### （一）民居基本类型

民居基本类型大致有下面几种（图5-1-21）：

（1）竹竿厝，为单开间式，通常厅、房合一。也有分开的，前带小院，后带天井厨房。开间跨度不大，约4米，结构也较简单。

（2）单佩剑，即双开间式，它由竹竿厝发展而成，

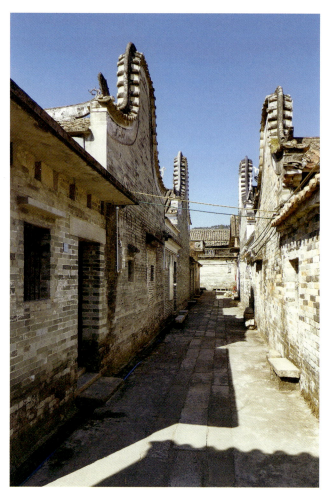

图5-1-20　清远佛冈上岳村梳式巷道

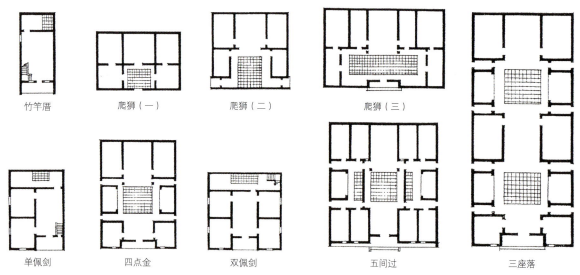

图5-1-21　潮汕地区简单式民居各种类型

202

平面进门为大厅，旁为卧房，后带天井厨房。一般为平房，砖木结构，土坯墙，也有二楼的，开间跨度也不大。

（3）双佩剑，是由单佩剑发展而成，即三开间式，也即三合院带后天井的形式，一般在城镇中较多采用，在农村中则多用爬狮平面。

（4）爬狮，也有称抛狮、下山虎或瓦双虎的，即三合院式，它的平面布局为，中间厅堂，两旁为卧房，前带天井，两侧为厨房和储物室。大门开于正中或侧边，大门朝向一般根据交通、风向和风水等因素来决定。结构一般为三砂土砌墙，瓦顶，农村用土坯墙或空斗墙，开间跨度也不大。

（5）四点金，是爬狮加其前座的合成，它由四周房屋围住中央小院组合而成，即四合院式。在本地区最为常见。其平面布局中，除后面部分与爬狮平面相同外，前座中间为大门，两旁为卧房，这种形式多被人口较多的住户采用。大门朝向与大厅朝向相同，有南向也有西向，视当地风向和风水五行之说而定。这种平面开间也不大，一般也是砖木结构。

（6）三座落，也叫三厅串，即门厅（也称前厅）、中厅（也称大厅）、后厅三厅连贯排列。平面布局中，后厅是供祀祖先的厅堂，也是丧日停柩之处，而日常生活起居，接待客人，则在中厅。大门在前，后门在侧，有两侧开门，也有一侧开门的。大门朝向有南向也有西向者，原因同上述，构造材料与四点金相同。

（7）五间过，系由四点金横向发展而成，宽五开间。中间天井较大，四周房屋围住天井，前后座房屋除正中为大门和厅堂外，其余都是卧房。天井两侧的小房，则作厨房和储物间。

## （二）民居组合

组合型民居由基本型民居发展、组合而成，一般分为下列几种：

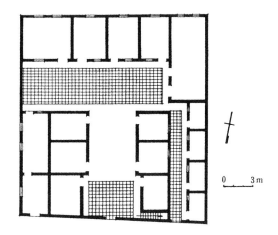

图5-1-22 潮州中山路里和镇某宅

（1）由竹竿厝、单佩剑或双佩剑为单元发展组合而成。通常为并列式或前后组合式平面，在城镇中较多见，有的并发展成为楼房。也有由爬狮平面为基本单元进行组合、变化、发展而成，如潮州中山路里和镇某宅（图5-1-22）。在城市中也有做成楼房式的，它根据城市街道朝向的不同平面略有变化，天井的功能用作通风、采光和排水。

（2）由四点金平面组合、变化、发展而成。它在潮汕地区是最大量和最普遍的，通常一村就是一组平面布局。这种平面组合，以四点金为主体，旁加从屋（即侧屋，亦称从厝、巷厝。较宽和带多个天井者称厝包），后加后包（即后屋）等辅助建筑组合而成。有带一从厝的，有两侧各带一从厝的，也有两侧各带从厝并带后包者。这些附加房屋，大多由于人口增多，作居住和杂用。有时后包还做成两层楼房处理。

位于潮州城内的"弘农旧家"（图5-1-23），是一座典型的四点金二从式民居。因民居中的两厢南北厅与从屋的从厝厅相连，它采取开敞形式，又面对四点金的天井，这样，所有各厅都面向天井，形成"四厅相向"的布局方式。弘农旧家平面规整，布置紧凑，主座建筑和次座建筑分区明确，但又联系方便。民居适应南方气候，开敞的厅堂和多式多样的天井，使民居获得良好的通风效果。民居室内和室外相互联系，相互渗透，天井作为厅堂的延伸，使室内外打成一片，融为一体，既适应当地气候条件，又满足了居民的生活要求。弘农旧家面积不大，但它的布局和建筑处理方式很适合城镇中的建筑密集地区，因此，其格局常为城镇居民所采用。

四点金的组合是比较丰富的，有四点金和爬狮的组合体（图5-1-24）；有四点金三屋相连组合的三壁连（也称作金壁连）（图5-1-25）；还有四点金加从厝、后包等组合成的大中型民居。

（3）由三座落平面为基本单元变化、发展而成者，这种平面以三座落为主体，旁加从厝（屋），后加后包等辅助建筑组合而成，是该地区最常见的形式。其组合变化丰富多样，如三落二从厝（图5-1-26、图5-1-27）或三落四从厝（图5-1-28），即三座落两旁各带单侧屋或两重侧屋，也有再带后屋者。八厅相向，即三座

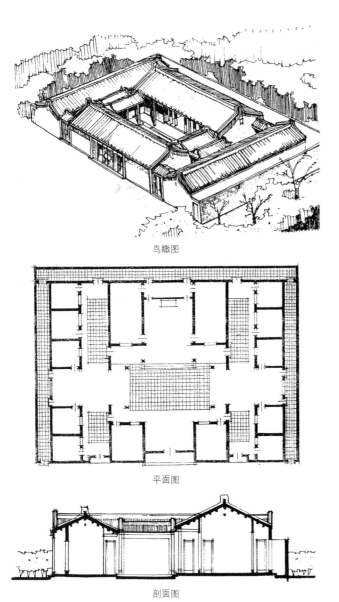

图5-1-23 潮州"弘农旧家"

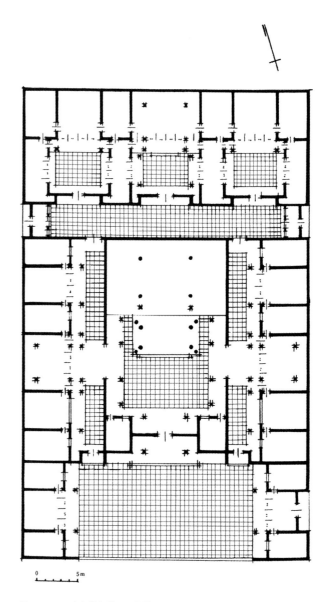

图5-1-24 广东普宁洪阳田宅平面图

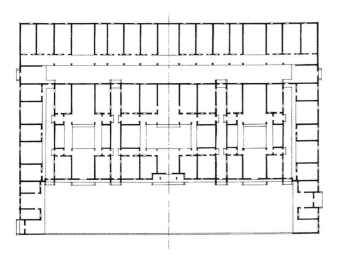

图5-1-25 广东澄海三壁连民居平面图

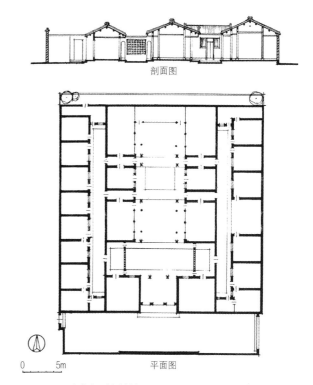

图5-1-26 广东潮阳棉城某宅

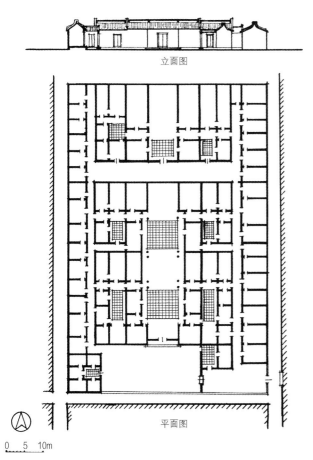

图5-1-27 广东潮阳峡山镇桃溪村某宅

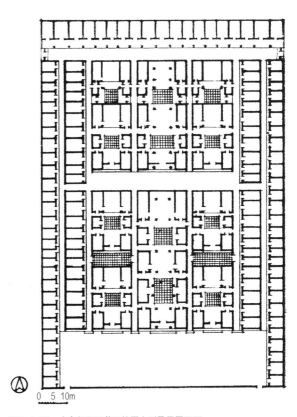

图5-1-28 广东揭阳三落四从厝大型民居平面图

落两厢处理成厅堂形式,如潮州猷巷黄府,就是三座落组合的一种典型八厅相向平面(图5-1-29)。

(4)由五间过为基本单元,进行组合、变化、发展而成者,也是潮汕地区常见的平面形式,如揭阳锡场镇锡西村某宅(图5-1-30)。规模较大、等级较高的一些民居府第,常由五间的三座落平面为基本单元加以组合,如揭阳乔林村某宅(图5-1-31)等大宅第也都是五间过的三座落所组合与发展而成。此外,还有超过五间过者,如七间过,潮州三达尊黄府、潮州东府埕许府,就是属于七间过组合与发展的大型平面形式。

(5)由三座落、四点金平面组合变化、发展而形成一种方形平面者,称为"图库",有的地区称为"围",这是乡村中一种大型的集居式平面住宅。其宅形式与客

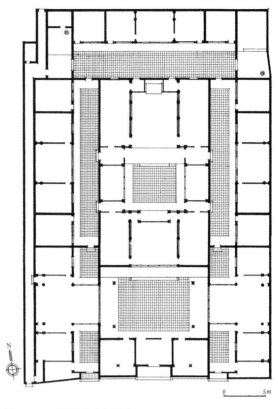

图5-1-29 潮州猷巷黄府平面图

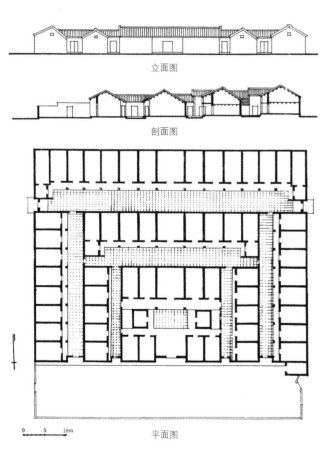

图5-1-30 广东揭阳锡场镇锡西村某宅

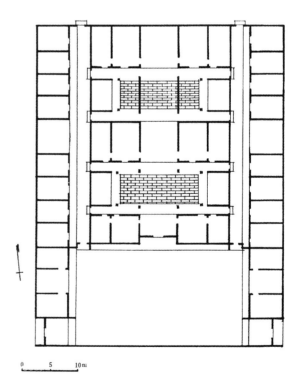

图5-1-31 广东揭阳乔林村某宅平面图

家围屋有些相近，它的平面布局是：以三座落为主体，两侧带厝包，或一垂，或二垂，后面带后包所组成。它的最大特点是四角有微凸的碉房，是作为防御用的。它的外围高两层，也有三层者，三砂土墙体，很坚实，一般不开窗，中间为单层，厅堂是活动中心，出入口主要是大门。潮阳峡山镇桃溪村图库（图5-1-32）是潮汕地区密集式聚落民居的一种形式，通常为一个姓氏族人共同使用，有互助与防卫作用。图库的平面是：正中为三座落，两侧为厝包，再两侧为横屋，其背面再加后包屋组成。这种规整的平面形式，好像一个繁体的"圖"字，故当地称之为"图库"。图库有下面几个特点：一是严格的封闭性，建筑物周围用高围墙，一般为两层，少开门，不开窗；二是四角带有角楼，作瞭望防御用；三是平面内，每一区都设围墙，围墙设洞门，建筑物之间也都设门，甚至房间之间也都设门，这些门户平时可开通联系，一旦有事发生即可关闭。因而，图库建筑实际上是一座有利于保卫和防御的集居住宅群。

潮汕民居聚落组合形式多样，根据地形地貌等实际状况来布置，城镇大多面街规整布局（图5-1-33），乡村则更为灵活（图5-1-34、图5-1-35）。过去有的一

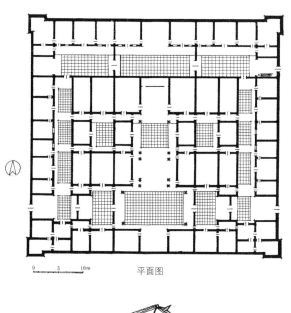

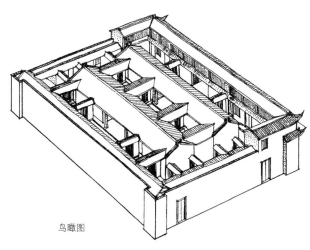

图5-1-32 广东潮阳峡山镇桃溪村图库民居

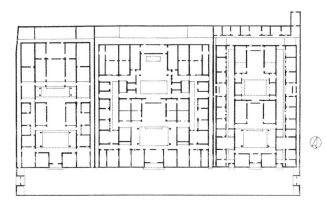

图5-1-33 潮州城区多座府第民居组合形式

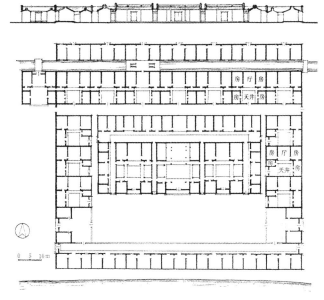

图5-1-34 广东澄海南盛里某村

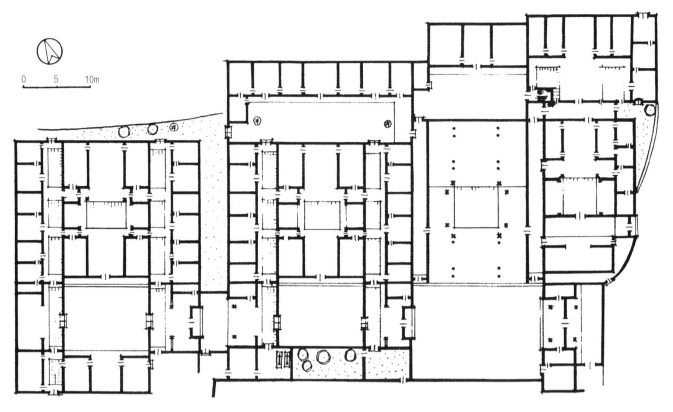

图5-1-35 广东潮安庵埠镇文里村郑宅

座大型民居府第就是现在的一个自然村,实例有普宁洪阳镇新寨(图5-1-36)。

### (三)潮汕聚落民居组群空间特点

潮汕地区无论地理位置还是语系方言,都与福建闽南有很大的关系,潮汕人的生活习俗、审美爱好等与闽南地区更为接近。潮汕文化除了受中原文化、岭南文化的影响外,也受到闽南文化的影响,所以,潮汕建筑文化独具一格,与广府为代表的岭南建筑文化也有很大的不同。

明清时期儒家礼制已渗入潮汕地区社会的各个层面,古人营建宫室,必先立宗祠以及厅堂,族人宅居则围绕宗祠厅堂而建(图5-1-37)。《潮州府志》记载:"营宫室必先祠堂,明宗法,继绝嗣,崇配食,重祀田"。大量南迁移民入潮后,聚族而居并遵守礼制耗费巨资修建祠堂,正如清嘉庆《澄海县志》记述:"大宗小宗,竞建祠堂,争夸壮丽,不惜资费。"因此,宗祠成了聚居的中心,其他各种建筑按次序环绕宗祠而建。各种建筑形制体现了中轴对称等儒家文化特征,从爬狮、下山虎、四点金等基本民居类型以及以此单元组合的大型民居聚落等建筑处理手法上,都能看出潮汕民系民居对中原儒家文化的坚持与固守。在建筑布局上,潮汕传统民居多呈现严谨方正的群体组合,保留了中国古代建筑强调布局对称均衡的传统特色(图5-1-38)。

单开间或双开间的竹竿厝、单佩剑平面发展变化而成的民居,则是在近现代城镇发展中,由于用地紧张而产生的。传统民居最基本的平面单元是以三间过为厅堂的基本格局,大型的民居采用五间过或五间以上的形式。而"下山虎"或"爬狮"的称谓来自其建筑形状,像下山之虎又似爬行之狮而得名,它采用中轴线布局,

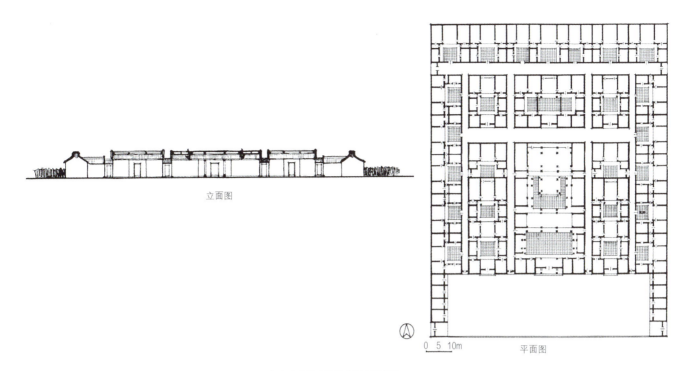

(a)广东普宁洪阳镇新寨平面图

(b)广东普宁洪阳镇新寨鸟瞰(来源:李丰延 摄)

图5-1-36 广东普宁洪阳镇新寨

图5-1-37 族人宅居则围绕宗祠厅堂而建的粤东普宁泥沟村（来源：李丰延 摄）

图5-1-38 广东普宁洪阳镇德安里中寨、新寨民居建筑群

天井两侧的两个前廊象征虎狮的两只前爪，当地俗称"伸手房"，厅堂两旁的两间大房为后爪，建筑形象有如张开大口、蓄势待发的狮虎。下山虎的屋顶山墙为硬山顶，整栋建筑前低后高，这样既通风又便于泄水，适应潮汕地区炎热多雨的气候。

"四点金"就是因其四角上各有一间形如"金"字的房屋而得名。四点金是潮汕独特的民居形式，它采用井字形格局，中心对称，由相向的两个一厅二房（三间过）构成，四点金进门是"门厅"，也作"前厅"，门厅的两侧各有一间房，叫作"下房"，用作晚辈与仆人的居室。建筑的后半部分和下山虎基本相同，天井两旁的房间一间作为厨房，另一间作为柴草房。后面的大厅是祭祖的地方，两边的"大房"是长辈居住的卧室。

潮汕民居的各种组合，最主要的还是通过由四点金、下山虎等建筑之间的串联或并联，组成各种大型民居群落。而"三座落"厅堂就是大型民居群落的中心，"落"是潮汕方言，即进的意思，三座落即三进，有前厅、中厅及后厅，故又称"三厅亘"，若进数增加，就可形成"五厅亘"甚至更多。中厅是宗族（家族）聚会和举行婚丧寿诞家礼大典的主要场所，并在此接待重要客人，一般客人只在门厅（前厅）接待，故中厅也叫官厅，中厅开敞通透，只用木雕屏风和隔扇隔成客厅。后厅用于供奉祖宗的牌位神龛，是祭祖的场所，因此建筑也最为庄严神圣。

在族人较多聚居的宗祠厅堂和大家族的家庙厅堂，为了有更多的空间便于活动，在天井院落两侧做成南北厅，二进建筑则成四厅相向，多进建筑可做成八厅相向。对于要举办大规模的祭拜活动的祠堂厅堂，必须阔大。然而按照《阳宅撮要》的原则："小堂宜团聚，中堂略阔而要方正，大堂宜阔大亦忌疏野。"太过阔大的厅堂就不免"疏野"而不聚气，同时空间过大则阳气太盛，而祖宗的神灵属阴，从祖宗牌位仰望所见到的天空（"过白"）不宜太多。因此，为抑制过盛的阳气，就在后厅与天井之间建有"拜亭"（也称"抱印亭"），以抑制神灵前的阳气，使祖宗能够安享祭祀。拜亭的建造既可为祭拜的后人遮日挡雨，又增添了建筑之气势。如前面的普宁洪阳田宅、普宁洪阳新寨等。

驷马拖车是潮汕大型府第民居的称谓，它的整个格局可以看作是多座四点金的合并和扩充。以一座多进的宗祠或家庙为中轴中心，两旁再并以前、后相串的四点金，成为中间大、两边小的三座天井院落建筑相并连，称"三壁连"。若五座相连就称"五壁连"，最多可达"七壁连"等。在主座建筑两边再加上从厝与后包房屋，后包是为了保护主体建筑和防盗而设的，这种平面布局就是"驷马拖车"。可以说"驷马拖车"是这类民居形式的形象表述，以中间的大宗祠或家庙象征"车"，左右两边的次要建筑象征着拖车的"驷马"。

驷马拖车民居多为豪富或显宦的人家所建造的，中厅及前院南北厅是平时用来接待客人的，前院的房间也用作客房。中厅和后厅是长辈们议事之处，内眷一般住在后院，从厝排屋则作为族人、佣工的住所。后库则是供办丧事时停放棺柩的地方。主体建筑的大房由长辈居住，其他房间由小辈居住。磨坊、厨房、浴室、厕所等生活用房都集中在左边的过巷。一般来说，驷马拖车的正门前面会留一块场地作为广场，广场的两边建有大门，叫作"龙虎门"，门前的广场可供客人安顿车马。宅院结构规整讲究，反映了潮汕地区一种严格区分尊卑上下、男女内外，又注重崇宗睦族的文化传统。

这种以宗祠、家庙为中心，左右护厝和后包围护的中轴对称的"从厝式"民居组群，具有非常强烈的向心性，附属建筑向这个中心凝聚，并按尊卑顺序围绕着展开，从而形成一个既抱成一团又可向外辐射的建筑聚落整体。集居住与祭祀于一体的功能是其重视宗法制度的产物，潮汕地区根深蒂固的宗法宗族制度，使这种能充分体现礼制观念的"府第式"聚落得以留存。大型的宅第民居因两旁从厝和后包由一座座"下山虎"相连围护而成的向心布局被称为"百鸟朝凰"。"百鸟"意指众多相围的房屋，有的民居府第非要凑够总数一百间来围绕中心厅堂的"凰"才认为够规格。

## 三、客家民居基本类型与组合

### （一）客家民居基本类型

汉族客家民系主要聚居生活在闽粤赣并散居于南方其他一些省份及海外。就广东省而言，纯客县市17个，居全国各省之首，非纯客县市76个，共计91县市。海南省在1988年建省以前属广东省，其中12个县市有客家人居住。香港和澳门地区也为非纯客地区。以上所谓客家人聚居地，均系指该地或全部或局部（如一个村镇）成为客家人社区。

客家民居的平面形式多样，组合灵活，形成各种各样的围屋类型。但客家民居的基本类型或单元主要有门楼屋、锁头屋（横屋）、堂屋、堂横屋、杠屋或杠楼等形式（图5-1-39）。

（1）门楼屋，也称一堂屋或单栋屋，即三合院式。平面布局是：中间为正屋（厅堂），两侧为厨房或杂物房，中央为天井，天井前有围墙与外界相隔，正中设门楼。客家门楼屋与潮汕下山虎式平面形式相近，为三合院式，它与门楼屋不同之处，是门楼较宽敞，是介于门楼屋和二堂屋之间的一种平面形式。

（2）锁头屋，平面由于像古代锁头形状，故名锁头屋，这是一种独立式横屋，在建筑平面两端布置门厅和厨房组合而成。它面对围墙自成一长方形天井，如天井过长，则可在横屋厅前加敞廊，称之为"过水厅"。此类平面的通风采光条件较好。

（3）堂屋，这是以厅堂为中心，对称组合而成的民居平面。堂屋中，最简单的为上、下堂，两进。头进是门厅，称下堂；后厅称上堂。中间是天井，当地叫"天阶"，统称为"二堂屋"，有的客家地区称为"双栋屋"。正屋是三开间的，称三间过，或上三下三；五开间的称五间过，或上五下五。广东梅州的五间过，建有两层楼，当地称作"千顷楼"（图5-1-40）。

如果两边厢房的门开向厅堂，则称为"四门归厅"。规模大的堂屋可以是三进，称三堂屋，当地也称"三厅串"。

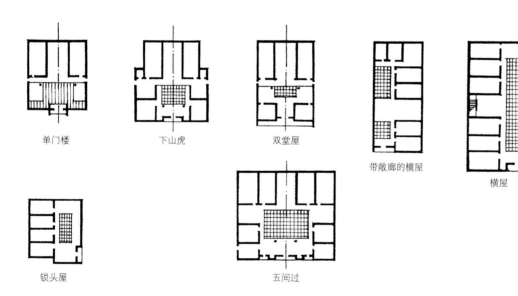
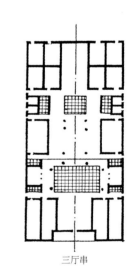

图5-1-39　客家民居平面基本类型

剖面图

立面图

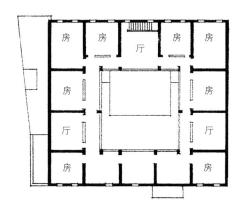
二层平面图

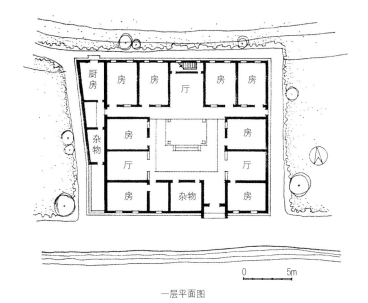
一层平面图

图5-1-40 梅州城镇的"千顷楼"民居

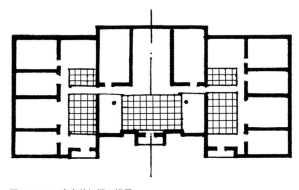
图5-1-41 客家单门楼双横屋

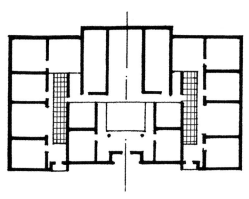
图5-1-42 客家下山虎双横屋

（二）民居组合

客家民居的组合类型由基本类型平面组合而成，一般都是以正屋和横屋组合而成，有的在后面再加上围屋，后围可以是弧形，也可以是一字形（当地称"枕头屋"），其具体组合如下：

（1）门楼屋和横屋组合而成者，如单门楼双横屋（图5-1-41）。下山虎与横屋合成者，如下山虎双横屋（图5-1-42）等。在广东河源紫金县，按门楼屋开间的不同，称为上三下三两头横屋、上五下五两头横屋等。

（2）以锁头屋为基本单元组合发展而成的有合面杠（又称合面杆）（图5-1-43）、茶盘屋（图5-1-44）等。合面杠由两列横屋合面组成，中间为一长方形天井。前面是门厅，后面是上厅，两边是檐廊，平面很紧凑。当合面杠的平面呈方形时，则称之为"茶盘屋"。当住宅规模增大时，可以增加横屋，称之为三杠屋或四杠屋，甚至六杠屋等。

（3）堂横屋，为粤东客家地区常见的民居建筑类型之一，由居中的纵列堂屋和两侧的横屋组合而成。有双堂屋与横屋组合而成者，如双堂一横屋、双堂双横屋、双堂四横屋等（图5-1-45）。也有三堂加横屋，如三堂双横屋、三堂四横屋等。

客家堂横屋，以中轴对称式布局为主，其基本结构是在中轴线上布置为二堂（厅）或三堂，最多者达五堂，在堂屋的两侧加有横屋。这种传统的堂横屋布局，与围龙屋的主要区别在于后面不带花头和围龙。

堂横屋的造型特征，是以中轴线上的厅堂、敞廊和

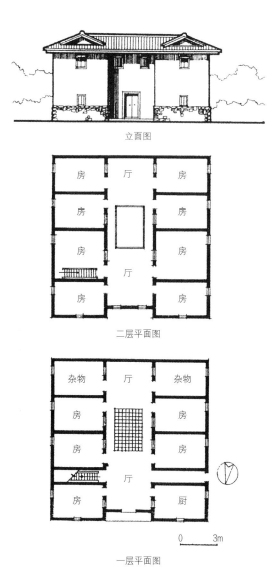

图5-1-43 广东兴宁合面杠民居

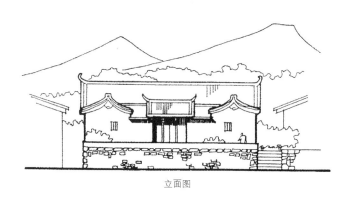

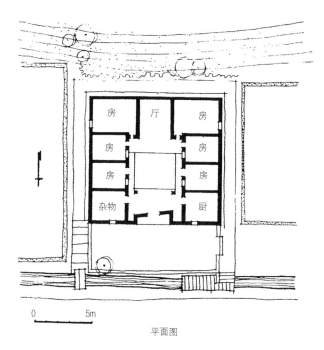

图5-1-44 广东大埔茶盘屋民居

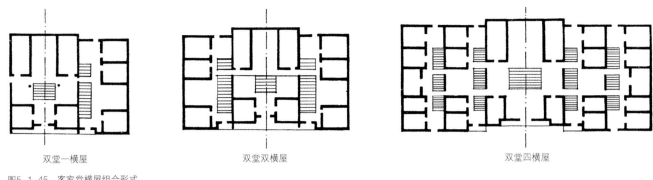

| 双堂一横屋 | 双堂双横屋 | 双堂四横屋 |

图5-1-45 客家堂横屋组合形式

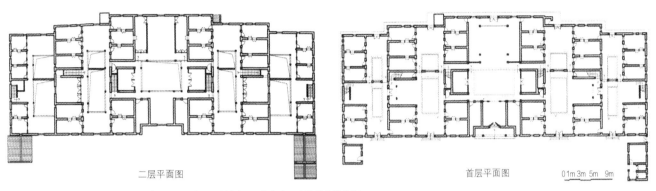

二层平面图　　　　　　　　　　　　　　　　　　首层平面图　　0 1m 3m 5m 9m

图5-1-46 梅州雁洋镇桥溪村继善楼平面图（来源：《桥溪——华南乡土建筑研究报告》）

天井构成三位一体的天井内院式建筑空间，民居保持了中原地区四合院布局的组合特色。从前而后为池塘、禾坪、门厅、天井、厅堂，厅堂天井左右置有平衡对称的厢房。在中轴厅堂主体建筑的两侧，根据需要建有横屋，横屋一般情况下为对称式布置，如双横屋、四横屋、六横屋等。整座民居的造型前低后高，突出中轴，堂屋高横屋低。由于建筑整体高低有序，屋顶瓦面层层错落，一般为五叠，一层层的瓦顶瓦檐犹如五凤展翅，故福建闽西客家将其称之为"五凤楼"。此类民居对地形适应性强，比较适合人们聚族而居、几代同堂的风俗习惯和生活方式，因此分布地域广、数量多。堂横屋的建筑形式在许多客家地区都能见到。

梅州桥溪村位于山区，由于地理条件的限制，堂横屋均为双堂，既只设上、下堂的两堂屋，减少进深用地，但不少民居建有二层，向空中发展。桥溪村继善楼为两层两堂四横式的堂横屋，清光绪二十八年（1902年）建，历时12年建成（图5-1-46、图5-1-47）。从平面布局上，两层与单层的平面组织基本一致，纵列上、下堂居中，左右对称设置横屋。上、下厅堂之间为天井，天井两侧为花厅（图5-1-48、图5-1-49），各列横屋均带一横厅。堂屋和横屋之间为纵长天井，天井以带花隔窗的隔墙分为上、下天井，隔墙位于横厅里墙处。外观造型上，横屋山墙与下堂屋面成为一整体，不像单层堂横屋那样分段逐层升高，故原有堂屋空间在形体上的统率作用变弱，使得这种二层堂横屋的外观形体类似于杠屋状（图5-1-50）。

（4）杠屋与杠楼。杠屋是客家民居中较为简单的一种类型，因其纵向排列，山墙朝前，故称杠屋。建筑

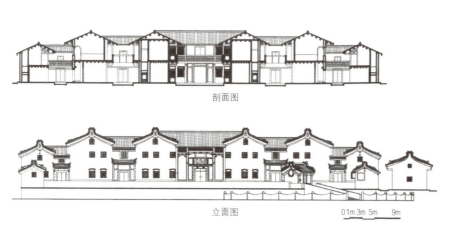

图5-1-47　梅州雁洋镇桥溪村继善楼立面图、剖面图（来源：《桥溪——华南乡土建筑研究报告》）

图5-1-48　梅州雁洋镇桥溪村继善楼厅堂

图5-1-49　梅州雁洋镇桥溪村继善楼两侧花厅

图5-1-50　梅州雁洋镇桥溪村继善楼外观

称谓也因纵列式横屋如同轿子两侧之杠杆而得名。而杠屋做成楼式者，则称作杠楼，也称杠式楼。杠屋或杠式楼最少有二杠、三杠，多至八杠。经济较差的地区，建筑常做成单层，即杠屋。在梅州梅县地区，经济水平较高，特别是华侨房屋，杠屋做成楼房，则成杠楼。

位于梅县南口镇侨乡村的潘氏五杠楼，又称承德堂（图5-1-51）。其为宅主潘展初于20世纪20年代所建，该楼坐西南朝东北，楼面宽55米，进深32米，建筑占地面积1760平方米。正面有禾坪、护墙和斗门，两侧有花圃和杂间建筑。五杠二层共有70间房，11个厅，

216

图5-1-51 广东梅县南口镇侨乡村潘氏承德堂

其中二、三杠间连成三堂屋,建有正门楼。墙为三合土夯筑,堂屋用石柱,二层为可以连通的"走马楼"。堂屋和杠屋均为住房、天井与花厅组合,杠与杠间有独立大门,但里面有连廊相通。

(5)围龙屋是广东兴梅客家地区最常见的一种集居式住宅,主要建于山坡上。它分为前后两部分,前半部是堂屋与横屋的组合体,后半部是半圆形的杂物屋,称作围屋。围屋房间为扇面形,正中间称为龙厅,其余房间都称为围屋间。围龙屋的分布,以客家聚居腹地兴宁、梅县为中心,向周边辐射,是客家民居中数量最多的一种民居类型。

围龙屋以堂屋为中心,或一堂屋即单门楼,或二堂屋、三堂屋,然后在两侧加横屋,后部加围屋即组合而成。所谓堂屋,即中轴上的厅堂建筑,较大型的围龙屋一般为三堂。三堂是指沿中轴线进大门后的下堂、中堂、上堂,又叫三进或三串。下堂为门厅,饰以屏风;中堂为大厅,面积通常大于上、下堂,是家族议事与举办婚丧等活动的空间;上堂为祖堂,设神龛和祖宗牌位以供祭祀。堂与堂之间以天井相隔。横屋数量不拘,视家族人口而定,但通常要对称。堂屋两侧的横屋门窗,均朝中轴的堂屋方向开启,堂屋与横屋之间以天井相隔,周边又以走廊相连,横屋视其长短需要设有花厅。后面建半月形的围屋连接横屋,所谓"围龙"就是指堂横屋后面半月形的围屋,一般作厨房或杂间用,围龙顶端中间的房子是龙厅,是祭神用的神圣之地。围屋与堂横屋之间的半月形斜坡地面称"花头",一般镶以卵石,便于排水,此处可作晾晒物品和活动空间。后围数量与横屋相呼应,以平面布局完整为原则。有的围龙屋把门前禾坪周围砌上高高的围墙,在两端各开一个大门,称作"斗门",形成一个封闭的院子。围龙屋组成后的形式多样,如单门楼四横加围屋(图5-1-52)、双堂双横加围屋、双堂四横加围屋(图5-1-53)等。

围龙屋多依山而建,前低后高,突出中轴堂屋,蔚为壮观。中轴门廊内凹,两侧横屋有侧门,常为一横一侧门,侧门与正门平齐。大门前有长方形的禾坪,或叫晒坪,用作晾晒谷物和其他农作物之用,逢年过节以及红白喜事时可作活动空间。禾坪前有低矮的照墙和半月形的池塘,该池也叫月池或伴池,可作蓄水养鱼、浇菜灌溉或消防排水之用。

围龙屋有大有小。小者一围,屋前中间设一大门,

图5-1-52 梅州大埔单门楼四横加围屋

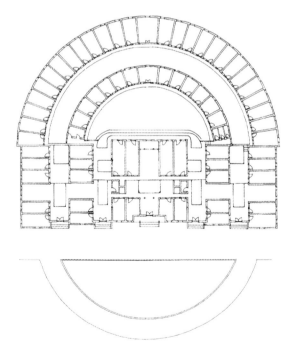

图5-1-53 梅州梅县南口镇双堂四横加围屋

两旁二小门，不过几十户人家。大者有数围，屋前设有一大门，两旁小门有四或六，住百多户或数百户，它的规模、大小看住户人数而定。围龙屋围数的多少，取决于家族的发展状况和地形位置等因素，一般在初建时仅一围，以后不断增加。小型围龙屋仅二堂、二横、一围龙。大多是三堂、二横以上，甚至四横、六横、八横的。横屋是随家族发展可以不断添加的，随着横屋的增加，围龙也不断增加，可多达十横五围龙以上，十分壮观。堂也有大型至四堂、五堂的，围龙与堂的多少无涉，只与横的多少有关。但也有一些先建的堂屋由于位置、规模的限制，无法与围龙连起来，形成残缺之状态。

围龙屋在艺术造型上很有特色，当地称它为"太师椅"，比喻建筑坐落在山麓上稳定牢靠。建筑与山形配

图5-1-54 梅州梅县南口镇潘氏德馨堂围龙屋

合得体,前低后高很有气势,半圆体与长方体结合别有风味,构图上前面半圆形的池塘和后面半圆形的围屋遥相呼应,一高一低、一山一水,变化中又协调。梅县南口镇潘氏德馨堂,坐西南朝东北,为二堂四横双围龙民居建筑(图5-1-54~图5-1-56)。

丘氏棣华居位于梅县白宫镇富良美村,建成于1918年,占地面积5200平方米,建筑面积2270平方米(图5-1-57、图5-1-58),坐东北向西南。它是一座二堂、四横、一围龙,前有禾坪和月池格式化的围龙屋。禾坪东侧建转斗门,西侧建两间杂物间,围屋东侧另建一排牲畜房、厕所及其他杂物房。

建于1540年的梅县丙村镇群丰村仁厚温公祠,是一座三合土墙的围龙屋建筑,有三堂、八横和三围龙,其中三堂为明代建筑,其余是逐步建成的(图5-1-59)。正面有禾坪、矮墙、斗门和半月形池塘。核心部分三堂屋面阔七间,通宽24.96米,通进深54.2米,堂屋由天井、廊道和厢房组成,下堂和中堂均置有屏风,上堂为祖先神龛之处。两侧各有四横屋,每座横屋分三段,每段五间,纵向四条天街,横置二条巷道,纵横相连,交通方便,不但解决了采光问题,而且还利于通风。三层后围屋,相互依据围龙的进深、巷道,保持平行弧线。第一层围龙屋居中置龙厅,左右各13间;第二层龙厅左右各有17间;第三层龙厅左右各20间。第一层围龙屋与堂屋间做成半月形花头。整个屋场前低后高,表现了人们希望步步高升的愿望,在外观上又显得较为雄伟、壮观。

图5-1-55 梅州梅县南口镇潘氏德馨堂围龙屋前围

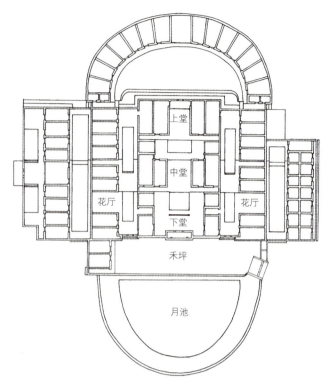

图5-1-57 棣华居平面图

图5-1-56 梅州梅县南口镇潘氏德馨堂围龙屋后围

图5-1-58 棣华居立面外观

220

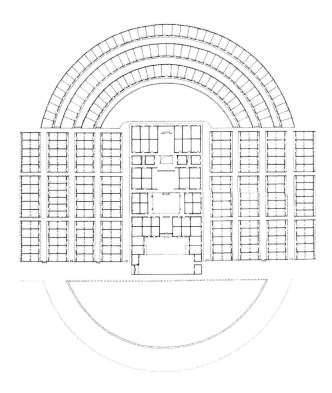

图5-1-59 梅县丙村镇群丰村仁厚温公祠大型围龙屋平面图

### （三）客家聚落民居空间特征

客家民居的生活构成是由两个机能系统构成的：一个是宗法礼制的厅堂系统；一个是家庭生活的居住系统。厅堂系统包括祖堂、公厅，天井庭院以及门堂、禾坪、池塘为家族公有，大家共用，它是典型的公共活动场所。住房、厨房、畜圈、谷仓等为各家庭所有，属于家庭生活的场所。其生活构成关系是居住系统围绕着厅堂系统，以厅堂为核心展开其家族生活。

然而在大族的民居聚居中，宗族各房可以有自己的厅堂系统，相对独立出来，这样也就形成了各自相对独立的生活系统。像连平县大湖镇大湖寨，为曾氏家族的围屋，围屋内有好几房家族祠堂，据说曾氏世祖有十二个儿子，因此分有多房在寨内共同聚居，但这种情况在客家围中比较少见，多是独立的宗族厅堂与其相适应的住房系统，构成围屋内的聚居关系。居住系统的不同组合，构成围屋的空间形态不同，产生出不同的类型，像围龙屋、枕头屋、杠楼、五凤楼、方楼、圆楼、半圆楼、角楼等。厅堂系统的规模及配制的不同反映了家族宗法礼制观念的强弱或反映其开基祖的族望门第之高下，客家这种生活构成与其他地区的聚族而居的传统民居具有明显的差别，其特征主要表现为以祖堂为核心形成严谨的"秩序"。

无论何种类型、何种平面形式的客家围屋或围楼，其空间形态构成的基本原则为：防御性、向心性和对称性。

（1）防御性

客家的围屋围楼，首先是以厚实的墙体在大自然中围合成一个安居乐业的空间环境，这是客家聚族而居以维持家族共居的基本条件。

综观各种聚居建筑形态，客家民居建筑的显著特点是防御性强，客家聚居地往往是山贫地瘠，自然环境恶劣的偏僻山区，个体的生存极为困难，所以客家人多以血缘为纽带聚族而居，建造攻击性较弱而防卫性极强的民居。客家聚居建筑的防卫体系有三部分组成：外墙抵御手段、内部组织结构、生活供给系统。外墙抵御手段的重点在于：大门的防卫措施、墙体的厚实构造、火力的组织配合等；内部组织结构有两个内容，即房间使用功能的布局及临时交通枢纽的运转；生活供给系统解决的三个问题：水源、食物和污物排出。客家民居的外围大多墙体坚固、外墙厚重，围居的入口处也尽量减少，大门常用耐火性能极强的木材做成，厚度可达30厘米，有的木门外再包铁皮，有的还在门顶上安装了水槽以防火攻。围楼内生活设施一应俱全，卧室自不必说，厨房、厕所、水井、仓库等设施齐全，即便一月甚至几月不出门也足以维持。外墙上常有枪眼设置，有些围楼还建碉楼，用以瞭望和射击。这种传统聚族而居的模式团结了全家族的力量，在危难之时能够一呼百应，以抵挡外来者入侵。

但是在民居内部，各个用房却较为开敞，互相联系，尤其在方楼、圆楼中，敞亮的回廊联系各个用房，公共性联系的要求远远超过私密性封闭分隔的要求。围合的封闭程度是取自当地的环境状况，在不同的自然和社会环境的影响下，围合的程度亦不相同。在客家占优势的客家文化核心地区，如梅州等平原地区，防御的要求相对要少一些，建筑围合防御的状况会减弱，而在边缘地区及山区，防御的要求占相当大的比重，因此建筑的防御程度就会强化。

（2）向心性

客家民居的围合中心是放有祖宗牌位的宗祠祖堂，祖堂是家族祖先的象征，它通过宗法礼制观念以及家族观念来"监督"家族成员，具有很强的威慑力，其核心点表现在对祖宗的崇敬，即以祖宗牌位为中心的一种家族人文秩序。"慎终追远"体现了历史含义，在家族延续过程中，就是以血缘关系为纽带的聚居生活。

客家民居的空间是由礼制厅堂和生活住房这两部分构成，无论哪一种类型的民居，厅堂与庭院是客家建筑中最重要的空间。客家的礼制厅堂、天井庭院是客家人面对天地、祖宗、文化的地方，它是客家文化的象征，也是客家建筑的核心。以祖堂为核心的平面构成关系形成了空间的向心性，这种向心性表现在所有厅房均朝向祖堂，无论是方形平面布局还是圆形平面布局，也无论是全围合空间还是半围合空间，祖堂就是这个聚居小宇宙的中枢。

（3）中轴性

中轴性是客家民居空间构成的又一特征，无论何种类型、何种平面，都严格表现了中轴对称、井然有序的空间序列。大门、祖堂、公共厅堂、内院天井都布置在一条中轴线上，大门通常位于祖堂的轴线上，并且与祖堂相对。

客家民居通常为对称性的布局方式，无论是圆楼，还是各类方楼、角楼。典型的围龙屋，大门外为禾坪以及具有象征意义的半圆形水池，围龙屋后面还设有半圆形后围和"花台"、凉院，具有非常强烈的中轴对称性。尽管客家民居由于受到地域环境的影响，或者民居规划后由于资金不足等状况，使得民居不能做到完整的对称布置，如大门朝向转了角度，与祖堂不能平行布置，横屋左右出现不对称的情况，后围出现半围合形状等，但不会影响客家民居以宗祠祖堂为中轴中心的民居布局方式。

这种防御性、向心性和中轴性特征的客家民居聚居布局对每一家族成员来说都具有一种强烈的内聚力，应该说，客家家族群体凝聚力的产生，多多少少都受到这种空间形态构成的影响（图5-1-60）。

## 四、雷州民居基本类型与组合

海南与雷州地区汉民族的语系属闽语母体中分化出来的次方言，该地许多人是在宋代以后从福建迁往那里。

雷州民居的基本构成单元介于广府与福建民居之间。广府民居三间两廊所围合的天井十分狭小，福建民居的庭院四合院宽敞，而雷州民居的天井空间介于这两类民居之间，有广府之形制，福建之神韵。关于两厢所不同的是广府三间两廊的两廊一般为开敞或半开敞空间，雷州民居则是以可以封闭的实体空间形式出现，这种做法类似闽南民居中的榉头间，但较闽南民居则更为实用，雷州民居因此称之为三间两厝的院落基本单元。雷州民居之所以形成独具一格的三间两厝形式，是保留了福建闽海系先民对宅院的传统布局方式，同时也受到了广府民居集约节地利用方式的启发，加之粤西沿海区域抗风等需求，经过改良便形成了独特的雷州民居样式。民居建筑的平面总体布局能反映出不同时期、不同地域、不同族群的居住习惯与方式。其平面布局的基本特点，既有严谨的中轴对称布局的序列，也有根据周围环境随机构成的合院布局。

图5-1-60　梅州梅县松口镇铜琶村传统客家民居的向心性和中轴性特征（来源：段佳卉 摄）

雷州半岛的民居建筑布局，基本结构是三面房屋一面墙（照壁）或四面房屋围成一个院落天井，当地称"三合六方"和"四合九井"（图5-1-61）。这种以天井院落式组合的民居，处理灵活多样，天井数量、大小不一。大的民居院落设有多个天井，即在正院一侧或两侧设窄小的偏院，在走廊两头开门通往偏院，多天井设置有利于通风、采光，通过天井院墙形成阴影，能减少阳光辐射（图5-1-62）。

"三合六方加偏院"式民居是雷州地区传统村落里普遍存在的一种民居形式。其基本形制是：民居主院由一正屋和两横屋、一天井组成（图5-1-63），正屋一般为三开间，中间是厅堂，两侧为卧房，正屋前为天井，天井两侧为一开间的"横厝"，作为厨房或储藏等功能使用。这种对称性强的三面围合空间类型，在雷州民居中比较广泛的存在。在宅基地面宽相近的情况下，三合院式民居的内庭院空间显得十分宽敞，居民可以在庭院中进行比较多的生产活动。有的民居平面在三间两廊三合院外围再加一圈凹字形的房子，当地人称"包簾"，近似四合院的后罩房加左右厢房，大门开在包簾的其中一间，通过小天井再过一道门才入到院内（图5-1-64、图5-1-65）。位于雷州东林村中部的"桂庐"，其平面布局是雷州传统的三间两厝带偏院，始建于清代，坐北向南，面阔23.25米，进深14.4米，面积335平方米，为砖木结构（图5-1-66）。

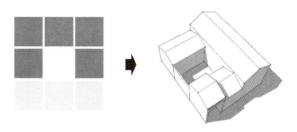
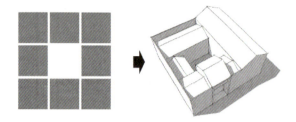

（a）"三合六方"形制

（b）"四合九井"形制

图5-1-61 雷州民居的基本原型（来源：林琳 绘）

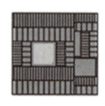

（a）三合院加偏院式

（b）四合院加偏院式

图5-1-62 雷州民居空间拓展模式（来源：林琳 绘）

图5-1-63 雷州民居厅堂院落天井　　图5-1-64 雷州民居中的旁侧偏院　　图5-1-65 雷州民居中的偏院大门

"三合六方"带偏院民居功能分区明确，空间层次丰富，大户人家为了增加宅院的使用空间，使尽心思和手段来营造既符合礼仪又顺应体制的院落空间布局。因此在三合院的基础之上，整个建筑群会横向作单侧或两侧扩展，增加一列或者数列纵向的包簾（护厝），形成多路旁侧院，其空间类型甚为多样。潮溪村分州第始建于清代同治年间，其主体功能区是一个三间两厝围合而成的主院，东西两侧各加以附属功能的院落，西侧院南北狭长，避免烈日暴晒尤其是西晒，南面加一条狭窄的过道，进行空间的围合，各个院落由廊和过道互相连接（图5-1-67、图5-1-68）。同样位于潮溪村的明经第也是由三间两厝围合而成的主院，东西两侧各加以偏院组成（图5-1-69），西侧为单跨院，东侧是空间上具有迷惑性的双跨院，此种布局可能是出于防御的考虑，两跨

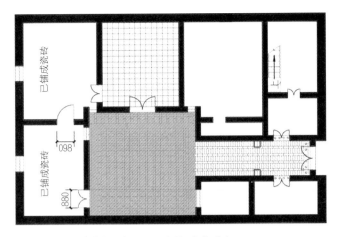
图5-1-66 雷州东林村桂庐平面图（来源：林琳 绘）

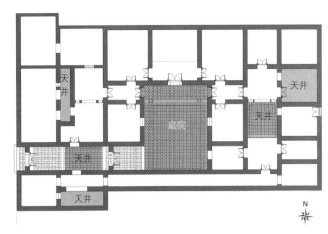
图5-1-67 雷州潮溪村分州第平面图（来源：林琳 绘）

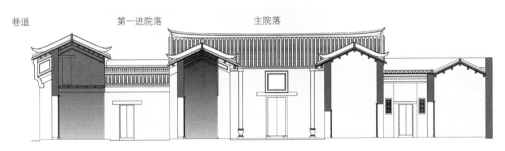
图5-1-68 雷州潮溪村分州第院落空间剖面图（来源：林琳 绘）

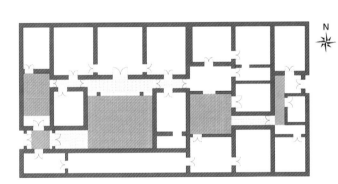
图5-1-69 雷州潮溪村明经第平面图（来源：林琳 绘）

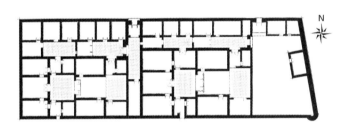
图5-1-70 遂溪苏二村拦河大屋平面图（来源：林琳 绘）

院之间的过道狭窄且安装了防盗设施，并且设有岔路，该宅还采取了其他的防御措施，如在山墙防御薄弱处增加跑马廊和射击口。

"三合六方"单元具有很强的模块性，可通过拼接形成大中型民居和聚落，在梳式布局的聚落中，前后两个"三合六方"单元大多共墙拼接，即后面一户直接利用前一户正房的后界面为照壁，其代表建筑是湛江遂溪苏二村一座共有50多间房屋的"拦河大屋"（图5-1-70、图5-1-71），以"三合六方"院落为基本构成单位，结合偏院的附属建筑及院落形成两组两进三合院的空间

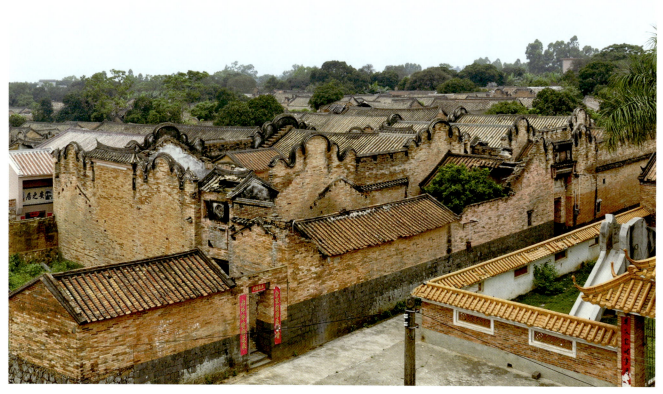

图5-1-71 遂溪苏二村拦河大屋（来源：林琳 摄）

组合，屋中保存着完好的枪孔和炮口，屋顶的大跨度多段弧线的水行山墙蜿蜒盘曲，气势恢宏，一座民居就占地一条街，其布局之工、结构之巧、装饰之美、营造之精非常罕见。

"四合九井加偏院"式也是雷州地区普遍存在的一种民居的基本形式变体。"四合九井"简单来说就是二进的四合院式，是在"三合六方"式的基础上增加一进"下落"生成，与广东潮汕民居的四点金类型相似。该空间类型轴线性强，正屋、庭院、倒座（下落）均沿中轴布置。与"四点金"不同的是，其入口空间是侧入式，应该是受广府民居节地布局的启发。沿巷道的形态界面由南北正房山墙面和中间厝屋立面组成。中庭的面积较前一类"三合六方"民居有所增加，不仅成了居民日常活动的中心，同时也是空间组成的核心区域。苏二村睢麟居是一处典型的四合院宅居，坐南朝北，东侧入口，平面形式较为简单，是三间两厢加南侧下落，为了增加空间的利用率，正屋、两厢及下落都增加了层高，内部设夹层以充分利用（图5-1-72）。

有的大型宅第占地面积特别大，空间也异常复杂，同时杂糅了多种布局方式。如由三合院与四合院及包簾侧院组合而成东林村大宅司马第（图5-1-73），始建于清代，坐北向南，面阔33.75米，进深22.1米，面积746平方米，经过多种形式的空间拼接组合而成。周家村奉政第也是较为大型的民居组群，规模庞大，建筑精美，装饰华丽。平面呈方形，墙高约7米，建筑面积约1800平方米，有房36间，合院式布局，院内有天井9个，水井一口（图5-1-74、图5-1-75）。建筑的四角建有二层楼高的碉楼，围墙内周边约5米高处设走马道，走马

226

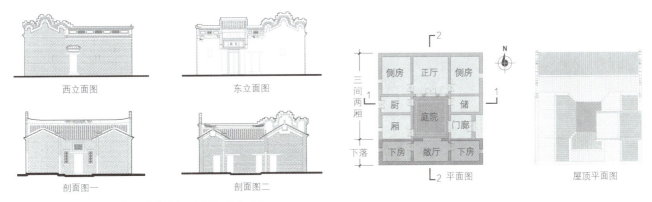

图5-1-72 遂溪苏二村睢麟居四合院测绘图（来源：林琳 绘）

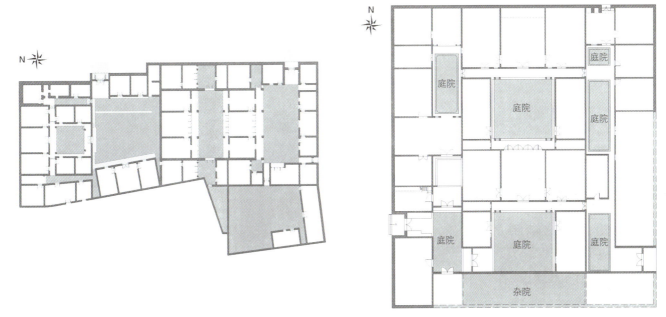

图5-1-73 雷州东林村司马第平面图（来源：林琳 绘）

图5-1-74 雷州周家村奉政第平面图（来源：林琳 绘）

图5-1-75 雷州周家村奉政第鸟瞰（来源：雷州市城乡规划设计室 蔡健 提供）

道与四个碉楼相通，方便观察楼外情况（图5-1-76）。大门为凹斗门，装饰华美，高二层，上层与"走马道"相连。屋顶采用水式、土式山墙，造型与装饰讲究，凸显其华丽与气势。

雷州半岛民居的大门一般是开偏门，大门外就是巷道。大门方向依据房屋坐向而定，多向东南。宅门为凹斗门形式，起着遮阳避雨作用，而门第的显示则要看大门的装饰了。大门屋内分两层，下层为门过道，上层阁楼作储物用，门斗、门头均用砖砌，门头及檐下多用灰塑装饰，内容丰富，繁简不一，也有用木雕来装饰。民居的屋顶为硬山式，具有良好的抗风、防火性能。由于南方多雨，对于屋面结合部的屋脊，防漏要求很高，所以屋脊做得特别粗大。

图5-1-76　雷州周家村奉政第屋顶

## 第二节　聚落特色民居类型

### 一、府第式院落民居

#### （一）粤中府第民居

清末广州府第大屋以城西商贾豪绅聚居的西关角一带最多，也最著名，有"甲第云连"之誉。西关大屋正间以厅堂为主，由前而后依次为：门廊、门厅（门官厅）、轿厅（茶厅）、正厅（因其后部上方装有神位和祖先位，又称神厅）、头房（长辈房）、二厅（饭厅）及二房（尾房），形成一条纵深的中轴线。每厅为一进，厅与厅之间用天井间隔。轿厅和正厅都是开敞式的厅堂，正厅面积最大，是全屋的主要厅堂，也是供奉祖先和家庭聚会议事的场所。尾房是中轴线上最后一个房间，其后墙一般不设门窗。两侧用房主要有偏厅、书房、卧室、厨房和楼梯间等。特大型的西关大屋还带有园林、戏台等。

粤中大型天井院落式府第民居，很有特色的要数顺德碧江金楼民居群中的职方第（图5-2-1）。职方第共四进，包括门厅、牌坊过亭、大厅和三层的回字楼。职方第宅主苏丕文，曾任职方司员外郎，为正三品官，于清代道光二十三年（1843年）荣归故里而建造。职方第门厅三开间，大门正中设有仪门，绕过仪门，迎面为一幢砖石结构的牌门横贯在天井中，牌门额上前后各有石刻坊匾一块，朝向前门刻有"视履考祥"（图5-2-2），朝里对着四柱大厅的一面，刻着"退让明礼"，石匾上的名人墨宝和先贤哲理，具有浓郁的文儒之风。

颇有特色的是牌门与厅堂之间的过亭，粤中一般民居通常的做法是无盖开敞的天井小院，而这里则在牌门墙头和厅堂前檐瓦面上通过四点砖疊，凌空支承着一个歇山大瓦顶，用过亭覆盖着第二进天井，既能增加扩展了大厅的室内空间，又确保了大厅的通风和

图5-2-1 广东顺德碧江职方第

图5-2-2 广东顺德碧江职方第牌门

采光，同时丰富了中轴线上建筑的形象，可谓匠心独运（图5-2-3）。过亭两侧的庑廊则改为接待室，檐下采用隔扇装修。职方第大厅墙体均用水磨青砖砌筑，檐廊采用石柱，室内中心置有四根木柱，前面木柱之间以落地门罩形成室内中心空间，后面木柱置有屏门。整组建筑空间通透灵巧却不失威严（图5-2-4）。

职方第大厅后隔一天井，是高达16.8米的镬耳山墙的三层楼房，大楼四周用红砂岩石筑起3米多高的墙基，当年登楼可览尽全村及四周田野风光。三层楼房起防盗之用，开有小窗，原来的大门用生铁整块铸造，防盗能力固若金汤。《顺德县志》和《五山志林》都有关于"回字楼"的记载："一楼费数千金，以铁为门，下有基，高一丈。""楼房高至五六丈，遥望之如浮阁高出林表，最富豪者有回字楼，四檐落水，内阁三层，中有八柱厅，下有井、有窨，积柴米其上，虽有寇盗，可数十日守。"

图5-2-3 碧江职方第牌门与厅堂间的盖顶过亭

图5-2-4 碧江职方第厅堂

离苏氏职方第民居建筑群不远,则有建于晚清的怡堂大厅和怡堂分支出来的三兴堂宅舍。怡堂大厅位于慕堂苏公祠的北面,与怡堂大厅隔着一条巷道。怡堂入口与职方第大门差不多,也是外观封闭高大的凹斗门,入口门厅三开间,中置仪门,由于两旁开间未作厢房,故显得大气(图5-2-5)。门厅两端有虎廊包抄通向正中的怡堂大厅,虎廊采用四柱三间券棚顶,其方柱、雕梁、棂窗、挂落全用柚木打造。坐西朝东的怡堂大厅从体量、选材、工艺来说,都堪称大宅厅堂的典范。大厅前面是一个麻石铺砌的"四檐落水"大天井,厅堂筑在一个台基上,面阔三间进深四间。前檐石柱和次间前檐下的石栏,用白麻石精雕细刻,石栏花板上的浮雕花鸟图案,是清代晚期的石雕杰作。大厅为瓜柱式12架梁,一共用6根粗硕光滑的坤甸木圆柱和两根花岗石方柱支承,俗称八柱大厅。

厅堂后面为一大天井,天井用一座八角景门分隔成前后两组空间(图5-2-6)。前面一组两侧是对称的两座偏厅,券棚顶,檐下装有玻璃屏门,敞开朝着天井(图5-2-7)。八角景门后面又是一个庭院,两侧各为一间大房,大房前置有过厅,院落天井八角景门的门额上,有青石凸雕草书"醉绿"二字,预示着门内将进入一个绿意醉人的境界。天井尽头贴着后墙置了高脚花坛,院墙外缘是三兴堂宅舍的花园,过去古荔浓荫,与小院栽植前呼后应,景色颇具诗意。怡堂大厅这最后的一进,在顺德的古宅第中被称为"斗邸",属于附属建筑。怡堂大厅除了轩昂的头门外,旁侧的前廊及后院的斗邸均设有横门通往旁侧宅外的巷道。然后分别与祠堂、居室和后花园相连。

### (二)粤东府第民居

潮汕大型府第民居是以祠堂(家庙)为中心,与从厝、巷厝、后包等组合的住宅形式。许驸马府在潮州城区中山路葡萄巷东府埕,是北宋太宗曾孙女德安公主驸马、殿直许珏的府第,始建于北宋英宗治平年间(1064~1067年)。府第历经多次修建,1982年曾对二进的木柱和三进楹桷做碳14测定,确定木结构为明初

图5-2-5 碧江怡堂门厅与檐廊

图5-2-6 碧江怡堂后院八角门

图5-2-7 碧江怡堂后院偏厅

替换之物，建筑仍保留宋代的基础格局和特点，是潮州保留较为完整的宋代建筑物之一。整个府第占地2450平方米，建筑面积约1800平方米，坐北朝南偏东，面宽41.8米，进深48.2米。主体建筑为三进五间，其三进主体建筑与前后进两侧插山构成了工字形格局。正座东、西两旁为厝屋与侧巷，带有厝厅、卧房、书斋等，形成相对独立的格局。第一进与第三进之间通过开敞的中厅、天井檐廊连接。后面有横贯全宅的后包，过去为御书楼（图5-2-8～图5-2-11）。

许府的木构梁架为五柱穿斗式，柱子多为圆木柱，立于条状连续的石地栿梁上，墙体为板筑夯灰和青砖砌筑，梁柱、门窗用材硕大，屋面举折平缓呈弧形弯曲，出檐深远。大门刻着古朴莲纹图案的木门簪，高门槛，密窗棂。整座建筑以庭院厅堂为中心，结构严谨，主次分明，装饰简洁，古朴大方，是现存潮州"府第式"民居的最早形制。从宋代开始，这种以多开间三座落平面

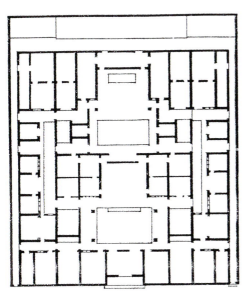

图5-2-8　潮州许驸马府平面图

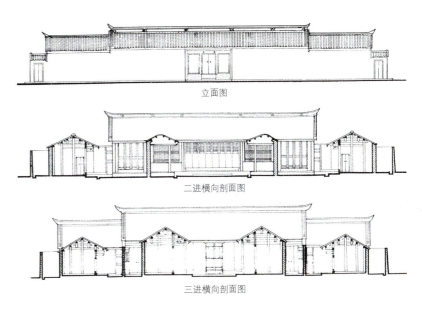

图5-2-9　潮州许驸马府立面图、剖面图

图5-2-10　潮州许驸马府中轴厅堂院落

图5-2-11　潮州许驸马府三进后堂

带护厝的"府第式"民居逐渐在潮州流行开来，并且这种格局渐趋稳定与成熟，一直恒稳地延续下来。潮州西平路北段建于明崇祯年间的黄尚书府，该府主人礼部尚书黄锦是明代的多朝元老，被尊称为"三达尊"，所以该府也被称为"三尊黄府"，其平面布局与许府相似，属于从厝式的府第民居（图5-2-12）。

南华又庐是粤东梅州客家地区颇有代表性的府第式民居，建筑三堂四横带后枕屋，坐落在梅州梅县南口镇侨乡村，由印度尼西亚华侨潘祥初建于光绪三十年（1904年），距今已有百年历史。庐舍占地面积10000多平方米，共有房间118间，大小厅堂几十个，人称"十厅九井（天井）"，是梅县集规模庞大、设计精美于一身的客家民居（图5-2-13、图5-2-14）。庐舍主体部分依据传统，以禾坪、下堂、天井、中堂、天井、上堂贯穿中轴（图5-2-15、图5-2-16），三堂雕龙画凤、装饰精美。与传统不一样的是，堂屋两侧不置厢房，在前后庭内引进花墙、敞廊、金鱼池、花台、六角厅，使得院内生动活泼。而堂屋两侧的4列横屋则与一般通廊式单间的横屋不同，均匀分成八个带侧堂屋，各配厅一间，卧室若干间，由潘祥初八个儿子各居其一。八个侧堂屋中间的主堂屋既是独立的个体，但在必要时将彼此相接的两堂屋之间的大门打开，整座庐舍又成为彼此相通的连体，所以当地人又称之为"屋中屋"。庐舍围屋部分有枕屋一排、厨房二座，即左右各一座。枕

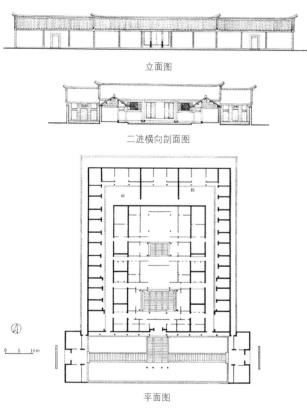

图5-2-12 潮州"三达尊"黄府平面图、立面图、剖面图

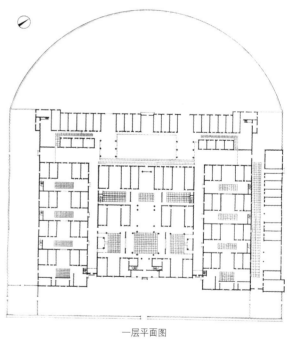

图5-2-13 梅县南口南华又庐平面图

图5-2-14 梅县南口南华又庐外观

图5-2-15 梅县南口南华又庐大门入口

图5-2-16 梅县南口南华又庐中轴厅堂

屋两头设碉楼，用以瞭望和射击，起防御功能。围屋一侧开辟为有果园，种有各种岭南水果，如龙眼、荔枝、芒果、杨桃、番石榴、人心果等；另一侧开辟为花园，建有莲池、石山，植有奇花异草。

张氏光禄第位于大埔县西河镇车轮坪村，是著名华侨实业家、张裕葡萄酒"金奖白兰地"创办者张弼士的故居（图5-2-17）。张弼士年轻时在南洋经商，1893年清代光绪皇帝任其为槟榔屿总领事，1894年任新加坡总领事，1903年晋一品冠戴，补授大仆侍卿，再授光禄大夫。光禄第建成于1908年，建筑面积4180

图5-2-17 大埔光禄第远眺

图5-2-18 大埔光禄第立面外观

图5-2-19 大埔光禄第从后堂看中堂

平方米,坐北向南,前低后高。它是一座三堂、四横、一围的围屋,共有18个厅,13个天井,99个房间(图5-2-18~图5-2-20)。屋前为禾坪,禾坪前有围墙和转斗门,禾坪东、西两侧建厨房和杂物间。外横屋与后围屋连接与一般的枕头屋有所不同,横屋由前至后瓦面分五级层层错落,后围为两头抹角略带弧形,花头呈长方形天街的围屋,外横屋和后围屋高二层,立砖柱,建内回廊,二楼设木栅栏阳台,硬山顶瓦面出檐。

图5-2-20 大埔光禄第内院天井

234

## 二、庭园式园林民居

住宅带庭园者称庭园住宅。因庭园占用面积较大，有的独立布置成园，可称为"庭园"。在这些庭园中，住宅的布局方式有几种方式：一种是住宅在庭园之旁或后部，两者之间相对独立布置，各自成区，两者之间用围墙门洞或置有大门出入；另一种是住宅布置在庭园内。住宅和庭园间隔或用洞门花墙，或用廊亭，或用花木池水，庭园是主人生活的一部分，布局比较疏朗开阔和灵活自由；再一种庭园是以书斋为主的庭园，是专为书斋而设置，它与住宅结合的方式有两种，一种是独立式，书斋与住宅分开，规模稍大，书斋附有庭园。还有就是书斋、庭园与住宅都布置在一起，但根据建筑的具体使用功能而各自分开。

### （一）建筑绕庭布局

建筑绕庭即建筑物沿园的四周布置，并以建筑物及廊、墙形成一个围合空间的布局方法。它的特点是在极为有限的面积内布置较多的建筑，且不致造成局促、拥挤的局面。由于庭园占地面积小，所以常将具有居住功能的建筑物沿庭园外围边线成群成组地布置，用"连房广厦"的方式围成内庭园林空间，使庭园空间与日常生活空间紧密结合起来。同时，在庭园中为了取得良好的通风条件，通过建筑环绕中央开阔的庭院可达到此目的。因此，以庭为中心，绕庭而建的布局方式也就成为广府庭园建筑布局的特色之一。绕庭而建的布局典型的有东莞可园、广州小画舫斋、番禺余荫山房等。

东莞可园是围绕山石、池水、花木、庭院，用游廊和建筑组成曲尺形平面的一组庭园住宅，创建于清咸丰年间，园主人张敬修。在三亩三（2204平方米）土地上，亭台楼阁、山水桥榭、厅堂轩院一应俱全。每组建筑用檐廊、前轩、过厅、走道等相接，形成"连房广厦"的内庭园林空间（图5-2-21）。

按功能和景观划分，可园大致划为三个部分。第一部分为入口所在，包括入口门厅、客人小憩的六角"半月亭"、接待来客的"草草草堂""葡萄林堂"两座厅堂以及听秋居等建筑。六角"半月亭"，又称"擘红小榭"（图5-2-22），在门厅之后，与门厅呈一中轴线；第二部分为款宴、眺望和消暑的场所，有可轩、邀山阁、双清室等，是可园的主要活动场所。可轩是款待宾客的厅堂，又称"桂花厅"。与可轩一墙之隔是双清室，取"人镜双清"之意，双清室又称"亞"字厅，因它的平面形式、窗扇装修、地板花纹都用"亞"字形，故名之。双清室旁侧有石级登楼，楼高四层，底层即可轩，二、三层有廊道通往别楼，顶层有阁，因四周有群山百川，取

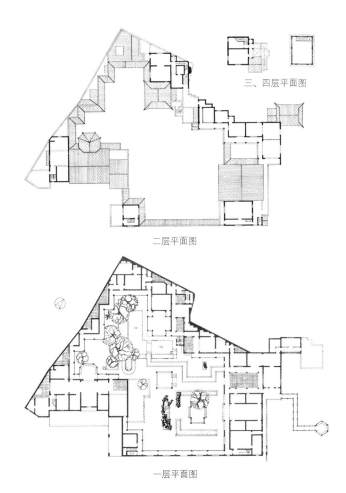

图5-2-21 东莞可园平面图

名"邀山阁",欲邀山川入园(图5-2-23);第三部分是沿可湖的一组建筑,环境幽美,是游览、居住、读书、琴乐、绘画、吟诗的地方,有可堂、雏月池馆船厅、绿绮楼、观鱼簃、钓鱼台等。绿绮楼以收藏唐代"绿绮台琴"而命名(图5-2-24),绿绮楼隔着壶中天小院,是"可堂",可堂为三开间,坐北朝南,为园主起居之处。临湖设有游廊,题"博溪渔隐"。沿游廊可至雏月池馆船厅、湖心可亭等处,饱览可湖的湖光秀色(图5-2-25)。

小画舫斋是广州荔湾湖畔清光绪二十八年(1902

图5-2-22 东莞可园从擘红小榭看园内

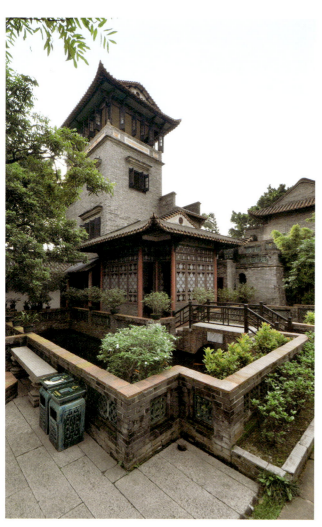

图5-2-23 东莞可园邀山阁与双清室

图5-2-24 东莞可园绿绮楼

图5-2-25 东莞可园雏月池馆船厅、可亭

图5-2-26 广州小画舫斋平面图

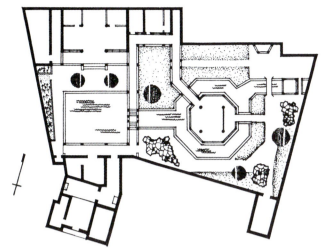

图5-2-27 广州番禺余荫山房平面图

年)间所建的庭园住宅建筑群(图5-2-26),因书斋平面和造型类似画舫,故取名小画舫斋。小画舫斋建筑共有三组,所有建筑都用柱廊和道路相连,中间布置庭园。南面的一组建筑是住宅部分,宅居正门朝南,大门用白麻石脚和石框,墙壁为水磨青砖,门厅右边为侧厅与住房,房高两层,楼前辟有天井庭院;北面大门入口为一组,布置有门厅、轿厅等,还有一间坐北朝南的家庙,里面有神龛供奉祖先,家庙斜对面为称作"诗境亭"的半边亭;还有一组是在西北沿湖处所布置的两层书斋楼阁"船厅",二楼设有斋厅和平台,远望恰似停靠湖畔的一叶画舫。

余荫山房是邬彬建于清同治六年(1867年)的宅园(图5-2-27)。建筑主要分布在南北两面,中部为庭园,占地面积仅1598平方米,但布局巧妙,以两池一桥一榭划分出园林的格局,通过游廊式拱桥把庭园空间分隔成东西两部分。东池八角形,西池长方形,廊桥中部条石起拱,桥的一面题"浣红",一面题"跨绿"(图5-2-28)。西半部池北深柳堂(图5-2-29),与池南临池别馆对峙。深柳堂是园林的主体建筑,较深的前檐廊起到遮阴纳凉的作用。东半部的八角池立有"玲珑水榭",榭平面与池平面都为八角形,只留下一米多宽的

图5-2-28 余荫山房"浣红跨绿"游廊拱桥

图5-2-29　余荫山房深柳堂　　　　　　　　　　　　　　图5-2-30　余荫山房玲珑水榭

水面。水榭格局通透，八面开窗，是当年园主吟诗作画的地方（图5-2-30）。

### （二）前庭后宅布局

前庭后宅或前庭后院是广府另一种常见的庭园布局方式，庭园中的住宅，大都设在后院小区，自成一体。宅居和庭园相对独立，各自成区，但没有实墙间隔，而是又分又连。庭园区与住宅区的间隔，或用洞门花墙，或用廊亭小院，或用花木池水。庭园是主人生活的一部分，布局较为疏朗开阔。住宅采用合院形式，布局密集，但比较灵活和自由。广东庭园住宅的布局特点之一就是考虑当地的气候要素。在布局中非常注意建筑的朝向、通风条件和防晒、降温等措施。建筑物大都面向夏季主导风向。庭园设在南面，住宅区设在北面，形成前疏后密、前低后高的布局。这种布局方式非常有利于通风，前面庭园像一个开阔的大空间，它使夏季的凉风不断吹向后院住宅。后院房屋虽然密集，但通过巷道、天井、柱廊、敞厅等方式来组织自然通风，使夏日的季风，无论从平面布局，或从纵断面的设计布置，都能吹到后院的每一角落。而后院的密集布置，将建筑墙体、门窗及天井等常常处于阴影之下，减少了阳光的辐射，这种布局方式很适宜南方的居住条件，取得一个舒爽的生活环境。

小型园林有佛山梁园群星草堂，宅园群星草堂建筑为三进建筑，回廊天井，九脊屋盖，砖、木、石结构，外观古朴清雅（图5-2-31、图5-2-32）。北面有"秋爽轩"，高二层，与旁边的"船厅"连成一体。广府庭园规模小，又与住宅毗连，故庭园建筑常有多种功能。如庭园中的厅堂，常做成船厅形式，既作会客、宴请场所，又可作为观赏佳地（图5-2-33）。

大中型园林有顺德清晖园，总面积为五亩多地（图5-2-34、图5-2-35）。园主人龙廷槐于清嘉庆五年（1800年）辞官返乡，居家建园，其"清晖园"之名，意取"谁言寸草心，报得三春晖"，以喻父母之恩如日光和煦照耀。

清晖园从布局上分成三部分。南部筑以方池，满铺水面，亭榭边设，明朗空旷，是园中主要的水景观赏区。建筑环绕水庭，水庭四周有亭（六角亭）、堂（碧

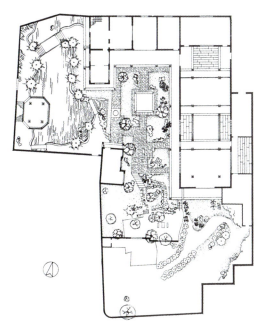

图5-2-31 佛山梁园群星草堂平面图

图5-2-32 佛山群星草堂二进厅堂

图5-2-33 佛山群星草堂庭园船厅

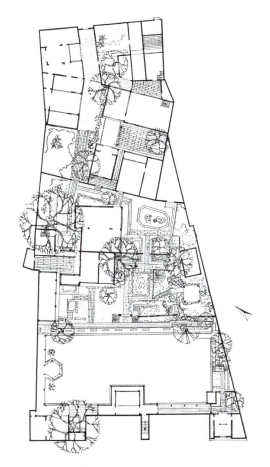

图5-2-34 顺德清晖园平面图

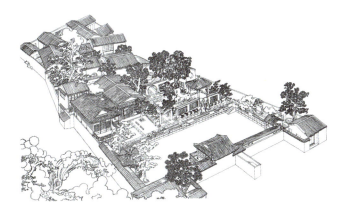

图5-2-35 清晖园鸟瞰图

溪草堂）、榭（澄漪亭）等（图5-2-36、图5-2-37），庭中植水松，岸边栽有花木草卉；中部由船厅、惜阴书屋、花纳亭、真砚斋等建筑所组成，南临池水，敞厅疏栏，叠石假山，树荫径畅，为全园的重点所在。船厅为双层式砖楼，外观仿珠江上的紫洞艇而建，上下两层都做有通透的窗扇，并饰以各种图案，二层室内花罩隔断是以岭南佳果为题材木雕镂空雕刻而成，非常精美。船厅上下迂回的楼道，犹如登船的跳板，虽在陆上，却似泊于水中，颇具南国水乡舟游情趣（图5-2-38）。船厅后面的惜阴书屋和真砚斋为一组相连的园林小筑，是园主人读书治学之处；北部由竹苑、归寄庐、小蓬瀛（图5-2-39）、笔生花馆等建筑小院组成，楼屋鳞毗，巷道

图5-2-36　顺德清晖园澄漪亭

图5-2-38　顺德清晖园船厅

图5-2-37　顺德清晖园六角亭

图5-2-39　顺德清晖园小蓬瀛

幽深，是园中的宅院景区。各景区通过池水、院落、花墙、廊道、楼厅形成各自相对独立，又相互渗透的园区景色，使得清晖园内"园中有园"。

### （三）书斋庭园布局

书斋住宅是另一种特殊类型的民居建筑，顾名思义就是为了读书而修建的一种具有居住功能的住房，书斋通常与住宅、庭院结合在一起，其平面布局比较自由，不受规整布局形式所限制，它的特点是环境幽雅，适合读书要求。书斋的布置形式也有多种形式。简单的书斋常附属在住宅的旁侧，称"书偏厅"，如广州的西关大屋建筑，其格局与民居厅堂大同小异，没有明显的特征，只不过是装修较为精致一些而已。书斋庭园有与住宅合置，位于住宅旁，或离住宅不远，用庭院隔开。也有自成院落或庭园，不依附住宅。

位于广州番禺南村的瑜园，清末所建，户主邬氏，是一座设计精致而又富于地方特色的庭园式书斋（图5-2-40）。平面可分为三部分：入口大门设在南面，面对村内的街巷，进入后有门厅、正厅。正中部分为船厅，建有两层，首层是客厅，分前后二舱，两舱之间用木雕门罩分隔。船厅之东为居室，二楼东侧为书房，乃主人读书吟诗之处，与船厅间用平台相连。这三部分建筑之前都留有空地辟作小庭，或栽植花木，或设置小池拱桥，面积虽小，但布局紧凑、玲珑精巧（图5-2-41、图5-2-42）。

西塘位于汕头市澄海樟林镇塘西村，集住宅、书

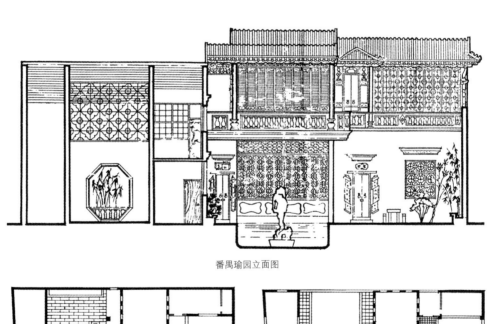

番禺瑜园立面图

一层平面图

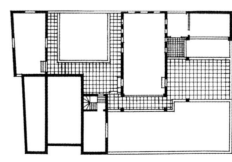

二层平面图

图5-2-40　广州番禺瑜园平面图、立面图

图5-2-41 番禺瑜园庭园

图5-2-42 番禺瑜园船厅

斋、庭园三者于一体（图5-2-43），原址为林泮别墅，最早建于清嘉庆四年（1799年），清光绪年间为樟林南社洪植臣买得，亦称洪源记花园。园林前临外塘，其东部凹入为水湾，过去通航外河，停泊船艇。庭园的最大特点是结合地形，在有限的面积内获取最多的景观效应，全园占地一亩略余，园内亭榭楼阁、假山水池、客厅书房、园林花草一应俱全。该园总平面结合地形和使用功能，把园内空间划分为四个部分：入口门厅小院、前部宅居院落、中部庭园和后部书斋。园内后部的书斋是一幢两层的楼阁建筑（图5-2-44），二楼与庭园内假

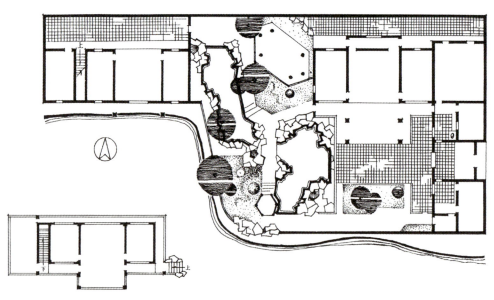

图5-2-43 澄海樟林西塘平面图

242

图5-2-44 澄海樟林西塘书斋

山相通，楼阁临池，飞瞻映水，可顺石级登楼。庭园边界利用假山、楼阁而不设围墙，扩大了庭园的视域感。

潮阳西园始建于清光绪二十四年（1898年），竣工于宣统元年（1909年），由当地人萧钦所建（图5-2-45）。西园地块呈不规则梯形，西侧为长边，采用"左宅右园"的处理手法。左侧宅居高两层，南北朝向，进深较大，平面基本上是潮汕民居的五间加边房式，中间楼梯间用天顶采光，面向庭院处做成外廊式。

右侧的书斋庭园是全园的精华所在，布置紧凑，有阁有楼，有山有水，还有小桥小亭（图5-2-46）。两

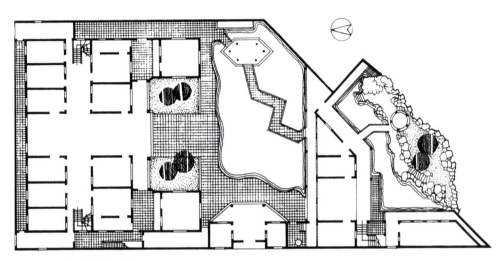

图5-2-45 潮阳西园平面图

图5-2-46 潮阳西园假山剖面图（来源：叶荣贵 绘）

层的书斋楼阁一侧与假山相连，另一侧置有悬板式楼梯登楼，书斋楼阁平顶琉璃瓦小檐，下有出挑的垂花柱，墙面设玲珑通透的彩色玻璃窗扇，间中有用西式拱窗楣和宝瓶琉璃栏杆，中西样式融为一体，风格别有品位（图5-2-47）。假山用珊瑚石和石英石混合砌筑，仿照海岛景色，富有南国特点。山上设园亭，山下筑"水晶宫"，水晶宫为一半地下室的建筑，用螺旋石梯联系。"螺径"旋梯以同轴垂直悬板叠合成梯级，既节省用地又解决了垂直交通问题，轻盈奇特，显示了结构的悬挑之美，成为园中一景，别具匠心（图5-2-48）。在水晶宫里通过低视点仰望庭园景色，中有碧波池水相隔，望游鱼嬉戏，别有一番风趣。

建于民国初年的潮州下平路莼园，为后侧式书斋庭园，由国学大师饶宗颐的父亲饶锷先生所建（图5-2-49）。住宅采用四点金平面布局，因道路关系，该宅大门向西，通过天井内院进入南北向的厅堂。天井南边为宅第下落厝，坐南朝北，中间大厅，两侧为房，俗称下厅；北边为宅第上落厝，与下落厝相朝，坐北向南，同样也是一厅两房，其正中的大厅为宅第的中心，俗称上厅，也称正厅。天井的东面一落从厝，坐东朝西，加上西面入口的从厝厅形成四厅相向的格局。宅第正厅后面是藏书楼"天啸楼"，楼高二层，顶层有饶锷先生名曰"书巢"的居室，楼的前、后设有宽敞走廊，外立面造型带有西洋风格。

书斋庭园位于天啸楼的北面和东北面，中间为八角形的书斋厅堂，大面积的窗上镶嵌彩色玻璃，非常别致（图5-2-50）。八角厅四周有檐廊，屋面设有平台，可在室外通过蹬道上到平台，平台上面的中间筑有两层方亭一座，在平台处可俯视庭园之景色。八角书斋厅堂将莼园庭园空间分成东、西两部分，西面为庭院，东面则是以山石池水为主的庭园，东、西庭院之间通过八角形书斋厅堂和檐廊相连，使得空间互相渗透。庭园虽布局紧凑，但弯曲的桥亭、错落的山池、幽深的花木一应俱

图5-2-47 西园书斋"房山山房"

图5-2-48 西园"螺径"凉亭旋梯

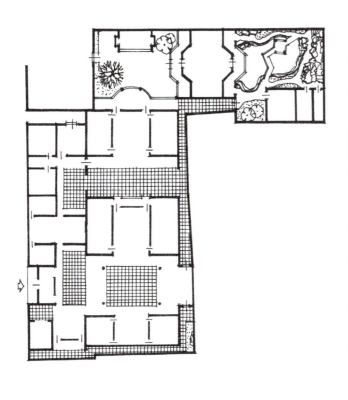

图5-2-49 潮州莼园平面图

图5-2-50 潮州莼园书斋

全,庭园叠石成山,洞壑曲折,多姿多态,匠意横生。

## 三、围楼式大型民居

围楼是各类民居中防御性最强的类型,围内布局基本上是采用堂横屋、杠屋的一般建筑组合,所不同的是在民居外围采用高大墙体的围屋建筑,以突出其防御功能。分布各地的围屋外观方面有一定的差别,主要有方形和圆形的土楼、椭圆楼、方形角楼和城堡式围楼等。

### (一)方形、圆形等围楼

围楼式民居主要分布在粤东的蕉岭、大埔、饶平等地,粤西云浮等地也有。其建筑外观造型与福建闽西客家民居的方形、圆形土楼差不多,其围楼布局有房舍结构为单间的通廊式,也有结构为套间的单元式。

方围楼是指平面呈方形或矩形的围楼,内部住房平面布局则分两类:梅县、蕉岭、大埔的围楼为内通廊式,即在每层楼上用木结构的檐廊将各户连通起来;饶平所见为单元式,与闽南的围楼相似。建筑材料有土夯墙,也有用石或砖垒砌。

大埔湖寮镇龙岗村蓝氏泰安楼,建于清乾隆年间。该楼属砖石木结构,坐东北向西南,呈四方形,俗称"石楼"。泰安楼规模雄伟粗犷,围楼面宽52米,进深49米,该楼及附属建筑占地面积6684平方米,其中主楼占地2577平方米,两侧书斋占地2764平方米,门坪

图5-2-51 大埔泰安楼围楼内

图5-2-52 大埔泰安楼祖祠天井

及花台占地1325平方米，主楼高三层11米，共有200多间房（图5-2-51）。楼正面是一座牌坊式的大门，围内中轴线上，有用青砖砌筑的二堂二横之祖祠，分上、下二堂，上堂中堂书"祖功宗德"，设先祖神主牌，为祭祀的祠堂，堂左右侧设厢房（图5-2-52）。楼内平房四周为天井，三层方形楼房将主体平房环抱在中间，形成楼中有屋，屋外有楼的格局。该楼一至三层四周向内设有檐廊，一层走廊的柱子为上木下石，二、三层柱子为木柱。

圆围楼主要分布在与福建接壤的大埔和饶平两县。仅饶平饶洋镇赤棠村詹氏就有7座围楼，其中圆围楼5座，方围楼2座。在大埔桃源，有陈氏祥发楼、钟氏祥和楼、范氏福庆楼等。大埔和饶平客家圆围楼的共同特点是，内围大都是单元式结构，如饶平上饶镇马坑詹氏镇福楼，三层，每层60间，面积共11300平方米，据说是饶平客家围楼之最。

坐落于大埔县大东镇联丰大丘田村的花萼楼，建于明万历三十六年（1608年），是中国目前保存最古老、最完整的客家土楼建筑之一。花萼楼占地面积2886平方米，坐西北向东南，古楼设计精巧、结构独特，为土木圆形结构。楼内房屋正中为大厅，是祭祀祖先、合族议事的地方。全楼共有房间210间，公共梯口设在大门右内侧。呈圆环状的巨大楼体内被分为28个上下三环贯通的单独户型，即可供28户人家使用，各户可单独上顶楼，通过回廊，又可户户连通（图5-2-53、图5-2-54）。相对通廊式土楼，这种单元式土楼既一定程度上保证了小家庭的私密性，又考虑到大家族的通融性。此外，土楼天井构成土楼另一道风景线。天井占地283.6平方米，全用鹅卵石铺成，表达了客家人多子多孙的传统家族理念；天井中心装饰着一个直径达3.86米圆形古钱币图案，以祈求丰衣足食；旁边有水井一口，深达18.6米，水井及其排水道形成一巨大的阿拉伯数字"9"，土楼人称之为吉相，意味着"久久长"。

广东饶平县三饶镇南联村的道韵楼，建于明万历十五年（1587年），围楼呈八角形，坐南朝北，周长328米，内切圆径10.2米，高11.5米，墙厚1.6米，总面积15000多平方米。楼屋瓦顶，墙基在地面上仅垫两层青砖，墙体为黄土夯筑。楼有大门和旁门两通道。在正中门楼，上书有"道韵楼"三个大字，这是邑人明礼部尚书黄锦赐题。道韵楼的八角造型是仿八卦的形状而建的，据说道韵楼原本为圆形，但屡建屡倒，后有高人言此地是"蟹"地，须用八卦之形才镇得住，建楼的黄氏先祖遂依八卦形状构建，楼中每一卦长39米，各有楼间9间，卦与卦之间用巷道隔开，八卦共72间。楼间

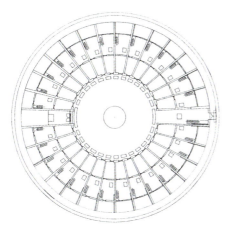

图5-2-53 大埔花萼楼平面图

图5-2-54 大埔花萼楼内院鸟瞰（来源：戴志坚 摄）

也仿三爻而设计成3进，共深28米，前、中进为平房，中进后留有一天井，后进为3层高楼，屋虽深但光线充足（图5-2-55）。全楼有正房56间，另有角房16间。楼中心是卵石铺边、内为黄土的广场，靠南有一北向厅堂。墙基仅垫二层青砖，墙体为黄土夯筑，至今仍完好无损。楼中除了各家各户自用的水井外，还特意在楼中的阳埕左右挖两眼公用水井，以象征太极两仪阴阳鱼之鱼眼。楼有大门和旁门两通道，是依照诸葛八卦"生门入、休门出"的原理，特地在大门一侧另开一休门，让族人能从此门出寨。

## （二）方形角楼

方形角楼主要分布在粤北始兴、翁源、新丰、连平一带以及粤东兴宁、五华一带，因围楼在四角建有碉楼，称为"四角楼"，在江西则通称为"土围子"。粤北、粤东北地区的四角楼，与早期的围屋有关，也与赣南土围子有着渊源传承关系。这种方形的四角楼，与前述的方、圆围楼有一定的区别，其外形和内部平面结构，也有较大的变化和差异。四角楼的主要特点是在方形或矩形围屋四角加建碉楼，其外形和内部结构也有所不同，而粤东与粤北两地的角楼又有各自的特点。

粤东四角楼内一般中轴为堂屋，以三堂居多，左右横屋和上堂外墙相连成围，四角建高出横屋和堂屋一至二层，即二至三层的碉楼，碉楼凸出檐墙1米多。正面三门，中间堂屋为入口正门，左右两侧横屋有小门，门前与围垅屋的布局相同，有禾坪、前护墙、半月形池塘等，禾坪两头建出入"龙虎门"。粤北四角楼大多外围四周围合成口字状，内部平面布局有堂横屋，整个建筑平面有如汉字的"国"字状。粤北四角楼内部平面布局还有堂横屋、杠屋、排屋等其他形式的建筑屋式，也有四周围屋做成两重围，呈回字形，或者围屋做成二层围楼的等。

方楼的平面，实际上是由双堂屋或三堂屋为主体进

图5-2-55 饶平道韵楼

行组合、发展而成的一种大型方形建筑群。它中央为低层，四周围屋为楼房，高多为两层，也有高三层或四层，甚至更高。外墙厚约1.2米，外观封团、坚实、稳固。角楼中，也有做单角楼、双角楼，甚至多角楼的，但民居平面还是以方形或矩形居多。方形角楼的形式多样，广东兴宁市黄陂镇村落的四角楼，外围还设有濠沟（图5-2-56）。

粤北始兴隘子镇官氏满堂围，始建于清道光十三年（1833年），建成于清咸丰十年（1860年），历时28年，是一处占地11000平方米，依山傍水，规模宏大，建筑精美的客家围楼建筑群（图5-2-57、图5-2-58）。它由左、中、右三座四角带碉楼的方围楼连接而成，每座围楼既可以关门独立封闭，又可以开侧门互相贯通。据说原创意整体形象为一条大航船，中间主楼的四围为二层，碉楼三层，主楼内为二堂屋，前堂二层，而后堂建成四层望楼，居高临下，巍峨壮观，远处望去就像船身上的船台，俗称"太子楼"，平时作教育子孙的学堂用。右边的围楼较主楼矮小，左边围楼还要小些。尽管如此，三座楼的外墙均用"水磨砖"和条石砌成，内墙用卵石或土坯砌成，原木栋梁，麻石门楼，用料讲究。三座围楼浑圆一体，端庄坚固，不失富贵之气。每座围楼均由四角楼和前面凹形倒座组成，倒座中间有门楼，两角带碉楼。倒座内、围楼前是长方形的宽阔禾坪。这样，每座围楼均有六座碉楼和两道门楼。左右围内是三堂屋，中间围内是二堂屋，堂屋前还有一道门。从外到内要经过三道大门，防范极其严密。

位于新丰县城丰城镇的参军第，围屋内布局为国字形，中轴是三进祠堂。与其他四角楼不同的是，入口大门不做倒座而是围墙形式，围墙大门采用跌级式的马头墙。四角的角楼高二层，屋顶采用广府地区民居常用的

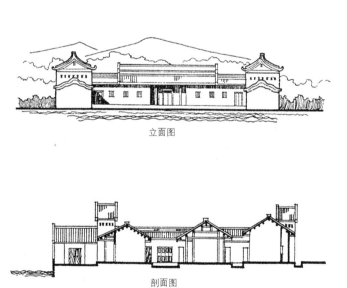

立面图

剖面图

图5-2-56　广东兴宁黄陂镇某村四角楼

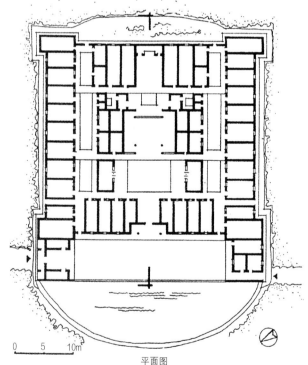

平面图

图5-2-57 始兴满堂围建筑群

图5-2-58 始兴满堂围的中心围

图5-2-59 新丰县城丰城镇参军第鸟瞰

图5-2-60 连平县陂头镇夏田村丛秀围

镬耳山墙，建筑外观造型既有江西民居风格，也有粤中广府地区民居的建筑风格（图5-2-59）。

连平县陂头镇夏田村丛秀围，内为国字形布局，建筑层高较高，做有夹层，入口大门外观呈圆拱状，整个围屋只有一个大门出入口，围屋外有禾坪，半月形的池塘（图5-2-60）。离该围不远的德馨围、世德围，其建筑形式与布局也差不多。陂头镇李坑村八角楼，建筑围楼由两重方围组成，每重方围四角都设有碉楼，形成富有特色的八角楼。整座建筑高二层，角楼高三层，内外圈围楼屋顶的外侧都筑有高大的女儿墙，墙上设有射击孔洞，屋顶四周通过角楼可以互相连通，具有极强的防御性能（图5-2-61），门的两侧设有枪眼，枪眼用麻石凿成，外观造型如圆孔、条状、葫芦形等。八角楼中轴对称布局，轴线上为祠堂，祠堂高两层，共二进，祠堂中堂置有木梯可上二楼，上堂祖堂两层高，祖堂的后部设有廊道连通两侧二楼的房间。

粤北客家角楼围屋中，还有在后围中间建望楼的方形围楼，这种围屋常在碉楼上筑有望楼，所以其体形比

图5-2-61 连平县陂头镇李坑村八角楼

一般的角楼设碉楼建筑要高大得多。潘氏儒林第位于新丰县梅坑镇大岭村,潘氏十五世祖建儒林第至今已一百七八十年。儒林第坐西朝东,依溪而建,大门开在西南向(图5-2-62)。整座建筑占地面积近2200平方米,内有二堂、四横、一倒座、一外围、六碉楼、一望楼的回字形围楼。建筑高两层,碉楼三层,望楼五层,外墙为青砖和卵石砌筑,内墙为泥砖砌筑,俗称"金包银"的砌筑方式。外围四周砌有女儿墙,碉楼屋顶山墙为镬耳墙,正中后围上的望楼为悬山屋顶两端加小檐,有歇山屋顶的感觉,这种悬山屋顶两端加小檐的做法,在客家民居中常能见到。入口正门做有门楼,为三间牌楼式,上有"儒林第"石匾和灰塑装饰,屋脊为水草龙舟脊。进入大门为门厅,门厅两侧有巷道与外围屋相通,门厅末端与大门相对处设内门,出内门是通堂屋与倒座之间的天街。回字平面中轴是二进祠堂,其横屋中间设花厅,为单间住房与花厅的组合,花厅正面有雕花木屏风,颇为精美。整座建筑平面为前方后圆,儒林第的后围呈弧形,弧形的围墙与高大的望楼结合在一起。望楼称"行修楼",外族攻打时作为防御设施,平时则作为读书和教化的场所(图5-2-63)。儒林第外观气势

图5-2-62 新丰县梅坑镇大岭村潘氏儒林第远眺

图5-2-63 新丰县梅坑镇大岭村潘氏儒林第望楼

磅礴，里面玲珑剔透，建筑外刚内柔，赏心悦目，可谓客家围建筑之精品。民居造型具有广府建筑风格，据说当年建造儒林第时，请了广府师傅参与建造。

### （三）城堡式围楼

所谓城堡式围楼，是客家祖先为聚族而居所兴建的大规模的特殊的围楼式民居建筑。其中间为堂横屋，四周由两层楼房加四角碉楼包围起来，平面大部分呈方形，也有呈前宽后窄梯形或前方后圆形。其总体布局为：前面有半月形的池塘和长方形的禾坪；正面有正门楼，有的门楼砌成牌坊式，两旁有侧门，有的侧门藏于碉楼之后；四周有两层楼房，建筑做成内低外高，有些四周屋面或内部可以连通，称走马楼，外围墙建有女儿墙作屏蔽，使整个围楼显得庄严规整，四角建有碉楼；围内中轴线上有二进或三进的厅堂，上堂为祖堂，设有神龛和祖先牌位；堂屋的两侧各有横屋相对，有二横、四横或六横者；堂屋前有正门楼和围楼相隔，即"倒座"形式；上堂后面有半月形的花头，或长方形天街，与后围楼相隔；有的在后围楼中间的龙厅处建成高出围楼一层或二层的望楼；围楼内有一口或二口水井。综合起来看，月池、禾坪、门楼、围楼、碉楼、望楼、堂屋、祖公堂、横屋、花头、天街和水井等，是构成城堡式围楼的基本要素。如深圳龙岗镇的罗氏鹤湖新居、陈氏大田世居、赖氏梅冈世居、李氏正埔岭，坪山镇的曾氏大万世居、黄氏丰田世居，坑梓镇的黄氏龙田世居和盘龙世居，坪第镇的吉坑世居等，均为这类城堡式围楼的代表类型。

鹤湖新居位于龙岗区龙岗镇罗瑞合村，始建于清乾隆年间，至嘉庆二十二年（1817年）内围竣工后其子孙不断扩建外围，历经三代人才建成今天的宏大规模。新居坐西南朝东北，由内外二围组成，平面呈前窄后宽的梯形回字，是一座三堂、二横、二围、八碉楼、二望楼的建筑。全楼共有179套单元房，兴旺时可住千余人。该楼占地面积24816平方米，建筑占地14530平方米，是粤、闽、赣客家围之最（图5-2-64）。

大万世居位于龙岗区坪山镇大万村，为曾氏家族于清乾隆五十六年（1791年）建成。大万世居坐东面西，是一座三堂、二横、二枕杠、内外二围楼、八碉楼、一望楼的大型客家民居，占地面积22680平方米，建筑面积15000平方米（图5-2-65）。大万世居以瑞义公祠为中轴，楼内以天街相隔、巷道相连，内部院落和巷道结构十分完整、严谨。值得一提的是瑞义公祠的封檐板、梁架等雕刻和彩绘花鸟虫鱼，刀法细腻、栩栩如生，是客家民居中难得的木雕精品。而祠中十余副对联则深刻反映了客家人追本溯源、敬宗睦族、崇文重教的文化传统。

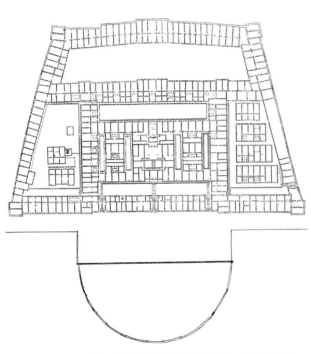

图5-2-64 深圳龙岗镇罗瑞合村鹤湖新居平面图（来源：根据《南粤客家围》绘制）

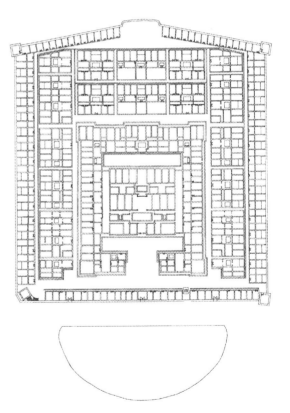

图5-2-65 深圳坪山镇大万村大万世居平面图（来源：根据《南粤客家围》绘制）

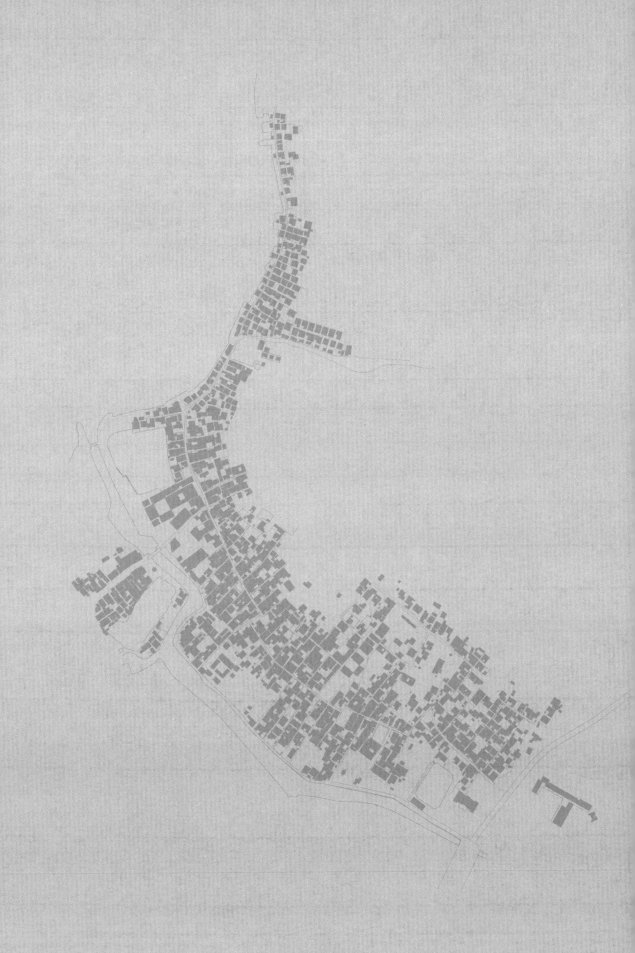

# 第一节 气候环境之适应性

广东位于东亚季风气候区南部，它的地理位置决定了其特殊的气候特点。广东的大部分地区属亚热带湿润季风气候，各地平均温度约在19~25℃之间，只有粤北山区比较冷，风向随季节交替变更，夏季风速较小，而冬季风速大，风向也由南转北，由东转西。春秋季的风向不如冬夏稳定。而雷州半岛一带为亚热带、热带气候的交界点，半岛南段平均气温大于17℃，气候终年都比较炎热。广东还是全国受热带气旋影响最多的地区之一，沿海地区常受热带气旋的侵袭。

广东北面是南岭山脉，东北面则是位于福建境内的武夷山脉，西面是位于广西境内的云开山脉，这些山脉在广东的西北、北、东北面围合形成了天然的气候屏障，可以在冬天抵挡大部分自北方移来的干燥冷空气，使广东在冬天也维持比较温暖的气候。但是春天和夏初，越过南岭的北方冷气团会和从海洋登陆的暖湿气团相遇，从而形成南岭静止锋，进而导致广东长时间的低温阴雨。广东从西北向东南、南沿海地区逐渐降低地势，海洋暖湿气流容易向内陆流动，在夏季形成丰沛的降雨。广东中部正好在北回归线上，这条线附近的区域太阳高度角都比较高，每年夏至前后太阳会有两次经过广东大部分地区的天顶，使地面获得较多的太阳辐射热量。广东的气候条件与聚落居住方式有直接关系，尤其是在科技不甚发达的古代，对传统聚落的形成和发展都产生了较大影响。

## 一、通风体系

广东的珠三角、潮汕等沿海地区，都处在比较湿热的环境中，在居住环境的设计上通风往往比遮阳更重要。在传统聚落中，为了取得良好的自然通风效果，首先要有能够引风的朝向，街巷和内部的风廊设计好坏也是非常重要的一环。在这些方面能采取的手段共同构成了通风体系。

总的来说，通风是利用风压和热压进行的空气交换。在其他条件相同的情况下，风压主要是通过空间尺度的变化来使空气密度产生不均匀的压力差，从而形成空气交换。因此，相邻空间的差异是产生空气压力差的主要原因。热压则是通过温度差异来改变空气密度均匀程度，从而形成冷热空气的交换，也就达到了通风换气的目的。在空间设计中也是通过空间组合来实现的。

广东的传统聚落，主要是梳式布局和密集式布局两大主要形式，通过内部的通风系统来实现通风的，其中天井和巷道就是重要的通风系统。它们作为风口承担了风的进出，并在一定条件下可以转换，也就满足了通风换气的需求。聚落的传统民居也是整个通风系统的重要节点，天井、厅堂、廊道同样起着密切配合的作用。其中又以天井作为核心，起着局部通风系统中组织和纽带的作用。根据流体力学原理，在同一风场中，流速快的压强小，流速慢的压强大。这样，在常风状况下，天井的风压较大，廊道的风压较小，天井风就会透过室内（或直接）流向廊道。因而在常风状态下，天井是进风口，廊道是出风口。

广州沙埔村为梳式布局平面，村前为水塘、水田，村后村侧有丛树竹林。村庄的整体就像一个大空间，村内的大小巷道、天井、厅房就像在大空间中分隔而成的一个个不同的小空间。风从村前流向村内，就像从大空间流向小空间。这种空间组合对比和差异，就形成了空气压力差，也就造成了通风条件。从梳式总体布局中可以看到，村前村后的水塘、农田、树木构成了一个低温空间，热空气经过它，温度就降低。而村内的房顶、墙体所构成的空间是高温空间。这样，村内、村外由于冷热温度差的作用，就自然形成冷热空气的交换，从而构成自然通风（图6-1-1）。

从密集式聚落民居来看，它内部巷道窄，空间小，又有高墙屋檐遮挡，接受太阳辐射量少，温度较低。而天井院落空间大，当天热时，阳光猛烈，温度就高。当热空气上升时，巷道和室内的较冷空气补充而入，这样就构成了热压通风。通风效果取决于天井风速与廊道风速的差异，两者的差异越大，室内的空气交换就越快，这种差异是通过天井、敞厅、廊道的空间组合和布局来获取的，密集式聚落平面就是这种原理的实例（图6-1-2）。

在聚落布局中，巷道（冷巷）是很重要的一项处理手法。潮汕地区聚落的民居为四点金或三进院落，通风不是很理想，于是就在它的一侧或两侧增加了巷道（图6-1-3）。民居天井院落通常情况下只起风压作用，由于增加了冷巷，就同时可以有热压作用。这种巷道，既解决了交通、防火问题，又适应了气候条件。

此外，利用地形高差和不同楼层来进行通风也是常用的一种方式。这种方式主要通过地形或建筑的高低不等，来产生空气压力差，从而创造良好的通风条件。在乡村聚落中，常利用坡地建屋，整个聚落亦通过地势形成了前低后高的布局来通风。此外传统聚落民居还可以通过屋面通风、厅堂通风、门窗和室内隔断通风来补充完善整个通风系统。

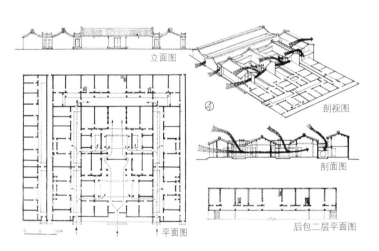

图6-1-2 潮汕地区聚落密集式布局通风

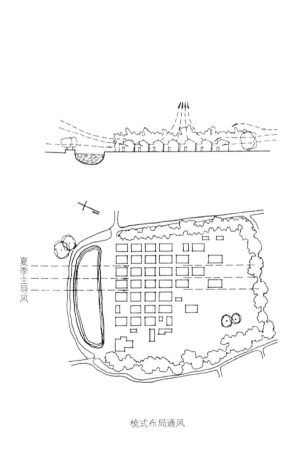

图6-1-1 广州沙埔村梳式布局通风

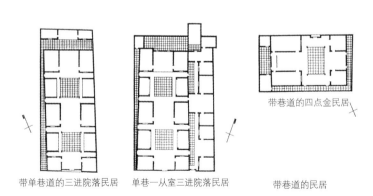

图6-1-3 潮汕地区带巷道的民居

## 二、防热措施

广东聚落为了适应湿热环境,防热措施主要包括了遮阳、隔热、降温三种。

太阳辐射热传入房屋内部主要通过直接传入和间接传入两种途径。直接传入时热辐射通过开着的窗洞、门洞传递;间接传入则主要是通过屋面和外墙传导传入,特别是受太阳辐射较多的西墙。因此,为了达到降温目的,对门窗采取遮阳措施和对屋面、墙体进行防晒隔热处理都是主要手段。有效的遮阳措施不但可以遮挡直射的阳光,还可以遮蔽墙面来减少辐射热,从而降低室内温度。

广东民居遮阳处理手法有很多,在聚落平面布局上,一是采取良好的朝向来避免阳光直射进室内,在广东地区大多数聚落总是尽可能地坐北朝南。二是采用密集布局的方式,利用聚落各单体之间的排列、间距、高低和檐廊的设置等方法,形成更多的阴影,从而达到遮阳效果(图6-1-4)。在民居的平面格局上,在较大的天井庭院中用花窗、漏窗来进行隔断,利用花墙的阴影来减少直接的日光辐射,不但可以防晒和减少地面反射热,而且丰富了空间层次。

在民居建筑的垂直立面上,可分别对屋顶、墙面、门窗进行遮阳处理。屋顶遮阳主要以出檐的方式来实现,既可防雨,又可遮阳。柱廊可以有效地遮阳避雨,保护墙面,根据柱廊位置不同,有檐廊、回廊、凹廊、跑马廊等(图6-1-5)。门窗部分也同样利用飘檐来遮阳,根据砌筑的工艺不同,又有砖挑人字檐、砖挑波纹檐、砖挑折线檐和砖砌叠涩出檐等几种类型,此外也可以利用木板飘篷构件进行遮阳,比起砌筑工艺更复杂的飘檐,它更简单方便,除了固定在窗上的,还有可以活动的样式。

而在细部处理上,遮阳手法就更多了。如门洞做成凹进的样式,可以遮蔽阳光,亦可躲避雨水,还能彰显

图6-1-4 建筑屋檐遮阳

图6-1-5 建筑柱廊遮阳

图6-1-6　建筑凹斗门遮阳

图6-1-7　粤中水乡村落河涌两岸树木遮阴

图6-1-8　粤东传统聚落的树木遮阴

门第，这种门称为凹斗门或称外凹肚（图6-1-6）。

如果说遮阳主要是在建筑外部做文章，而隔热则是在细部构造上下功夫，主要是通过加强屋面和墙壁的隔热性能来实现的，这样可以保证室内的热量不再增高。广东传统建筑隔热方法有双层瓦屋面隔热和外墙隔热，但在风大时，双层瓦屋面容易把瓦吹翻，因此在沿海地区为了抵抗台风的巨大影响，常用几层条砖压住在檐口部位的双层瓦屋面上的瓦，既能起到良好的隔热作用，又能防止台风。而外墙隔热则需要注意墙体的材料，比如采用热惰性较大的材料，像砖墙、石墙、泥墙、夯土墙等。在沿海地区，还常使用特别混合的三砂土墙。粤中地区则多用空斗墙，也有用实墙与空斗墙混在一起砌筑的。在使用上还需根据地域气候特点，选择使用。

除了遮阳和隔热外，聚落通过环境降温也能控制整个系统的温度。主要通过配置绿化与水面，来达到建筑环境的降温。通过聚落与环境之间的合理搭配来构建平衡的生态关系，能有效地调节室外的微气候（图6-1-7、图6-1-8）。在庭院天井或其他空地中种植树木，既结合生产美化环境，又具有降温作用（图6-1-9）。庭院绿化在大型的民居中经常使用，有的内院干脆建成庭园式，即使规模较小，但内部布置有疏竹假山、小桥流水，既起到了降温的作用，又满足了居住者的审美体验（图6-1-10）。在粤中粤东地区，有

图6-1-9 庭院植物绿化降温

图6-1-11 天井绿化降温

图6-1-10 民居庭园绿化，以达到降温和美观的双重作用

的民居在毗邻处寻到地点，建一些规模稍大的园林，还有的以书斋小院绿化出现。这些庭园，都是既能达到降温效果，又能满足自赏景色的需求。在一些比较小的院落天井里，不方便布置大型的园林，就多采用盆景绿化，如缸植荷花大盆景、小盆绿化等，以达到降温和美观的双重作用（图6-1-11、图6-1-12）。在一般的乡村聚落中，即使不能布置典雅的园林盆景，也能结合生产种植果树或经济植物树种，比如广东常见的蕉树、木瓜树、白兰花树、鸡蛋花树等。此外还有用攀缘植物作绿化遮阳降温的，特意搭起棚架，比如种植葫芦瓜或其他植物等，在乡村聚落中都运用较多。

广东地区河流纵横，水塘密布，用水方便，以水面或流动的水渠来降温也常是因地制宜的手段。对水的需求当然不只限于降温功能，传统聚落为了取水方便，也为了降温防灾，都尽量在水源附近择址，在村落周围也常设水塘，来满足蓄水、养鱼等功能，较好地调节了村内的微小气候（图6-1-13）。传统聚落中的建筑也都充

图6-1-12 缸栽荷叶绿化降温　　　　　　　　　　　图6-1-13 传统村落设置水塘

分利用水面,以获取舒适的生活环境。在具体实践中,传统建筑经常利用河涌,通过在水面上伸出厅堂或水榭,既扩大了屋内空间,又达到了降温的目的。若能直接临河而建则更好,这些建筑多在临水的一侧开窗,如槛窗、木格窗、漏窗等。有些建筑甚至会将空间做成开敞的方式,如开敞的阳台、柱廊、后院、檐廊等,既美化了环境,又满足了南方气候的要求。同时,还可以向外伸出挑台,或者二楼伸出阳台,甚至将厅堂延伸到水面,都是为了更多地接近水面来达到通风降温的目的。还有的将厅堂延伸水面时,在两旁加平台,目的与上面一样,主要是使延伸部分获得良好的通风条件。在炎热地区,任何形式的流动水面都会带来舒适感和降温效果,使人们在生理或心理上都得到较好的满足。因此,除了外部的河流水塘,在庭院的内部,也会凿池形成水庭,依靠水面的温度差,创造空气对流来达到降温目的。

## 三、防灾处理

广东地区雨季长、雨水多,虽然创造了适于耕种的气候条件,但水多则成灾。尤其是对河道无计划的淤积填堵,加速了河道泛滥的可能,防止水灾是广东传统村落,尤其是临近河网、山区的聚落需要充分考虑的灾害。在传统聚落的整体布局上,常采用前低后高的布局方式来创造排水的地利条件,在聚落的低处开挖有水塘,或者是有河涌经过成为蓄水的终端,设置纵向巷道与水塘、河涌呈丁字形布置,形成排水系统的骨架,便于这些明沟暗渠的水快速通向水塘河涌,再配合每户人家天井内院有排水沟通向纵向巷道的渠沟,形成统一有组织的排水系统，最终达到"聚水归塘"的效果。这种规律性的整体排水处理，既可以减少水土冲刷流失，又有利于生活生产，水塘、河涌对村落的微气候进行了有利调整，也有利于万一建筑失火扑救取水的便利。

除了整体布局上的设计，在细部构造上还会利用坡屋面、椽头与檩头出挑来排出雨水。广东传统民居多采用前后直坡顶的形式，坡度一般在30度左右，使屋面雨水快速地流下，并防止雨水倒灌漏水。而为了防止墙体受到雨水的侵蚀，通过椽条直接出挑屋檐，将雨水排出屋面后，直接落入花岗石铺砌的天井小院流走，以便减少雨水对墙面的侵蚀。屋面排水在过程中还通过瓦件搭接的不同形式来组织，比如采用多层的瓦面，通过增加搭接密度等方式来减少漏雨的可能性。此外，广府地区多采用筒瓦，使雨水可以沿着明显的直线瓦槽快速排走。在一些特殊的部位如天沟、泛水，也会使用一些特殊材料或依靠灰浆等填充封边，以隔离雨水。

广东地区气候带来的另一项建筑威胁是潮湿，如不注意房屋内的潮湿，长此以往将对人体造成很大的伤害，因此，建筑防湿防潮十分重要。与防洪防涝类似，传统聚落中常将建筑修建于高处，能利于排水和降低地下水位，使建筑的地面长期保持干燥。如果没有高地可以选择，就在村前挖水塘，或在屋内挖水井，通过渗出地下水的蓄积和使用，来降低地下水位。在建筑的建造上，常采用坡屋面，并用阳脊明沟来使屋面排水畅通，减少雨水的渗漏。此外，将屋面檐口出挑，保护墙面减少水汽的渗透，地面上也能减少积水。通过加强建筑穿堂风，以及"过白"增加室内日照辐射，也可带走部分潮湿空气。在墙体、门窗的细部构造中，也可通过一些特殊做法来隔绝空气中的湿气。比如在裙墙、基础、地面等比较容易积蓄湿气的部位采用密实性的材料，或是采用独特的夯实砌筑手段，来实现减少地下水上升渗透的目的。

广东沿海地区还常常受到台风的侵袭。因地势平坦无势可凭，在外部空间只能依靠种植防风林等方式来抵挡，在聚落层面上就只有通过密集式的布局，同时依靠建筑物之间互相毗邻或连接，来增加抗风的能力。此外，避免与台风风圈的垂直接触也是防台风的重要手段之一。广东台风多在汕头、海南与雷州半岛登陆，台风登陆时风向朝北居多，登陆后风向转南，因此，广东临海地区的传统建筑布局朝向采取南北向，它与台风主要风向所形成的角度很小，于是，由院落、围墙所组成的多进式民居布局对风的阻挡是非常有利的。潮汕地区传统聚落除密集式外，建筑平面多近似方形，因四面无论长度、面积都大致一样，这对台风（包括转向、骤停、反向）无论来自哪个方向都能使聚落建筑安全，不致倾倒。

## 第二节　聚落围居之防御性

### 一、围居形成原因

广东地区自然地理条件与中原地区迥异，虽然早在汉时已归附中原，但因地处偏远，长期处于远离中央集权的地区。当战乱逐渐席卷整个中原时，许多流民搬迁到这里躲避。因此，广东地区外地移民颇多，他们大都因战乱流离至此，除了仰赖于族人的团结，也急于从新居住环境中获得一定的安全感。在之后的历史进程中，战争离乱、乡勇贼匪总是时有发生，对居住安全的需求促使生活在这里的人们不断地建造能够满足居住和安全要求的建筑。围居，即是处于防御心理需求和聚族而居的习惯，在建筑的空间布局和聚落的组合方式上构建出的具有一定范式的营建形式。

从考古文物中可以发现，汉代广东地区的陶屋形式具有很强的防御性特点。它们的平面呈方形，由高大封闭的围墙分为内外两个部分，围墙前后有门楼，转角处还设置有角楼（图6-2-1、图6-2-2）。这些建筑点、线的防御措施都已齐备，也具备基本的生活空间，可见早在汉代广东地区已经有围居建筑的建造。但围居建筑在广东的发展过程有其不确定性和特殊性。

汉代此时西北边地筑"坞"的办法已流入中原，魏晋开始的大规模的人口迁徙，更使南北围居建筑形态相互影响。其中一部分北方人在广东地区扎根，在保留原有建筑方式的基础上，又因地制宜地有了新的衍生，进而影响了原本广东地区的居住习惯，从而结合形成更多建筑类型。唐代对国家基层组织进行了改革重组，以坞堡为主要类型的大型集合建筑失去了生存的土壤，逐渐消解成若干普通的村级单位。但是此后数次自北而来的战争，迫使中原移民不断南迁，再加上在战乱中中央政权无暇他顾，对乡村基层的约束力降低，尤其是广东这类远离中原又因移民迁入而产生一些族群对立的地区，给予了围居继续发展的土壤。

在这期间，广东境内自然环境的不同使围居建筑有了更多的适应性变化，在空间布局、单体形制、细部处理和装饰工艺等方面产生分异。又由于在修建围居建筑的初期，迁徙来的族群为了保存自身会趋向于自闭，各自的建筑特征也就保留得更彻底。但在适应本地社会环境之后，规整有限的围居空间往往无法满足舒适生活的需求，尤其是在社会风气比较开放的地区，原本固有的形式有了更多变体，但是在地区文化比较滞后或社会环境仍旧比较紧张的地方，围居形式的变化和方向就与其不尽相同了。这两种发展方向扩展了广东省围居的类型，再加上历史上多次的大型人口迁徙和日常生活中的人口流动，各地人们在建筑文化方面的交流也日益加深，围居的范畴得到了更多延展。

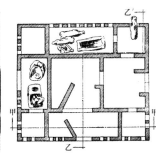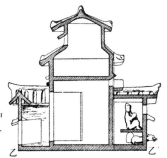

图6-2-1　广州汉墓楼阁式陶屋（来源：《先秦两汉岭南建筑研究》）

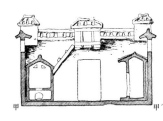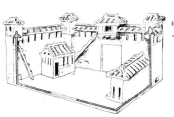

图6-2-2　广州汉墓坞堡陶屋（来源：《中国民居建筑丛书　广东民居》）

## 二、围村围寨

传统乡村聚落由基本民居以一定的形式组合而成。人群聚而居，本身就包含了共同生活、联合对抗的意思，因此，聚落必然带有居住和防御的功能，只是侧重和程度有差别罢了。围村是防御性比较明显的村落的统称，其防御手段通常包含择址的地利优势、村落内外空间的层级设置以及民居布局组合的空间塑造。

广府地区最常见的梳式布局型村落，在择址上通常选择南面开放北面封闭的位置，村落民居顺坡而建，前低后高，这种地势既有利于通风排水，又有利于防御。村内里巷并列而设，便于村民集结，里巷与村落前后的外部空间一般都直接连通，所以它的防御性相对而言并不强。因此，村落设置线性防御来分割内、外空间，能显著提高村落的防御性。村落在外围设置围墙并在主要进出道路上设置门楼，甚至在深入村落内部的过程中不断重复这些设置，以将村落分化为数个可分割的空间层级，这些都是围村常用的防御手段。佛冈县龙山镇的上岳村就使用了这种防御手段，整个村落的外围通过建筑和墙体，形成环形的围闭，四面建有东岳楼、西岳楼、南岳楼和北岳楼（图6-2-3、图6-2-4）。且整个村落分为18个里，每个里之外都曾以围墙连成一体，围墙上没有窗户，只有枪眼和观察孔，里与里之间都有一个门楼作为分隔（图6-2-5～图6-2-7）。这些门楼的风格大都一致，拥有硬山顶式的屋脊和高大的趟栊门，门上有两个狭长的长方形枪眼，可以猜测在遇到紧急情况时关闭里门，于门楼上观察情况的可能。

位于连州市保安镇的卿罡村，村落格局是按北斗星来布局的。东、西、南、北四座门楼就是"天枢""天璇""天玑""天权"四星的位置。村子西面逶迤绵长的三座青青的山冈，就是北斗星座的"长柄"，即"天罡"星。村落通过门楼及山冈，形成"北斗七星"居住格局理念，中间村庄的古民居群建在"斗勺"处，故取名

图6-2-3 清远佛冈县龙山镇上岳村鸟瞰（来源：李丰延、陆琦 摄）

图6-2-4　清远佛冈县龙山镇上岳村分围设里，形成居住组团空间（来源：李丰延、陆琦 摄）

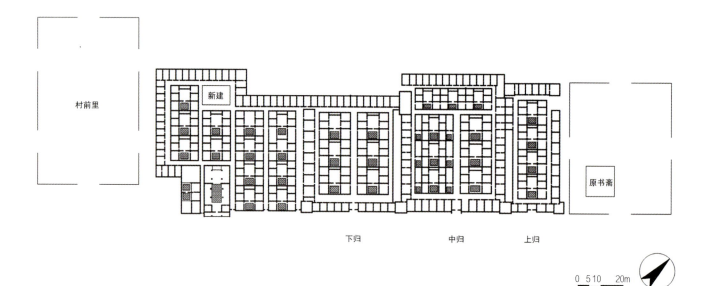

图6-2-5　龙山镇上岳村归人里平面图

图6-2-6 龙山镇上岳村围村门楼

图6-2-7 龙山镇上岳村围内民居巷道

"卿罡"。卿罡村在清代时修筑了高达4米,厚1.5米的城墙以及4座雄伟的门楼,城墙上有铳眼和望台,整个村落成了一座坚固的围堡。据村中老人讲述:原村里只有"接龙门"一个门楼,四周没有防御的城墙,由于卿罡土地肥沃、谷米多产,村民担心强盗山贼起觊觎之心,修建防御工程,全村动员,百姓出力,乡贤出资,共耗资两万多银两,历经五个年头建成。如今村里还有清咸丰四年(1854年)始建的四座门楼,门楼还镶嵌"紫气""薰风""挹爽"和"天枢"四块石匾,其字由广东连州直隶州知州周振璘于清咸丰九年(1859年)书写,现"天枢""紫气"石匾仍镶嵌于高高的门楼之上(图6-2-8、图6-2-9)。据说当年除城墙、门楼外,还有12座防御望台,村内街道还有许多隘门和巷门(图6-2-10、图6-2-11)。

村内道路系统的复杂性也会提高一般村落的防御性,如高要市回龙镇的黎槎村,整个村落四周环水,村落便依照"八卦"的形态环形递进建房,村落的街巷方向性几乎几步一换,陌生人走进古村常会迷失其中。

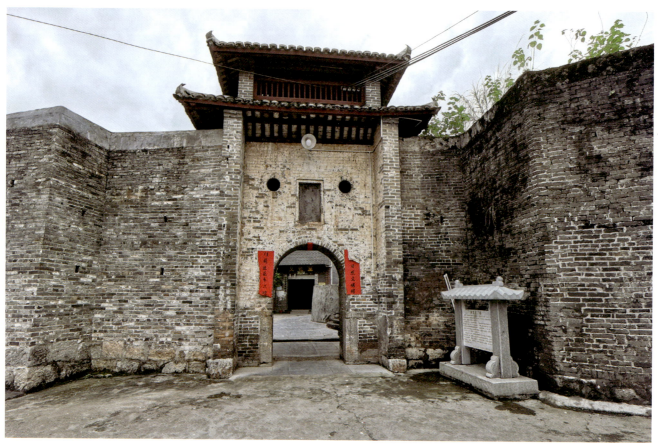

图6-2-8 卿罡村紫气东门

图6-2-9 卿罡村接龙门　　图6-2-10 卿罡村街巷隘门　　图6-2-11 卿罡村街巷内的仁里门

除了在村落整体上着眼提升防御性外，还有一些村落是通过布局紧凑、防御性强的独栋围居成为组团内的防御核心，比如粤东饶平、潮安一带山区等拥有围楼的村落，这种村落的核心在于单个或数个独立的围楼，村内注重的是组团内部每个民居的公共性联系，而组团之间的联系却很弱，街巷一般都是直接串联这些核心单元而形成。

而围寨则有别于一般围村，它从建立之初就考虑了防御系统的建设。可以说，围寨与围楼都是聚落民居的一种特殊类型。围寨多见于潮汕地区，是当地的一种集居式聚落，筑寨的主要目的是为了防海盗、防野兽而集居。据《潮州志·兵防志》记载："堡寨，古时大乱，乡无不寨"。据调查，潮汕地区各个市县都有寨，以东部潮安县为最多，其中仅铁铺一个区就占24座。潮汕地区沿海，人们大多数从福建南迁而来，故这种寨的形式与闽南地区的楼寨有很大关系。

围寨多见于滨海的平原地带，围楼则分布在丘陵和山地，滨海的地势辽阔平坦，可以建造规模巨大的"围寨"；而山区山岭多起伏，平坦的地少，只能向空中发展，因而建造面积较小而楼层较多的"围楼"。就占地面积而言，围楼是无法跟围寨相比的，如潮汕最大的八角围楼——饶平三饶的道韵楼占地面积1.5万平方米，只是1.5平方公里的潮州龙湖寨的百分之一。建于明代的龙湖寨在旺盛时期聚居的人数竟超过十万，里面分布着数以百计的大型府第和祠堂书斋。平原地区的围寨多以面积取胜，而山区围楼则以高度取胜，可见"围寨"和"围楼"分别是适应平原和山区不同地形地貌环境的防御性民居的最佳选择。

由于围寨多出现在地形平坦辽阔的滨海平原，因经常受到海盗匪患的骚扰，但又无地势可以倚仗，因此在聚落外围设置一道完整封闭的寨墙来防卫，这种寨墙有的是独立的墙体，有的是由相连的房屋外墙共同构成。潮汕围寨大都建于明末清初，最早者有建于宋末元初的。寨有圆寨、方寨之分，特殊形状的寨还有八角形寨、二十边形寨、马蹄形寨、椭圆形寨、布袋形寨等。有的地方也把寨称为寨堡。从形状上可分为圆寨、方寨和异形寨等。

（一）圆寨

圆寨的平面由居住单元沿着圆周布置而成。每单元一个开间，单元为双数。一般有20、24、28、30、32、36等数。它的分配是寨门一间，正对寨门的一间称为公厅，作祠堂用，其余各间作为住家。住家单元的平面类型有四种形式，单进竹竿厝、二进竹竿厝、三进竹竿厝和爬狮，平面都是扇形，前小后大。前三种类型多用于单环寨，爬狮式较多用于双环寨或三环寨的外环或中环部分。

单进竹竿厝平面、卧室、厨房、生活起居都在同一房间。室内阴暗潮湿，通风不良，居住条件差。两进或三进竹竿厝平面，中间为天井，进门为单侧门楼，可放农具。后进两层或三层，有木梯可上楼。厅在楼下，住房在夹层或二层，顶层做储物用，布局较合理。在二楼靠内院设凹廊，各家独立，但外观好像互相连通的跑马廊。其实例有铁铺区的桂林寨等。

桂林寨位于潮州市东南16公里处的铁埔镇内，为陈氏家族所居住。初建时为单环建筑，后因人口增加，向外扩建，原拟建三环，但扩建了一部分后即停止，原因不详。桂林寨内环建筑为一座24开间的环形圆寨（图6-2-12、图6-2-13）。大门由北向入口，正对大门的是公共祠堂，其余各间为住家单元。单元分两种类型，一是爬狮式，布置有厅、房、厨、厕、杂物等房间，每户占3个开间；一是竹竿厝式，布局为前厨后厅，房在二楼，占一个开间。爬狮式住家有两家，位于公祠左右。其余为竹竿厝式民居，共16家。寨为夯土墙、木桁条承重的结构方式。每个单元为两进，前进为单层，后进为两层，中间设夹层。垂直交通用木梯。梯为活动式，不用时可旋转后倚靠墙壁，这样可节约室内

图6-2-12 潮州铁铺镇桂林寨

图6-2-13 潮州铁铺镇桂林寨内院

用地,也增加了房间内部空间使用的灵活性。

  圆寨还有单环、双环、三环之分,双环寨的布局与单环寨的布局基本相同,所不同的只是单元形式。这些环形房屋,层层相套,有的寨可以达到数百间之多。寨内水井粮仓一应俱全,当被围困时,通常可守数月。铁铺镇东寨为双环寨(图6-2-14)。坑门村杨厝寨则为三环寨,里环20间,中环和外环不齐全,每环各有11单元,为爬狮式民居(图6-2-15)。

## (二)方寨

  方寨的平面布局有两种形式,一种是四周为两层或多层的围屋,内院为梳式巷道布局。巷道两旁为爬狮或四点金式住宅。其实例有古巷区的象埔寨等。

  象埔寨就是典型的方形寨,其位于潮州古巷区古乡,是本地最早的古寨之一。象埔寨始建于宋代,坐西向东偏北,围护寨墙有六七米高,寨墙厚近1米。全寨由东大门进出,石砌拱顶,上有寨楼。寨门楼和寨后楼

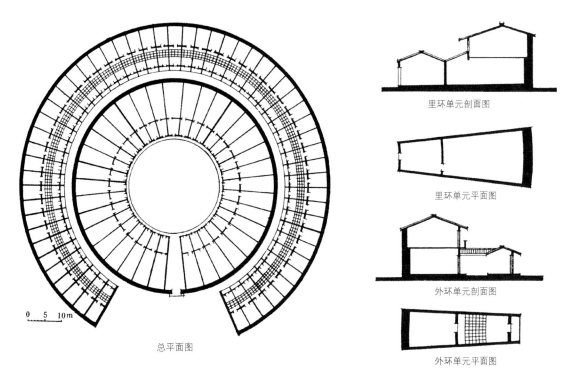

图6-2-14 潮州铁铺镇东寨

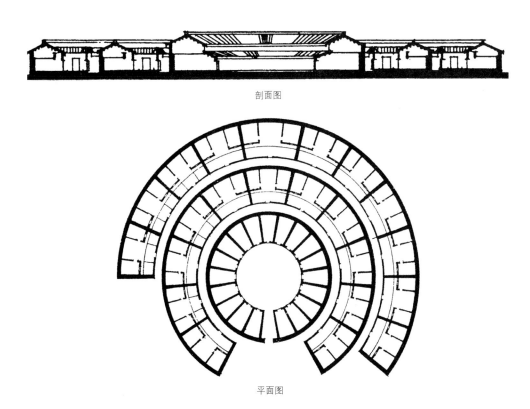

图6-2-15 潮州铁铺镇坑门村杨厝寨

都是双层楼，对全寨安全、防卫等工作起着重要作用。建筑格局规范严谨，布局合理，它由八种不同类型的民居平面单元所组成，组合合乎模数化，围寨中部的民居均是"四点金"衍变而来的合院，旁侧靠寨墙的为五间过或三间过民居。全寨东西南北有四口大水井，72座民居内都有一口水井，总共76口水井。寨门上挂有匾额"象埔寨"，门楼高出，有雄伟和严肃感。古寨在规划和建筑中有4个特点：①全寨是经过周密规划而建成的，道路整齐，交通方便；②建筑规整，平面类型丰富，每座民居造型各异；③寨内地势前低后高，排水系统畅通；④建筑外观统一、朴实。

这种外形规整方正的大型围寨，仿佛是一个缩小了的古城。后来的潮汕方寨，多效仿这一种布局建造，如建于清代的潮阳东里寨和揭西大溪李新寨，几乎和象埔古寨一样，可见在近千年的历史进程中，这种建筑形制恒稳地沿袭下来了。

（三）异形寨

除圆、方寨外，还有特殊形式的围寨。如潮州铁铺镇八角楼村的八角楼寨，建于清嘉庆年间，坐北朝南，外形为不等边八角形，中间为公共厅堂，住房沿八角形外围绕厅堂布置（图6-2-16、图6-2-17）。

此外，还有二十边形寨，如铁铺镇溪头村围寨，平面同圆寨，不同的是寨的周边为多边形，同时，内院增建了一座布袋式四点金祠堂。马蹄形寨，如铁铺镇五乡村的鹿景寨，为半圆寨与围屋的结合体（图6-2-18）。

图6-2-17 潮州铁铺镇八角楼寨外观

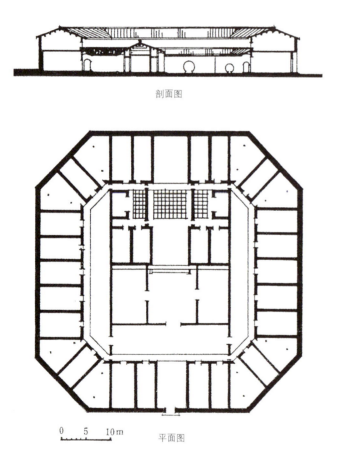

图6-2-16 潮州铁铺镇八角楼村八角楼寨平面图、剖面图

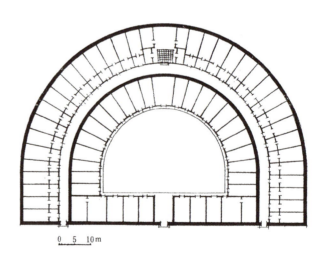

图6-2-18 潮州铁铺镇五乡村马蹄形寨

椭圆形寨，如建于明永乐十年（1413年）的上饶镇马坑镇福楼，是目前潮汕发现的最大椭圆形寨楼，楼东西长90米，南北长98米，高3层，60开间，围墙厚达3米多。椭圆形寨的实例还有潮州铁铺的尚书寨等。至于寨的朝向，圆寨南北不拘，方寨基本坐北向南。这些形形色色、变化无穷的古寨构成了潮汕地区的寨居文化。

龙湖寨属于潮州的一处古聚落异形围寨，位于韩江下游的西溪与古彩塘溪（已淹没）的岔口处，水陆交通便利，是古潮州的重要商埠。至明嘉靖年间，为防御倭寇的侵扰，筑寨自卫，形成了"三街六巷"的聚落规划格局。从聚落总体来看，潮汕的乡村聚落一般是一姓一乡或数姓一乡，而龙湖寨作为一个自然聚落，其聚居姓氏达五十余姓之多，龙湖寨现分市头和市尾两个村落，设南北二门，中间通过逶迤数里长的长街相连，其中直街长度达一公里有余，寨中汇聚有数百座宗祠、府第、商宅、书斋和宫庙等建筑物，至今较完整地保存下来的尚有一百多座，是潮州少有的姓氏繁多、宗派林立的杂居聚落，其规模之大，在岭南地区的自然聚落中极为少见。

## 三、围屋围楼

如果说围村围寨是体现出强烈防御性的群体集合，那么围屋和围楼就是以居防合一的个体单元集合来体现突出防御性的。这类建筑的防御规模自然比不上围村围寨，但是却区别于一般的民居建筑，而更靠近集合住宅的规模，有学者将居住于其中的群体称作"族落"，以区别于村落和小家庭。

围屋的平面规模要远大于垂直高度，也就是说其在防御手段上更依赖于平面上由线性防御构成的空间层级。比较常见的形式有围龙屋、枕头屋、府第式从厝围屋几类。

围龙屋主要盛行于广东兴梅客家地区，因当地多丘陵，建筑也大多依山而建，地势并不平整。围龙屋主要建在山坡上，根据地势由低到高一般分为前后两个部分。前半部分以堂屋和横屋组合而成，后半部分则是半圆形的围合建筑，称为围屋。围龙屋的防御性即由围屋与两侧的横屋连接造成的封闭感形成，其实整体在防御上是偏弱的。有些围龙屋会在房屋前开敞的禾坪上三面修建高耸的围墙，从而将整个房屋包围起来加大防御的功能。枕头屋的布局与围龙屋类似，只是围屋由弧形变成了一字长条状，形似枕头，因而被称作"枕头屋"。如大埔县西河镇车龙村的张氏光禄第，就是一座三堂四横加一围的枕头屋，其中外横屋与禾坪的围墙及门房相连，围合成为北高南低的整体。

而府第式从厝围屋平面的变化更丰富，因而多出现于地势平坦的地区，其中又以潮汕地区分布最多，类别也很丰富。根据其厅堂格局的变化，有三座落二从厝、三座落四从厝等很多类型。严谨方正是府第式从厝围屋最大的视觉特色，从其注重厅堂格局，常在中心堂屋设家祠的特点来说，其居住功能显然大于防御，因而更注重生活的品质而不是防御的目的。但因其平面规模的巨大，使整个建筑更接近于前文提到的群体防御建筑，在组织人群方面更有可施为的余地，因此也有防御性较强的个例。比如被当地人称作"图库"的围屋，虽然内部厅堂仍为单层，但一则外围高有两层甚至三层，开口极少，二则增加瞭望楼等点式防御空间，使整个建筑的防御性要高于潮汕地区一般的府第式从厝围屋。

位于汕头市澄海区隆都镇前美村的陈慈簧府第建筑群，始建于清朝宣统二年（1910年），历时近半个世纪，集陈家几代人的心血所建成。故居总占地25400平方米，建筑面积16000平方米，包括郎中第、寿康里、善居室和三庐等，共有房413间，厅93间，形成规模宏大、中西结合且极具防御性的建筑群体（图6-2-19~图6-2-21）。

围楼随着墙体在垂直高度上的增加，使其防御性比围屋要强很多，其中尤以客家围屋为最，在潮汕地区也有分布。比较常见的土楼既是围楼的一种，又有方形、

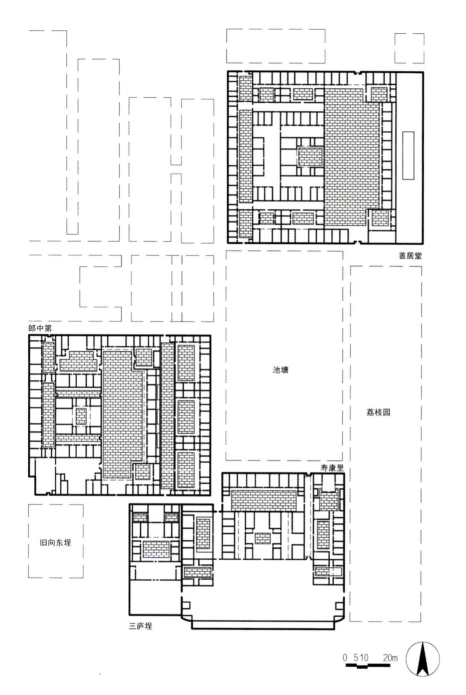

(a) 总平面图

图6-2-19 汕头澄海隆都镇前美村陈慈黉故居

圆形、椭圆形等区别。其内部平面多是以内通廊串联，而外围墙是以泥土或三合土夯筑的。圆形土楼四面视野开阔，因此一般不建望楼，墙上开窗少，饶平等地可见围合多圈的圆形土楼，内部不再设通廊，而是以单元式为主。方形围楼则常在转角处向外突出，以起到望楼的警戒作用。还有一种比较特殊的围楼主要分布在深港地区，如深圳龙岗罗瑞合村的鹤湖新居，由内外二围组成，是一座三堂、二横、二围、八碉楼、二望楼的建

(b)建筑群鸟瞰(来源:李丰延、陆琦 摄)

筑。整个建筑的规模已经接近于围寨围村,但却是一个整体连接的独立建筑,其占地规模可说是粤、闽、赣客家围之最了。

坐落于大埔县大东镇联丰大丘田村的花萼楼,建于明朝万历三十六年(1608年),由于地处两省三县交界处,属三不管地带,故其防御性特征极为突出,主要体现在以下几点:第一,墙体厚实。土楼外墙先用石砌筑圆台,再用条石砌成1米高的墙基,基座上打土壁,下宽

图6-2-20 汕头澄海隆都镇前美村陈慈黉府第郎中第外观

图6-2-21 汕头澄海隆都镇前美村陈慈黉府第善居室建筑群

上窄，底墙宽度1.2米，顶墙宽度1米。楼高三层，层内加开两个半层，顶层外墙开窗，共11.9米。高厚、坚实、封闭的土楼外墙，在确保楼内冬暖夏凉的同时也有力地防御外来侵略；第二，入口严实。大门是土楼唯一的出入口。门框用宽而厚的花岗岩石板组成，门板钉有厚厚的铁皮，门顶还设有一个蓄水池以防敌人火攻；第三，土楼多处设有枪眼及炮眼，在抵抗外来入侵的同时还可以进行一定的积极的防御；第四，土楼内宽达1.2米的环形回廊确保了在危难时刻发挥集体的力量与智慧；第五，土楼内水井、粮仓、厨房、厕所等生活设施一应俱全，大门一关，在土楼内生活一月甚至数月不成问题。

道韵楼位于饶平县三饶镇南联村，建于明万历十五年（1587年），是我国迄今所发现的最大围楼，呈八角形，坐南朝北，周长328米，内切圆径10.2米，高11.5米，墙厚1.6米，总面积15000平方米，楼外环巷之外另筑围屋8列，即在主楼八角的棱角相对留出8条巷道，构成环护大楼的8排围屋。除楼的周边设有枪眼、炮眼外，楼门顶还特别设有防火烧门的注水暗涵。全楼具有防兵乱、防乡斗、防火灾、防寒暑等作用。楼内最多时曾居住600余人，而今仍有160多人在此安居。楼中除了各家各户自用的水井外，还在楼中阳埕挖有两口公共水井。

## 四、碉楼

广东地区在清末遭遇了频繁的匪患战乱，其中地势平坦的地区，因无险可据，受到的海盗倭寇骚扰频次更甚。为了保卫生命财产的安全，抵抗贼匪的侵扰，同时为了适应平坦地势的自然环境特征，举全家甚至全族之力建造的碉楼就成了一项重要的建筑工事。在广东，可以居住的碉楼建筑主要分布在了雷州半岛和开平一带。

雷州半岛海岸线长（约1500公里），倭寇、海盗对沿海地区的骚扰曾较为猖獗。为防盗匪侵袭，几乎每村都建有带碉楼的建筑。此类建筑分两种，一种是宗族集体建的，多在村头或村尾，建筑规模较大，房间较多，炮楼高三至五层不等，墙上开外窄内宽呈梯形的枪孔，房子沿围墙四周二层楼高处设"走马道"，方便屋内的人观察外面的情况并作防卫，"走马道"与碉楼连通。另一种是一些富裕人家的带碉楼的宅第，同样设有三至五层不等的碉楼，上布梯形枪眼，周边设"走马道"，只是没有集体建造的规模大。此外，民居内的防御设施还反映在宅居大门两侧墙面布置有枪孔洞。

雷州碉楼主要建于清乾隆至光绪年间，主要以砖石、山木、红糖石灰为材料，墙体厚能超过1米，高则有两层半至五层。为了加固墙体的坚固度，还在墙体外部

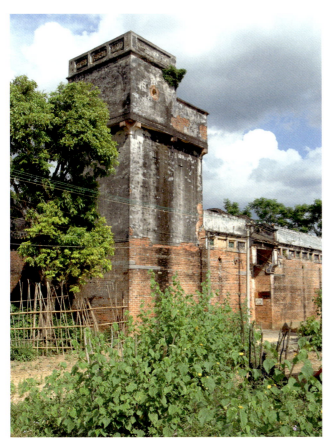

图6-2-22　雷州潮溪村碉楼

图6-2-23　雷州潮溪村宅院中的碉楼

敷上沿海地区特有的黑色海泥。碉楼内设炮楼，并配有防卫走廊和枪眼炮眼，除了抵御人祸，亦能防火防水。潮溪村以前就有碉楼9座（图6-2-22、图6-2-23），"富德"碉楼就是一座住防合一的建筑，建于清代道光年间，砖木结构，碉楼的西北角和东南角各有一座炮楼，便于瞭望观察和攻击。碉楼面积超过600平方米，高度相当于四至五层楼高，墙体十分厚实坚固。整个碉楼空间并不对称，立面上却用对称的手法突出了北侧厅堂的核心地位。要到碉楼的主院必须经过大门、小天井和斜对的二进门，周围是适应当地湿热气候的檐廊，院子的西侧连着厝屋，南侧则连着另一个小院落，形成类似于瓮城的防御空间。外墙环绕着的跑马廊和两座炮楼一起，形成整座碉楼的防御体系。建筑虽然强调了防御的功能，日常的生活空间也都有保留，但日照朝向等就只能被牺牲掉一些，以保障碉楼建筑的安全性。

碉楼（房）建筑中也有面积较大的类型，如雷州纪家镇周家村的奉政第（图6-2-24），整个建筑面积约有1800平方米，墙高有7米，内部可使用的房间有近40间，整个建筑规模十分庞大，内部天井就有9个，自用水井1口。与小型碉楼不同，这座碉房的四角均建有高耸的碉楼，碉楼有两层楼高，在建筑外围的围墙内5米高处，也同样设有跑马廊，这些廊道与四个碉楼及大门的二层都相通，在备战时可以尽快使碉楼之间的信息交换，也方便平时人们对楼外情况的观察监视。

除此之外，还有昌竹园村碉楼也是保存完好的大型碉楼，整座碉楼建筑面积约6000平方米，占地面积也很巨大，长67米，宽47米，呈东西长南北短的矩形形态。建筑两层，高度约8米，能很好地抵御外部人员

图6-2-24 雷州纪家镇周家村的奉政第的屋顶防御

图6-2-25 开平塘口镇自力村碉楼群

的入侵。建筑同样在四角设有炮楼，南北两个炮楼有十几米高，另两个碉楼更像传统军寨中的望楼，二层以上为悬挑结构，拓展了瞭望与射击的视野范围。碉楼的内部还设有祠堂，可见其虽然也强调防御功能，但亦是作为长久居住的场所来设计的，因此生活设施建造得非常完善，不但有充足的水井库房，甚至还有戏场和园林，可以充分满足生活需求。

开平碉楼同样享誉海内外，但其大多在民国时期建造（图6-2-25、图6-2-26）。明清时期建造的碉楼不多，始建于明朝的赤坎迎龙楼由关氏家族所建，建筑面积456平方米，墙厚达93厘米，也是砖木结构，原为两层建筑，在民国时加建了第三层，各层开窗极少，以提升整座建筑的防御性（图6-2-27）。

图6-2-26 开平百合镇马降龙村天禄楼

图6-2-27 开平赤坎镇迎龙楼

# 第三节　乡村宗祠之核心性

## 一、承前启后理念

中国的传统生死观认为，人死后仍有灵，而祖先的灵魂能够长存世间，庇护子孙后代，保佑家族繁衍昌盛。而在世的家族族长、家长为了凝聚子孙，维护他们对族人的控制权利，也都会维持或加强族人对祖先的崇敬心理。祭祀祖先的活动就成为他们渲染祖先崇拜的主要手段之一。

祠堂在《说文解字》中的定义是："祠，春祭曰祠；从示司声。堂，殿也；从土尚声。"可见祠堂即是族人供奉和祭祀祖先的场所。它的历史非常悠久，但正式出现是在汉代，《汉书·张安世传》有"赐茔杜东，将作穿腹土，起冢祠堂"的记载，描述了当时的士大夫和一些贵族在祖先坟墓旁建立庙宇祭祀的情况。而当时一般的平民百姓只能在家中进行祭祀活动。直到唐宋之时，由于科举制度的完善、经济的发展、庶族的壮大，再加上张载、程颐、朱熹等理学家对重建宗族制度的提倡，将祭祀祖先的精神的活动与宗族经济发展慢慢结合起来，使得祠堂建筑在民间也得以推广。但至明代中叶，这种祠堂的建造和祭田的需求，使得祠堂的建造还是只局限于巨家大族，小族群普及仍有困难。明代中叶以后，礼部尚书夏言奏议的《请定功臣配享及令臣民得祭始祖立家庙疏》中说："臣民不得祭其始祖、先祖，而庙制也未有定则，天下之为孝子慈孙者，尚有未尽之情"，并"乞诏天下臣工建立家庙"，之后官方才正式允许庶民建造祠堂祭祀先祖。

历经明清两朝，大家族开始逐渐解体，小家族之间的联络就更为依赖宗族制度，祠堂则成为小家族联络的突出纽带，故祠堂得以大量地兴建，民间祠堂如雨后春笋般地出现。广东地区由于离政治中心较远，宗族势力对乡村的教化作用非常明显，其发展速度因坚实的民众基础而越发迅速。尤其是珠江三角洲在清康熙年间经历经济复苏之后，祠堂的数量经历了短期内的激增。清末文人屈大均在《广东新语》中记载到："岭南之著姓右族，于广州为盛。广之世，于乡为盛，其土沃而人繁，或一乡一姓，或一乡二三姓。自唐宋以来，蝉连而居，安其土，乐其谣俗，鲜有迁徙他邦者。其大小宗，祖称皆有祠，代为堂构，以壮丽相高。每千人之族，祠数十所，小姓单家，族人不满百者，亦有祠数所。"

祠堂寄托了族人对祖先的深厚感情，将传统聚落在形成过程中凝聚的对祖先的纪念抽象成空间的表达。这种纪念性的表达主要通过祠堂的空间体验和整体造型来实现。祠堂的空间体验方面，主要包括了到达祠堂的路径以及进入祠堂后进行祭祀活动的空间布局两部分，前者与祠堂在村落中的择址有很大的关系，在广东村落中，祠堂或是位于村落首排建筑中（图6-3-1、图6-3-2），或是位于村落的内部中轴线上，抑或是选择村落外围的开阔之地，且多靠山，或临水，或建林，用以强调整个祠堂在村落空间中的特殊性，以有

图6-3-1　广州花都炭步镇塱头村塱西祠堂

图6-3-2　广州花都炭步镇塱头村塱东祠堂

图6-3-3　广州花都新华镇三华村资政大夫祠鸟瞰

图6-3-4　广州花都新华镇三华村西侧的资政大夫祠外观

别于一般性居住建筑的外部空间体验来加深这种仪式感（图6-3-3、图6-3-4）。

而进入祠堂内部，广东乡村祠堂大多以三开间的多进院落呈现，前几进通常以较为通透的形式呈现，既达到视线上的开阔又满足了实际祭祀庆典的举行需求。最后一进一般还是进行了分割，享堂空间在视线上被缩小。这种轴线对称式的放收布局，将最后的重心落在了供奉祖先牌位的享堂空间，增加了整体空间的纪念意味（图6-3-5、图6-3-6）。广州陈家祠后进是安放陈氏祖先牌位及祭祀的厅堂，其中后堂面宽五间，进深三间，二十一架梁用五柱后墙承重，后金柱间各设高7米的木镂雕龛罩，后稍间设神龛，内设21级木阶级放置

图6-3-5 祠堂最后一进供奉祖先牌位的享堂

图6-3-6 祠堂最后一进供奉的祖先牌位

神位、牌位。

整个祠堂的造型，一般在屋顶、山墙及前堂大门最为醒目，也是最具有地域差异的地方，单是前堂门面的类型，就有木、麻石、红石等多种材质。屋顶虽然以硬山为主，但在屋顶的垂脊造型上，也有大式飞带垂脊、直带式垂脊等不同形式。山墙的形式多样亦是祠堂建筑艺术的表现之一，镬耳山墙、水形山墙、人字山墙等，都使得祠堂建筑在整个村落中占据了视觉的焦点，突出了它的纪念性特点。此外，祠堂一般以"德、功、爵"来作为配享祠堂的祖先的标准，祠堂的题额、堂号以及牌匾、楹联、碑铭等都通过文字向后人传达了对"德、功、爵"的褒扬。因此，祠堂也是宣扬旌表忠孝节烈事迹的场所，具有追根寻祖、教化子孙的教育意义。且祠堂因与祭田的经济活动牢牢地结合在一起，对族中子弟读书上进等活动，一般多有褒奖，亦是尽力保障了族人接受教育的权利。

## 二、宗族血缘凝聚

宗族是以家庭为单位形成的社会群体，它介于政治机构和个体家庭之间，是以血缘关系为纽带的。中国宗法制度社会就是依靠血缘关系组织起来的，它既对本宗族人进行保护，又牢牢地将他们控制住。

祠堂除了有祭祀先祖的功能之外，还有凝聚宗族血缘关系的作用，是宗族中权力的物化表征，是封建宗法制度和族权制度的核心表现形式。宗族按照在祠堂内制定的族规约束族内人们的生活，成为王权不下乡里时管理社区的重要社会组织。这种自治的社会组织正是以祠堂作为点，通过借助象征血缘关系的祠堂空间，以它为中心的围合态势来表现宗族观念中聚合的思想，由此来强调宗族观念和宗法思想，组成一个有序而系统的控制网络，继而加强了传统乡村聚落的凝聚力。在这个社会组织中，祠堂是秩序的核心，它维系着村落的空间秩序，同时表现出宗族对人的社会凝聚秩序的维系。

祠堂在进行各种祭祖活动时，除了表达对祖先世系的追溯，探求自己肉体和精神的立身之本，更由此激发了族人对整个宗族的归属感，并进一步加强了族人对家族关系和家族观念的认同。在前文中我们也提到，祠堂除了承担祭祀活动，还承担着各种宗族在经济、社会、政治、文化方面的公共活动，它大多会成为传统乡村进行族人教育、分享福利、各种聚会活动、礼仪等的场所。因此，族人在生活中会自觉地参与到这些活动中来，这就增加了宗族族众的相互交往，加强了他们的情感联系。这种相互关爱、相互支持的公共性氛围，满足了族群心理的需要和精神的满足，使得宗族血缘的凝聚力更加强大。

聚族而居是广东大部分传统乡村聚落的居住形式，祠堂在维系宗族血缘结构中是重要的核心。广东经济文化发育较晚，但由于移民等原因，广东当地习俗又与中原的正统传统相结合，同中原地区相比，广东的宗族文化更具有地域特色。祠堂作为其宗族文化的载体，也随广东地区的社会发展而出现不同的形式。除了根据宗族分支设立的宗祠、支祠以外，还有家祠、合族祠等。

清朝乾、嘉、道时期，广东地区的经济水平进入了高速发展的阶段，尤其是珠三角一带的民众，由于经济水平的提高，居住的形式逐渐趋向于小家庭分户不分族的形式居住。为了凝结小家族的血缘关系，衍生出了只为一个或多个家庭所有的祠堂形式。这类祠堂常以家庭先祖的名字命名，如东莞南社的社田公祠、佛山大旗头村的裕礼郑公祠。因为家族成员不多，经济条件有限，这种祠堂的平面形式往往比较简单，只有一个设有神台、神龛的厅堂。这种只属于直系血亲的家庙、家祠又被俗称为"私伙太公"，体量一般较小，装饰的繁简视家族财力而定。而经济水平的提升同样为祠堂超大规模发展奠定了基础。为了扩大宗族的影响力，占有更多名义上的族田，"同姓联宗"是清代广东民间风行的习惯，同姓不同宗的几个族群，重新拟定共同的家族谱系，或杜撰虚立的名号或附会于有名望而后嗣不清的同姓先人。合族祠就是在这一背景上产生的。这类祠堂往往是合数族之力集资修建的，又被称为"众人太公"，祠堂不论在体量上还是装饰上，都比一般的祠堂更为庞大高级，以彰显家族的巨大影响力。

清乾隆时期，朝廷对南方宗族势力的膨胀有所顾忌，认为"合族祠易于缔结地缘关系，发展为民间组织，朝廷例当有禁，"[①]于是限制宗族势力扩展的手段之一就是限制宗祠建筑的建设。为了对付这一状况，许多宗族分支就将建祠堂改为修建书塾书舍。"乾隆间，有合族祠之禁，多易其名为书字，为试馆。"[②]这种书塾书舍的布置与形制与祠堂没有多大的区别，形成祠堂与书塾分设的现象。一般来说，城市中以合族祠为基础的称之为书院，而县以下的乡镇村落设置的称为书舍、书室、私塾等。

广州陈家祠是广东最大的祠堂之一，是广东72县陈姓的合族祠。祠堂始建于清光绪十六年（1890年），落成于光绪二十年（1894年）。祠堂建成后，一直作为本省各县陈氏子弟来省城应科举时学习及住宿场所，故又称陈氏书院。陈家祠坐北朝南，是"三进三路九堂两厢抄"的大型祠堂建筑。主体建筑分为三路，每路建筑有三进，纵横左右共有6院8廊19座建筑。每路建筑之间用青云巷相间隔，又以长廊相连。陈家祠整体结构布局严谨，平面以中轴线为中心展开，中轴线上

---

① 陈忠烈. "众人太公"和"私伙太公"——从珠江三角洲的文化设施看祠堂的演变 [J]. 广东社会科学，2000（1）.
② 道光二十九年. 陈际清. 白云粤秀二山合志.

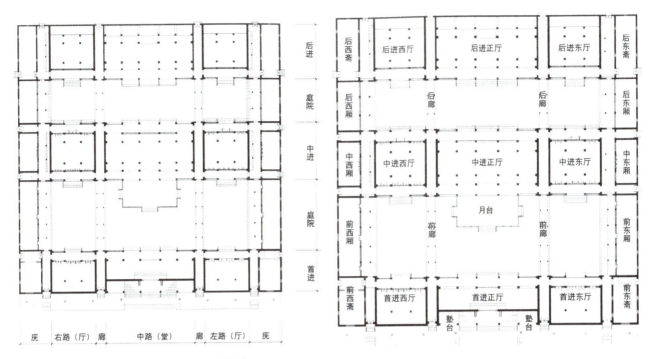

图6-3-7 广州陈家祠平面图（来源：《广州陈氏书院实录》）

图6-3-8 广州陈家祠聚贤堂

图6-3-9 陈家祠屋顶装饰

主要建筑有头门、聚贤堂和后堂，中轴线两侧为厅堂，两边以偏间、廊庑围合（图6-3-7～图6-3-9）。建筑通过岭南建筑工艺木雕、砖雕、石雕和陶塑、灰塑以及书法、楹联、匾额等手法，充分展示了陈家祠的艺术魅力。

## 三、聚落宗祠布局

宗族制度控制下的宗族关系，实际影响了传统乡村聚落的布局形式。宗祠作为统领乡村聚落精神空间的核心，在空间布局上也会有所反映。

图6-3-10 东莞茶山镇南社村肚蔗塘两岸祠堂景观

在一个同宗同族的乡村聚落中，宗祠往往是整个村落平面布局的中心，在平面形态上可以很清晰地感受到一种由内向外的生长结构。在一个家族的繁衍过程中，会逐渐分化成各个支系的家族组织，祠堂亦由宗祠衍生出若干个支祠，各自统领支系族群，从而形成以祠堂为核心点的，以一个中心为主、多个中心为辅的拓扑结构。如东莞横坑村，其初始的聚落形态是以钟氏祠堂为村落中心，民居建筑沿祠堂外围拱卫来布局的。在家族的扩大过程中，支祠的建立变得普遍起来，友渔公祠、石楼公祠、笔山公祠、岐山公祠等共有12座祠堂沿着水塘逐渐展开，这些支祠并列排布，分别引领着一列民居。整个村落也由以往的以钟氏宗祠为核心的向心式布局转变为以支祠引导的排列式布局和向心式布局并举的空间形式。这样的空间形式仍旧遵循祠堂作为乡村聚落核心的特点，在实际的日常活动中，也方便了各家各户祭祀活动的进行。

始建于南宋末年的东莞市茶山镇南社村，古建筑群基本保存了明清时期的原貌。全村共有明清祠堂、书院近30座。全村以长条带形的水塘为中心，有16座祠堂分布两岸，构成南社村公共空间中心，也是村里的祭祀核心（图6-3-10、图6-3-11）。水塘两边的祠堂，占村落现在保留祠堂数的70%以上。水塘被三座横跨其上的石桥分成四段，分别称为西门塘、百岁塘、祠堂塘和肚蔗塘。在西门塘北岸有任天公祠、百岁祠、简斋公祠。在百岁塘北岸有樵谷公祠、百岁坊祠、照南公祠，南岸有谢氏宗祠、孟侗公祠。在祠堂塘北岸有念庵公

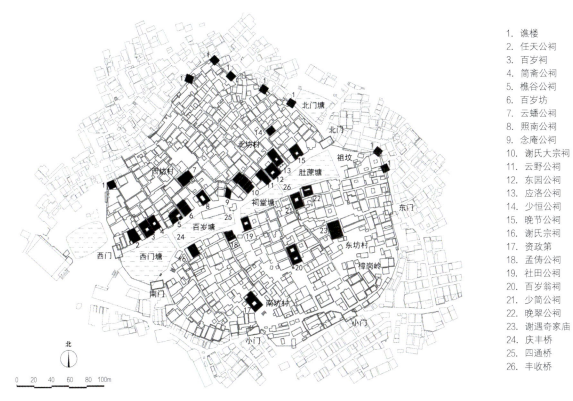

(a) 总平面图（来源：《中华古村落 广东卷》）

1. 谯楼
2. 任天公祠
3. 百岁祠
4. 简斋公祠
5. 樵谷公祠
6. 百岁坊
7. 云蟠公祠
8. 照南公祠
9. 念庵公祠
10. 谢氏大宗祠
11. 云野公祠
12. 东园公祠
13. 应洛公祠
14. 少恒公祠
15. 晚节公祠
16. 谢氏宗祠
17. 资政第
18. 孟侗公祠
19. 社田公祠
20. 百岁翁祠
21. 少简公祠
22. 晚翠公祠
23. 谢遇奇家庙
24. 庆丰桥
25. 四通桥
26. 丰收桥

(b) 东莞茶山镇南社村鸟瞰1（来源：李丰延、陆琦 摄）

图6-3-11 东莞茶山镇南社村

(c) 东莞茶山镇南社村鸟瞰2（来源：李丰廷、陆琦 摄）

图6-3-11 东莞茶山镇南社村（续）

祠、谢氏大宗祠、云野公祠，南岸有社田公祠。在肚蔗塘北岸有东园公祠、应洛公祠、晚节公祠，南岸有少简公祠、晚翠公祠。它们构成了独特的宗法文化祠堂景观。祠堂除宗祠以三进布局外，各家祠、家庙多是二进四合院落形式。

南社村百岁坊祠是一座坊与祠相连的建筑，前面是牌坊，后面连着祠堂（图6-3-12）。百岁坊始建于明万历二十年（1592年）。当时南社村的谢彦眷夫妻都同时超过一百岁，东莞县令李文奎上报朝廷，朝廷准予建祠，公祠命名为"百岁坊"。百岁坊祠为三开间二进院落布局，首进为三间三楼牌坊，即四柱三间，中间高两边低，三座屋顶中间为四面坡的庑殿顶，两侧为歇山式屋顶，檐下施如意斗栱，梁枋石、木各有雕花，枋子两端下面有雀替与柱子相连，影壁须弥座为红砂岩，二进梁架木雕工艺精巧。旁边还有百岁翁祠，是一位百岁老人临终遗命用自己所居古屋改建的。谢氏大宗祠位于村中心，坐北向南，始建于明嘉靖三十四年（1555年），建筑是三开间三进院落布局，从门厅、前厅、祀厅到两侧廊屋都采用抬梁式木构架，宗祠装饰十分讲究，首进屋脊陶塑和二、三进屋脊灰塑及封檐板木板雕刻工艺精美，建筑采用歇山屋顶，为广府地区祠堂少见（图6-3-13）。

而在一个多姓氏构成的乡村聚落中，各族宗祠的差异就更直接反映了这个聚落不同姓氏之间的强弱关系。这些差异通常表现在各族祠堂的择址位置、祠堂的规模大小、祠堂外部空间的复杂程度、祠堂装饰的简繁类型等方面。这些各族的祠堂引领着各自的同姓族群形成多个聚落内组团，能从祠堂的空间强弱关系判断出聚落组团间的主从关系。而有些聚落的组团之间或许不一定有明显的强弱差异，但聚落的平衡或许已从共同的宗教信仰中获得，神庙类建筑反而成为这类传统聚落的中心，但其聚落的祠堂仍然作为各自小组团的核心，使多姓氏聚落形成更均衡、更稳定的和谐关系。

图6-3-12 东莞茶山镇南社村百岁坊

图6-3-13 东莞茶山镇南社村谢氏大宗祠

这种祠堂对民居的引领作用在花都塱头村、沙湾北村等传统聚落中都能看到。祠堂对聚落公共活动的支配作用促使祠堂在聚落布局中被强调，广东的中大型祠堂常以规整对称的构图、层层深入和步步升高的空间层次等布局来形成核心体验，并且增加牌坊、牌楼、戏台等陪衬性建筑来扩大核心空间，以此控制传统聚落的肌理形式。祠堂统领民居建筑，民居建筑又服从于祠堂。这样明确的组织架构构成了清晰的聚落网络，聚落的街巷主次、建筑的外形高矮和其他空间吸引力的强弱，这些差序关系共同塑造了传统聚落的布局结构规律。

留耕堂是广东民间乡村祠堂建筑设计的典型代表，建筑位于番禺市沙湾镇北村，是元代建造的何氏宗祠。因牌坊上原有"阴德远从宗祖种，心田留与子孙耕"对联（图6-3-14），故称留耕堂。因堂内有柱百根，当地又称为"百柱堂"。现存的留耕堂为清康熙年间重建，规模宏大，坐北向南，建筑面积3334.25平方米。总平面为中轴对称的三路四进的四合院布局，依次为头门、仪门（牌坊）、拜亭、象贤堂、留耕堂，两侧建有廊庑、衬祠和钟、鼓楼。砖石木结构。头门为硬山顶，面宽五间23.35米，进深两间9.73米，前后设垫台。前廊施6根八角形砂岩石柱和6根圆木柱，前檐额枋上施驼峰三跳如意斗栱，全部梁架刻有花草、飞禽走兽等吉祥图案。仪门是由砖、木、石构筑的八柱三楼三间的牌坊，面宽11米，深两间3.9米，歇山顶，柱以粗面岩石制作，红砂岩作额枋，明间以七朵五跳如意斗栱挑檐，次间则施四朵四跳的如意斗栱承托次楼前檐。主脊饰为灰塑头东尾西的回龙一条。阑额表面刻有花卉禽兽，浑朴自然。额板正面刻"诗书世泽"，背面刻"三凤流芳"，均为明钦赐翰林陈献章（号白沙）墨宝（图6-3-15）。拜厅与象贤堂连接一起，拜厅前筑一宽24.78米，深18.3米，高1.13米的红砂岩石月台，月台正面均雕有"老龙教子""牡丹富贵"等图案。月台东西两侧墙基各有五幅大小不等的鸟兽石刻图案纹饰，线条流畅，刀法精细。拜厅面宽五间24.78米，深三间，卷棚顶，后檐柱与象贤堂前檐柱以勾连搭方式相连。象贤堂硬山顶，正脊灰塑龙船瓦脊，面宽五间深三间，九架梁用四柱、牡蛎壳山墙承重，梁架、额枋遍雕花草等纹饰（图6-3-16、图6-3-17）。后寝为留耕堂，面宽三间24.78米，深三间14.6米，是放置祖宗牌位的地方。留耕堂年代悠久，布局严谨，规模宏大，造工精巧，是遗留至今且保存完好的粤中宗祠的经典之作。其装饰艺术丰富多彩，有木雕、石雕、砖雕、灰塑、壁画、铁铸等工艺，具有较高的历史、文化价值。而屋脊、屋角、山墙及斗栱的造型别具一格，集元、明、清不同时期的建筑特色于一身。

图6-3-14　番禺沙湾镇留耕堂仪门牌坊

图6-3-15　沙湾镇留耕堂象贤堂大厅

图6-3-16　沙湾镇留耕堂象贤堂大厅室内

图6-3-17　番禺沙湾镇留耕堂外观

# 第四节　乡村庙宇之多元性

## 一、水神崇拜

广东省濒临南海，海域面积广博，港湾众多，沿海岛屿更是星罗棋布。其内陆地区河流众多，其中又以珠江流域和韩江流域以及粤东沿海、粤西沿海诸河为主，集水面积占全省面积的99.8%。以珠江流域为例，包括西江、北江和东江三大支流以及珠江三角洲诸河，流域面积广阔，是我国第二大河流。特别是珠江

图6-4-1 广州南海神庙石牌坊与山门

图6-4-2 广州南海神庙仪门

三角洲诸河，其带来的泥沙以此地原有的基岩岛屿为核心逐渐淤积扩展，最终形成了河网密布的珠江三角洲。因此，广东民众的生活与水的联系十分密切。一方面，水是不可或缺的生存资源，在陆路交通不发达的古代，它是重要的交通要道，依水而生的河产海货，也是重要的经济来源。另一方面，水量充沛也易形成水患，水运更是要时刻应对变幻莫测的潮汐风暴，暴雨洪水、暗礁巨鱼都是因水而生的灾害。为了祈求更多的水产资源，也为了避免更多的自然灾害，广东地区的民众以信鬼重巫和自然崇拜的传统为基础，结合佛教、道教文化，逐渐形成了多样的水神崇拜。这些民间信仰与官方的祭祀活动相辅相成，甚至因为信众辐射区域的扩大，而逐渐被官方认可为正神，成为官方和民间共同信仰尊奉的神祇。常见的水神信用有以下几种：

南海神：即祝融。南海神在《山海经》中被描述为"人面，珥两青蛇，践两赤蛇"这样的人和动物形象，图腾的意味还比较浓厚。其与祝融的相互附会可见于汉代。祝融起初与句芒、玄冥、蓐收分列为四方之神，其时另有其他"四海神君"，但祝融因司南方，逐渐被视为南海之神。到宋朝，朝廷曾对"四海海神"进行加封，因南海为洪圣广利王，所以祭拜南海神的庙宇又被称作"洪圣庙"或"洪圣宫"等。广州黄埔区庙头村的南海神庙，韩愈在他撰写的《南海神广利王庙碑》中描述这座庙的位置是在今广州市之东南，"海道八十里，扶胥之口，黄木之湾。"古代庙旁黄木湾为广州外港，并以此处的扶胥镇为集市，商船、渔船出海向南海神祭拜，祈求平安，此处是海上丝绸之路的起点（图6-4-1、图6-4-2）。

龙母：广东各地都有崇拜龙母的传统，尤其盛行于西江流域，《德庆州志·卷五》载有"龙母神生于周秦之世，载《南汉春秋》志乘庙原碑，斑斑可考。"可见龙母信仰由来已久。肇庆市德庆县悦城龙母庙是其祖庭（图6-4-3），在民间传抄的《孝通祖庙旧志》中，龙

图6-4-3 德庆龙母庙大殿

母被敕封为"救封护国通天惠济显德龙母娘娘"，并详细记载了龙母是"晋康郡程溪人也。其同样先广西藤县人，父天瑞，宦游南海，娶悦城程溪梁氏，遂家焉。生三女，龙母，其仲也，生于楚怀王辛未之五月初八。"在龙母的传说中，盖因龙母曾收养五个龙子，是为龙之母，故称其为龙母。这五条小龙，也被供奉为五龙真君，成为龙母信仰衍生的水神。

妈祖：又称"天后""天妃"，是广东地区最重要的水神崇拜之一。她的神庙在整个珠三角尤其是沿海地区的村镇都能看到。传说妈祖原本是福建莆田湄洲岛人，因传说她能言祸福、消灾难，尤其能庇护海上航行的人，因此，当地人在她死后为其立庙。妈祖传说自形成以来，历朝历代的统治者都曾对妈祖进行敕封。妈祖是由民间信仰转变为官方祭祀的神祇，并逐渐从福建地区传播到广东等沿海地区，甚至名扬海外。因此，妈祖庙有着较为悠久的建造历史，形成了比较统一的神邸制式，其中常常可见十分精湛的建筑技艺，例如番禺新桥村的圣母宫以及位于珠江出海口的赤湾天后庙等。

北帝：北帝又名"玄武"，是由道教的星宿崇拜演化而来的神祇，此外还有北帝真武帝君、玄天上帝和荡魔天尊等称号。屈大均在《广东新语》中说："或曰真武亦称上帝，昔汉武阀南越，告祷于太乙，为太乙逢旗，太史奉以指所阀国，太乙即上帝也。汉武邀灵于上帝而南越平，故今越人多祀上帝。"认为早在汉代，北帝信仰已经传入岭南一带。但玄武原是指位于北方天空的星宿，即北方七宿：斗、牛、女、虚、危、室、壁，总称玄武。北帝崇拜，是北方的原始信仰之一。宋时洪兴祖认为玄武"位在北方，故曰玄，身为鳞甲故曰武"。其实早在两周时期，南方的楚国就以玄武为天神，之后又将玄武命为北方神灵。《楚辞》中载有"召玄武而奔属"，汉朝王逸注："玄武，北方神名。"玄武即灵龟，因北方属水，所以玄武逐渐成为司水的神灵。《后汉书·王梁传》中已经明确地表明："玄武，水神之名。"在这之后，由于道教的兴盛，玄武从原始的动物崇拜和星宿崇拜逐渐演变成道教中人格化。尤其是在宋朝，由于道教气氛特别浓厚，宋朝的统治者不断对玄武进行加封。玄武于是有了"真武灵应真君""佑圣助顺真武灵应真君"等封号。到明朝时，对于北帝的祭祀已经纳入国家正典，更加推广遍及北帝崇拜，于是玄武崇拜成为珠三角地区最重要的水神崇拜之一，他的庙宇被称作"玄武庙""北帝庙"与"北极殿"等。广州市番禺区沙湾镇北村的玉虚宫，与留耕堂一墙之隔，是居民供奉北帝的神庙，建筑为青砖墙，硬山顶，通花博古灰脊，清代中叶建筑风格（图6-4-4）。

伏波神：伏波神是先贤神的一种，为历史上确实存在的，在岭南地区有所作为的伏波将军立祠供奉后，逐渐将其神化的一类神祇。西汉时，路博德被封伏波将军，与其他几路将军一起，共同参与了汉武帝征讨南越国的战争，并在最终的围攻番禺城战役中起到了重要的作用，不但招降了当时的众多守军，还擒获了乘船潜逃入海的南越国丞相吕嘉和南越王赵建德。东汉时，又有将领马援在平定交趾郡征侧、征贰发起的叛乱时，亦被授予伏波将军的封号，此后他浴血奋战，成功歼敌，扫除残部后又通过废止苛政、兴修水利等手段安抚百姓。此两人，皆对当时岭南百姓的生活产生过重大的影响，因此不但官方为此二人立庙奉祀，民间也将他们视作保护神，又因其封号为"伏波"，便成为专主琼海的海神。后来，因海运与内陆河运的连通，伏波神信仰也逐渐成为内河险滩的保护神。

除了以上专管河海湖泊的水神信仰，还有如观音这位广为人知的神祇，因观音道场普陀山位于东海舟山群岛之中，又因其呈现的普度众生、解危救难的神格，逐渐被沿海地区的民众视为海神，但其影响力并不局限于沿海地区，除了作为海神神祇外，也还有其他众多化身与司职，因她的广为人知，在此不再赘述。此外，亦有许多流传范围不那么广的地方水神信仰，如以岛为神的

图6-4-4 番禺沙湾镇北村玉虚宫

岛神,各地的潮神、船神等。还有由各村先祖事迹、民间轶事演化而来的信仰,如南沙龙穴村的三圣公等。

水神信仰的多样性是广东地区民众祭祀形式多样的基础,各种祭祀组合在庙宇的选址布局等方面都有各自的特点。从祭祀的方式来说,表现为官祀和民祀的结合。官方希望推广正神,以改变乡间有神则祀的风气,以宣扬正直宽厚的正神风范,作为王道教化的辅佐。这种意识逐渐渗透到乡间,亦为乡间立庙祭祀寻到了法理上的依据。

此外,由于江河海洋都是水运的重要媒介,而商贸事务又往往依托于水运进行,因此,水神信仰常常与保佑商贸事务的神祇联系起来,合并在一起祭拜。如开平泮村神屋,是将龙母、青龙菩萨与武曲星君和文曲星君一起供奉的。

从择址上来说,在南(海)番(禺)顺(德)地区,由于村落大多沿河涌而建,水神神庙一般都是正对码头而建,成为航运祭祀的节点。如顺德龙潭村的龙母庙、番禺茭塘村的天后宫等。

从与祠堂建筑的主从关系来说,建立以水神为主神的乡庙,往往是本村与水有着莫大的干系,或是其村落的择址与水相临,或是村落的主要经济来源与水有关。其水神信仰一般已经深入人心,代替祖先信仰,成为聚落,尤其是多姓氏聚落共同的精神信仰。因此,这类水神主祭的神庙通常历史悠久,在村落的公共空间与公共生活中常占据主导地位。广州海珠区的土华村,是一个以梁、谭、黄为主的多姓氏村落,它的洪圣庙就位于村落的中央,面向沿河涌的第一条干道,以它为中心形成的广场是整个村落最重要的公共中心。与土华村相邻的海珠区小洲村,其洪圣庙也是面向小河涌在村落的中央(图6-4-5)。

## 二、社神崇拜

关于社神的研究上,学术界存在着很多种说法,其中又以社神就是土地神这种说法最为普遍。"社"字本身从"示"从"土","示"即"祀",也就是祭祀土地。

图6-4-5 广州海珠区小洲村洪圣庙

对土地的崇拜可追溯至殷商以前的时期。当时，由于农耕技术的不发达，所以对食物的需求非常紧迫，再加上对自然的敬畏之心，由此延伸出了对土地的崇拜。在中国漫长的历史进程中，农耕一直是乡村重要的经济来源，居于村落的百姓自然就对养育他们的土地有着浓烈的感情，统治阶级同样希望通过土地神来加强权力统治（图6-4-6、图6-4-7）。

因此，我国古代的社神信仰，始终存在着两套不同的系统，即统治阶级以巩固土地权利为目的的"官社"和民间逐渐风习浓厚的"民社"。先秦时期，"民社"的祭祀规格、内容较官社都远逊之，但"官社"随着朝代的传承，行礼过程逐渐僵化，明初时仍制定了各级社神相应的祭祀仪式，百姓们按照仪式规定都应祭祀最低一级的社神"里社"。但是这套仪式并未被全部贯彻，甚至在中期以后就已形同虚设。"民社"则由原始的宗教性更向社会性、娱乐性方向发展，因为日趋多样化，拥有更鲜活的生命力。社神在民间，尤其是在乡村逐渐成了最亲善的神的形象之一。

在广东，除了汉族百姓，同为农耕型的少数民族也有供奉社神的传统。如瑶族崇拜的社王，又被称作"土地神""土地公公"。在瑶族的生存史上，土地的地位十分重要，土地神能保一土平安，是最为原始、最为重要的神祇之一。对土地的崇拜根植于民族的记忆中，土地神被瑶族人民视为村寨的保护神。"祭社"是瑶族祭祀社王的活动，亦称"做社""吃社"。

如前文所述，社神在祭祀类型上分为"官祀"和"民祀"两类。官方的社神列入国家祀典，有"太社""郡社""具社""里社"等不同级别，与当时的行政机构是配套的。而村落中的社神崇拜往往以民间社神崇拜为主，其社神的来源多种多样，社神的类型较之官方要丰富得多，无法一一列举。在此以其神主来源为依据大致分为两类进行介绍。

一类是以自然之物为神主。

图6-4-6 广东村落村头的小型祭坛

图6-4-7 广东村落位于田间的小型祭坛

最直接的神主是推土为丘，以其为神明，进行祭祀活动。《白虎通·社稷》有记载云："封土为社，故变谓之社，别于众土也。"这种赋予自然之物神灵的观念承继自原始社会崇拜大地的习惯，是最为直白的土地神神主创造活动。除此之外，比较常见的还有以树木为社神神主。树木作为土地的出产物，本身就是生命力孕育的象征，又因其具有岁月荣枯的规律，更加符合古人对自然有灵的精神寄托。因此，树木就成为土地神的另一代表性象征物。

在中国，古来就有崇拜社树的习俗。古时，"社"是进行土地崇拜的场所，树则是植于社的社神，因此这些"社"大多选择野外茂密的林间高地设台。在广东乡村，普遍在开村时就已立社。中山市小榄村就有建村时种"开村树"、建社坛，并在村口河涌边建水埠头的记载。这样的社—树—埠空间设计是大部分珠三角水乡村落共有的特色。

比较常见的还有以石头为神主的习俗，与用树木作为神主一样，也是受到"一物有一神"的原始泛神灵崇拜的影响。此外，石头被认为也是土地的产出物，且它在远古时期曾作为人类生产、生活的主要工具，并被赋予了成为装饰的审美特征。因此，石头被普通百姓作为社神神主也就是理所当然的了。广东乡村的小型土地庙里，经常可见里面立有一二块石头，有的还盖着红布，这便是被祭拜的社神了。同样以小榄村为例，全村除了共同供奉的社神和社树，每家每户也都奉有自己的社神。这些社神的神像也常以石头代替，辅以香炉，供奉于各家门口，早晚上香。

另一类则是以名人逸闻为神主。

这一类土地神有的是把前朝或本朝生前事迹影响流传广泛的名人奉为土地神，并为之立庙，比如石壁村的乌利大将军庙。但更多的世俗化后的"土地公""土地婆"神主，将乡间的逸闻趣事附会于其上，成为更亲民显善的虚拟神主。这一类神主上至达官显贵，下至贩夫走卒，皆可担当，甚至还有调任升贬的民间传说，类型众多，不再一一介绍。

此外，这一类中比较特别的一种是将自然之物赋予人格的意义，成为人格化神灵的神主。比如三山国王崇拜，"三山"指的是揭西县河婆盆地周围的三座山，根据元代刘希孟所撰写的《潮州路明贶三山国王庙记》记载，三山国王就是这三座山的山神，因显灵相助过宋太祖，而被分别封为清化盛德报国王、助政明肃宁国王和惠威弘应丰国王，并赐庙额曰"明贶"。但这一崇拜在唐时是被当作社神来崇拜的，时任潮州刺史的韩愈曾将三山神作为石神，以祭祀社神的礼仪来祈求潮州地区的福报平安。到明清时期，官方就未再对这一神祇进行过加封或推广，但其在民间的影响力却没有衰弱，反而随着广东移民活动的频繁而传播到更多地方，发展十分鼎盛，尤其是在广东省东部讲福佬话和客家话的群体中，三山国王仍旧被当作社神（民间称为"地头爷"），当时在潮（州）、嘉（应州）、惠（州）的村落，村社必建祭祀庙宇，今天也多有遗存。三山国王神祇从最初的自然崇拜变为保护潮汕的地方性社神，又获得了其他神明没有的"王"的封号，在其信仰圈中是有别于其他社神的存在。

民国《恩平县志》中记载有"乡村必立社神，以石为之"，社神信仰的广泛性和多样性，供奉它们的场所的数量也是巨大的。光是前文提到的三山国王信仰，曾任揭西县委书记的黄陇章先生曾在报纸中提及，"据不完全统计，目前国内外有三山国王庙6000多座，主要分布在粤东地区，台湾地区有410多座；新加坡、马来西亚、泰国等国家共140多座，台湾当地信众高达700多万人"。

乡村的土地神庙还具有规模小的特点。即使是三间两进的独立土地神庙，也不具备享堂空间。更常见的则是单开间的小庙，被称作土地庙或德福祠，或依附大庙而建，或散落于村落道路的各个节点（图6-4-8、

图6-4-9）。广州市黄埔区南湾村的水口节点，就是由护龙古庙、社稷坛、文笔塔和福德祠等组合而成的，其中护龙古庙占据主要位置，德福祠只是陪衬的组合。此外，因各家各户祭拜的广泛性，还常于家门口摆设祭祀之物，故常只有神龛或神牌而没有大型的庙宇。

## 三、其他神祇

除了水神和社神，广东地区还广泛存在多种多样的神祇信仰，神庙作为祭祀活动的场所自然也是种类繁多的。前文提到的水神和社神，是从神祇的神职类型细分出来的，除此二者外，还有专司生育的女神金花夫人、专司医疗的保生大帝以及专司桑蚕的蚕姑等。但其实大多数神祇的职能范围都很广泛，即使是有专司神职的神灵，也会由于香火的旺盛而逐渐具有保家安民的"综合型"职能。因此，我们在划分神祇种类时，仍根据神祇的来源，大致分为自然神、宗教神、先贤神等几大类。

自然神在前文中提及较多，除了由对土地、山岳、海洋的崇拜而衍化来的神祇，还包括为风雨雷电等自然现象而供奉的神祇。比较有名的如雷神，由《山海经》中"鼓其腹则雷"的雷神形象，后又与唐时出任雷州刺史的陈文玉的传说结合起来，被尊为雷祖（图6-4-10）。除了专门祭祀雷神的"雷祖祠""雷公庙"之外，雷神也是常配于其他神庙的神祇，如珠海市淇澳村的淇澳祖庙，主祀玉皇大帝，雷公与电母、风伯和雨师等神位都配享其中。

宗教神大多是与道教、佛教信仰有关的神祇，像前文提到的水神北帝，就是由星宿崇拜转换而来的道教神祇。同样由星宿崇拜而来的道教神祇还有斗姥元君、太上老君等，也都有宫庙供奉。还有吕洞宾、何仙姑等耳熟能详的道教神祇，在广东民间也流传甚广，尤其是珠三角地区，有"纯阳古庙""吕仙祠""何仙姑家庙"等。珠三角地区的重要神祇还有华光大帝和三官大帝。其中华光大帝是道教护法四圣之一，在珠三角地区被奉为粤剧祖师爷，因此在珠三角的村镇有其诸多神庙，名为"华光庙""华帝古庙"等。而三官大帝即是天官、地官和水官，供奉它们的"三远殿""三圣宫"在珠三角亦是多见。

先贤神是指在历史中曾真实存在的人物，被立祠供奉并逐渐神

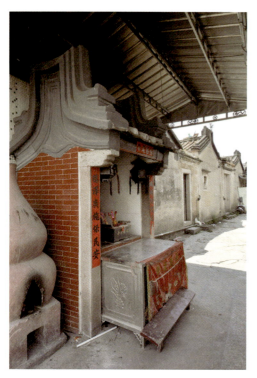

图6-4-8 潮汕地区村落的单开间小庙

图6-4-9 广府地区村落的单开间小庙

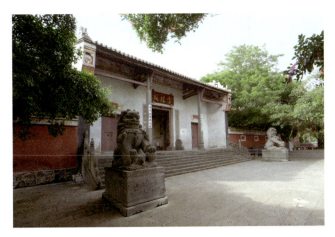

图6-4-10 广东雷州雷祖祠

化,如前文提到的伏波神等。在粤西、海南一带村落,常立有洗夫人庙。洗太夫人是公元6世纪时的岭南百越族女首领,致力祖国统一和民族团结,功绩卓著,被民间尊称为"岭南圣母",在广东、海南、东南亚等地有广泛影响。在广东有较大影响的还有康帅,供奉它的"康王庙""康帅府"在珠三角村镇都很常见,如番禺官堂村的康公古庙、东莞横山村的康王庙等。另外比较常见的"报恩祠""思复祠"等则是供奉清康熙年间时任广东巡抚的王来任的。除他们外,一些耳熟能详的先贤神如关帝、包公等,或三官大帝等如果拥有独立的神庙,亦可作为村落的一乡主神,其神庙的内外部空间就会成为整个村落重要的公共空间,常与其他重要的公共建筑一起形成一个群体。如南海叠滘乡茶基村,其东南方向重要的水口空间,就由三圣宫和钟氏大宗祠以及桥梁和社稷坛一起构成。潮汕地区除了民间道教信仰的坛庙外,有的村落还有佛教庙宇(图6-4-11、图6-4-12)。

图6-4-11 潮汕村落的庙宇

图6-4-12 汕头澄海莲下镇程洋岗村丹砂古寺

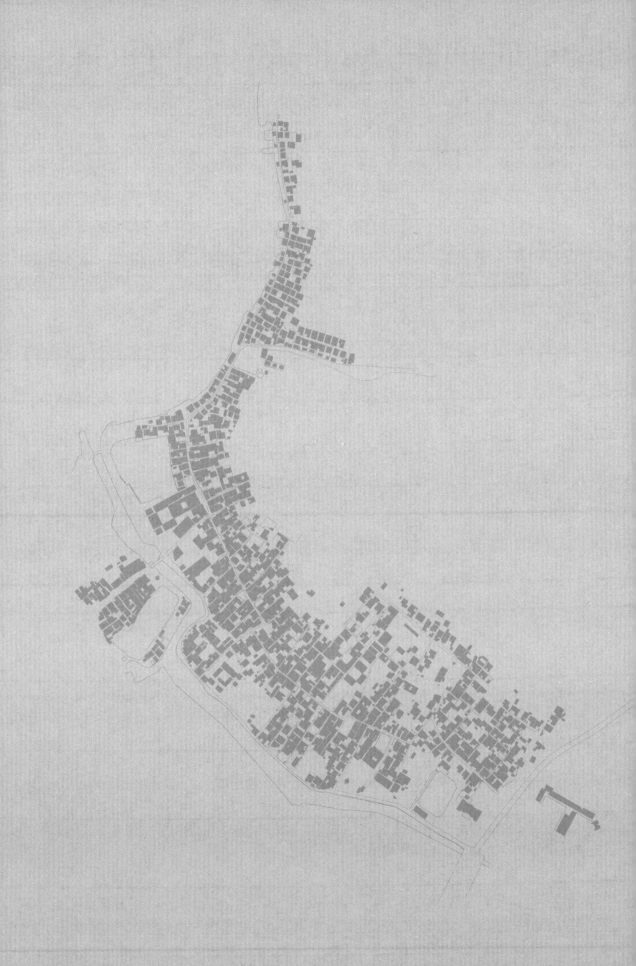

# 第一节　村落环境景观

## 一、自然环境与景观

前面提到，村落的选址大多在气候宜人、土地肥沃、水源充沛、物产丰厚的地方，同时地理环境也具有较好的防灾、防匪等防御性能。所以平原台地、丘陵谷地是一种较好的选择。

粤北地貌属南岭山脉地区，呈多列向南突出的弧形山脉，喀斯特地貌是其重要特点。河流以北江为干流，两侧分布大小支流，西侧多于东侧，呈羽状汇入北江。较大的支流有墨水、锦江、武水、南水、滃江、连江等。由于山多山高，湿度条件较好，适宜的雨量给该地区带来丰富的水资源；粤东北为山地盆谷地区，地貌上属粤东平行岭谷区，呈多列北东向平行岭谷相间排列。水系分属东江、韩江两大流域，河流流向和主要山脉平行，形成纵谷，东江干流和韩江上游梅江相互平行，相反而流。山地森林风光较有特色。粤西西江丘陵广谷区西邻广西，珠江水系的西江是本区自然环境的核心，区域自然环境内有石灰岩地形、天然森林和北回归线通过等，山光、水色、密林齐备。

粤东沿海丘陵平原区有韩江与内地沟通，北东向的山脉、丘陵、平原与海岸平行排列是本区地形的主要特色，其中韩江三角洲是该区最大的平原，是著名的水稻、甘蔗、曲麻、蔬菜高产区。粤东海岸线漫长，整个海岸段表现为海岸曲折多港湾，沿岸浅海湾较多，海洋渔业资源丰富，也是重要的海水养殖地；粤西沿海丘陵台地区位于广东的西部沿海，区内地形可分两部分，北侧属中低山地区，南侧沿海以丘陵、台地、平原为主。而雷州半岛台地平原区位处省境的西南部，是粤、桂、琼之间的连接地带，其半岛北部有鉴江和九洲江自北流入，中部最长的河流是南渡河，年降雨量1400～1800毫米，有明显的干季和湿季，南部徐闻年平均降雨量低于1400毫米，是个少雨区。所以，热而干旱的环境，是雷州半岛的特点之一。

珠江三角洲平原区是珠江出海处，除珠江三角洲平原外，还包括其外围部分的丘陵地带，既有沿海地带之利，又具有内侧丘陵广谷之优。因位于西江、北江、东江三大水系交汇处，西、北、东3个方向的贸易物资汇集于此，营造和孕育成的三角洲平原，可谓地肥水足。从形成过程来看，一般三角洲陆地的形成由三角洲的顶部顺序向海推进，但珠江三角洲的情况却较为复杂，因为它的前身是个岛丘错落的浅海湾，河水受岛丘阻拦后，泥沙常在岛丘的附近先行沉积，随着陆地环岛丘逐渐扩大，最后连成一片，所以珠江三角洲的形成可以说是镶嵌式的发展。珠江三角洲的平原面积广阔，是广东省内自然环境最优越的地方。珠江三角洲平原东西两翼为河谷和山丘汇流地点，古人称之为"陆梁地"，陆梁为古越族名。而沿海则为大片台地分布，也是中国海岸线较长、岛屿港湾林立的优良港湾地形之一。珠江三角洲地区内河流众多，水网密布，水资源丰富，同时植物资源种类繁多，非常丰富。

总的来说，广东自然景观丰富多姿，既有连绵不断的山峦，也有水网纵横的平原；既有河谷川峡险滩，更有海天一色港湾。正是因为广东整个省份地质地貌多变，从而形成丰富多样的村落自然环境。村落民宅选址也多在山清水秀之处，屈大均的《广东新语》，对英德石灰岩峰林地带的村景有过这样的描写："自英德南山寺，沿城西北行，一路清溪细流，随人萦折。路皆青石甃砌，泉水浸之。人家各依小阜以居。茅屋周围，有石笋千百丛，与古木长松相乱。草柔沙细，水影如空。薪女露跣，乱流争涉，行者莫不踟蹰其际。"文中景色既有自然的清溪、石峰、白沙、长松、碧草，也有人文的茅舍、青石板路，采樵的村女联群赤足而涉，反映出少女美丽而纯真的形象。

## 二、农业对环境影响

虽然广东省境内自然地理环境可划分成若干个区域，但归纳起来大致分布三种典型的地貌：广东北部和东北部多为山地丘陵地貌；中部为北江中下游、东江下游、西江下游交汇而成，河网密布的冲积平原和三角洲平原，镶嵌以山地丘陵；而南部近岸海岛，潮汕平原及粤东沿海平原，珠江三角洲出海口、漠阳江、雷州半岛沿海等，形成了间有少量山地丘陵的沿海平原台地。

广东地域辽阔、南北气温不同，山地平原干湿有别，从农业结构的发展史看，广东地区的自然风貌对区域环境的农业结构具有深远的影响。广东自然地貌按农业发展史与农业结构的差异性，大致又可呈现为几类典型的区域特征：

第一类，粤北地区在珠江三角洲以北，大体为现在的韶关、梅州、清远、河源等市，其纬度较北和地势较高，气候温凉，适于耐冷作物发展，加之位置和长江流域毗连，从北方南来的人们在气候上比较适应。丘陵谷地平原种植稻作，山地种植玉米、柑橘、沙田柚等粮食、水果和茶叶（图7-1-1～图7-1-3）；第二类，粤中地区位于西江、北江及东江三江下游，如广州、佛山、肇庆、深圳、东莞、珠海、中山、江门等市，自宋代修筑堤围以来农业得到迅速发展，其农业发展的重点以围垦和综合防治洪涝为主，除了水稻外，适合于经济作物和果树的栽培，因而发展了优良的传统农业技术与农业经济，形成富有特色的粤中珠江三角洲桑基鱼塘风貌（图7-1-4、图7-1-5）；第三类，粤东地区位于珠江三角洲东部地区（惠州各县市），粤东南部地区拥有广袤的潮汕平原与韩江三角洲，主要以稻作农业为主

图7-1-1　粤北韶关丘陵山地农业（来源：《摄影部落 望海 粤北乡村》）

图7-1-2　粤北英西谷地平原农业（来源：《墨人 粤北英西风光》）

图7-1-3　粤北连州丘陵谷地地带

图7-1-4 粤中广州花都村落景观（来源：李丰延 摄）

图7-1-5 粤中顺德桑基鱼塘围绕下的村落景象（来源：李丰延 摄）

图7-1-6 粤东潮汕平原（来源：《粤东城市网》）

（图7-1-6）；第四类，粤西地区位于珠江三角洲西部地区，相当于今茂名市和湛江市所属各县，自然风貌多为独流入海的小河和高岗的旱地，因而沿海营造防护林和选择有利地形发展橡胶、甘蔗、剑麻等热带作物是其主要农业结构。

珠江三角洲地处热带及亚热带，气候资源优势明显，且西江、北江、东江从不同方向汇集于古海湾内形成复合三角洲，加之众多丘陵、台地嵌镶在一起的地貌特点，构成其独特的地形景观。冲积而成的低地因与海平面高程相差不多而受潮汐影响，所以常用筑堤围垦来成为珠江三角洲获取土地资源的重要手段，被开垦的沙田田面通过长久的种植使其土壤肥沃。加之，珠江三角洲河流众多，水网密布，水资源丰富，为交通运输、居民用水、手工业用水等提供丰富的水资源，多样的地理地貌为水域风貌的聚落景观创造了条件，为聚落发展提供了良好的自然基地环境。珠江三角洲平原的自然地貌特征，在很大程度上决定了其自然环境影响下的农业结构、社会经济的发展方向，影响了珠江三角洲传统聚落的先民们改造和利用大自然的方式。人们通过长期与自然环境的博弈，创造出桑基鱼塘、蔗基鱼塘、果基鱼塘等多种经营的生态农业。

## 三、农业的景观类型

农业景观中，其农作物的品种不同，观感也不同。水田中的稻作，与旱地中的甘蔗或香蕉，观感就不一样；同样旱地中的甘蔗、香蕉，与旱地中的花生、瓜薯等作物，观感也不一样。同样的农作物，在平原地区栽植，和在山地梯田的栽植景观效果也不一样（图7-1-7）。同种作物在不同季节，如水稻，青绿色的秧苗时期与金黄色的丰收季节，其农业景观就大不一样（图7-1-8、图7-1-9）。珠江三角洲的农业景观分为以下五种类型。

图7-1-7 粤北山区农业景观（来源：《摄影部落 连山欧家梯田风光》）

图7-1-8 春天青绿色的秧苗

图7-1-9 夏秋季金黄色的稻谷

## （一）传统水稻景观

珠江三角洲土壤类型主要有滨海盐渍沼泽土、潮土、水稻土等，适合不同的农作物与经济作物的生长。水稻土适合长期种植水稻、有周期性水耕或水旱轮作，其特点是耕层偏浅，质地大多适中，有机质养分含量较高。[1]在发达的珠江三角洲水乡平原，过去稻作农业却因水利的限制采用单季稻、双季稻与间作稻的轮植方式。明清时期水利环境的改变促进了双季稻的发展，在清代成为最典型的种植制度。而间作稻出现于明代，开始盛行于珠江三角洲的沙田区，产量低于双季稻但远高于单季稻。因此水稻土是珠江三角洲比例最大的土壤结构。

珠江三角洲平原及潮汕平原等地区气候温暖湿润，有利于发展多熟种植，因而传统农耕经济是珠江三角洲地区提高土地利用率的一大杰出成就。水田成为土地利用的主要方式，稻作作为一个高产物种，吸引了大量人口朝平原地区转移，稻作生产支撑了宋代以降珠江三角洲等地社会经济的发展。明清后进入围垦高潮，并推向沿海河流下游和海滩，为稻作农业的开辟创造了有利条件，明清农业技术的进步将广东省的传统农业推向空前的发展，土地的利用和开发成为经济发展的核心，其农业景观基本趋于定型与稳定，在此之后的农业均是在此基础上的更新与发展。丘陵台地围田区水田的土壤肥力较高，水利条件好，种植上等稻田，是典型的稻作景观。珠江三角洲平原及潮汕平原等区域内也分布了不少丘陵台地，这些冲积平原成陆较久，因距海略远，江洪暴发时导致洪水一时排泄不及，易造成水患，故要高筑堤围以防水患，所以这一带平原称为围田区，即围田而低洼的望田属于老沙田区。

## （二）经济作物景观

明清时期，珠江三角洲的广州、南海、番禺、顺德等基塘区中，在蚕桑业未完全占绝对优势的时期，基塘系统中的鱼塘一直有稻鱼轮作的方式，稻田养鱼基塘区的稻田养鱼与基塘农业有相当密切的关系。稻和鱼共养的形式是将鱼圈养在塘中，塘中水流带来丰富的微生物、水草，作为鱼类的饲料，鱼粪可作为"深水莲"的肥料。《广东新语》卷二十七《草语》有"广州西郊，为南汉芳华苑地，故名西园。土沃美宜蔬，多池塘之利，每池塘十区，种鱼三之，种菱、莲、茨菰三之，其四为蕹田。蕹无田，以筏为之。随水上下，是曰浮田。"文中记载了这种低洼地除了稻鱼共作的鱼塘，还有鱼与其他作物的共养方式。清末顺德蚕书《岭南蚕桑要则·劝业刍言》对比了桑基鱼塘的效益之后，建议农户"猪桑鱼蚕四宗养齐，十口之家，少壮者多准可胜任裕如，此则一年之获，可供两年之需"，其经济价值在各种种养业中是最高的，这说明无论在桑基鱼塘或者果基鱼塘中都有稻鱼轮作，有的鱼塘只是作为秧塘，因为鱼塘泥土较肥，利于秧苗的生长。

## （三）基塘作物景观

在围田和高沙田中间，劳动人民根据长期生产实践的经验，又将一部分低地挖作鱼塘，并将其余泥土培高塘基，基上栽桑、种蔗或植果树，称为桑基鱼塘、蔗基鱼塘或果基鱼塘，统称为基塘地或基水地农业风貌。这是劳动人民在改造利用自然中所造成的一种特殊人工地形，这种基塘地以当时的顺德县境最为普遍，南海县和中山县也有一部分，这种水田土壤肥力较高且水利条件好，是典型的上等稻田的稻作景观。在经济规律的驱动下，形成了以桑业、甘蔗、烟草、茶叶、花生等作物，荔枝、龙眼、柑橘等果树，以及花卉、蔬菜等经济作物的农业经济景观，且在珠江三角洲中占据重要地位。

---

[1] 广东省地方史志编纂委员会编. 广东省志·总述 [M]. 广州：广东人民出版社，2004.

## （四）农贾一体景观

在人口特别稠密的乡村，产生了以市场为导向的经济行为。如珠江三角洲等地，商业思想深深扎根民间，故人们认为"农以致粟，商以致财，民可一日无财，不可一日无粟。"[①]这种"以本守之，以末致富"的思想深刻影响了农户的经济行为。农贾是指以种植业为主而兼经营手工业的农家经济。与糊口农业不同，兼业型的手工业是面向市场，增加农户的收入。以珠江三角洲的棉纺业为例，如南海九江，种养业虽然发达，但纺纱也是农家重要副业。农贾经济中基塘经营也正是为了生产丝货，以满足国内或国际市场的需求，以经营某一经济作物为业的农户也因应市场的转型，迎合出口贸易的需要而兴起。由此可见，珠江三角洲经济结构发生了变化，形成以蚕丝产品为主产品，以出口贸易为导向，手工业和农业生产服从于出口贸易需要的农、贸、工一体化的农贾经济体系。

## （五）水域渔业景观

明嘉靖《增城县志》提到的基田，基旁的只是水圳，不是鱼塘，不能确定水圳中是否有养鱼。即使有养鱼也只是很小规模的。但基田作为基塘的雏形，为园圃业中的种养结合提供了基础。在南海、顺德平原的低洼地，挖深稻田为池塘，泥土向池塘四周覆盖为基面，池塘养殖是不变的，基面根据市场需要种植不同的作物，就形成了不同形式的基塘。该区域处在围田和高沙田中间，劳动人民根据长期生产实践的经验，又将一部分低地挖作鱼塘，并将其余泥土培高塘基，基上载桑种蔗或植果树。这种"基塘地"形式的鱼塘，通常不是单一鱼塘，而是成组成片出现，呈现出网格状的水域水乡景观效果（图7-1-10、图7-1-11）。珠江三角洲这种成片的农渔业水乡景观，与沿海地域渔业及水产养殖业景观又有很大的区别。

图7-1-10 珠三角网格状的桑基鱼塘水乡景观（来源：李丰延、陆琦 摄）

---

① 清嘉庆. 龙山乡志（卷四）. 物产.

图7-1-11 仿佛大地调色板的网状桑基鱼塘（来源：佛山日报摄影俱乐部航拍团 刘世辉摄影照片）

## 第二节 村落人文景观

不同区域、不同民系，其村落的人文景观大不一样。本节仍以珠江三角洲村落为例，分析其人文景观特点。

### 一、人文景观成因

影响村落文化景观的要素很多，即便是相同地区，不同的生产方式和生活习俗也会影响到聚落人文景观的呈现。珠江三角洲除了大量具有宗族血缘的村落以外，还有非宗族血缘的族群在此生活。珠江三角洲平原的发育与推进，耕地的拓殖，沙田的开垦，都说明农耕社会中土地使用的情况，会极大地制约着聚落的发展与聚落居民的生存空间。珠三角是溺海湾水网平原，依托海洋生存，耕海模式的景观成为非宗族血缘族群咸水疍民的主要生活形态。疍民以水为主要生计对象，在捕捞、养殖、运输、滩涂开发活动等生产文化方面都与水相关，体现了"亲水"的文化特征。与疍民生计相关的渔业也属于传统农业的范畴，舟楫既是疍民经济活动的主要工具也是生活起居的场所，疍民在以舟为居的过程中形成了适应和改造环境的独特文化景观。由此可见，自然景观与农业生产景观对聚落景观的多样化起着重要的作用。

在珠江三角洲聚落发育中，珠江三角洲水乡聚落的选址较好地平衡了来自自然与社会的多种因素。珠江三角洲水乡聚落在立村时，对于地形的选择是非常谨慎的，加之珠江三角洲水网平原的自然地貌特征多样化，因此在珠江三角洲水乡先民对聚落选址工作完成之后，建立适应于地形条件的聚落格局非常关键。在珠江三角洲的地方志，以及水乡聚落村志与族谱中有记载，其建设实践中存在两种常见的情况：一种是聚落立村之时，有巨额资金支持而得以在立村之初即进行具体的规划；另一种则是因居民资金紧张，便选择临时搭建，等筹措到足够的资金实力后再进行规划重建村落。这些水乡聚落的布局形态可以看出封建社会下珠江三角洲人们的生态自然观和社会价值观，也体现了建村始祖对家族后人的一种寄托和期盼。

传统水乡聚落营建中，与平原地区的村落会有一定的差异，街巷空间会因地形地貌及河涌走向，在形成过程中出现随机性、适应性以及无规范制约等，但与平原村落相比，其形态更能表现出其自由丰富、多样变化的特征，从而构成了水乡聚落空间的特殊魅力和风土特质。所以街巷空间景观对珠江三角洲传统水乡聚落空间特色及其内涵具有重要的角色作用。

珠江三角洲传统水乡聚落街巷空间体系的形成有三个因素起主要作用，其一为防御、交通、导风、排水等功能要求因素；其二为地形地貌、日照、风向、防灾等客观环境因素；其三为礼制、风水观念、习俗、审美情趣等主观意识因素。其中，功能要求是最基本因素，当客观自然环境因素起决定作用时，形成不规则的有机增长型街巷；而当主观意识因素占优势时，形成规整型街巷；当三种因素共同起作用时，则形成介于三者之间的综合型街巷。街巷系统作为传统聚落图形的骨架反映其整体格局，珠江三角洲传统聚落其街巷网络体系根据其生长期，呈现出有机增长型、理性规划型以及综合型特征。

与此同时，珠江三角洲传统水乡聚落中讲究"荫地脉，养真气"的人与水的共生关系，其重要内涵便是"水"与人们聚居地繁盛与否的联系。珠江三角洲传统水乡聚落农耕文化的主要特点是其对水资源的利用方式，因而其空间布局特点以水为脉，选址强调"形局兼具"。因而在有机增长型发展中也产生了前期有机型，而随着聚落的扩大，以及人口扩充与宗族强大，便逐步向理性规划的模式发展和演变。因此，珠江三角洲传统水乡聚落受到历史文化变迁、文化风俗的影响，随着宗族法制和社会的进程也出现了融自然增长和理性规划于一体的综合发展型结构。

鉴于水陆相间的地形特点，在多水少地而必须尽可能地节省土地的历史地理条件下，珠江三角洲水乡聚落大都采用紧凑的里巷制布局构建村落，呈现出较为典型的梳式布局村落样式，在梳式布局的传统村落中，住宅一般沿着聚落的主街，呈南北向或者大体呈南北向布局整齐且规则地排列。但在水乡众多水网河涌的情况下，不少村落是根据实际的地形地貌来布局建设，如依据村前河流的走向来确定村落的朝向等，广州增城瓜岭村就是面向河涌而呈现东西朝向的格局。有些村落考虑如何避开台风贯穿村落对其造成破坏，也不是常规的南北向布局。

珠江三角洲的水域有着丰富的形态，水池鱼塘、河涌水网，以及水流汹涌的珠江水系和辽阔的海洋。在生产上，先民们懂得如何利用和依赖水系，以水为道路，以船为交通，以塘为田，发展出独具特色的桑基鱼塘；在生活上，先民们因取水、盥洗之便利，因水中嬉戏与水边纳凉而与水发生频繁的交往，继而滋生对水的亲近感与依赖性；在精神上，水在水乡聚落中是仪式性场所不可或缺的外部环境，也代表水乡先民在心理上对财富的期望，因而在珠江三角洲地区传统水乡村落中形成了"以水为核心"的公共性活动空间。在水口附近或者岗地之侧，有时会建造风水塔，而位于村口的水池或者水口被视为风水塘，且塘边种有高大的细叶榕或菩提的风水树，象征着聚落生命力的旺盛和宗族的枝繁叶茂。

传统水乡村落的生产生活内容决定了与之相对应的公用建筑和场所，有礼制性公共建筑如祠堂、书院、书塾等，也有生产性和生活性的公共建筑如庙宇、文峰塔、牌坊、戏台、作坊、集市等。且每村内容不一、数量不等、各有侧重，这些区域成为珠江三角洲传统水乡村落中居民来往、交流、闲谈的聚集空间。

珠江三角洲传统水乡聚落中的河涌给人们切实地带来了许多便利，对于村落布局和村落空间有着非常大的积极意义。河涌在当时的地方社会是一种通道，与里巷

图7-2-1 东莞石排镇塘尾村农历七月初七康王宝诞巡游民俗活动（来源：《广东省非物质文化遗产名录——康王宝诞》）

一样可以连接起村内外各处。借助于这些四通八达、彼此连接的河涌，人们可以便捷地往返于田地与家园，可以便捷地到达村内各处，可以便捷地出行外地。珠江三角洲传统水乡聚落的公共交通空间呈现出序列关系：串联式、团块式、网格式等，而空间交通在使用频率上，呈现出串联式最高、团块式次之、网格式最低。水乡社会不同公共交通空间的序列关系影响了不同层级交往场所的人流量，影响着聚落中交往行为发生的频率。珠江三角洲水乡的共聚活动空间与民俗节庆是相辅而成的，因为庙会、赏灯、观音诞辰等活动中往往连同集市贸易展开，水乡聚落具有浓厚的地方文化色彩造就了一种在珠江三角洲地区传统水乡聚落中的地域文化与地方文明，如东莞石排镇塘尾村农历七月初七就有康王宝诞巡游（图7-2-1）、七夕节拜七姐之盛事。

## 二、人文景观内涵

### （一）风水术数下的环境观

农耕文化追求财源广进、人丁兴旺，决定了人们会依照适应自然、保佑好运的风水观念，进行聚落的选址，力求得以"枕山、环水、面屏"的空间模式，求得藏风聚气的理想聚落环境。无论是丘陵山区，还是平原水乡，人们对水文化中的风水观更多的是在抵御水患灾害，竭尽所能寄望达成"山地观脉，脉气重于水；平地观水，水神旺于脉"的风水观。因此，在无山的平原水乡地区，珠江三角洲水乡先民视水为龙脉，聚落四周环水、挖塘蓄水、引水成塘、近水亲水，迎合了"塘之蓄水，足以荫地脉，养真气"的风水理想，形成了珠江三角洲水乡地区外部空间的特征。

珠江三角洲水乡先民在进行聚落选址时，对于不理想的地理环境与地形条件，进行积极处理，使之顺应聚落兴旺的需要。引水成塘或挖塘蓄水这种前塘后村的布局方式，在珠江三角洲水乡，尤其平原丘陵地区至为常见。称之为"风水塘"的池塘一般在村落之南、东南或西南方向，兼具养鱼、蓄水、洗涤、消防、积肥等功能，而与水塘方向相垂直的，则是为数众多的纵向巷道。筑堤坝建桥梁的风水观念则源于"埂以卫局，桥利往来，处置得宜，亦足以固一方之元气"。珠江三角洲水乡水网密布，且为地势低洼之地，筑堤坝营造桥梁以弥补自然环境的不足。因此，珠江三角洲许多村落就建在堤围上，除了防洪需要也因"固一方之元气"的趋吉避患的风水观诉求。

### （二）宗法规约下的秩序观

在社会基层的组织化程度并不高的珠江三角洲传统水乡村落中，明代宗族的发展主要受到士大夫的影响，从观念确立到具体制度的实践与执行，本地籍贯的士大夫占据了宗族发展的优先地位，并以宗族的宗法规约的方式推动了社会结构的重组，同时巩固了自身的权威和本族的社会地位。明中叶，士大夫的造族运动推进了庶民宗族的出现，而庶民祠堂的快速发展，使宗族的房系分支形成以祠堂为中心的多个并置社会结构（图7-2-2~图7-2-4）。水乡社会民众以水利共同体为核心，利用宗祠、族规、族

图7-2-2 广州番禺大岭村陈氏显宗祠

图7-2-3 珠海南屏镇北山村杨氏大宗祠绍经堂

图7-2-4 广州沥滘村卫氏大宗祠二进牌坊

① 梁必骐. 广东的自然灾害[M]. 广州：广东人民出版社，1993.
② 陈泽泓. 广府文化[M]. 广州：广东人民出版社，2012.

谱等各种文化手段来强化宗族在聚居中的作用，以获取更强大的宗族力量，至清代发展到了乡绅共制、地方权力与国家政权集结的成熟阶段。

明清珠江三角洲乡规民约的出现源于明清时期由于人口增多与资源紧缺之间的矛盾，如何缓解日益尖锐的社会矛盾和减少社会冲突，需要用法规来调节和规范人们的经济行为。在农业生产活动中出现了乡例、俗例、乡规、土例等民间习惯法，共同维护生态为主导的生存环境，这类规约保障了水利与农业生产有序进行。乡约制度规范乡民行为与惩恶扬善，具有教化性功能，所以乡约实际上就是综合性的乡村社会管理规约。水乡社会士绅集团根据官府章程、告示内容以及历次修围的实际情况，将水乡管理维护措施进一步完善。从清代《桑园围志》所载章程可以看出水环境保护中，法规建设和制度建设同步进行的过程，官绅共治架构演变成为带强制性的地方行为，求利法规取代了原围内各基段自行拟订的民间规约，也是子围向大围进行联围的农业水利结构发展的依据，标志着水乡社会治水体系的逐步完善。

（三）神祇信仰下的价值观

珠江三角洲传统水乡聚落地处水乡水网或入海口，历史上天灾人祸不断，造就了相当繁复的传统信仰①。在自然经济的农业社会里，珠江三角洲先民们面对各种灾害，常无计可施，只能求助超自然的力量，即对各路神灵的崇拜达到趋吉避害的诉求。江河湖海风高浪急、滩险水急，对水路来往和水上营生构成安全威胁，因此，水乡居民对自然神的崇拜中，水神有着显著的地位②。这种崇拜的体现方式之一就是修建各类神灵庙宇，同时满足人们生活保障之外的各类精神层面的需求。在这些神灵崇拜中，有些以专门的庙宇供奉，有些

图7-2-5 广东三水芦苞镇祀奉儒、道、释三教合一的胥江祖庙

则没有,但这些大大小小的神灵信仰,影响着水乡民众的节庆、人生仪式以至日常生活的方方面面。此外,在某些地域还有一些地方性保护神祇为村民们所供奉,如妈祖庙(又称娘娘庙、天后宫等)是河网、江海的渔民的保护神,因而在沿海与沿河的传统村落中常见,其中土地庙、关帝庙是最常见的庙宇,一般规模不大,多为三间小殿,在各地都很普遍。在规模稍大的聚落中,祠堂旁边通常会出现天后宫、孔圣庙、北帝庙、五岳殿等庙宇。每个村重视的事物不一样,庙宇中供奉的对象也不一样。一般来说,庙宇会供奉天后娘娘、观音菩萨、孔子、佛教或道教的神仙等(图7-2-5)。靠近沿海,村民需要靠河流运输货物或经常出海捕鱼的聚落必定有天后宫或观音庙,祈求出海平安,航运亨通。

珠江三角洲地区的先民们出于对地理环境的认知将北帝神尊为水神,北帝崇拜并不是岭南的土著原始信仰,其是随着中原文化的传播而进入岭南地区。随着社会经济的发展,北帝神逐渐转换为航运与商贸的保护神,这反映了其实用的功利主义心理。加之官方的介入和士绅的演绎,珠江三角洲地区祖庙中的北帝最终成为保护神而占据重要的特殊位置。据《北游记》[①]记载,有北帝的三十六员部将,还有"显圣关元帅"和"正一灵官马元帅",即关羽和华光大帝,形成了以灵应祠(祖庙)为中心,且沿河涌分布并围绕和掌控佛山全境的北帝及其部将的神庙空间系统格局。在珠江三角洲水乡村落所见关帝庙、北神庙等共置的现象,显示了其多神崇拜的特征。

(四)景观集称下的审美观

村落集称文化现象历史悠久,传承至今。"发源于先秦,萌芽于魏晋,成熟于两宋,繁荣于明清"。自魏晋以来不断南迁的中原世家大族对珠江三角洲传统水乡聚落

---

① 《北游记》,又名《北方真武玄天上帝出身志传》《玄帝出身志传》《真武大帝传》《荡魔天尊传》,是明代作家余象斗创作的中篇神魔小说,全文共四卷二十四回。

图7-2-6　广州海珠区小洲村八景之古渡归帆

图7-2-7　广州海珠区小洲村八景之翰桥夜月

的形成有着渊源性的影响，而今我们从大量的广府传统聚落流传至今的诗、赋、记、楹联题对等文学作品以及绘画、诗歌、族约、乡志等地方志中一窥其地域特色与聚落文化。珠江三角洲传统水乡村落集称文化的主导者多来自于世族乡绅与仕宦等，他们作为知识分子的代表群体，秉承了山水田园的审美意趣，将人文情怀与审美趣味融入其聚居地的山水环境、田园歌赋的生活环境之中，这便是在广府传统村落集称文化现象集聚的原因之一。珠江三角洲传统水乡村落集称文化是地域文学艺术的集大成者，具有典型性和代表性，体现了明清珠江三角洲传统水乡聚落的营景智慧以及地域性的审美思想。

在历史时期珠江三角洲水乡地区地名景观中，水利开涌折射出水利之于珠江三角洲水乡社会的意义。在禅宗思想的影响下，村居、祠堂、古庙、河涌、古桥、榕荫、码头、池塘等这些村景往往也是村八景的主要内容。顺德逢简村古八景中"南塘梅竹""明远清风""道院仙踪""石桥返照""东岸务农、西岸渔家""北基松鹤""堑策初日"，描绘了聚落中的建筑、河涌、桥梁、河岸、埠头、基围等景观，以及聚落的农耕、捕鱼、闲坐、小憩等生活场景，再现了当时顺德轻柔的涌水静静流淌下，微风掠过，水波荡漾，小舟轻飘，榕须摇曳，独具特色的水乡风貌。而始建于元末明初的广州海珠区东南端之小洲村，河涌纵横环绕，因其面积小而称之为小洲岛，聚居地犹如汪洋中的一片绿洲。村落外围果树成片，田园景色隽美，过去曾有文人雅士评出小洲八景：古渡归帆（图7-2-6）、松径观鱼、古市榕荫、华台奇石、翰桥夜月（图7-2-7）、西溪垂钓、倚涌尝荔、崩川烟雨。

## 第三节　村落形象风貌

乡村聚落形象风貌的呈现，主要在于格局形态与建筑形象，虽然聚落形态与地形地貌有关，但最终还是文化起主导作用。广东因有不同的汉族民系存在，故村落形象风貌也大不一样。

# 一、广府民系村落风貌

广府民系村落形态多样,既有丘陵山区地带,也有河网水乡地区。特别是珠江三角洲地区,水网密布,河涌众多,村落临河而建,村落景观形态的空间骨架主要受河涌影响,其发达的水网系统为农业、商业的发展提供了天然的交通运输条件。沿河涌的村落或墟镇多沿河分布,由于广府水乡地区的河道密如织网、蜿蜒曲折,这样的村落或墟镇也就随形就势地分布于河涌的两侧或一侧,临街的河道建有若干埠岸、台阶、大小不等的码头供舟楫停顿,桥梁建构了村落水上和陆上双重交通系统。若干交汇的河涌将村落切割为若干小块,使村落的空间布局复杂且形态纷繁。

广府水乡村落的外围景观主要由松杉河道、农田藕塘、桑基鱼塘和果林花卉等组成。松杉河道是指村落外围两岸种植水松、水杉的河道,水松是半常绿乔木,水杉是落叶乔木,均属杉科。它们的形态非常接近,一般可高达20~30米。树干笔直挺拔,小枝下垂,枝条层层舒展。木质轻软,纹理细密,是造船、建筑、桥梁和家具的好材料。水松、水杉的适应能力很强,已成为珠江三角洲地区的速生造林树种。船在河涌穿行,清疏劲挺的水松、水杉既能提供浓荫又不会遮挡视线,不但有较高的观赏价值,还具有固堤、护岸、防风的功能(图7-3-1)。与松杉河道一起构成村落外围景观的还有桑基鱼塘一望无际的原野空间形态,或成组成片的果林花卉。大量基塘聚集在一起,颇有水天相连浩瀚之感。果林水乡风貌也是珠江三角洲独特之景,纵横的水网河涌蜿蜒曲折地穿越品种繁多的果园。

在东汉已成聚落的佛山顺德陈村,以邑人陈临于建安中被任为太尉而得名。"自汉例献龙眼荔枝,宋贡异花,由来已久"。清代学者范端昂撰的《粤中见闻》中写道:"顺德有水乡曰陈村,周回四十余里。涌水通潮,纵横曲折,无有一园林不到。夹岸多水松,大者合抱,枝干低垂,常有绿烟郁勃而出。桥梁长短不一,处处相通。舟入者咫尺迷路以为是也,不觉隔花林数重焉。村人多种龙眼为业,一村有数十万株。荔枝,柑,橙诸果,居其三四。比屋皆焙荔枝、圆眼为货,售于远近。又常有担负或舟载小株花果往各处卖之。"

广府水乡村落空间形态构成,除了表现在村落外部的松杉河道和田园风光,也表现在村边的水口园林,村内的榕荫广场、河涌水道、街巷空间和民居庭院等方面。

## (一)村头水口

所谓"水口"即指村落中水的流入或流出的地方。广府水乡多以水口作为村落的门户,在此建桥镇锁水口,并广植高大乔木,旁建水口庙、文峰塔或炮楼等高耸建筑物。"粤中文会极盛,乡村俱有社学……乡村大姓必于所居水口起文阁,祠文昌祠,神之生日赛会尤盛,阁凡二层或三层,高者十余丈,远望似浮屠。有阁处其内多读书家,有科第。"[①]水口的设置一般是因地制宜,利用天然溪流和山林,将山水、田园、村舍融为一体,高

图7-3-1 村落外围松杉水道景观

---

① 清同治. 番禺县志(卷六). 舆地略.

图7-3-2 村头高耸的文塔使之成为村落的标志性景观

图7-3-3 顺德烟桥村祠堂旁的古榕广场

图7-3-4 庙宇前的古榕树下

耸的文塔使之成为村落的标志性景观。文塔、石桥、古榕、河流、廊亭是构成水口园林的物质要素（图7-3-2）。

## （二）榕荫广场

在广府水乡，每个村落都有一棵或数棵古榕立于村口，成为村落的标志性景观。在村前村后或村落中心河涌、鱼塘水池旁边的广场上，多植有巨大的古榕，树木浓荫覆地。榕树作为南方特有的树种，适应了高温多雨的气候特点，生长迅速且根部宽大发达，树枝浓密婆娑利于遮阴。大榕树下，是珠三角地区村民聚集休闲的主要场所（图7-3-3、图7-3-4）。

## （三）河涌桥梁

广府水乡"小桥流水人家"的景色随处可见，桥是构成水乡聚落的重要元素，它是路的延续，是跨越河涌的通道，也是体现水乡特色的重要载体。顺德杏坛镇逢简村至今尚保存部分清代时期的水乡环境，街巷肌理清晰，网状的河涌穿越着村子，河涌上分布了各种形式的小桥。广府水乡的桥主要有两种：一是石券桥，有单孔也有多孔，多孔桥常以中孔最宽，也为桥的最高点，两边次孔面宽逐级递减，各孔随中孔之高渐次低下，形成桥面缓和的坡度，石券桥上做有精雕细刻的各式栏杆，使桥显得稳重而不失优美（图7-3-5、图7-3-6）；另一种是更为常见的平桥，有石桥、水泥桥或木板桥（图7-3-7），离河水面较贴近，有不设扶手，也有单侧或双侧设扶手，显得较为简陋。在岭南水乡，有桥就有树，有树就有市，有市就有埠……桥、树、市、埠的组合往往与河涌是共同存在的。如位于顺德容桂的"树生桥"，体现了桥与树共生的独特情境，明万历《顺德县志》有："榕树桥，在容奇南约水仙宫侧，名曰鹏涌前，有大榕树二株，数百年物也，其根蔓延入桥，左右石柱相缠不解，为天然扶栏桥梁，皆榕根盘错如树引渡

图7-3-5 村口拱桥景观

图7-3-6 顺德逢简村巨济桥

图7-3-7 逢简村河涌小木桥

图7-3-8 珠三角水乡河涌驳岸

者然。乡人因以名之，古致错落，亦一胜迹也。"龙潭村北面布置了三座平板桥连接河涌各岸，它们与"乐善好施"古牌坊、兴仁书院、白公祠、参天古榕一起围合成疏密有序的岭南水乡空间格局。

## （四）水埠驳岸

河涌水道是水乡居民联系外界的主要通道，水乡的河道空间沿岸并没有形成紧密的建筑界面，而是以驳岸、植物、后退的建筑等要素，令沿河景观空间富于变化（图7-3-8），当乘坐小舟在河涌上穿行时，驳岸与水面一起组成空间景观形象。水乡河道的驳岸按其断面形式可分为自然式、规整式和混合式。自然式驳岸是带有植被的缓坡驳岸，富有天然野趣，常见于聚落外围；规整式驳岸常用麻石、红砂岩、毛石、砖等砌筑而成，大面积的运用通常能产生细腻而均匀的纹理，它与水界面交接形成的岸线比较笔直，剖面通常是垂直或陡坡交接，抗灾防洪能力强，常用于穿于村落的水道；混合式驳岸同时见于聚落内部与外围，通常为用砖石砌筑加固，上覆植被所形成，与以上两种相比，砌筑显得较为随意，其形态与质感更具有生态感与乡土气息。

水埠是河岸与水面发生联系的驿站，它具有汲水、洗涤、登临、装卸、停泊等功能，一般都是由整麻石叠砌而成。通过水埠，河与街巷有了更进一步的联系，形成水陆转换的空间统一体。依据水埠与河岸的关系，实质是河与街、巷之间的交通位置、空间用地大小等关系，水埠形式常见有平行式、垂直式和转折式等

图7-3-9 水乡村落河涌驳岸与水埠

图7-3-10 与水道平行或垂直的水埠形式

（图7-3-9、图7-3-10）。水埠的使用有着严格的划分，分一族人公用的大埠头和仅供一户使用的小埠头，很多小埠头只为私家使用，所以水埠在表现其公共性的同时也具有一定的私密性。

广府人非常重视建筑的简洁性和实用性，直接体现着"经世致用、开放务实"的价值观。这种实用性还表现为善于适应变化的可持续发展态度，广府村落中经典的梳式布局、整齐的网格状肌理为未来向外扩张和伸展提供了有利条件，便于村落明确功能分区，实现宗族团结，并适应不同的地形环境。即使村落继续发展，也只是在现有形态上的提升，并不会破坏固有肌理。广府传统聚落的人为规划控制感强烈，尤其对于典型的梳式布局而言，更使街巷横平竖直，整齐有序，所有建筑朝向统一。广府梳式布局村落除了珠三角水乡地区外，粤西丘陵山区的广府村落也会采用这种布局形式或相近变异形式（图7-3-11、图7-3-12）。广府聚落的特点是广泛采用几何造型，小至建筑细部装饰，中至构筑物外形，大至街巷、园林平面格局，都能看见几何形体、几何图案的存在。几何式理水方式、几何式花池花台、几何式铸铁栏杆等无一不体现着广府人对自然形式大胆抽象、理性表达的美学主张。对几何形态的偏爱，既源于本地自南越国时就存在的传统文化表达，又受到后期诸多外来文化因素的影响，兼容杂糅、潜移默化，从而形成了广府聚落特有的审美。

村落建筑中，造型与装饰是艺术表现的重要手段之一，也是民系风格体现的重要标识。传统建筑中屋面脊饰和山墙的墙头都是比较讲究的部位，因为它们对民居侧立面和天际线形态都起到重要影响。屋脊部位的装饰有平脊、龙舟脊、龙凤脊、燕尾脊、卷草脊、漏花脊、博古脊等，按用材来分有瓦砌、灰塑、陶塑、嵌瓷等。山墙形式主要有三种：人字形山墙（图7-3-13）；分级平台形式的方耳山墙；还有镬耳山墙，即山墙顶部的形状像锅的两侧半圆形的提耳，为广府地区最有代表性的传统建筑形式（图7-3-14）。

广府地区传统建筑的装饰手法可以归类为"三雕二塑"，三雕为木雕、石雕、砖雕，二塑为灰塑、陶塑（图7-3-15）。其题材内容丰富，多与人们的生活息息相关。如广州陈家祠的建筑装饰，可谓集富有地方特色

图7-3-11 广东怀集大岗镇扶溪村鸟瞰

图7-3-12 广东新兴六祖镇下朝村

图7-3-13 广府村落人字形山墙民居

图7-3-14 广东清远市龙山镇上岳村镬耳山墙

图7-3-15 广府庙宇祠堂方耳山墙与装饰

的三雕二塑及彩画等广府传统装饰工艺手法于一堂。尽管有着以礼制为中心的文化内核，但其装饰中所反映出的岭南特色也同样十分鲜明，有以《水浒传》《三国演义》《岳飞传》等传统故事中深受人们喜爱与崇敬的情节和人物作为装饰题材，还有以普通的飞鸟禽兽，地方生产的荔枝、杨桃、佛手、菠萝、香蕉、木瓜、芭蕉等果木为题材的装饰图案，或以独具广州地域风情的"镇海层楼""琶洲砥柱"等清代羊城八景，以及"渔舟唱晚""渔樵耕读"等乡村风光和生活场景为题材的装饰画面，带给人以直接的情趣与直观的启示。

图7-3-16 汕头澄海莲下镇程洋冈古村风貌（来源:《汕头建筑》）

## 二、潮汕民系村落风貌

潮汕传统村落景观发展于唐宋,成熟于明清。地形平坦、河网密布、土地肥沃是潮汕传统村落形成的基础性因素。从村落起源和选址特征来看,潮汕传统村落在空间上主要集中在韩江、榕江、练江流域的潮汕平原上。潮汕地区人口自唐代以来主要从中原迁入,因而大量中原传统文化在潮汕民系中得以集中体现,具体表现为聚集而居,血缘和地缘关系突出,宗亲观念强烈,具有明显的中原文化特征。潮汕传统村落受到自然环境和社会文化的双重影响,自然地理环境是潮汕传统村落景观形成的基础,宗法和血缘为核心的社会观念是潮汕传统村落景观形成的内生动力。

潮汕地区具有浓厚的宗族文化传统,传统聚落基本上都以宗族为主体,是血缘和地缘相结合的宗族聚居地。其丰富的祠堂建筑系统在聚落中成为重要的空间节点,构建出多层次的社会结构网络,加强了邻里交往和亲族团结。宗族聚居的要求加上人多地少的环境限制,使得潮汕地区的聚落呈现出明显的密集性,不仅单个聚落内部单元组织布局密集,聚落群的密度也很大（图7-3-16）。这种密集聚居达到了用地集约的目的,形成了较大的居住组团,对街巷空间形成最大限度的整合。它使街巷通常具有较长的边界线,界面连续完整且较为封闭,符合防火防盗要求,也创造了较为密切的守望相助的邻里关系,对潮汕基层社会秩序起到了重要的保障和组织作用。

依山傍水、溪水环绕、水源丰富、交通便利是潮汕民系传统村落的风貌写照（图7-3-17）。朴素自然观以及"天人合一"的儒家思想对村落选址影响深远,凡潮汕村落必有风水渊源,村落的营造均运用朴素自然观思想,并影响着村落及民居选址及朝向。潮汕传统村落严格遵循背山面水、负阴抱阳的选址理念,在村落的空间

图7-3-17 依山傍水的潮汕传统村落

营造上,许多潮汕村落的宏观空间形态都是仿造某一神灵化的动物形态进行营造,如潮州象埔寨就是以象山为依托,按照神龟爬行状神韵设计村落布局,广泛运用朴素自然观的"仿物观"。从村落空间形态特征上来看,潮汕传统村落整体布局以祠堂为中心,中轴对称,若干条主巷道平行分布,多条次道与主巷道垂直排列,具有明显的古城建制中的等级、秩序的特征(图7-3-18)。以单姓图腾形成传统的宗族血缘关系为纽带的聚居村落,村落多以单一姓氏始祖开辟建村,子孙开枝散叶,建设宗祠与家庙,并以宗祠为中心,四周有序排列民居,形成明显宗族特征的大型单姓或者主要姓氏的血缘式大型村落。在空间形态上形成行列式、围合式及厝包式等多种类型。

潮汕聚落大部分位于滨海平原,自宋元之后人口大增,一直处于人多地少的状况,因此在潮汕地区,聚落的布局都是以密集紧凑、节约用地为要。如潮州古城,整体上呈块状,道路呈网状,街区内的街巷布局多为平行或垂直的几何网状,以便于规整密集的居住建筑布局。宋元以后社会环境和居民的长期稳定使潮汕更好地保

图7-3-18 潮汕村落民居建筑群巷道

图7-3-19 强调空间等级秩序的潮汕民居建筑群（来源:《中国传统建筑解析与传承 广东卷》）

留了一些在原生地已经失落的文化。在建筑群体的布局上，潮汕的府第式大型建筑保留了中原早期合院式建筑中的向心围合性和强调布局对称均匀的特色；各类传统建筑形制在恪守中轴对称等儒家文化特征的同时，也十分强调空间的等级秩序（图7-3-19）。

对称是潮汕传统建筑的主旋律，给人以规则严谨的印象。在平面布局上，潮汕传统建筑绝大多数形制都保留了中国古代建筑中轴对称的传统特色。中小型建筑普遍以厅和天井居中，两侧厢房对称布置。大型建筑群，更是以多进和多开间的主体建筑强调中轴，并以面向中轴的从居陪衬主体、明确主次关系。在立面处理上亦以对称为主，以中部为立面构图的中心，立面效果严谨而简洁。潮汕传统建筑习惯将大门开于中轴线上，并通过轮廓起伏和虚实对比来凸显中轴（图7-3-20、图7-3-21）。下山虎民居常在门上加盖屋顶，四点金民

图7-3-20 强调对称格局的潮汕民居建筑（来源:《潮汕乡土建筑》）

居则以凹入的门楼肚形式来强调入口的中心位置，大型民居则常常通过抬升中座的屋面，对称地逐次降低两侧屋顶的手法来强调中轴的统帅作用。

与广府民系聚落构成单元的高度同一化相比，潮汕民系聚落或大型建筑的构成单元却十分多样。如象埔寨

图7-3-21 中轴对称的澄海隆都镇前美村民居建筑

内83座民居分别隶属于19种之多的平面类型,再加上装饰装修的特色,使人感觉宅第座座不同却又座座相似。但是,19种平面类型通过不同方式的衔接组合,或并联或串接,最终没有破坏街巷的规整性,这很大程度上依赖于先进的模数化设计思想。并且,所有单体民居的平面尺寸都符合潮州古营造尺白、寸白、浮埕合步等制度,面宽、进深基本都采用以一杖杆(18.6木行尺相当于54.8厘米)为基准,1.8营造尺为模数所产生的递减递增数据体系,使得整体设计在精细有效的控制中进行。这种建筑单元之间模数化的逻辑数理关系,是保障建筑群体多元组构且有机统一的基础,在实际施工过程中,则有利于构件的批量化加工。

与外观形态上的平稳庄重相反,潮汕建筑在装饰上喜爱浓重的色彩,手法上则极尽华美细腻之能事。这两者的根源除了潮汕重商文化中的炫耀性之外,更多地来自潮汕农耕文化中的精细性,精细是潮汕美学的重要特点,在装饰手法上,最能体现精细性的是潮汕的木雕、石雕和嵌瓷,其共同的装饰特点是讲求内容丰富饱满,细节繁满极致,又多通过镂空透雕的手法不断增加装饰的层次。

在色彩的处理上,潮汕古代建筑喜用鲜明亮丽对比度高的颜色以凸现装饰:如木雕用金漆粉刷,石雕采用色彩加工,嵌瓷更是采用五颜六色璀璨夺目的彩瓷拼成,梁架则以红色的檩木和蓝色的椽子组成色彩明丽的"红楹蓝桷"。这种装饰色彩的运用体现了朴素和华丽并存、主辅色互补的原则,以较为鲜艳丰富的辅色装饰重要部位,与保留材料原色的屋面、墙面的较为质朴素雅的主色调形成对比和补充,使原来基调偏于灰暗的潮汕传统建筑增色不少,且保持了整体的协调性。

山墙是潮汕传统建筑整体中最讲究的部位之一。根据堪舆学的五行之说,潮汕山墙分成"金、木、水、火、土"五种基本样式,取其"金形圆而足阔"(圆顶弧线)、"木形圆而身直"(折线)、"水形平而生浪"(折弧波浪线)、"火形尖而足阔"(尖状线)、"土形平而体秀"(平顶阶梯状线)。有人简单概括为"金木水火土,圆陡长尖平"。潮汕工匠根据这些演变出金星、木星、水星、火星、土星五种基本形式的山墙头(图7-3-22~图7-3-24)。

潮汕传统建筑善用的多种装饰手法中,最为精彩的是木雕、石雕、嵌瓷和彩画四种。潮汕木雕精雕细琢,其外表贴金增强金碧辉煌的效果。潮州的己略黄公祠,其布满梁枋、梁橼和柱间的金漆木雕,繁而不杂,不仅细部精美且整体布局疏密有度,显得辉煌雅致、气度非凡。潮汕石雕同木雕一样,都有悠久的历史,可以说其纤细繁缛的技术超过木雕,成为炫耀财富与艺术的物质象征。潮汕建筑石雕使原本粗糙、生硬的建筑石构件变得细腻、亲切,呈现刚中带柔的艺术气质。如位于潮安彩塘镇的从熙公祠,清同治九年(1870年)由旅居柔佛(马来西亚)的侨领陈旭年兴建,清光绪九年(1884年)竣工,历时14年,建筑坐东向西,为二进院落布局(图7-3-25)。首进门楼前埕分置石狮一对,门楼屋架为双面镂空石雕,镶嵌于门楼石壁上的四幅石雕,分别以仕农工商、渔樵耕读、花鸟虫鱼为题材,很好地运用了"之"字形的构图,将不同时空的人、事、物集中在同一画面上,浓缩故事情节,表现最富戏剧性的瞬间。特别是"渔樵耕读"图上的石牛索和网索,体积微小,堪称巧夺天工,别出心裁;人物造型

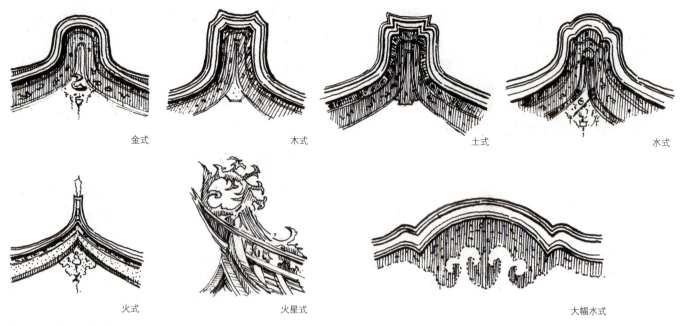

| 金式 | 木式 | 土式 | 水式 |

| 火式 | 火星式 | | 大幅水式 |

图7-3-22 潮汕民居山墙五式装饰

图7-3-23 潮汕民居金式山墙装饰

图7-3-24 潮汕民居木式山墙装饰

神态各异，惟妙惟肖，立体均匀，艺术造诣之高，令人叹为观止，堪称一绝（图7-3-26、图7-3-27）。祠堂屋架所有的梁枋、桁、柱间诸穿、插构件都饰以精美的潮州金漆木雕，使整座祠堂更显富丽堂皇的艺术效果（图7-3-28）。

嵌瓷是潮汕及闽南地区独有的装饰工艺，最初的嵌瓷只是利用一些淘汰或废弃了的陶瓷碎片在屋脊上或屋檐边嵌贴上简单的花草等图案。到了清末，随着瓷器生产技术的进步，瓷器作坊与嵌瓷艺人相结合，专门烧制低温瓷碗，绘上各种颜色，再车剪取，镶嵌成平贴、浮雕或立体的人物、花鸟、虫鱼等，装饰于各类建筑的屋脊、屋檐和照壁等处。嵌瓷不怕海风侵蚀，久经风雨、烈日暴晒而不褪色，被雨水冲淋后，在阳光照耀和反射下更显光泽熠熠、色彩鲜艳，其耐久性在年降雨量大、夏季气温高且常有台风影响的南方湿润地区是其他工艺品无法代替的（图7-3-29、图7-3-30）。

图7-3-25 广东潮安从熙公祠

图7-3-26 广东潮安从熙公祠大门梁架石雕

图7-3-27 广东潮安从熙公祠大门"渔樵耕读"石雕

图7-3-28 广东潮安从熙公祠梁架木雕装饰

图7-3-29 潮汕传统建筑屋脊嵌瓷装饰

图7-3-30 建筑屋脊的嵌瓷装饰细部

## 三、客家民系村落风貌

客家民系在迁徙中主动避开早已定居下来的广府、潮汕等民系聚居地，选择相对偏僻的山区或土地贫瘠的地方形成纯客家村落，这种相对封闭的自然环境与生存空间是客家文化特征和族群认同的基础。广府等民系的人们，从耕作土地限制、水源使用控制等方式来对客家人进行排斥，导致客家聚落分布以及族群认同的边界都清晰可辨，客家先民带来的中原先进的耕作技术，因地制宜发展山区农业，为客家民系的发展奠定了坚实的经济基础。随着后来客家先民人口不断增多，安营扎寨与繁衍生息，形成了以家庭为小单元，家族为大族群的血缘村落（图7-3-31）。

客家民系聚落选择靠山近水、近田的地理环境，形成群山环抱、山水相伴的聚落空间。同时因山区环境不利于交通，而当时的水路较之陆路具有优势，因此客家人尽可能靠近主要水系的支流一带来作为生产活动与聚落地点。从居住的微环境来说，风水学中的"水曲则财禄聚""吉地不可无水"对客家围屋的形制也产生了较大的影响，客家人认为"水"是聚"气"的基本条件，所以面水能提供水源，直接用于客家人的生产与生活之中。客家村落建筑往往间隔很远，呈现出疏朗的空间布局，围屋之间通过菜地、果园和水塘，形成"山—宅—水—田"的独特村落空间序列（图7-3-32～图7-3-34）。

图7-3-31 河源市义合镇苏家围客家村落

图7-3-32 河源市连平县客家民居

图7-3-33 兴宁县客家村落建筑群

图7-3-34 梅县南口镇侨乡村南华又庐周围农田

客家地区的农业经营一般由单一宗族独立进行，耕地由姓氏血缘家族开垦耕作，故耕地开垦与自然村落体现了高度的血缘属性。客家人举族迁入形成的血缘聚落，因居住模式受农业生产的限制，产生了与耕作模式相匹配的血缘属性。耕作模式的稳定决定了村落的社会经济结构的稳定，安定的生活和生产环境使各个家族迅速发展，最终形成了众多以家族血缘为纽带、地缘为依托的"家庭—房派—宗族"的社会结构。在宗族和家族力量作用下，客家族群围绕着宗族祠堂形成以房支为依托的组团聚居结构，并与外部自然环境一起，共同构筑生成了客家民系村落的形态格局。

客家聚居地属丘陵山地区域，各地方志都有"山多田少""地瘠民贫"等记载。广东省可耕地面积占全省土地面积的15.2%，而纯客家县境内可耕地面积占总面积不到10%，其中可耕地比例最高的仁化县为11%，最低的兴宁县仅为2.4%，五华、龙川、连平、大埔等县的比例均在3.5%左右。因此，客家聚落采取集中式的居住方式减少对宝贵土地资源的消耗，围内建筑密度甚高，田与围之间距离较近，村落用地紧凑，以不占用耕地为宜，从而缓解耕地压力。

粤北客家围屋（楼）民居外形单纯、体量庞大、用材质朴，为方为圆，或用土筑，或用石砌，朴实无华，其外表的坚实而统一的感觉，往往给造访者以心灵的震撼。围楼内部，大部分都用土、木、石结构，用木装修，以实用为目的，雕饰不多（图7-3-35、图7-3-36）。围屋的墙体设计与建造重点在于突出防卫体系，其中墙身厚度与材料、大门入口、枪眼、炮楼及屋檐处理最具特点。围楼外墙通常不开窗，有时为了通风，也只开小窗。

粤东梅州一带为客家文化核心区，官员富商较多，其围屋民居，外墙多以白灰粉刷，兼绘以彩画，造型朴

图7-3-35　梅县南口镇侨乡村民居

图7-3-36 梅县雁洋镇桥溪村山地民居群

实典雅。但祖堂华丽多彩，厅堂、卧室的装修也较讲究，不仅有精美的木雕、彩绘，甚至加以金漆，给人以富丽堂皇之感。灰塑与彩画是客家建筑外观装饰常用的手法，在建筑上进行彩画能够通过油漆色彩对建筑构件起到保护作用，使其免遭雨淋日晒受潮，延长建筑物的寿命，其题材主要为花鸟鱼虫等民俗内容。客家聚落建筑的雕刻手法多样，有线刻、浮雕、透雕、圆雕和镂空雕等，题材丰富，有民间故事、神话传说、吉祥纹样以及动植物形象等，常在梁柱、雀替、垂花、天花等构件上进行雕刻，使构件得到完美的装饰（图7-3-37）。

图7-3-37 梅州市大埔县百侯镇侯南村民居梁架雕饰

## 四、雷州民系村落风貌

早在新石器时期，雷州地区已有先民生息，当时聚落多选址于沿海台地。以宋代为分水岭，随着大量南迁北民的到来，雷州的经济文化发展开始进入新局面，逐渐缩小与中原文明之间的差距。经历了多次族群的迁徙和冲刷后，雷州聚落在明代初期形成较为稳定的格局，此后聚落数量、密度日益增多。

雷州地形以平地、阶地和低丘地为主，最高山丘海拔不超过260米。而水资源相对丰富，境内集雨量100平方公里的河流八条，且三面临海，岸线曲折，良港众多。因此，聚落选址更突出近水滨海的位置关系，与崇山高岭的依附关系相对较弱。该地区聚落多选址于盆地或低丘山坡，民居建筑讲究坐北向南，前有河流或水塘，接受东南风或南风吹拂。如俗语所道："后有墩，前有堀。双手捧捧，见水入，不见水出。左青龙，右白虎，长生水流归明堂。"

雷州半岛的地理环境以及独特的红土文化，为先民的繁衍生息提供了栖息之地。先秦时期，雷州半岛主要的居民为骆越人，此后不断有中原移民从外地迁居至此，自唐代以后，从福建莆田迁居雷州半岛的移民为了躲避战祸迁移量增大，带来了新的文化因子，三种文化的交融共生产生了独具魅力的雷州地域文化。民系上的雷州，主要指古时雷州府所辖徐闻、海康、遂溪及现在的湛江市区、东海岛等地。生活在这一地区的人们有着共同的文化传统、民俗风尚、宗教信仰，因而社会经济等均受到区域因素的较大影响。

雷州半岛三面环海，地势平坦和海洋性气候的特点，注定了该地区的传统村落对通风、排水的要求较高。雷州半岛遭致台风的灾害非常频繁，台风带来的洪涝灾害成为该地区自然防御的重点。台风风向不定，时为北向，登陆后转南向，俗称"回南"。故坐落在山埠南侧平坡地或者凹形坡地的聚落，能较好地抵御台风的侵袭，成为聚落选址的首选场所。为了控制风灾的影响，雷州半岛的居民通过种植茂密的防风林来围蔽聚落，将整个聚落严严实实地包围起来，故聚落外围很难看到隐藏在树林下的村落，这些措施可以有效地抵御台风。

为了防止洪涝的影响，雷州半岛的先人多选择缓坡作为民居的建设用地，这种选择的方法既便于雨水的排出，又有利于建筑的布局，厚重的硬山墙建筑以及适度的建筑高宽比，也较大程度地减少了风压的影响。同时，村落多建围墙与多进式天井，围墙采用贝灰、砂、土的夯实三合土，有的甚至加上红糖、糯米，所筑土墙厚实，坚固异常。雷州民系传统建筑风格因受闽南地区传统建筑的影响，多使用红砖作为墙体材料，建筑装饰、五行山墙，无不凸显与闽南建筑文化的联系。此外作为多种文化的交融之地，雷州行政区域与粤西广府文化区相邻，因此该地区也受到广府文化的影响，大多数古村均为梳式布局。

雷州民居的大门常开在住宅侧面，面向巷道。大门往往是凹斗门的形式，起到遮风避雨的作用，为了突出入口，大门的屋面往往有意提高，高出周围的围墙，形成门楼的形式，门楼内分为两层，下层为过道，上层作备物用（为了防潮，经常在阁楼上放置物品）。门楼常用彩绘或者灰塑装饰，也有少量用木雕做装饰（图7-3-38）。

雷州半岛建筑墙体普遍使用红砖。建筑屋顶形式均为硬山顶，这种屋顶抗风、防火性能好。考虑到当地防台风及防御匪贼的需求，建筑山墙不仅厚实而且高大，往往会高出屋顶1米以上，这样就为山墙的造型变化提

图7-3-38 雷州民居建筑入口门楼造型

供了充分的操作空间。许多村落的建筑有大量变形的山墙，造型规整，在墙檐可见浅浮雕或者几何形浮雕线脚作为装饰。有的造型像官帽的两耳，又称鳌鱼墙、镬耳墙，含独占鳌头寓意，与广府民居镬耳墙相近。雷州当地人将传统红砖建筑的封火山墙称为"式墙"，可见这样的称谓无疑是将山墙样式特征作为建筑类型区分的主要标志。虽然建筑深受闽潮文化影响，但雷州传统建筑的山墙形式并没有完全按照五行山墙形制，而是在其基础上加以变化，增加了泄风的孔洞和空隙，同时，匠人们也会根据屋主人的要求对山墙进行造型与装饰的丰富变化（图7-3-39~图7-3-41）。雷州传统建筑比较突出的装饰手法是木雕、石雕和灰塑。

图7-3-39 雷州民居丰富变化的山墙

图7-3-40 雷州民居建筑木、土形山墙组合

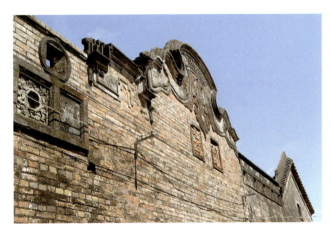

图7-3-41 雷州民居山墙细部

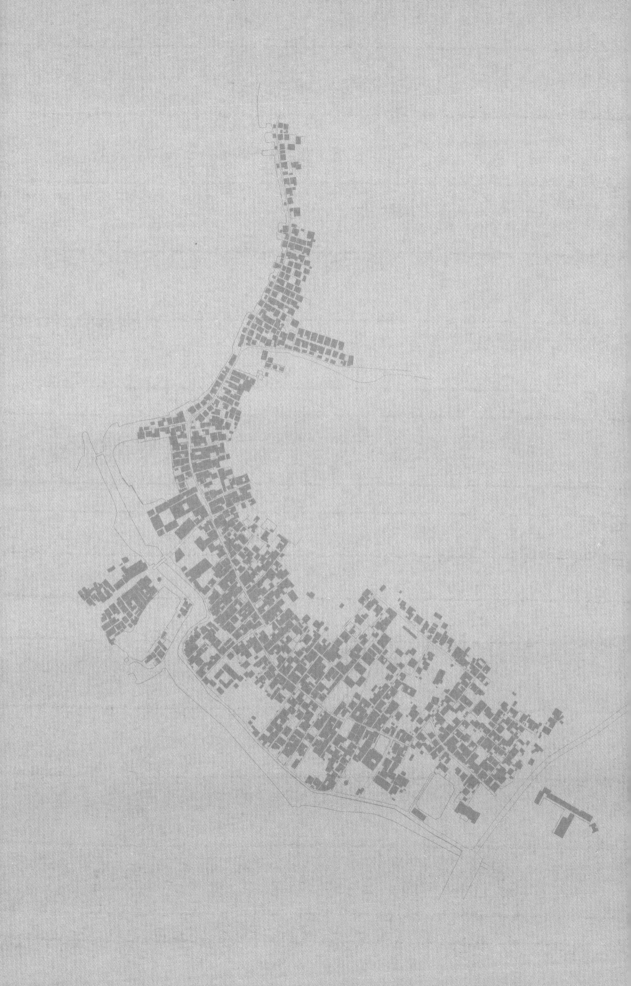

# 第一节　传统聚落的发展问题

"聚落"这一概念最早出现时是为了描述区别于都邑的居民点,但现在已经延伸为人类生活地域中的村落、城镇和城市。聚落是在一定地域内发生的社会活动、社会关系和特定的生活方式,并且是由共同的人群所组成的相对独立的地域生活空间和领域。它既是一种空间系统,也是一种复杂的经济、文化现象和社会发展过程,是在特定地理环境和社会经济背景中,人类活动与自然相互作用的综合结果。

传统聚落留存了各时期历史、社会、经济、文化的显著印记,在聚落街巷、空间格局、建筑风貌、营建技术、景观环境等方面,都具有强烈的地域特征。其对于传统文化,包括哲学文化、民俗文化、商贸文化、地域文化以及生活观念等方面的传播延续,具有重要的现实意义。

随着经济全球化的进程在世界范围日益加快,经济发展和传统地域文化保护之间的矛盾也愈演愈烈,我国许多城镇历史街区进行大规模改造甚至拆除新建,而传统村落的规模和数量在城镇化过程中也明显地减少。传统聚落是历史和地域文化的载体,如今众多的专业学者对于传统聚落地域文化进行了深入的研究,同时通过不断地反思与论证,促使越来越多的人们开始重视传统聚落的保护工作,也使得更多的人们认清了历史街区与传统村落保护和发展之间的辩证关系,并逐渐端正了对于传统聚落的态度。发展是我们的最终目的,而保护则是发展的根本前提,传统聚落带给我们的历史价值、文化价值、艺术价值和科学价值,正是我们的地域文化能够参与世界文化交融与对话的资本,同时我们也应当以全球化的视野看待我们的地域文化,使其在与外界不断地交融中更新、发展。

## 一、城镇历史街区

城镇历史街区是我国城市文化精神和个性特征的核心所在,从城镇历史街区能了解到城市极为重要的空间形成脉络。历史街区在城市中起着重要的功能作用,包括提供政治管理空间、商业市场空间、居民生活空间等,这些功能作用促进了城市的政治、文化和经济的发展。

我国的改革开放带来经济社会和文化的巨大变革,城市的快速发展建设,为城镇历史街区的风貌保存和发展提供了契机,也迎来了挑战。近年来,我国对历史城镇和历史街区的保护力度在逐步加强,这里固然有文化遗产保护意识加强的原因,更大的推动力则在于城镇历史街区在旅游开发中获得的巨大经济成功所带来的示范效应。但是,历史街区的原真性、整体性等保护理念在遗产保护体系中并没有被特别地加以重视,现历史街区的活化多以旅游开发为出发点,在遗产保护中也出现了拆旧建新、张冠李戴、同质化等问题。主要有下面几个原因[①]:

第一,保护环境的剧变。我国的历史文化街区所处的社会环境和生态环境均处于剧变过程中,受到当前各种不断增长的生活需求所带来的危及因素影响,这些因素包括人口膨胀、生态环境恶化、城市经济发展和产业结构转变等。

第二,保护观念的落后。我国历史街区保护思想与理念是从西方而来,早期并未受到重视,对于历史街区保护观念和实践在20世纪90年代末才开始日益受到重视,而民众教育缺失,社会保护观念不统一,旅游经济挂帅,使得我国历史街区保护实践出现了很多与原真

---

① 林冬娜. 揭阳古城历史公共空间形态特征与保护策略研究 [D]. 广州:华南理工大学,2018.

性、整体性、可持续性原则相违背的做法。

第三，保护制度不完善。制定的保护制度不够完善，法律法规系统化和细致程度不足，管理制度和资金保障制度缺失，使得历史街区的保护进程充满了各种困境。历史街区因城市交通和基础设施改造、功能调整等的需要，多在建设中遭到破坏，有的无声息地消失于城市改造之中。有的历史街区虽有规划，却难以落地执行。

第四，保护实践不科学。不重视历史文化街区整体环境的保护，导致丧失完整性；规划缺乏弹性，导致后期难以通过评估监督加以更正和提升；经常性维护的缺失导致历史建筑和环境的破坏，损害其历史价值；对地方材料和技术不加研究，随意地采用非传统的技术和材料对原始组成要素进行替换；忽视地方特色，拆旧建新，使得历史公共空间特征同质化，丧失历史价值；公众的历史保护教育和参与不足，导致民众不可控的破坏行为频发；对历史文化街区保护仅止于物质表象层面，缺乏对文化、经济、政治和环境可持续发展的系统化思考。所有这些因素都不利于历史文化特色的保护和传承。

就传统聚落历史街区来说，虽然有其显著的特色需要发掘和保护，但其破败的现状也不容忽视：①基础设施落后：特别是排污设施的建设严重滞后，这是街区内水自然环境恶化的最重要根源；②街巷通达性差：许多街巷因违建乱建而成为断头巷、窄巷，通达性差，因街巷的占用使得小街区模块被迫连为一体，成为大街区模块，加速了内部的衰败；③建筑年久失修：因人口的不断外流，许多建筑被空置，缺乏维护和修理，破败不堪；④社区活力降低：因人口外溢，社区出现老龄化、贫困化甚至空心化的趋势，活力降低；⑤新建筑尺度失控：历史街区的改造背弃了小街区的原则，采用现代化大尺度街块做法，对原有城市的尺度和肌理产生严重破坏。

## 二、乡村传统聚落

当下中国，乡村发展依旧是政府持续强烈关注和政策主导介入的领域，从2004年至今连续发布的以"三农"为主题的中央文件，强调了农村、农民、农业问题在现代社会发展中"重中之重"的地位。2013年1月31日，新华网授权发布的中央一号文件指出："人多地少水缺的矛盾加剧，农产品需求总量刚性增长、消费结构快速升级，农业对外依存度明显提高，保障国家粮食安全和重要农产品有效供给任务艰巨；农村劳动力大量流动，农户兼业化、村庄空心化、人口老龄化趋势明显，农民利益诉求多元，加强和创新农村社会管理势在必行；国民经济与农村发展的关联度显著增强，农业资源要素流失加快，建立城乡要素平等交换机制的要求更为迫切，缩小城乡区域发展差距和居民收入分配差距任重道远[①]。"此文件可谓简洁明了地概况了我国自实行城乡二元制以来，农村人居环境发生的巨大转变和当前面临的诸多问题与挑战。

传统村落历史年代久远，形成时间较早，拥有丰富的自然资源和文化资源，以及地域特色和其独特性，有较完整的文化生态体系和较深厚的物质和非物质文化遗产，极具历史、文化、艺术、科学等研究价值。

现村落主要有传统村落、一般村落、现代村落三种类型，但村落的划分不存在明确的时间界限，主要依村落文化和历史价值而认定。广义上讲，传统村落首先应有一定的历史积淀，且还在为人使用，是人们

---

① 新华网. 中共中央国务院关于加快发展现代农业进一步增强农村发展活力的若干意见[EB/OL]. [2013-01-31]. http://news.xinhuanet.com/2013-01/31/c_124307774.htm.

日常生活、生产劳动等社会生活的主要场所。其次，有一定的历史价值，各种历史信息和文化传统通过载体得以传承，村落能够反映某一地域的民俗文化、风俗习惯。一般村落的历史较短，有一定数量的历史建筑、传统建筑遗产极少，村落格局不完整；而现代村落多为中华人民共和国成立后的新村，村落文化基本城市化，非物质文化遗产内容很少。从狭义上讲，即经国家或省市评定的传统村落，包括国家级传统村落、省市级传统村落。2012年住房和城乡建设部等部门颁发的国家级传统村落评选标准为：第一，现存建筑有一定的久远度，文物保护单位的等级达到标准，传统建筑的占地规模、现存传统建筑（群）和周边环境保存有一定的完整性，建筑的造型、结构、材料及装饰有一定的美学价值，并有对传统技艺的传承；第二，传统村落在选址、规划等方面，代表了所在地域、民族及特定历史时期的典型特征，并具有一定的科学、文化、历史以及考古的价值，且与周边的自然环境相协调，承载了一定的非物质文化遗产。基本明确了传统村落的基本特征和标准：历史悠久，遗产众多，地域风貌特征相对完整。

当城市化浪潮对乡村聚落的冲击成为普态，农村劳动力向城市严重流失导致人口缺失，农村医疗教育等基础建设的配备普遍不足及资源配置的不均衡加剧，以及传统农村家庭经济结构的瓦解成为共性的背景下，广东的村落发展在整体落后于城市聚落、不复往日城乡同步发展的步伐之时，内部也日益出现了发展水平的分化。城乡二元制实行以前基本处于同一起跑线的乡村聚落，经过半个多世纪的发展，到如今已存在巨大的差别：有的虽处乡村，但却建设得比城市更像城市；有的古风古貌保存完整，却几无人烟；而更多的，是保留着成为空心的老村老宅，在其周围"自由生长"出新村、新宅；村内农户在城乡之间从事着兼业生产，生活水平有明显提高，但归属感及对本村落再建设的参与感却日益降低。

人居环境的生命力，既离不开地灵，也离不开人杰。以往乡村聚落保护或建设的案例证明，若没有考虑到当地居民生产、生活与环境三者间的长远平衡，在改善物质生活条件和追逐经济指标的巨大冲动之下，以所谓"发展"为目的注入的资金反而可能加速对传统乡村聚落的破坏。当今乡村建设常出现以下问题：

第一种情况，是"保不住"。这一类传统村落的商业开发和媒体宣传往往较为成功，使得其区域内的旅游业和围绕当地特色产品的小商业经营十分兴旺，但随之而来的问题，却是传统聚落空间、聚落肌理和历史建筑风貌破坏迅速而严重。与此同时，大量工业固体垃圾和"现代环境病"（如大气污染和水污染）也随游客和商贸往来传导到这些村落，使得保持了成百上千年的人与自然和睦相处的聚落环境于短期内恶化。

第二种情况，是"挂牌死"。这一类传统村落的风貌保存往往较为完整，甚至还被当作成功案例进行宣传。但这类村落却常常人去楼空，参观者走遍聚落却看不到半点当地人的生产与生活。即便有些当地政府专门投入大量资金制作了蜡像和多媒体讲解资料，这样的聚落仍然不得人心。参观者感受不到建筑与物件背后生动的社会组织和生活圈形态，即无法被聚落所凝聚的文化与人际关系感动。而当地居民因无力承担修缮费用，或是碍于严酷的管理措施无法对聚落做出适应新的生产生活要求的更新改造，只好迁出受保护区域另寻住址，从而产生了貌似光鲜却毫无生气的"空心村镇"。

第三种情况，是"无所适从"。这类传统村落往往在当地具有一定的名声，或是被某些研究机构当作案例进行过某方面的研究，但因各种原因尚未被纳入"历史文化名村镇"的挂牌范围。在当前农村劳动力大量进城务工的时代背景下，这些聚落慢慢沦为老弱病残的留守地，大量具有历史文化价值的建筑、景观、民俗、文物随聚落的衰败而损毁或遗失。又或者，当地自主经济十分兴旺，聚落自我更新迅速，并不愿意被挂牌，因为担心挂牌后反而限制了村集体的自治和聚落的发展。

# 三、乡村景观困境

在经济发展与快速城市化的过程中，乡村景观发生了最为剧烈的变化。这种变化是以景观及生物多样性的衰退、同质性的增加，特别是与历史和传统产生割裂为特征的。主要在自然、农业、聚落、人文等方面出现困境。

## （一）自然景观的生态失衡

在市场经济十分繁荣的当下，乡村自然景观的风貌发生了很大的变化。为了适应大量的生产建设，对林业、矿业等资源的开发越演越烈。为了配合交通、电力、水利工程的建设，不少村落集体搬迁，山体、水体经受了更多人为影响。集体扶贫政策使有的村落整个从原址搬迁到了更靠近公路的位置，原址的林地、耕地都因无人养护而显现出了破败。许多原本苍郁的山景，因砍伐导致植被稀少，土质流失，再加上对山体采用爆破等方式后没有做好挡土方面等防护建设，山体滑坡造成的泥石流灾害加重。在毗邻县市的乡村开办工厂企业，只看到廉价土地、劳动力和快速生产带来的经济效应，却对环境保护视而不见。尤其是不当排污造成的水质、土地污染，以及过度开采河沙造成的河流水位变化，都破坏了生态系统的平衡。生态系统的破坏对乡村自然景观的经营极为不利。

而单一村落旧的规划方法也不利于大范围内对自然景观的整体把控，照搬城市规划来对乡村景观进行设计无疑是雪上加霜。

## （二）农业景观的破碎萎缩

农业景观作为人类所创造面积最大的一种景观，原本应当朝整体化、精细化进行演进，然而实际情况却不容乐观。首先是传统的粗放型农业过度地依赖新型生产资料，破坏了生产景观用地和农产品的性状。以资源高消耗为代价来应对土地资源开发的捉襟见肘，其后果是原有的生产用地也将失去生产能力，大气、水源、土壤等必要的生产资料也受到影响，部分地区已经有土地荒漠化的弊病显现出来。再加上乡村青壮年劳动力的流失，造成大面积农田因无人耕种而被闲置。

此外，有些县市为了经济发展，扩张工业，侵占了乡村生产土地。又或者是村民自身为了谋求赚钱的渠道建立小作坊，随意出让土地，由于无人管理不成系统，与原本对环境要求很高的农业生产用地混杂在一起。将农业景观割裂成碎片，而新型的生产用地却没有融入原本的景观秩序，造成乡村生产景观意象的缺失。

## （三）聚落景观的格局混乱

随着新农村建设的开展，由于经验不足、资金短缺或是专业知识缺乏等原因，很多建成的新村并没有体现出传统乡村中能够被审美感知的聚落景观。而更糟糕的是，因为统一的建设活动并没有覆盖所有乡村，加上浮躁的攀比情绪，很多乡村在聚落空间的发展上，是通过无序的扩张和私搭乱建完成的。在对广东部分传统村落调研中发现，村落只对新建民居的宅基地面积加以限制，使得新宅的建设没有原则标准又不再遵循传承下来的历史经验，再加上村民本身的文化素养限制，只会形成五花八门的跟风建筑。它们破坏了乡村聚落景观的统一风貌，使得整个聚落景观呈现出一种格局混乱、结构单一、形式混杂的趋势。

随着乡村经济水平的提高和人口数量的增长，原有的居住格局的确已经不能够满足生活需要。但是，在不断的扩张中，寻求出一条合理的空间发展思路，既延续原有的村落空间格局，又能保证新村落生活各方面的便捷，才是正确的努力方向。

## （四）人文景观的特色丧失

中国的很多乡村都是以血缘为纽带形成的聚落，在一代又一代地传承着，拥有各自独特且厚重的文化底蕴。传统文化、传统民俗、生活方式和生产特点，形成了乡村景观中不可或缺的人文景观。这种人文景观的本质是非物质的，往往需要观察乡村居民日常的生活，挖掘其表征景观中的"意"，才能剖析了解其人文景观的内涵。但是在当代的乡村规划设计中，由于设计周期短，而且采用由上而下的规划方式，设计者往往来不及去体察出那些潜藏在物质景观背后的非物质部分，因此在实际营建中也就忽略了对原有乡村文化景观的保护和利用。在这种上行下效的氛围中，再加上鱼龙混杂的多元文化对传统乡村文化精髓的冲击，乡村已经越来越缺少可识别的地方文化气息。

随着时代的发展，一些过去的人文景观已经不再适用于新的社会环境，因此我们不应该只是固守观念，须知延续下来的乡村文脉，其本身在历史中就是不断地发展演变的。但是，新的且适用于当代的乡村文化应当是传承下来的人文智慧与时代特点相融合的产物，而不是鱼目混珠的照搬城市文化，否则乡村人文景观将继续丧失精神特色。

# 第二节　传统聚落的要素特点

## 一、聚落内涵与构成要素

"聚落"这一称谓较早出现在《汉书·沟洫志》中，内记载"（洪水）时至而去，则填淤肥美，民耕田之。或久无害，稍筑宅室，遂成聚落。"[1]聚落是指人类各种形式的居住场所，在地图上常被称为居民点，它不仅是人类活动的中心，同时也是人们居住、生活、休息和进行各种社会活动以及劳动生产的场所。虽然修筑宅室可以逐渐形成聚落，但人是聚落构成的行为主体，能够将人固定在这个聚居点的最直接生产资料是土地，因此，农业用地作为人类聚居生存的根本，也是一切聚落产生的最基础条件。在农业社会时期，农田数量的多少、土地肥沃程度的好坏，也是决定其居民生活水准、聚落规模甚至是未来持续发展的重要因素。因此，聚落不仅是居住建筑及其相关生产、生活设施的集合体，还包括支撑其生存的区域自然环境和生产活动空间。

聚落与聚居的概念有所差异：聚落指人类的各种居住场所，强调物质空间要素的组成。根据聚落规模大小与物质要素构成的复杂程度，一般可分为城市聚落和乡村聚落两大类。聚落的存在形态受建筑功能格局与风貌以及居住方式的不同而异，同时也受到自然地理条件的深刻影响；而聚居是人类的居住方式与生存行为方式，由有形的实体聚落及周围自然环境，以及人与社会生活共同组成。

可以说，聚落与聚居两者的侧重点不同，前者强调居住环境，重点在空间；后者体现聚居行为过程中的综合属性，强调居住状态。通过聚居方式的不同，人类形成不同类型的聚落形态。聚落与聚居两者内涵的范畴不同，聚落包括群体聚集居住过程中的一切要素与形态，不仅包括空间的，也包括非空间的，聚落主要突出物质空间要素与形态。聚居的内涵比聚落宽泛，聚居将聚落内容涵盖其中。聚落更强调的是聚居空间中各种实体要素以及彼此之间的关系，诸如人、建筑、道路、设

---

[1] （汉）班固. 汉书.卷二十九. 沟洫志[M]. 北京：中华书局，1964.

施、水系、景观等。聚居方式在一定程度上决定了聚落形态，反过来，聚落形态也会对聚居方式形成各种行为上的制约与促进。

乡村聚落是指聚落居民以务农为主要生产形式，以农业为主要经济活动而形成的有一定规模的，具有一定历史文化遗存的聚居地。相对于城市聚落来说，是非城市人口的聚居地或集中住区。总的来说，乡村聚落包括了村落、集市、集镇等在内的不同层级的非城市聚落。乡村聚居是指在一定的地域范围内，一定规模与从事农业生产密切相关的人群集中居住的现象、过程与形态。这一过程往往会形成一些小规模的地域空间形态，也是村落、集市、集镇等形式，同时也形成了由血缘、亲缘、地缘、宗族等因素为纽带而交织的人际社会形态。乡村聚落、乡村聚居与乡村社会环境共同构成了乡村聚落形态。

聚落形态系统的构成要素是多方面的，在不同层次也有不同的侧重方面。东南大学李立认为"在物质空间的表层现象中，蕴含着行为方式、社会政策及社会文化观念的影响因素。因此，聚居生活方式、聚落空间特征与社会结构特征构成了聚落形态的三个主要方面。"①梁林认为此观点强化了人为主导的物质空间要素。而自然环境空间（或称之为地景空间特征）作为聚落形态系统存在的基础，属于非人工化的因素，因此，地景空间特征、聚居生活方式、聚落空间特征与社会结构特征这四个主要方面构成了聚落形态系统。

地景空间特征是聚落形态系统构成的自然物质空间基础，决定了人类聚居生活方式的选择与聚落空间特征的构成，虽然人类活动可以适当地改变地景空间的某些特征，但其基本限于聚落空间特征方面；聚居生活方式与聚落空间特征是构成聚落形态系统的外在显著因素。聚居生活方式以人为主体，关注某一定时期内人的行为活动方式，包括生产、生活方式等；聚落空间特征主要指直观可见的聚落物质空间形态，包括了聚落的分布、内外部形态以及建筑形态布局等。这两者之间通过社会结构特征有机地联系在一起。社会结构特征是人类聚居活动形成和发展的秩序和组织形式，包括了社会、观念、经济、文化、技术等。社会结构特征与聚居生活方式相结合，为物质空间载体的生成创造了条件。这四要素之间的关系是相互影响和约束的，四者相互融合存在的有机整体便构成了聚落形态系统的丰富内涵。②

聚落形态构成要素虽然很多，但主要有格局序列、街巷系统、节点空间、功能分区、建筑类型与风貌等。传统聚落街区肌理是在很长的历史时期内，由大量民居群落与相应的公共空间体系聚集而成。地形地貌、水系走向、街道格局、建筑布置的不同，街区的肌理、形态和尺度也会各异。传统住居建设基本都是由居民自建，街区肌理的形成由于住宅建设的个体化和逐步建成，而且各个家族或个人的经济条件、风水要求、人员构成等因素不同，使宅居的朝向、形式、规模和建设周期均有很大的不同，出现一种内部有序而外部无序的状态。这种民居组团的无序组合后所形成的街道及室外空间，又限制了后续宅居形态的发展，导致聚落的整体肌理呈现一种充满变化的有机构成状态。每一个宗族或大户的房屋群体就如一个大的"细胞"，细胞与细胞之间填充着改扩建的房屋、小门小户的住宅或公共空间，由此形成的公共空间也呈现出不规则的形态。③

传统城镇聚落内公共空间的构成包含几大要素：一是寺观宫庙、署衙及大型府第前规整的礼仪或集散

---

① 李立. 乡村聚落：形态、类型与演变 [M]. 南京：东南大学出版社，2007.
② 梁林. 基于可持续发展观的雷州半岛乡村传统聚落人居环境研究 [D]. 广州：华南理工大学，2015.
③ 林冬娜. 揭阳古城历史公共空间形态特征与保护策略研究 [D]. 广州：华南理工大学，2018.

图8-2-1 广州南海神庙牌坊广场

图8-2-2 德庆县悦城镇龙母庙牌坊广场

图8-2-3 广州越秀山牌坊

图8-2-4 过去广州河涌上的紫洞艇游船（来源：《广州旧影》）

等所需的空间（图8-2-1、图8-2-2）；二是山体、水系形成的山冈、河涌、湖塘等自然或人工景观空间（图8-2-3、图8-2-4）；三是具有边界或交通作用的空间，如城门（图8-2-5、图8-2-6）、码头、道路等；四是上述提及无序的民居建筑所限定的不规则的外部空间。这些空间容纳了城镇聚落中所有的公共功能活动，并和私人空间形成了相应的渗透和互动。传统街区的公共空间具有以下的共性特点：规模偏小、尺度亲切、种类形态多样；有主题功能但兼容其他功能的使用；归属和边界在特定时期可以在清晰与模糊间转化；空间要素（地面、围合界面、建筑造型、绿化等）生动而多样

化。这样的公共空间接近居民生活，使用灵活方便，环境气氛亲切，容量具有弹性，能促进人们之间的关系，具有归属感。

乡村聚落公共空间除了入村牌坊、门楼（图8-2-7）、码头水埠（图8-2-8、图8-2-9）、街巷等交通性空间外，也有宫观坛庙前广场、祠堂前广场（图8-2-10）等仪式性空间，大小不一的节点空间，为聚落街巷的线性或网状空间增添了乐趣。乡村是人类社会出现的最早聚落单位，它承载了农耕时代人类的生产与生活，其空间演化过程也对应着人类农业文明的历史发展轨迹。广东村落在发展中形成了各种格局形式，如平原丘陵地带的梳

图8-2-5 潮州古城门楼

图8-2-6 揭阳古城进贤门楼

图8-2-7 粤北连州村落门楼

图8-2-8 珠三角水乡村落码头水埠

图8-2-9 粤北村落河涌水埠空间

图8-2-10 广州番禺沙湾留耕堂、玉虚宫前面的广场

式、网格式等布局，山区山谷地带的组团式、分散式等布局，特别是珠江三角洲及沿海平原的乡村聚落，水、林、村三位一体，相融相生，其特点有：顺应自然的水乡格局，聚落与自然环境相融，村落水道环绕，街巷随着水道走向而自然曲折，人文历史也与水网紧密相关，如龙舟活动兴盛、水神崇拜祭祀等，处处因水得景，以水为脉，富有水乡特色风情。

水乡的水系是村落空间形态的基础，街巷网络形态和建筑布局形态俱为顺应水系的结果。村落路网走向随水而布，主街多平行于河涌（图8-2-11、图8-2-12），主巷基本垂直于河涌。每户人家都有到达水、使用水的权利。水、街、屋亲和交融，体现为"街—水—街""街—水—屋""屋—水—屋"三种临水空间，街巷之间、街巷与水之间产生了多种节点关系和空间感受。

根据街巷与水的空间关系，可总结出两种街巷的形态特征：①临水街巷形态。临水街巷沿水道曲折延展，形成连续的滨水空间。临水街巷多为村内公共性较强的主要交通道路，分为内部的双边水街和外围的单边水街两种。宗祠、分祠和商铺等公共建筑常沿临水街巷建设，排在前列的民居房屋，占据较为开敞的公共空间；②离水街巷形态。离水街巷常垂直于水道而自由曲折地划分地块，离水街巷如同毛细血管，为联系各户民居与主要交通道路——临水街巷的纽带，离水街巷内部为各家各户的出入口，房屋密集排布。

## 二、传统聚落之价值取向

随着经济的发展，特别是城市化进程的飞跃发展，城乡建设发生了巨大的变化，这些虽为城镇乡村带来了前所未有的发展机遇，但同时也使传统物质文化日趋式微，而传统物质文化亦包括具有地域特色的历史街区和传统村落。历史文化名城由于较早采取保护规划等措施，能够起到一定的保护作用。但许多乡镇和传统村落，由于保护规划未能及时跟上城市化的发展，处于一

图8-2-11 与河涌平行的村落主干道

图8-2-12 广州小洲村河涌两旁的街道

种特别尴尬的局面。对于一般的村落，现多以更新的方式去解决。而对于具有传统特色的村落，应寻求一种新的途径去平衡发展与保护之间的关系，以使其具有传统特色的建筑空间文化及非物质文化得以保存。

由于城乡居民生活方式、价值观念、建筑功能都悄然地发生了变化，原有的居住生活空间遭到质疑，导致居民常用拆建新建、乱搭乱建来满足新的生活需要。而有些传统建筑，特别是珠三角地区古村落的不少老民居，由于地段关系以及建筑破旧、面积过小等原因而被废弃。这些被废弃的建筑中也有不少历史研究价值较高且具有地域特色，所以应建立相应的价值评定来衡量聚落中的建筑，对其保护修缮、改造利用或有机更新进行指导。

《马丘比丘宪章》在文物和历史遗产的保存和保护一节中指出："城市的个性和特性取决于城市的体形结构和社会特征。因此不仅要保存和维护好城市的历史遗址和古迹，而且还要继承一般的文化传统。一切有价值的说明社会和民族特性的文物必须保护起来。保护、恢复和重新使用现有历史遗址和古建筑必须同城市建设过程结合起来，以保证这些文物具有经济意义并继续具有生命力。"

价值评定的内容可以是多方面的，包括历史价值评定、人文价值评定、艺术价值评定、环境价值评定等。对于价值评定标准，首先应以我国有关法规条例为依据。《中国文物古迹保护准则》规定："文物古迹的价值包括历史价值、艺术价值和科学价值。"历史建筑的价值要素包括"在一段时期内或世界某一文化区域内，对建筑、技术、古迹艺术、城镇规划或景观设计的发展产生过重大影响；能为已消逝的文明或文化传统提供独特的或至少是特殊的见证"。《广州历史文化名城保护条例》中保护的主要内容有："①具有历史特色的城市格局和风貌；②体现传统特色的街区、地段、村寨等；③文物古迹和近现代史迹；④风景名胜；⑤传统的文化艺术、民俗风情、民间工艺的精华和著名传统产品。"对具有传统特色的工艺，应当进行挖掘、整理，并扶持传统工艺品的生产。"各级人民政府应当鼓励传统文化艺术的挖掘和整理，扶持教育研究机构培养有关专业人才以及著名老艺人传徒、授艺，继承和发扬优秀的传统文化艺术。"同时也指出："必须坚持保护为主、抢救第一、合理利用的原则，正确处理历史文化资源的继承、保护、利用与经济社会发展的关系。"

传统聚落保护与发展要领会重要的方针政策；调查摸清现状，如历史、文化、习俗、爱好、人文、性格特征、居民现状、建筑布局、建筑特征、建筑损毁现状及自然条件；研究发展的定位和价值，要有针对性和可操作性，重点在历史文化和人文性格的创造力。

具体来说应该在下面几方面得到反映：挖掘传统街村的历史人文特色，做到历史文化真实性和整体性；保存传统街村的基本格局、历史风貌和建筑特征，有明显的地域性和民族性。如街巷、典型的类型建筑等，包括实物、材料、结构、外观、空间、装饰、装修等都要给予保护；从发展和更新来看，一定要贯彻街村的延续性，包括布局、风貌、空间、结构、环境、细部、装饰、纹样等。归纳起来，就是从三个方面挖掘传统聚落的特色：一是历史，二是文化内涵，三是建筑地域特征。这三方面的特征找出后，保护发展就有了良好的基础。

借助价值评定对传统聚落和建筑的保护及改造，特别是在再利用方面，可以起到以下作用：确定需要重点保护的区域和建筑，以及具体的修缮方法和改造方式；对失去原始功能和废弃的建筑进行评定，因价值需要进行修复，或植入新的建筑功能，使其重获新生；拆除影响街区整体风貌的建筑，评定对后期新建建筑是进行风貌协调，还是改造更新；挖掘聚落中被忽视的潜在利用资源。

根据上述价值评定的方向，拟定不同方面的评定。传统聚落保护原则可按其环境价值、历史价值、文化价值、艺术价值、科学价值而定。而保护标准则按照科学发展观的理论，以发展为指导，立足于未来，以人本为出发点，一切以满足人民的生活、文化、环境需要为目的。

## （一）环境价值

在传统的社会格局中，中国人曾长期以传统农耕为主要生产方式生活，乡村是农耕文明的自然产物，是人与自然不断协调的结果。因此，我国传统乡村大都呈现出与自然有机融合的特征。在漫长的历史进程中，乡村依托于不同的自然地理条件和社会人文背景，孕育出了具有不同地域特色的景观风貌。

自然景观环境是我国乡村景观的重要组成部分。人类将天生的自然环境纳入景观的视野，过去却只是间接、轻微或偶尔进行影响，因此，原本的环境风貌在这种和谐的氛围中保留了野趣天然的一面，却又与人保持了可亲可近的关系。传统的乡村生产景观以农业生产景观为主，它以土地等自然要素为基础。通过人类的主观能动性，既创造了进行生产活动的场所，又满足了生活需求甚至审美活动的进行。可以说，传统的乡村生产景观兼具了经济、生态、美学的价值。

乡村景观理想愿景中"山水—田—居"的模式，其表征不但是自然、生产、聚落三个层面的意向要素，更是各景观要素在时间、空间秩序下充满诗境的整体景观（图8-2-13、图8-2-14）。其中，"山水"表征的自然

图8-2-13　乡村"山水—田—居"景观

图8-2-14　乡村农田春耕插秧时节

景观是乡村景观形成的基础，其强调的生态特征在未来的发展下仍然需要被尊重保护；"田"表征的生产景观是乡村景观发展的根本，在生产方式改变的情况下，除了原有的农耕场地要结合实际进行重构，新形成的生产场地应当充分考虑人与自然的对话性；"居"表征的聚落景观是乡村景观营建的关键，不断提高的生活要求是其不断变化的重要原因。

传统农耕规律的农业经济体系促使人们持续的协调人与自然之间的关系，在与自然灾害的不断抗衡中，明白顺应事物发展的规律才是平衡发展的生存之道，就是中华民族"天人"关系的理念。"天人合一"的思想归根结底，除了体现出人们崇尚天地、顺应自然的特点，更重要的是强调了对人与天道之间和谐统一的最高追求。人们虽然顺应自然，但并不盲从，而是充分发挥主观能动作用，以积极的心态来处理人与自然之间的关系，道法自然的生态观念强调的是对自然的适度干涉，适度是事物发展变化的一种辩证观念。

### （二）历史价值

传统聚落与民居建筑形式多样，其形制和建造方法是在长期实践中，不断通过耗损、扬弃和修补得到的结果。因此，传统聚落建筑凝聚了人们对建筑材料、建造方式以及房屋形制的普遍选择观念，体现了聚落景观的多维度视角。

对传统聚落现有建筑的历史年代进行调查，根据调查结果把建筑分为三类：

一类建筑：主要指具有较高历史价值和艺术特色的祠堂、民居，以及具有传统风貌的建筑物和构筑物，规划应尽可能以保护为主，特别是外观造型与环境氛围。二类建筑：主要指质量尚可的建筑，包括新旧建筑，其建筑风格与历史建筑风格不冲突，或是经过立面改造可成为与周边较为协调的建筑，多为1~3层的建筑。三类建筑：主要指村落中与历史建筑风格冲突的近年来建成的新建筑，多为在商品经济下当地村民自行建造的三层以上的楼房，应尽可能拆除或改造更新，使其与传统聚落风貌协调。

传统聚落的历史建筑，根据保护原则和实际状况，也可分为三种做法：①具有典型的传统建筑艺术特色，建筑类型独特，建筑选址与总体布局巧妙，结构技术与装饰艺术精致，建设年代久远，特别是在清末以前的，建设规模较大，现状保存完好，在规划中采用整体保护方法；②具有传统建筑艺术特色，建筑类型特别，有一定的建设规模，内部结构与装饰保存较好，建设年代在清末以前，在总体规划中落实保护措施，有条件的情况下坚持原地保护，若与发展规划有严重冲突时，可实施迁建保护；③对于一般的历史建筑，建筑规模小且残破，若采取拆除，应将其构件和建筑材料收集放好，用于历史建筑修复之备用。

根据历史建筑的具体状况，进行修缮、迁移或改造，修缮和迁移工程坚持"修旧如故"和"不改变文物原状"的原则，力求恢复和延续其原有形制、结构特点、构造材料特色和制作工艺水平，为保持其文物价值，旧材料尽可能不弃不换；对残损的构件可补则补，可加固则加固；对非换不可的残件，应在选材的尺寸、形式、质量和色泽上，保持与旧物一致的风貌；对数量不足的材料，如砖瓦等，要按照原有材料尺寸、形状、色泽等专门订制。迁移的古建筑必须在拆前进行构件和材料的编号与清理，并登记造册；在新址复建时，严格按照造册登记表将所有构件和材料按原状复位。

建筑风貌是聚落景观的重要组成部分，民居建筑又占据了其中的绝大部分，它是人们感受地域文化的最直观的要素。因此在修缮过程中，要注意地域材料、地域工艺的使用。对村域内建造技艺、方式进行搜集整理，把控修缮后的整体风貌特征（图8-2-15）。对一些非文保单位的传统民居建筑，如果其原有功能已经无法满足现在使用，可以考虑对空间组织进行重新组合，置换引

图8-2-15 梅州大埔县西河镇重新修葺的民居

图8-2-16 潮汕民居屋脊上的神仙瑞兽、戏曲人物嵌瓷装饰

入新的功能来激活原有建筑。

此外,传统聚落的民居建筑及其周边环境在建造或使用的过程中反映了其经历的社会变革,甚至见证了历史事件的发生,本身就具有重要的历史价值。

### (三)文化价值

文化内涵包括物质文化和非物质文化,也包括传统村落格局形式背后体现的中国传统思想文化内涵:"天人合一"的哲学思想与风水理论中趋吉避凶的吉凶观念。

在满足生产生活的基本需求的同时,对精神层面的追求也是不可或缺的,"情景交融"的美学追求即是中国人民对物质与情感双重要求的集中表达。《存余堂诗话》所说,"作诗之妙,全在意境融彻,出音声之外,乃得真味",故触景生情、情景交融之下才能达到意境相生的境界。而乡村聚落的情景营造,于环境不同,人们审美兴趣不同,各村落也各不相同。物质层面与精神层面的需求在村落营建中缺一不可,通过将有限的生活空间扩展为无限的情感寄托,因"景"而生"情",再将"情"具象化为"景",体现出"情景交融"的意境。优秀的传统村落,过去不但满足人们物资层面的需求,而且满足人们精神情感层面的审美需求。

乡村的聚落景观是乡村景观中最易被人感知的部分,其中通过村落布局和建筑形式的变化形成的居住景观,又是内容最丰富、变化最多样的内容,它们的形式与风格反映了当时当地的社会文化与自然环境背景,承载着当地人们生活内容和生活方式的变迁。

### (四)艺术价值

传统聚落的整体风貌,特别在山清水秀的田园景观背景之下,其本身就是一幅艺术山水画,而且这幅画随着四季与晨暮的变化而景色不同。

广东古村落传统建筑主要集中在祠堂、庙宇、大型府第式民居及传统风貌民居群等,许多传统建筑艺术价值很高,保存完好,特别是梁架、立柱、斗栱,不但富有地方特点,而且传统的装饰艺术非常丰富,包括木雕、石雕、砖雕、陶塑、灰塑、嵌瓷等。

就拿民居屋顶来说,屋面的脊饰和山墙的墙头都是比较讲究的部位,因而成为民居重点装饰部位之一,同时也丰富了民居的造型。民居屋脊部位的装饰有平脊、龙舟脊、龙凤脊、燕尾脊、卷草脊、漏花脊、博古脊等,按用材来分有瓦砌、灰塑、陶塑、嵌瓷等,潮汕民居还喜欢在屋脊上塑置各种神仙瑞兽和戏曲人物,形成一个凤舞龙翔、人神杂陈的"鸟革翚飞"的世界(图8-2-16)。山墙的细部处理主要在顶部山墙尖部位,各地名称不同,一般称墙头或脊头。潮汕、客家、

图8-2-17 具有地域风貌的民居建筑

图8-2-18 粤中沿海地区的"蚝壳墙"

琼雷地区的民居墙头有金、水、木、火、土五式及变异形式，以及粤中、粤西广府地区的人字山墙、镬耳山墙、方耳山墙等，大大丰富了建筑的造型，对聚落建筑风貌与特色起到关键性的作用（图8-2-17）。

### （五）科学价值

传统聚落体现着其生存智慧的特色。首先是建筑形式的产生与人应对不同自然条件变化的各种方式，在以聚居为主的生活模式下，传统聚落在选址上就要充分考虑到整体聚居的环境特点，尽量找到资源配置最为合理、微气候最为和谐的场所，整个基地有丰富的物种多样性以满足生活需求。但同时古代人民也清醒地意识到这种美好的追求无法在众多营造实践中得到满足，则会充分利用地利条件、因势利导，根据实际情况调整聚落营建目标，以保护耕地和水土为原则，不仅创造了风格各异的聚落与建筑形态，还减少了对地表的破坏、对水土的能耗，从而达到保护生态环境的目的。再加上一些民居建筑在建造风格、局部装饰、建造工艺方面的特有做法，也具有可借鉴的营建智慧。这些营建智慧既包括其在建设方面的技术手段，更包括指导其营建工作的科学理念。民居建筑的多样本保护有助于后人不断地挖掘继承其中的科学价值，也是传统民居特色传承的重要环节。

聚落建筑受限于人力、物力和财力，一般采取就地取材的方法，以减少运输过程中的能源消耗，尤其是交通运输困难的地区。当地材料的利用不但降低了建筑的造价成本，也使共同使用当地材料的地方建筑呈现出外观的整体和谐，更重要的是，不同的自然资源条件提供的材料，使不同地区的传统建筑拥有了各自更鲜明的特点。对建筑材料的不同认知会形成对材料的不同利用，对材料的深入理解，能够弥补和改善材料的自身缺陷，制造出符合营建需求的构件。例如为了改善泥土不耐雨淋、弹性弱的缺陷，在泥土中添加糯米、白灰、碎石等，甚至通过煅烧的方式来增加耐久性能。传统聚落建筑的"金包银"墙，以夯实的沙土为内心，外皮则用砖砌，以增加墙体的防御性和防潮性能。利用海产的副产品"蚝壳"作为墙体材料，来构筑沿海地区的"蚝壳墙"（图8-2-18），起到稳固墙体抵抗台风的作用，也具有较好的防潮隔热功能。

传统建筑在具体的构造上，都充分考虑了当地气候等自然特征。气候作为一个描述环境的概念很早就建立起来了，中国古代以5日为候，3候为1气，不同时段具有不同的自然特点，因此合称"气候"。为了形成更舒适的居住环境，满足建筑在采光、隔热、挡雨等方面的需求，对窗户、墙体、屋顶等局部构造都遵循地区具体的环境特点。传统经验是人们在掌握自然规律的基础上，通过长期实践总结出来的，具有传统性与地方性的双重特点。从广东村落梳式布局中可以看到，村前村后的水塘、农田、树木构成了一个低温空间，热空气经过它，温度就降低。而村内的房顶、墙体所构成的空间是高温空间。这样，村内村外由于冷热温度差的作用，就自然形成冷热空气的交换，从而构成自然通风。

# 第三节　传统聚落的保护实践

## 一、古城街区保护更新

潮州市为国务院公布的第二批历史文化名城之一，著名侨乡，素有"海滨邹鲁""岭海名邦"之称。全市现有文物古迹728处，其中全国重点文物保护单位8处，省级重点文物保护单位9处，是粤东文物古迹荟萃之地。

潮州古城东临韩江，完好地保留了明、清时代的城市格局，街道、巷坊、建筑的布局，其特色是由具有历史渊源的古民居为底色，烘托着城楼、城墙、庙宇、学官、祠堂、府第、牌坊以及近代形成的骑楼街。"潮州厝，皇宫起"，潮州古城民居数量庞大，常见建筑类型在"下山虎"和"四点金"的基础上，通过主体建筑开间、进数多少和从厝、后包辅助建筑组合，形成规模、等级不一的建筑群，可以看出潮汕传统民间建筑间存在关联的模数关系，方便适应功能变化加减房间，体现宗族文化盛行的聚族而居生活方式。从民居屋顶、墙面等的装饰元素上也可以发现，多为象征长寿安康、福禄喜庆等图案构成，或以历史典故、民间习俗为题材，寄托趋吉避凶，以及起到道德教化的目的。无论城市格局、建筑规模到外观造型、细部构造，都可以从文化层面凸显人们心中的信仰理念和美好祝愿，这些也由此成为古城风貌的重要特点。

附在建筑上的石雕、木雕、嵌瓷、灰塑、彩绘以其绚丽多姿的形象，充分体现着建筑材料工艺技法和潮州地方文化特色。古城以居住空间为主，大面积连片分布的民居建筑让古城的景观更加统一。古城传统聚落建筑组群远观黑白相间，朴素淡雅。近看装饰繁复装饰复杂，局部色彩艳丽，这种远近观感的差异让民居的轮廓更加凸显，奠定了城市建筑风貌的基调。每当漫步于这些民居中，灰瓦白墙给人带来内心的宁静，而局部绚丽的色彩又轻轻打破这种宁静，带来心灵上的享受。

纳入人们眼帘的古城景观，首先是有文化底蕴和标志性的景象，特别是具有一定规模或体量的建筑物。像始建于唐代的开元寺、宋代的湘子桥、明代的广济楼和城墙等。传统历史街区的保护，首先也是对文物建筑与历史建筑的修缮，进入21世纪以来，潮州市政府和文物部门先后修复、修缮了广济楼与城墙（图8-3-1）、湘子桥（图8-3-2、图8-3-3）、己略黄公祠、韩文公祠及环境整治（图8-3-4），还对甲第巷民居进行整治和改造。另外对老城区老房子的整修活化利用，如小型民间博物馆、艺术馆、民宿等（图8-3-5、图8-3-6）。这对提升城市文化景观起到重要的作用。

图8-3-1 潮州广济楼与城墙

图8-3-2 潮州湘子桥 修复前(上),修复中(中),修复后(下)

图8-3-3 修复后的潮州湘子桥

图8-3-4 潮州韩文公祠修缮及环境整治

图8-3-5 潮州宰辅第客栈院落

图8-3-6 潮州载阳客栈夜景

### (一)老街区织补更新

城市的发展和新的功能建筑需求,肯定会拆除破旧建筑与建设新的建筑,老城区的更新应该如何建设,所织补的新建筑与历史街区协调非常关键,不能因新建设的内容破坏原有历史街区的风貌,导致历史文化韵味丧失。以饶宗颐学术馆为例,探讨老城地段更新织补的新建建筑。学术馆位于潮州市东门楼内城墙旁,建筑设计应富有地方特色和潮州个性,同时要与潮州古城风貌整体和谐统一(图8-3-7)。

图8-3-7 潮州东门楼饶宗颐学术馆

饶宗颐先生为广东潮州人，曾在潮州生活，后赴香港工作，是中国当代著名历史学家、经学家、考古学家、古典文学家和书画家，又是杰出的翻译家，其学术范围广博，甲骨、敦煌、古文字、楚帛书、上古史、近东古史、艺术史、音乐、词学等均有专著，艺术方面于绘画、书法造诣尤深。为了表彰饶老先生学术成就和治学风范，收藏和研究饶老先生的学术著作和艺术创作成果，同时也为弘扬中华优秀传统文化，丰富潮州历史文化名城内涵，潮州市人民政府于饶老先生早年读书处建设饶宗颐学术馆。

学术馆在设计过程中，应让人们感受到饶老先生的故乡情怀和潮州文化，故建筑的布局、形态、造型应体现潮州的建筑风格。潮汕传统文化注重读书育人，过去许多人家在住居内设置书斋庭园或庭院，打造一个安静舒适的环境以利于读书，饶宗颐的父亲当年就建造了莼园，是一处集居住、收藏、园林为一体的宅园，宅内还建有藏书楼"天啸楼"。当今的饶宗颐学术馆，到此活动的人数会较多，室外需要较大的聚散空间，所以学术馆外观造型以青瓦白墙的潮州民居形式为主，采用民居、庭园相结合的布局方式，把传统庭园、庭院引入建筑空间，满足人流活动需求。而形状内容各异的平庭、水庭、山庭及山水庭等各式庭园、庭院穿插于建筑之间，丰富了建筑外部空间内容，也增添了空间的情趣（图8-3-8）。

传统街区建筑的织补更新，虽然采用传统的外观造型容易与风貌协调，但织补更新的新建筑更要学习借鉴传统建筑可取的营建智慧。传统潮州民居根据特定的自然条件，调整建筑以适应地方气候、地理、环境及材料

图8-3-8　饶宗颐学术馆庭园院落空间

选择，潮州古城地处亚热带地区，湿润炎热多台风，城内地势平坦，人口密集，为了应对这一气候条件以及出于节约用地，采用坡屋顶形式的民居建筑，外形方正，整齐排列，以防台风肆虐带来的灾害。内设天井不仅获取生活需求的室外空间，而且满足通风采光，宅邸较大时还在建筑东西侧设置南北走向的冷巷，形成局部舒适的小气候。为了抵抗海风的腐蚀性，墙身、基础、门框等采用石材砌筑，延长房屋使用寿命。人口密集的民宅建设使林木资源有限，古城居民利用近海优势，将石材与贝壳碾碎烧制成贝灰，并广泛运用于房屋建造中。多雨咸湿的气候催生了潮汕嵌瓷艺术，防晒防雨，色彩永久，给人一种变化多姿的美感。饶宗颐学术馆运用连廊、巷道、廊墙作为联系或间隔，形成室外小空间，有利于抗风。建筑借鉴传统民居的通风原理和手法，通过建筑、檐廊、巷道和庭园天井，使其疏密有度，解决了遮阳与通风，调节了微气候，天热时可以不开或少开空调，节约能源。

传统聚落民居组群布置，大型的家祠宗祠位于片区民宅中部，是民居建筑的核心，这些反映了中国传统文化的思想理念，对儒家文化的认同恪守和对先祖的敬仰尊崇。建筑的营建也尊崇"祖先之制"，以"皆仿古制""悉如旧制"为营造法则，平面突显轴线，以中轴作为引领，厅堂居中，开间多进深大，主从关系严谨，空间内外有序。学术馆建筑组群设计也体现着主次关系和造型对称等手法。

饶宗颐学术馆建成开馆以来，经过十来年对外开放，当地居民感到古城内又多了一个新景点，认为建筑有潮州的文化内涵。有关部门认为以后在旧城改造更新中，这种建筑织补方式可以作为历史街区和建筑改造更新的一种参考蓝本。

## （二）骑楼街整治改造

骑楼是近代出现在中国南方地区的沿街店铺式建筑，底层立柱设廊，为商家提供优质售卖展示空间，因其跨越人行道而建，犹如"骑"在人行道上，故而得名。这种建筑通常成排连续出现，形成街道，因而称之为骑楼街。潮州古城现存骑楼数量多，保存情况良好，主要分布在太平路、义安路、上东平路、西马路、东门街等区域，历史价值高。骑楼风貌区的主要特色为人流密集，生活氛围浓厚，让人觉得休闲愉悦；中西合并的建造风格，简约统一，开放创新，让游人很容易就将其同城内其他古香古色的建筑物区分，加深对古城意象的理解。

由于骑楼适应潮州炎热多雨的气候，因而一直延续至今。走进骑楼街，浓厚的市井气息扑面而来，不同的生活场景在这里上演，这得益于其空间大小亲切宜人。在布局上，骑楼线性组合，街道间相互串联成片，与城市的传统肌理良好融合，在延续城市格局的基础上又为城市增添了新的景观要素。骑楼街的空间宜步行及自行车交通，街道宽度多为5~6米，两旁以双层建筑为主，宽高比约1∶1。这种街道尺度适中，让百姓可便捷地与邻里互动往来，城市街景也由此充满生活气息，亲近宜人。

骑楼街区还是古城百姓博采众长的开放品格的反映。明清对外贸易的高潮促进潮州古城对外交流频繁，将许多外地的新技术及新思想被引进潮州，从而形成传统文化同海洋文化协调共生、交相辉映的风貌格局，骑楼正是多种文化碰撞下的产物。骑楼外观线条简约，可分成楼顶、楼身及楼底三部分。在立面造型上，以大面积浅色为主，屋顶高低曲折，或简单设置平顶，或用斜坡屋面修饰，部分围有几何栏杆，加建塔楼，或挑出雨篷增加实用性。墙面多有浮雕装饰，以中式古典花卉图案为主，也有采用西式风格纹样，自下而上逐渐增加，并与建筑融为一体。窗台窗口规则整齐，廊柱等距分布，清爽舒适。

在古城众多骑楼街中，最具特色的莫过于太平路

图8-3-9 潮州太平路骑楼街四进士坊

图8-3-10 潮州太平路骑楼街文宗方伯牌坊

与东门街的牌坊街，根据史籍记载，太平路共有明、清石牌坊39座，其中建于明代的有34座，建于清代的5座，最早的建于明正德十二年（1517年），是为御史许洪宥建的"柱史坊"，最迟的建于清乾隆五十年（1785年），是为直隶总督郑大进建的"圣朝使相坊"。太平路在1951年，当时尚存的19座石牌坊因阻碍交通、废坠伤人而被悉数拆除。2006年潮州市启动牌坊街修复工程，工程修复古牌坊22座，其中太平路20座，东门街2座，后来又增加位于南端入口的"十相留声坊"，把牌坊街打造成为能够充分展示潮州古城文化内涵及历史风貌，激发古城区经济活力，带动名城旅游发展的历史文化街区（图8-3-9、图8-3-10）。

近年来，潮州市政府加大了骑楼街的整治与改造，先后对上东平路、义安路、西马路进行品质提升。与太平路相比，义安路等骑楼街宽度窄，更为破旧杂乱（图8-3-11）。义安路原为潮州古城南北向的中心街道，过去是潮州古城的中轴线，主要起于开元路，止于旧府衙遗址。目前义安路仍为古城中的核心道路，其承担了交通、文教、旅游、商业等诸多功能。义安路北面端头是旧府衙遗址，原为"一府辖九县"的粤东重要衙署，现已毁掉，部分用地被一些机关占据，其余为城市绿地公园。上东平路是与义安路、太平路平行的南北向商业街，西马路是与上述几条路垂直相交的骑楼商业街（图8-3-12、图8-3-13）。其存在问题：建筑风貌上形式不统一，破损严重，店招混乱，还有违法加建及各色各样的防盗网影响着立面景观；空间节点上其街道主入口及处重要巷口缺少标志物和标识，缺乏开放的公共活动空间，空间节点没有古城气息；公共设施上车辆停放杂乱，公共空间缺少座椅，照明等设施缺少特色；景观绿化上植物未能与周边建筑环境有机结合，缺乏公共绿化空间。

骑楼街的整治改造原则是尊重历史的沧桑，重塑时代的荣华，改造后的马路有历史韵味而不破败，丰富而不杂乱；同时改善人们的生活品质和体验感，营造适合生活与游览的街区环境；尊重历史的真实性，尊重各个时期的景观与建筑风格，发掘街道的自身特色，为潮州市打造城市文化名片（图8-3-14、图8-3-15）。而整治改造策略从四个方面着手：①结合潮州古城的保护和发展，遵守保护优先策略，优先保护有传统风貌的建筑，对损坏的柱、窗、墙面等分级进行修缮和更新，以最少干预原则进行最低限度的改造。强调建筑整体的协调性，在风貌统一的前提下，做到建筑风格丰富多样，各建筑立面具有特色。②将不符合风貌要求的门窗统一更换为木制木窗和统一的遮阳装置。立面落水管采用陶

图8-3-11 潮州骑楼街原状

管并统一放置,拆除沿街立面防盗网,采用内置防盗网形式,保持街道立面的完整性。采用统一形式的店招,使商业街整体规范统一,保证建筑立面的协调性。③对于重要的街道交叉口位置和巷口,设置有特色的铺装装饰,并设置带有路名的标识物。在古井等文化遗产处设置地面铺砖装饰和标识物,增强引导性。④注重整体性的规划构思,按街区特点进行设计,增加公共休闲娱乐空间,为人们提供相适应活动场地。完善街区配套公共

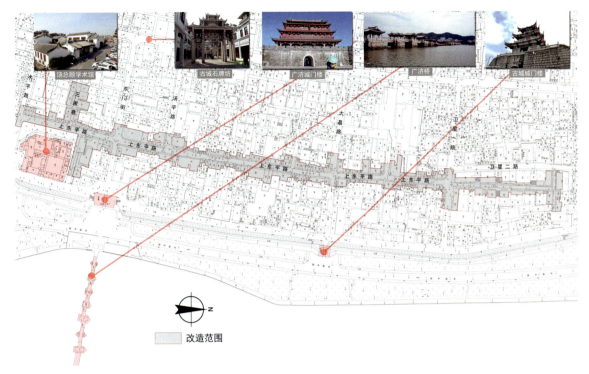

图8-3-12 潮州上东平路骑楼街改造区域（来源：广东中煦建设工程设计咨询有限公司 提供）

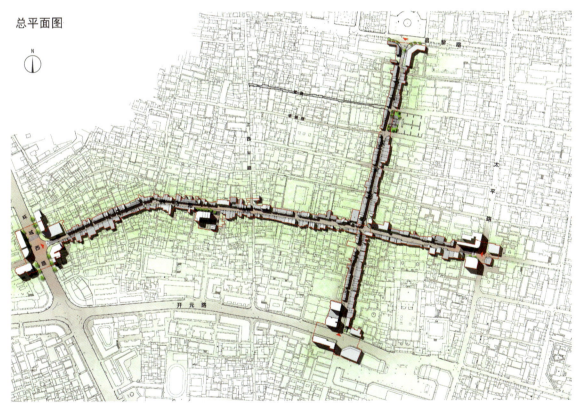

图8-3-13 潮州义安路、西马路骑楼街改造区域（来源：广东中煦建设工程设计咨询有限公司 提供）

图8-3-14 潮州上东平路骑楼街改造效果图(来源:广东中煦建设工程设计咨询有限公司 提供)

图8-3-15 潮州义安路、西马路骑楼街改造效果图(来源:广东中煦建设工程设计咨询有限公司 提供)

设施，增加立面景观小品，提高竖向的景观印象及景观感受，突出重要景观节点（图8-3-16、图8-3-17）。

中西元素交融的骑楼街折射出早年开放兼容的设计思维，现整治改造通过采用多种不同表达方式，让人去品味其中奥妙，将早前的商贸文化、海洋文化再现于人前，为游者述说繁华往事，从细节上丰富城市景观意象，让骑楼历史街区成为城市的代表性景观（图8-3-18）。

## 二、多村连片发展规划

一直以来，乡村建设活动多以单个村落为规划范围，这一模式虽能在一定程度上通过单个村落的复苏带动区域经济，但由于单个村落产业单一、资源有限，乡村建设往往不是力有不逮就是后劲不足。因为在建设初期没有对区域内毗邻村落进行综合调研、统筹规划，致使村落之间原本存在的多方面平衡关系被打破。在建设手段上，由于单个村落占地较少，无法进行更多样化的公共空间活化，乡村社区建设的长远发展受限。再加上

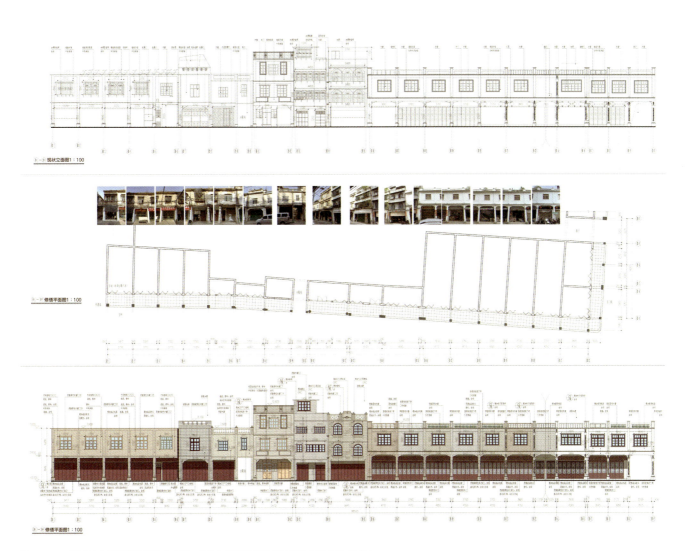

图8-3-16　潮州上东平路整治设计（来源：广东中煦建设工程设计咨询有限公司 提供）

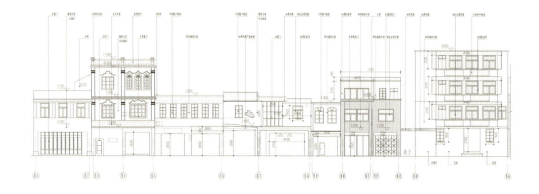

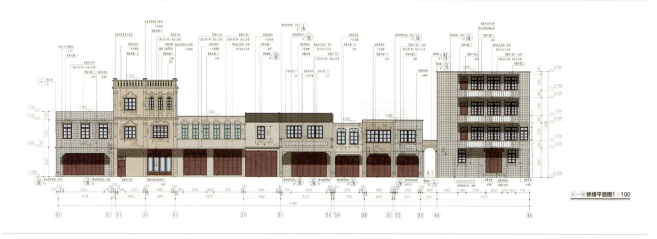

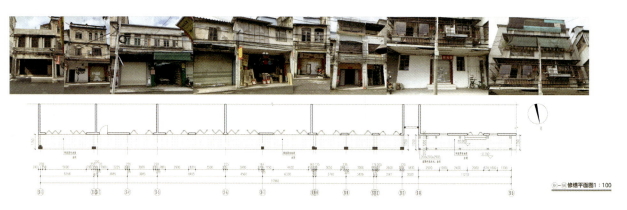

图8-3-17 潮州西马路整治设计（来源：广东中煦建设工程设计咨询有限公司 提供）

民众对传统民居建筑等资源进行不当改造，乡村建设的未来发展堪忧。

多村连片发展模式是以乡村协同发展为目标的一种新型发展模式[①]，它将各村落以统一的目标相互关联并互相产生作用，形成具有不同层次、不同结构、功能分工明确的综合体。多村连片统一规划行动，从本质上说

---

① 中共广东省委农村工作办公室、广东省财政厅. 关于推进省级新农村连片示范建设工程实施方案的通知（粤委农工办[2014]79号）[Z]. 广州：粤委农工办，2014.12.31.

图8-3-18 经过整治后的上东平路骑楼街

就是各村落相互依存的关系，发展模式以产业联动为经济基础，以村民为主体，在物质与精神两个层面，开展以多村合作、整体推进、因地制宜、就地整治为原则的乡村规划建设。以往的乡村规划以单个村落为主体，资源基础不够强大，多样性的合作难以实现，社区营造工作也难以进行。多村联合行动发展模式下的乡村规划则为多村落之间的互动提供了条件，其着眼点就是乡村的可持续发展，强调自我组织协调的长期过程，以引导的方式改变乡村社区。

多村连片规划首先必须以整体区域调研为基础。一般来说，为了更好地发挥地域优势，联动的各个主体通常是在地缘上毗邻的几个村落，以形成相对集中的大区域。所以在资源的分析方面，不论是对山水田园等自然环境资源，还是对民俗名人、宗教信仰等历史人文资源，都要进行全面考察，尤其是在产业资源、土地资源和周边资源的分析中，必须将多村作为整体进行统筹分析。

梅州市大埔县西河镇多村连片规划建设项目，位于大埔县西河镇西北侧的漳溪河沿线（图8-3-19~图8-3-20），规划区东接西河镇黄沙村，西、北与茶阳镇相邻，南靠湖寮镇，总面积约42平方公里，总人口8566人（2013年），主要包括北塘村、东塘村、黄堂村、漳溪村、东方村等多个行政村。规划区距离大埔县城约22公里，距离梅州城区约97公里，距离福建省下洋镇约21公里。梅（州）龙（岩）高速从规划区北部穿过，并设有一处出入口，通过高速公路连接线可与规划区相连，另有省道S221贯穿南北、县道X005（计划升级为省道S227）横贯东西，交通便利，交通区位优势明显（图8-3-21、图8-3-22）。

规划区整体地势四周高、中间低，气候温和，光照充沛，自然资源丰富，生态环境优良。水体景观：总水域面积约66.38公顷，漳溪河自东向西贯穿整个规划区，除地处镇区的漳溪村外，沿村河道岸线基本无硬化处理，沿线茂密竹林覆盖，地方特色明显；山体景观：平均覆盖率达81.2%，连绵起伏的山体形成整个区域的绿色生态背景；田园景观：耕地占地面积大，是大埔县粮食主产区，素有"大埔粮仓"之美誉。属典型生态型山区村落，是发展无公害特色农产品种植的首选地。

历史人文资源也非常丰富。规划区历史文化底蕴深厚，人杰地灵，英杰辈出。新加坡首席大法官——杨邦孝、中国葡萄酒之父——张弼士等人均为西河人。西河也是大埔县重点侨乡，有华侨和港澳台同胞二万多人，主要分布在东南亚。规划区属传统的客家村落，保留着许多民俗文化，如正月初四迎马、正月十六扫街灯，客家锣鼓、舞狮、汉乐、木偶戏、迎灯上灯等丰富的非物质文化遗产，其中广东汉乐、客家山歌、纸扎、棕编、竹编、藤编等已被列入非物质文化遗产。西

图8-3-19　大埔县西河镇景观

图8-3-20　大埔县西河镇漳溪河两岸景观

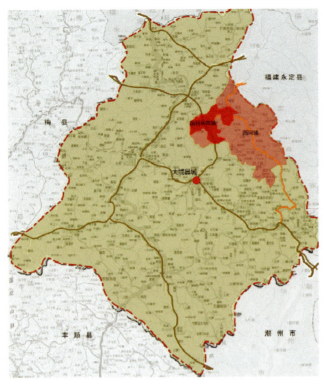

图8-3-21 大埔县西河镇新五村连片规划区位图

图8-3-22 大埔县西河镇五村连片规划区交通示意图

河镇特产丰富，除了美名中外的传统客家名菜、名小吃外，还有更具西河特色的珍珠粄、西河酵粄、西河焗田螺等。

规划区各村都保留一定比例的传统民居建筑，其中车龙村、北塘村、黄堂村、东塘村等古建筑、古民居较多，传统格局完整，历史风貌维护较好，完好地保存着明、清、民国等各个时期的客家民居与古建筑，广东省级文物保护单位张弼士故居位于车龙村，中国葡萄酒之父、张裕酿酒公司创始人张弼士的故居——光禄第，建于清光绪三十四年（1908年）（图8-3-23），除光禄第外，还有德新楼、资政第（图8-3-24）、敦厚楼、明经第、荣禄第、寿南公祠、大夫第（图8-3-25）、奉政第、学龄筱筑、笃庆楼等，车龙村已成为集民俗与自然、观赏与游玩于一体的旅游景区。北塘村的辅德堂，整座三堂四横一围的围龙屋，是一座拥有102间房子的客家大围龙屋，内有"三堂""九厅""十八井"，建筑面积3080平方米（图8-3-26）。其他还有志德堂、积厚堂、承志堂、继述堂、受祐堂、绍知堂、绍德堂、谦受堂、崇德堂、继志堂、志事堂、均安第（外翰第）、外史第、书香第、延寿楼、诒谷楼、济美楼、振德楼、赏兴楼、延庆楼、宜尔小筑、兰轩小筑（图8-3-27）、松林院观音宫、深造学校旧址等。东塘村有司马第和光禄楼，黄堂村有明德堂、昆和楼、夏兰张公书院都保存得较好。

规划在功能结构的划分上，不局限于村界，而是在实际分析的基础上，将各村的资源进行归纳区分。规划以樟溪河为主，构建一条滨水景观带，沿景观带根据实际资源条件与需要设置不同节点，整合成农业生产、综合服务、民俗体验、农耕文化等产业链（图8-3-28）。再根据实际的区位条件，以功能完善为目标，最终形成五大示范片区（图8-3-29）。在用地布局方面，充分考虑村民的实际需求，节约用地，对土地资源，尤其是产业、公共服务设施进行集约整合，优化村落布局。道路系统规划也结合现状进行统一部署，尤其是针对村民步行较多的状况，提高可达性与便利性，使各村落具有功能完善、便利的车行与步行交通系统。

图8-3-23　西河镇车龙村张弼士故居光禄第

图8-3-24　西河镇车龙村资政第

图8-3-25　西河镇车龙村大夫第

图8-3-26　西河镇北塘村辅德堂

图8-3-27　西河镇北塘村兰轩小筑

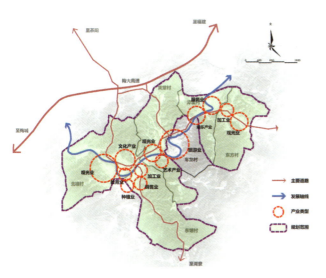
图8-3-28　西河镇五村连片规划产业设置

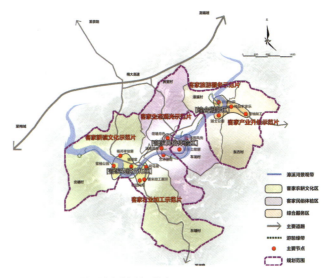
图8-3-29　西河镇五村连片规划示范片区

经济发展是村落发展的基础之一，在传统的单一村落规划中，如何扩大产业内容或者提升产业质量是难点之一。多村连片规划的优势即在于能充分整合各村的碎片产业，形成新农产业体系，为村落注入生机。在以农业为主要产业的同时，注入新型产业，可以更快更好地促进经济发展。新农产业体系以多村联合行动为基础，以新技术、新工艺、新形势、新方法为契机，可发展出现代农业、农产品加工业、农业教育产业等多项产业。

现代农业运用现代科学技术和生产管理方法，可以有效地促进生产用地向规模化和集约化发展。农产品加工业可以利用当地农产品的地域优势，在考虑市场需求的基础上，对农产品进行加工，将传统第一产业与第二、三产业链接。农业教育产业则以农耕文化为依托，以传播文化为理念，以夏令营学习等模式为手段，增加城乡交流。这些主题产业因地制宜、错位发展，既凸显各村特色，又在功能上相互补充，加强了各村之间的联系。

从旅游角度来讲，以联村区域所拥有的丰富自然景观资源，完善旅游配套设施，以客家村落、河溪山峦、花埂稻田等观光服务业作为其主要发展主题，通过增设竹排漂流、水上游乐等内容，使其成为第三产业的旅游服务区。在打破村域界限的同时，结合各村自身条件，寻找村落自身的特点以及规划目标与定位，依托现有资源，拓展思路，综合考虑，分别形成以客家传统村落、客家农业体验、客家乡村艺术、客家农业加工及客家生态观光为重点的产业发展规划（图8-3-30、图8-3-31）。

北塘村作为典型的客家传统村落，在格局上遵循了传统客家村落的布局模式，保留有特色的传统民居也非常多，较好地体现了中国传统农耕乡村社会的特点。北塘村还有许多有价值的历史文化遗产，如北塘村的茶米

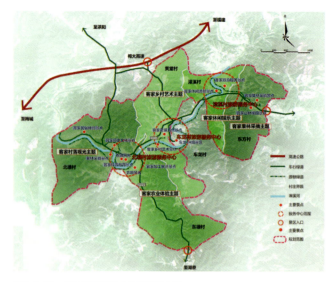

图8-3-30　西河镇五村连片规划发展主题

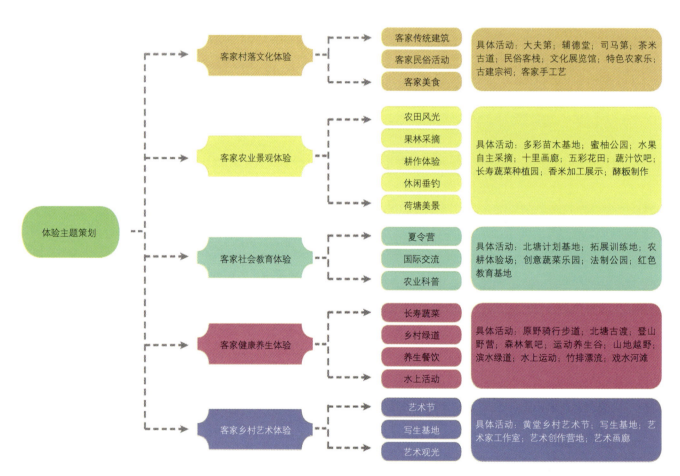

图8-3-31　西河镇五村连片规划发展主题内容

图8-3-32 北塘村茶米古道

图8-3-33 北塘村农田景观

图8-3-34 北塘村乡间稻田景观

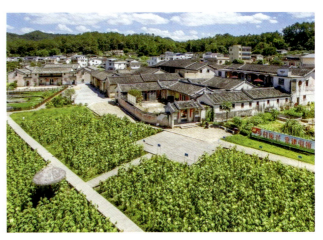

图8-3-35 北塘村建设风貌（来源：《梅州日报》）

古道，就是过去沟通南北的文化桥梁。茶米古道是在大埔县内古代沟通岭南与中原地区，以运送大米粮食为主要功能的民间商贸通道（图8-3-32），茶米古道也是一条自然风光美丽、文化神秘的旅游探险线路，它蕴藏着巨大的文化遗产。北塘村还有一条大约5公里长的栈道，把全村的特色民居串联起来，不但可以逐一领略客家古民居建筑"大观园"的神韵，还可以领略四周生机勃发的乡村农田景观（图8-3-33、图8-3-34）。因此，将北塘村打造成客家耕读文化示范片，原生态的客家传统村落，以"北塘计划"①为核心，开展大中小学生课外教研活动，以及国际交流活动，充分展示客家文化与传统风貌。北塘村是新加坡首席大法官杨邦孝的祖居地，通过名人效应建立法制文化园，将北塘村崇德堂设为杨邦孝大法官司法风范展厅，为游客及村民普及基本的法律常识。同时完善扩展舞狮灯会广场、客家传统民宿、客家手工艺教学、汉乐演奏学堂、客家博物馆、北塘计划夏令营、中小学生户外拓展中心等建设与活动内容（图8-3-35、图8-3-36）。

---

① "北塘计划"由大埔籍著名侨商张弼士的马来西亚万裕兴总公司经理张舜卿之孙、英国爱丁堡皇家外科学院院士张明经及其女儿张衍琳（Lisa）于1999年发起创办。香港回归祖国后，1998年张明经夫妇携女儿张衍琳回祖籍地寻根，萌生利用闲置的百年祖屋"辅德堂"创办英语培训班，命名"北塘计划中英夏令营"。中英英语夏令营始于2000年，由中国和英国大学生组成志愿者团队，每年暑假到北塘村免费为中小学生教授英语知识，至2019年已经开展了18届。

图8-3-36 北塘村发展规划（来源：华南理工大学民居建筑研究所 提供）

| ①灯心宫 | ㉓五彩花田 |
| ②多彩苗木基地 | ㉔特色农家乐 |
| ③原野骑行绿道 | ㉕曹式宗祠 |
| ④蜜柚公园 | ㉖黄氏宗祠 |
| ⑤四季采摘园 | ㉗乡野民宿 |
| ⑥北塘古渡 | ㉘蔬汁饮吧 |
| ⑦松林院观音宫 | ㉙农耕体验农场 |
| ⑧茶米驿站 | ㉚创意蔬菜乐园 |
| ⑨茶米古道 | ㉛长寿蔬菜种植 |
| ⑩登山步道 | ㉜滨水绿道 |
| ⑪红枫情人谷 | ㉝水上运动区 |
| ⑫森林氧吧 | ㉞河滩体验园 |
| ⑬运动养生谷 | ㉟规划渡口 |
| ⑭观景平台 | ㊱"北塘计划"基地（辅德堂） |
| ⑮十里花廊 | ㊲金三角商业街 |
| ⑯山野营地 | ㊳竹筏漂流管理中心及护具售卖点 |
| ⑰拓展训练地 | |
| ⑱休憩小寨 | ㊴大埔县法制宣传教育基地 |
| ⑲山地越野 | ㊵红军小学（红色文化教育基地） |
| ⑳民俗客栈 | |
| ㉑民俗创意坊 | ㊶村民活动广场（生态停车场） |
| ㉒文化展览馆 | ㊷游客服务中心 |

东塘村是西河香米主要产地之一，主要任务为开发新品种，扩建香米种植基地，提升西河香米的知名度，整合香米合作社的品牌资源。作为客家生产加工示范片，对现有的香米加工厂进行改造提升，更新加工设备，形成香米种植、加工展示及科普基地；改善农田水利基础设施，形成新型稻田风光，具有农业观光旅游的农业大棚课堂、自主采摘农场、无公害种植示范区及农产品销售超市；配合"北塘计划"开展农业养殖科教活动，作为对于展示交流的补充。

黄堂村具有一定的对外交通优势，较为良好的自然景观风貌又接近于张弼士故居等一系列知名度较高的文物保护单位，对于车龙村的4A级景区旅游开发，黄塘村可作为其内容的补充和对外门户的窗口。通过村容整治、建筑修缮，利用自然风光打造滨河栈道和农田风光，成为客家生态观光示范片，展示新农村的良好风貌。在整治过程中注入艺术设计元素，开展文化艺术活动，创立乡村艺术节会场、黄堂品牌创作坊、艺术家工作室、写生基地与黄堂美术馆等。鼓励当地年轻人自主创业，设计品牌，为五村联动的发展提供新鲜血液。

漳溪村作为镇政府所在地，具有较为良好的基础服务设施，作为五村联动的旅游服务区，为当地的旅游业开展提供基础。通过周边环境美化提升，建筑修缮整饬，植入一系列客家丰富的活动内容，如精品农家乐、精品客栈、弼士公园，以及水上活动、祭祖典礼场地等，成为客家综合服务示范片（图8-3-37）。

图8-3-37 漳溪村客家文化旅游服务区

东方村为西河镇蜜柚主要产地之一，通过产业升级改变传统种植，成为客家产业升级示范片。以发展"蜜柚梦工厂"为主题，衍生出一系列东方村蜜柚周边产品，如自主采摘区、水果加工场，还有以蜜柚为内容的蜜柚茶、蜜柚酒吧、蜜柚客栈、蜜柚乐园、蜜柚卡通等。

多村联动下的传统村落保护规划中，主要包括历史村落保护和乡村文化传承两个方面，具体可分为聚落格局、历史环境要素、传统建筑、非物质文化遗产四个层次体系。在划分保护范围时，由于毗邻村落往往相互影响，要充分考虑道路交通及自然边界来划分核心保护范围、建设控制地带、风貌协调区三大区块。在多村联动的情况下，核心保护范围可能分散而不集中，因此要考虑其作为重要节点的影响范围，慎重更改使用功能，确实需要活化处理的，应结合实际情况，参考产业需求，做好统筹安排，避免"跟风"进行建筑改建工程。在建设控制地带，除对质量较差的建筑物进行整改外，尽量保持原有聚落肌理。而对于风貌协调区则主要以环境保护为主，对视线景观和建筑风格进行控制协调。此外，传统文化的保护更是需要贯彻落实到整个区域中去，地缘上毗邻的联动乡村，一般来说具有同根同源的文化因子，应深入挖掘其民系、民族、农耕等多方面的文化要素，对承载文化的场所空间进行考察，根据习俗仪式的空间时序进行对应保护。而一些无法重用的传统风貌建筑则可以进行一定的整修更新，考虑以民宿、教育基地、农家菜馆等多种功能注入，使之活化，但要注意保存其当地传统风貌特色。其他一般性建筑既要尽量与传统风貌建筑协调一致，也要反映一定的差异性，避免多个村落的同质化。

多村联动发展模式下的乡村规划应强调村落间及村落内部的平衡发展。这种平衡包括经济、文化、自然等多方面的内容。在经济方面，通过均匀布置区域内节点来均衡生产力，使各产业齐头并进，做到多元产业互补互助，甚至有条件形成多项主题的完整产业链。以农业主题为例，可根据各村情况发展种植、加工、销售、展示、农耕教育等，这一主题与当地文化、旅游主题相互依存、相互影响，这样既巩固了产业发展，也不至于因为毗邻村落发展相似产业而造成资源浪费。在文化方面，多村联动更便于宣传交流，因此各村公共空间的建设应把握共同的区域精神，结合一些流动性的文化产业，多创造各村村民共同建设、互相交流的场所。在自然方面，我国乡村建设一直强调的山水格局在多村联动的态势下，得以更清晰、完整地保留下来，而对田地的集约化措施也使各村能更好地共享田园模式。

## 三、乡村人居环境提升

人居环境包含着与居住环境有关联的各种环境因数，而居住环境不仅包括与居住有关的实体环境，如自然环境、空间格局、服务设施和人文环境等，还包括与之相适应的社会、经济、文化等综合环境。可以说，居住环境是由各环境要素构成，这些要素在居住环境中的作用各不相同，经济作为村庄发展的本质推动力，决定了村落发展的动力，村落居住环境的提升，首先要考虑的就是经济环境的提升；生活环境作为人居住的根本所在，具体涉及在住宅建筑、公共服务设施、交通设施、景观环境、休闲设施等方面；自然环境是居住环境的载体和基础，对村落生态环境的构成有着重要的意义，其维护着聚落体系的完整性和延续性；人文要素作为居住环境的内在灵魂，是居住环境提高的精神内核。

博罗县龙华镇旭日村（图8-3-38～图8-3-40）处于珠江三角洲东偏北的山谷小盆地，距龙华圩镇约1公里，四周青山环绕，自然环境较好，山坡植被覆盖，山地林果遍布，田园相连成片，水系灌渠发达，地下水源丰富，适合多种农作物的生长和果树种植。村域总面积为178.78公顷，由蔚园、东园、大园、南边、大巷、梅

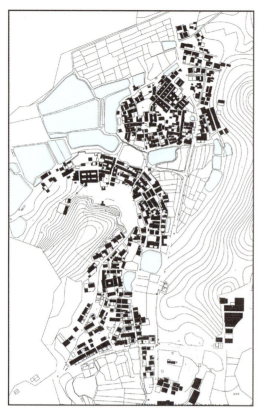

图8-3-38 博罗县龙华镇旭日村总平面图

花、永吉等7个村民小组组成,约有400户人家,全村一族一姓,皆姓陈,共有村民1800多人(图8-3-41)。但村内年轻人流失比较严重,相当一部分村民外出务工、开店经营、建筑维修、小型制造等,村中常驻和留守的人口多为老人、妇女和儿童。

清康熙前期,族人因旭日村地势开阔,诸山环抱,巍峨碧嶂,常年旭日高照,宜长久乐居,因此将村落取名曰"旭日"。又因地处山林之中,别称"罂里乡""龙华罂"。解放初土改时期被划为第五村,俗称"五村"。1988年龙华建镇后,村名又改回"旭日村",沿用至今。

旭日村的古建筑具有鲜明的明清时期建筑特色,由于陈氏家族是客家人迁徙至此,故聚落格局与建筑既有客家建筑的特点,又有广府民居的建筑风格。村落整体布局背山面水,村中巷道麻石铺道,两旁建筑的山墙面此起彼伏,构成了岭南村落典型的巷道风光(图8-3-42、图8-3-43)。现存古民居建筑600多处,其中3处省级文物保护建筑——陈百万故居(图8-3-44)、聘君陈公祠(图8-3-45)和洛峰陈公祠(图8-3-46);2处县级文物保护建筑——平伯陈公祠、纯德陈公祠;还有敦本堂、献裕祖祠、碉

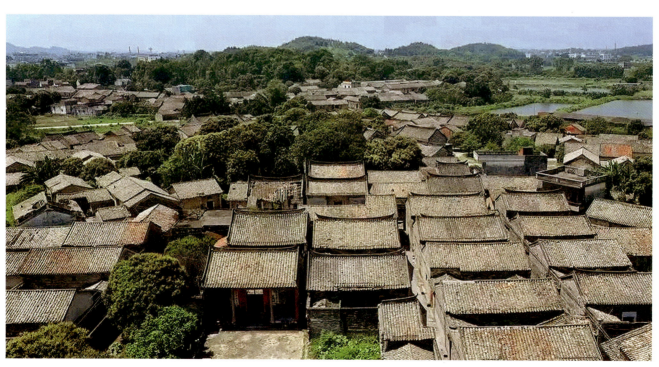

图8-3-39 博罗县龙华镇旭日村鸟瞰(来源:《惠州日报》)

图8-3-40　博罗县龙华镇旭日村西往东鸟瞰（来源：李丰延、陆琦 摄）

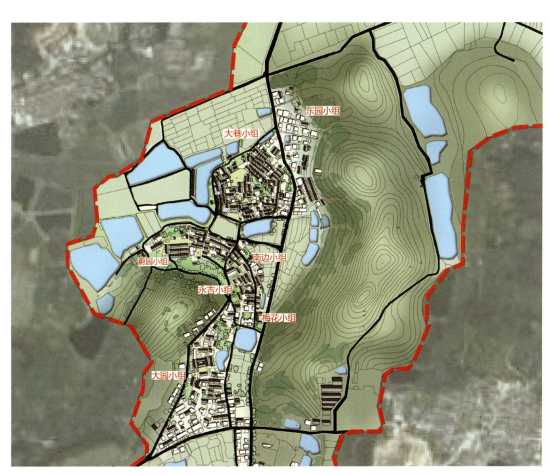

图8-3-41　旭日村7个村民小组位置示意图（来源：华南理工大学民居建筑研究所 提供）

图8-3-42 旭日村麻石铺砌的街巷

图8-3-43 旭日村内巷景观

图8-3-44 旭日村陈百万故居建筑群（来源：博罗县龙华镇政府 提供）

楼及风貌完好的古民居等若干历史建筑。村落古建筑主要为祠堂、民居、民国时期碉楼三大部分，尤以陈百万故居建筑规模宏大，是清代时期保存下来的岭南古村落建筑群，较全面地反映了历史时期的经济、政治、文化风貌及地方特色和民俗风情。村落环境优美，水塘、稻田、菜地、林地环绕四周，一片田园风光，尽显乡村生活气息。近年来，旭日村先后被评为惠州市宜居村庄、第三批广东省古村落、广东十大特色古村落、中国传统

图8-3-45　旭日村聘君陈公祠

图8-3-46　旭日村洛峰陈公祠

村落、中国古村落等。

## （一）保护发展

古村的保护离不开经济的发展。周边经济的发展对这个古老村庄而言，带来了新的发展观念与发展模式，对村庄经济与村镇企业的发展提供了多种途径。旭日村地处快速发展的城镇边缘，紧靠国道，地理位置优越。珠三角快速发展的城镇化一方面为旭日村的古村保护带来了诸多影响，而另一方面也为旭日村的未来发展带来了机遇。

相对于单纯的保护古村，只有结合保护的发展才是古村的出路。过去依赖传统农业单一的经济发展模式并非是上策，旭日村正在努力将其具有客家宗族聚居特色的古村落打造成旅游景点。龙华镇党委、政府按照"保护为主、合理利用、传承发展"的工作方针，把抢救、保护和开发利用旭日村古村落列入重要的议事日程，加快旭日村旅游资源的开发利用，致力把旭日村古村落建设成一个具有深厚文化底蕴，集客家文化、生态休闲文化于一体，宜居宜业的旅游景区（图8-3-47）。

图8-3-47　旭日村景观

村落是以人类活动为主体的复合生态系统，其中自然环境是整个生态系统的载体，主要有村内农田、水系、山体、绿色植被，如环绕村落的大量农田、山体、大量鱼塘、村口榕树群、山冈古榄园等，对旭日村生态环境的构成起着保障作用。传统村落体现在其农耕文化，古村风貌和古建筑是旅游的最大吸引力，首先需要得到保护，除了保护历史建筑之外，应当重视建筑所处的环境保护，应当在保护建筑艺术价值的基础上，重视整个场所环境的保护，对建筑周边的农田、水塘、山体等乡土景观进行全面的保护（图8-3-48）。

旭日古村以农业为主，全村水田面积约400亩，果林约1000亩，无荒地残次林。现村落还是主抓农业，以种植水稻、玉米、冬瓜、豆角、花生、黄豆、林果为主；或承包从事禽畜、水产养殖等，以猪、鸡、鸭、鹅、鱼为主。周边连片农田，仅限建设小体量景观建筑和供游览观赏及安全所需步行道和景观构筑物，并结合历史人文景点打造，让游客体验秀美的田园风光。

在旭日村中，传统建筑主要包括祠堂与民居，并以

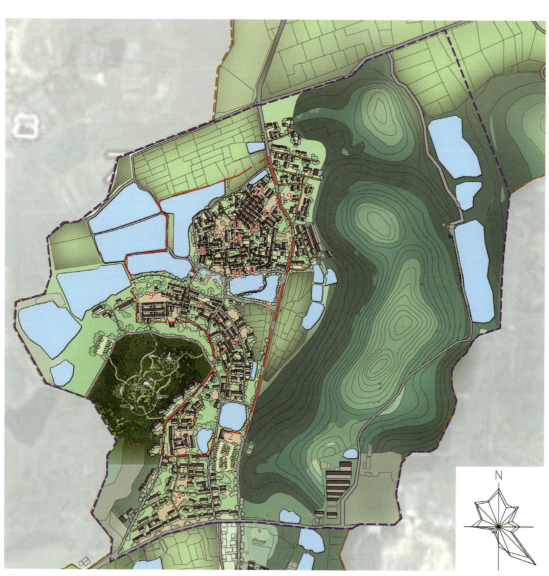

图8-3-48 旭日村聚落保护规划平面图（来源：华南理工大学民居建筑研究所 提供）

民居为主。由于搬入新居，导致许多传统建筑空置，一方面对土地带来了浪费，另一方面长期无人管理，破旧不堪。对待这些古建筑，应当将其活化利用，在当前的古村体验式旅游中，民宿受到了极大欢迎，可以将废弃建筑改造为民俗旅馆、精品客栈，既能解决古建筑空心化的现象，又能补充村内旅游配套设施。也可以将古建筑改造为公共服务建筑，如老年活动场所、村图书馆、游客中心等。这样既满足了人们的生活需求，也促进了居住环境的提升。

### （二）基础设施

对于村民来说，基础设施的提升对提高居民的生活品质和居住环境，起到了至关重要的作用。根据村内实际情况，实行雨污分流改造工程，切实治理各类生活污水。雨污分流改造后，雨水可以通过原有的渠沟排水系统直接排到水塘，生活污水则通过污水管网汇集后，采用人工湿地生态方式进行集中处理后，再排入水塘中，有效防止水源地污染，改善了村民的居住环境，更好地满足群众对美好生活的向往。

还有就是交通体系的提升，旭日村现状对外交通环境较好，村庄道路等级清晰明确，但随着村庄经济的发展，车辆保有量增大，加上旅游量加大，外来车辆增多，村内道路渐渐开始拥挤，因而需要改善交通环境，保证内外应有的交通顺达。在规划中考虑旅游路线与居民生活路线适当分离，保证居民平时生活的舒适性。在村内道路升级中，重点疏通环村道路与村内主干道，同时针对旅游的人流，严格控制旅游车辆进入，非紧急情况不得有机动车辆穿行于核心保护区，尽量在村外进行疏导，在村落主入口外设置社会公共停车场。

在道路整治的同时，对村落空间格局进行梳理，现状保存较好的街巷空间，走向和轮廓尺度维持历史状况，严格保护，注重两侧的建筑高度与立面造型，控制街巷空间尺度，并控制好沿街新建建筑的体量、色彩与传统风貌协调。除此之外，还要注意保护传统街巷的构成要素和环境要素，包括传统民居院落、围墙、建筑立面、结构、构造、色彩、台基、地形、道路铺地及绿化、水井等。在保证历史风貌完整性的前提下，利用现有的一些村落空地改造为广场或开放空间，为居民生活及旅游开展提供便利。

防灾体系包括消防、地质灾害、洪灾、雷击、风灾等内容。其中消防建设是古村落防灾体系当中的重中之重。旭日村中大多为低层高密度建筑群，建筑物间的防火间距不符合现行国家技术相应标准，村内道路纵横交错，道路宽度不一，有的道路宽度不能满足消防车通过。在村内消防系统规划中，维护天然水塘水源，作为消防用水保障，结合新的供水改造工程，提高供水管网压力。在规划消防通道中，依靠乡镇公路作为主要对外车行道，作为救灾主通道，环绕及贯穿古村的村道道路宽度规划调整为4米，作为次级的疏散通道，兼作消防车道使用。对消防车无法到达或进入的古民居，增设消防栓，以满足消防队员迅速及时施救。在建筑防火中，对老化电线进行改造，在历史建筑的修缮和新建筑的建造中，按要求采用耐火等级高的材料，木材应使用防火涂料。同时加强全村的消防安全宣传，加强村民防火意识。

### （三）景观环境

景观的提升，不仅仅是对村民休闲空间环境的提升，也是对乡村感情场所的重视。景观休闲环境提升一方面为村民提供了良好的场所，使得村民在工作之余，能够得到身心放松，提高了村落的居住环境品质。而村内的重要景观场所，常作为村民的交流空间，承载了村民的集体记忆，使得他们充满了归属感。景观情感场的提升，也是对村民的一种人文关怀，因为这些公共空间承载了村民的集体记忆；另一方面，景观环境的提升，维持了村落田园景观风貌，可作为独特的旅游资源加以利用。

村落入口景观是人们对村落的第一印象。旭日村村口位于南北两个区位的中央位置,是进入古村的重要节点,也是村内居民聚集活动的主要场所。村口空间由池塘、古榕树、绿地、祠堂前广场组成。平伯陈公祠的广场坐北朝南,依岗面水,原为禾埕改造的广场,现经过加修整改,将水塘堤岸修建了栏杆,紧靠祠堂广场的西侧,在原有古榕树的基础上种植了大量的榕树,有些树下修筑有树池条凳供人坐卧,形成树荫场所,现是人们的主要活动空间。村前的祠堂水塘形成了古村的标志性景观,也是村口景观打造的重点。此处分为深浅两个水塘,深水塘以水面为主,养鱼观莲;浅水塘种植莲藕,以观赏荷花为主,形成古村水面景观为主的新八景之一"水映古祠"(图8-3-49~图8-3-51)。水映古祠景观起到导引人流的目的,入村时,经过环境景观的层层过渡,呈现了田园稻田—水塘—古榕—村前祠堂—古村巷

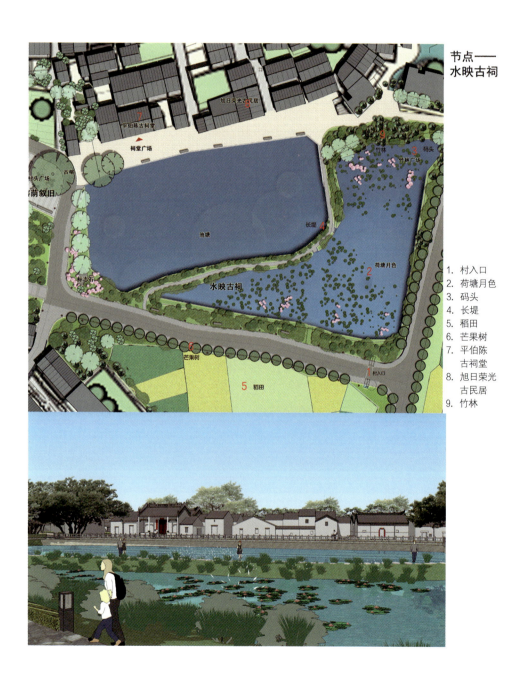

图8-3-49 旭日村保护规划方案"水映古祠"景观设计

图8-3-50 旭日村古榕池塘整治过程 整治前（左），整治中（右），整治后（下）

图8-3-51 旭日村"水映古祠"景观

道的步移景异的效果。

陈百万故居的正门口，其北面为大面水塘，穿过水塘可以看到罗浮山。在这块空间中，人文景观与自然景观融合，设计作为可以供人停留的地方，并在此处设置部分室外展览功能（图8-3-52）。北侧以多个鱼塘为主题，打造农家乡间景观，为人们在行走的同时，带来乐趣。陈百万故居蔚园建筑群入口前，建设蔚园广场及游客土特产销售点，即可将原来随处摆摊统一规范管理，又可增加村民收入（图8-3-53、图8-3-54）。

旭日村西南侧的山冈上种植有50棵左右的百年橄榄树，村民称其"古榄园"，是村内独特的重要景观，原本杂草丛生，经过整改铺装了休闲道后，现是村民的休闲场所。与村口的活动空间作为交流场所的目的不同，古榄园更多的是作为村民散步休闲所用，是旭日村的后花园。在古榄园的利用上，充分利用古榄园现有特点，挖掘传承下来的历史事迹，通过点题的方式设置景观，如榄园叠翠、花亭邀月、双亭眺远等，全面展示古榄园的优美景色（图8-3-55）。古榄园结合地形及现有状况，将亭榭游廊与环境融为一体，形成高低错落、玲珑有致的山地园林景观。游人可徜徉于古树浓荫之下，也可小坐于亭榭曲廊之内，享受着徐徐清风之拂面，也感受着浓浓古村之风韵，花香扑鼻，恬适惬意。结合环境在古榄园的岗顶于古榄树中央规划设置"邀月亭"，月明之夜，游人于林间亭中望月怀远，寄托幽思。在西侧开阔区域设置双亭，以廊相接，供人休息。游人立于亭中向西远眺罗浮山方向，水光山色绿意盎然，一派自然山水相融的和谐风光，有"开阔旷远"之感。

（四）人文环境

文化环境作为居住环境中的重要组成部分，是古村落外在形象下的灵魂与血液，乡风文明也是社会主义新农村的重要内涵，是提高居住环境的精神内核，民俗保留作为打造旅游的另一大亮点，是古村风貌的内在精神

图8-3-52　旭日村陈百万故居建筑群外休闲空间

图8-3-53　旭日村陈百万故居蔚园建筑群入口

图8-3-54　旭日村蔚园建筑群入口外的土特产销售点

图8-3-55 旭日村古榄园入口设计效果图

体现。优秀的民间文化凝聚着其传统文化的精华,体现着生生不息的民族精神。正确认识传统民间文化的价值和作用,充分挖掘蕴藏在农村传统民间文化的精髓,激发农村文化活力,提高了村民的集体凝聚力,有利于旭日村的农村建设。

作为历史文化名村,非物质文化的保护一方面除了加强对遗产的收集整理予以保护,另一方面也是旭日村的重要旅游资源。将非物质文化与地方文化旅游产业发展紧密结合,使非物质文化遗产成为地方经济以及居民增收的有机组成部分。旭日村作为岭南传统文化名村,村内至今留存有大量的历史文化遗产,陈氏家族曾经是东江流域远近闻名的富有家族,古村落保留了大量民俗活动和非物质文化内容,包括陈氏大锣鼓的击鼓迎新、正月初二上灯、清明重阳扫墓、八月十四做会宴客等,在特色餐饮上有土家农鸡、酱汁鹅、平安鱼等(图8-3-56)。民间故事中有"陈百万"名字的由来、巧运黄金返家乡、千金出阁大道、古榄园与罗浮药事等,将传统建筑与民俗活动结合起来,更能充分体现当地丰富多彩的地域文化。

在以往的非物质文化保护中,往往只重视其意识形态,停留在纸面上的保护,或者只是实物的展览,而忽略了其真正的载体——人与场所。人的意识形态直接决定了非物质文化的存留,而场所为文化的表达提供了基本的载体。在对非物质文化的新创中,首先应尊重村民的意见,在民俗文化中,村民具有首要表决权。在表达文化所用的场所中,应当在规划中给予重视,以满足村民的文化场所需求。

旭日村联系南北两片区的中央空地为已干涸的池塘,在种植百年古榕的西北处,村民意愿将其作为击鼓迎新的场地(图8-3-57、图8-3-58)。根据规划建设实施,除了使其成为击鼓迎新的场所外,还作为村民多种文化的活动场地,使之成为村内的文化交流核心场所,同时也是村内公共聚会的大型场所(图8-3-59、图8-3-60)。广场还规划有鼓亭,鼓亭作为这个空间内唯一的礼仪性建筑,向人们讲述陈氏大鼓来源和其他故事。

传统历史村落除了要重视建筑文化传承的重要性之外,也承担了非物质文化传承的责任。在非物质文化的传承中,除了重视对其加以保护,也应当看到其可以利用的一面。结合旭日村的实际情况,将非物质文化与旅游进行结合,打造文化旅游的品牌,设置传承、展示、推广非物质文化的物质空间场所,利用民间习俗和民间信仰类非物质文化遗产,形成独具特色的旅游景点或旅游项目。

## 非物质文化遗产统计

| 类别 | 序号 | 项目名称 | 图片 | 类别 | 序号 | 项目名称 | 图片 | 类别 | 序号 | 项目名称 | 图片 |
|---|---|---|---|---|---|---|---|---|---|---|---|
| 地方民俗 | 1 | 农历八月十四做会宴客 |  | 特色饮食 | 3 | 宝贵猪 |  | 特色饮食 | 9 | 香芋糕 |  |
| | 2 | 清明、重阳扫墓 |  | | 4 | 平安鱼 |  | | 10 | 粽子 |  |
| | 3 | 正月初二上灯 |  | | 5 | 华翠牌豆角 |  | | 11 | 糍粑 |  |
| | 4 | 婚嫁礼仪 |  | | 6 | 酿莲藕 |  | | 12 | 米酒 |  |
| 特色饮食 | 1 | 农家土鸡 |  | | 7 | 苦尽甘来（酿苦瓜） |  | | 13 | 农家腐竹 |  |
| | 2 | 酱汁鹅 |  | | 8 | 萝卜饭 |  | 表演艺术 | 1 | 龙华大鼓 |  |

图8-3-56 旭日村非物质文化遗产统计

图8-3-57 通过环境整治成为村民文化交流的活动场所

图8-3-58 环境整治后的村民活动场地

图8-3-59 村民多种文化活动与龙华大鼓表演场地

图8-3-60 旭日村龙华大鼓表演（来源：百度图片）

## 附录一　广东省历史文化名城名单

注：○中国历史文化名城　●广东省历史文化名城

| 序号 | 名称 | 所属市 | 级别 |
|---|---|---|---|
| 1 | 广州 | 广东省广州市 | ○ |
| 2 | 潮州 | 广东省潮州市 | ○ |
| 3 | 肇庆 | 广东省肇庆市 | ○ |
| 4 | 德庆 | 广东省肇庆市 | ● |
| 5 | 佛山 | 广东省佛山市 | ○ |
| 6 | 梅州 | 广东省梅州市 | ○ |
| 7 | 雷州 | 广东省湛江市 | ○ |
| 8 | 中山 | 广东省中山市 | ○ |
| 9 | 高州 | 广东省茂名市 | ● |
| 10 | 连州 | 广东省清远市 | ● |
| 11 | 英德 | 广东省清远市 | ● |
| 12 | 新会 | 广东省江门市 | ● |
| 13 | 平海 | 广东省江门市 | ● |
| 14 | 佗城 | 广东省河源市 | ● |
| 15 | 碣石 | 广东省汕尾市 | ● |
| 16 | 海丰 | 广东省汕尾市 | ● |
| 17 | 揭阳 | 广东省揭阳市 | ● |
| 18 | 揭西 | 广东省揭阳市 | ● |
| 19 | 惠州 | 广东省惠州市 | ● |
| 20 | 韶关 | 广东省韶关市 | ● |
| 21 | 南雄 | 广东省韶关市 | ● |
| 22 | 罗定 | 广东省云浮市 | ● |
| 23 | 东莞 | 广东省东莞市 | ● |

# 附录二 广东省历史文化名镇名单

注：○中国历史文化名镇　●广东省历史文化名镇

| 序号 | 名称 | 所属市县/区 | 级别 |
| --- | --- | --- | --- |
| 1 | 吴阳镇 | 广东省湛江市吴川市 | ○ |
| 2 | 沙湾镇 | 广东省广州市番禺区 | ○ |
| 3 | 碣石镇 | 广东省汕尾市陆丰市 | ○ |
| 4 | 唐家湾镇 | 广东省珠海市香洲区 | ○ |
| 5 | 斗门镇 | 广东省珠海市斗门区 | ○● |
| 6 | 赤坎镇 | 广东省江门市开平市 | ○ |
| 7 | 洪阳镇 | 广东省揭阳市普宁市 | ○● |
| 8 | 秋长镇 | 广东省惠州市惠阳区 | ○● |
| 9 | 石龙镇 | 广东省东莞市 | ○● |
| 10 | 虎门镇 | 广东省东莞市 | ● |
| 11 | 黄圃镇 | 广东省中山市 | ○● |
| 12 | 南朗镇 | 广东省中山市 | ● |
| 13 | 百侯镇 | 广东省梅州市大埔县 | ○ |
| 14 | 三河镇 | 广东省梅州市大埔县 | ○● |
| 15 | 茶阳镇 | 广东省梅州市大埔县 | ○● |
| 16 | 松口镇 | 广东省梅州市梅县区 | ○● |
| 17 | 百侯镇 | 广东省梅州市大埔县 | ● |
| 18 | 西樵镇 | 广东省佛山市南海区 | ○● |
| 19 | 龙江镇 | 广东省佛山市顺德区 | ● |
| 20 | 珠玑镇 | 广东省韶关市南雄市 | ● |
| 21 | 镇隆镇 | 广东省茂名市信宜市 | ● |
| 22 | 鳌头镇 | 广东省茂名市茂南区 | ● |
| 23 | 浛洸镇 | 广东省清远市英德市 | ● |
| 24 | 龙湖镇 | 广东省潮州市潮安县 | ● |
| 25 | 罗镜镇 | 广东省云浮市罗定市 | ● |

# 附录三 广东省历史文化名村、传统村落名单

注：△中国传统村落（第一批~第五批） ○中国历史文化名村（第一批~第六批） ▲广东省传统村落（第一批） ●广东省历史文化名村（第一批~第三批）

| 序号 | 名称 | 所属市县镇 | 文保级别 |
|---|---|---|---|
| 1 | 大岭村 | 广州市番禺区石楼镇 | △○ |
| 2 | 沙湾北村 | 广州市番禺区沙湾镇 | △ |
| 3 | 西村 | 广州市番禺区沙湾镇 | ▲ |
| 4 | 沙湾紫坭村 | 广州市番禺区沙湾镇 | ▲ |
| 5 | 沙湾三善村 | 广州市番禺区沙湾镇 | ▲ |
| 6 | 潭山村 | 广州市番禺区华龙镇 | ▲● |
| 7 | 聚龙村 | 广州市荔湾区冲口街道 | △ |
| 8 | 塱头村 | 广州市花都区炭步镇 | △○● |
| 9 | 港头村 | 广州市花都区花东镇 | △▲ |
| 10 | 高溪村（田心庄） | 广州市花都区花东镇 | ▲● |
| 11 | 新华村 | 广州市花都区新华街 | ▲ |
| 12 | 缠岗村 | 广州市花都区赤坭镇 | ▲ |
| 13 | 莲塘村 | 广州市萝岗区九龙镇 | △● |
| 14 | 珠村 | 广州市天河区珠吉街 | ▲● |
| 15 | 深井村 | 广州市黄埔区长洲街道 | ▲△ |
| 16 | 黄埔村 | 广州市海珠区琶洲街道 | △ |
| 17 | 小洲村 | 广州市海珠区华洲街道 | △ |
| 18 | 新围村 | 广州市增城区正果镇 | △ |
| 19 | 瓜岭村 | 广州市增城区新塘镇 | △▲ |
| 20 | 钟楼村 | 广州市从化区太平镇 | △ |
| 21 | 钱岗村 | 广州市从化区太平镇 | △▲ |
| 22 | 莲溪村 | 广州市南沙区黄阁镇 | ▲ |
| 23 | 塘坑村 | 广州市南沙区南沙街道 | ▲ |
| 24 | 江边村 | 东莞市企石镇 | △● |
| 25 | 南社村 | 东莞市茶山镇 | △○ |
| 26 | 超朗村（牛过蓢村） | 东莞市茶山镇 | △● |
| 27 | 塘尾村 | 东莞市石排镇 | △○ |
| 28 | 西溪村 | 东莞市寮步镇 | △● |
| 29 | 龙背岭村 | 东莞市塘厦镇 | △▲ |

续表

| 序号 | 名称 | 所属市县镇 | 文保级别 |
|---|---|---|---|
| 30 | 白沙村 | 东莞市虎门镇 | ▲ |
| 31 | 下坝坊 | 东莞市万江区 | ▲● |
| 32 | 新基村 | 东莞市麻涌镇 | ▲● |
| 33 | 潢涌村 | 东莞市中堂镇 | ▲● |
| 34 | 黄洞村 | 东莞市凤岗镇 | ▲● |
| 35 | 清厦村 | 东莞市清溪镇 | ▲ |
| 36 | 大旗头村 | 佛山市三水区乐平镇 | △○ |
| 37 | 岗头村 | 佛山市三水区白坭镇 | △ |
| 38 | 长岐村 | 佛山市三水区芦苞镇 | △ |
| 39 | 独树岗村 | 佛山市三水区芦苞镇 | △ |
| 40 | 梅花村 | 佛山市三水区大塘镇 | ▲ |
| 41 | 碧江村 | 佛山市顺德区北滘镇 | △○ |
| 42 | 沙滘村 | 佛山市顺德区乐从镇 | △ |
| 43 | 逢简村 | 佛山市顺德区杏坛镇 | △ |
| 44 | 马东村 | 佛山市顺德区杏坛镇 | △ |
| 45 | 松塘村 | 佛山市南海区西樵镇 | △○● |
| 46 | 简村 | 佛山市南海区西樵镇 | ▲● |
| 47 | 百西村头村 | 佛山市南海区西樵镇 | ▲● |
| 48 | 烟南烟桥村 | 佛山市南海区九江镇 | △▲● |
| 49 | 仙岗村（仙岗社区） | 佛山市南海区丹灶镇 | △▲● |
| 50 | 南沙新村（又名棋盘村） | 佛山市南海区丹灶镇 | ▲● |
| 51 | 和平村 | 佛山市南海区丹灶镇 | ▲ |
| 52 | 璜溪村 | 佛山市南海区大沥镇 | △▲● |
| 53 | 汤南村 | 佛山市南海区里水镇 | △▲ |
| 54 | 孔西村 | 佛山市南海区里水镇 | ▲ |
| 55 | 赤山村 | 佛山市南海区里水镇 | △ |
| 56 | 狮岭村黎边村 | 佛山市南海区狮山镇 | △ |
| 57 | 茶基村 | 佛山市南海区桂城街道 | △ |
| 58 | 江头村 | 佛山市南海区桂城街道 | ▲ |
| 59 | 罗格孔家村 | 佛山市禅城区南庄镇 | △ |

续表

| 序号 | 名称 | 所属市县镇 | 文保级别 |
|---|---|---|---|
| 60 | 深水村 | 佛山市高明区明城镇 | △ |
| 61 | 上秀丽村阮埇村 | 佛山市高明区荷城街道 | △ |
| 62 | 照明社区榴村村 | 佛山市高明区荷城街道 | △ |
| 63 | 江湾社区上湾村 | 佛山市高明区荷城街道 | △ |
| 64 | 新圩社区朗锦村 | 佛山市高明区更合镇 | △ |
| 65 | 鹏城村 | 深圳市龙岗区大鹏镇 | △○ |
| 66 | 自力村 | 江门市开平市塘口镇 | △○ |
| 67 | 仓前村 | 江门市开平市塘口镇 | △ |
| 68 | 马降龙村 | 江门市开平市百合镇 | △▲ |
| 69 | 歇马村 | 江门市恩平市圣堂镇 | △○● |
| 70 | 良溪村 | 江门市蓬江区棠下镇 | △○▲● |
| 71 | 卢边村 | 江门市蓬江区潮连街道 | △ |
| 72 | 横江村 | 江门市台山市斗山镇 | △ |
| 73 | 浮石村 | 江门市台山市斗山镇 | △○▲● |
| 74 | 浮月村 | 江门市台山市斗山镇 | △▲ |
| 75 | 海阳村东宁村 | 江门市台山市端芬镇 | △▲ |
| 76 | 田心村 | 江门市鹤山市鹤城镇 | △ |
| 77 | 霄南村 | 江门市鹤山市龙口镇 | △ |
| 78 | 翠亨村 | 中山市南朗镇 | △○ |
| 79 | 左步村 | 中山市南朗镇 | ▲ |
| 80 | 榄边茶东村 | 中山市南朗镇 | △ |
| 81 | 古鹤村 | 中山市三乡镇 | △▲ |
| 82 | 安堂村 | 中山市大涌镇 | △ |
| 83 | 鳌山村 | 中山市黄圃镇 | △▲ |
| 84 | 龙头环村 | 中山市中山县沙溪镇 | △ |
| 85 | 长洲村 | 中山市西区 | ▲ |
| 86 | 南岗古排村 | 清远市连南县三排镇 | △○▲● |
| 87 | 油岭村 | 清远市连南县三排镇 | △ |
| 88 | 三排村 | 清远市连南县三排镇 | △ |
| 89 | 大掌村 | 清远市连南县大坪镇 | △ |

续表

| 序号 | 名称 | 所属市县镇 | 文保级别 |
| --- | --- | --- | --- |
| 90 | 石泉村 | 清远市连南县三江镇 | △ |
| 91 | 凤塱村 | 清远市清新区龙颈镇 | △● |
| 92 | 上岳村 | 清远市佛冈县龙山镇 | △○● |
| 93 | 社岗下村（新联村） | 清远市佛冈县高岗镇 | △▲ |
| 94 | 汤塘村 | 清远市佛冈县汤塘镇 | △ |
| 95 | 土仓下村 | 清远市佛冈县迳头镇 | △ |
| 96 | 八宅围 | 清远市佛冈县迳头镇 | ▲ |
| 97 | 冲口村 | 清远市连州市西岸镇 | △ |
| 98 | 马带村 | 清远市连州市西岸镇 | △ |
| 99 | 石兰寨 | 清远市连州市西岸镇 | △▲ |
| 100 | 沙坊村 | 清远市连州市连州镇 | △▲ |
| 101 | 沙坪村 | 清远市连州市连州镇 | ▲ |
| 102 | 元壁村 | 清远市连州市龙坪镇 | △▲ |
| 103 | 卿罡村 | 清远市连州市保安镇 | △▲ |
| 104 | 楼村 | 清远市连州市大路边镇 | ▲ |
| 105 | 大路边村 | 清远市连州市大路边镇 | △ |
| 106 | 黄太村凤头村 | 清远市连州市大路边镇 | △ |
| 107 | 山洲村 | 清远市连州市大路边镇 | △ |
| 108 | 白家城村 | 清远市连州市东陂镇 | △▲ |
| 109 | 丰阳村 | 清远市连州市丰阳镇 | △▲ |
| 110 | 邓屋村 | 清远市连州市西江镇 | ▲ |
| 111 | 企江村 | 清远市连州市西江镇 | ▲ |
| 112 | 大岭村南坪村 | 清远市连州市西江镇 | △ |
| 113 | 峰园村 | 清远市连州市星子镇 | ▲ |
| 114 | 黄村 | 清远市连州市星子镇 | △ |
| 115 | 大元村 | 清远市连州市星子镇 | △ |
| 116 | 新村老滂塘村 | 清远市连州市星子镇 | △ |
| 117 | 莫屋村 | 清远市阳山县七拱镇 | ▲ |
| 118 | 太平村三和洞村 | 清远市阳山县太平镇 | △ |
| 119 | 下寮村 | 清远市英德市英城街道 | ▲ |

续表

| 序号 | 名称 | 所属市县镇 | 文保级别 |
|---|---|---|---|
| 120 | 龙建村围子下村 | 清远市英德市横石塘镇 | △ |
| 121 | 新建村杨塘村 | 清远市英德市沙口镇 | △ |
| 122 | 长江坝村 | 清远市英德市沙口镇 | △ |
| 123 | 下寨村 | 清远市英德市西牛镇 | △ |
| 124 | 石桥塘村 | 清远市英德市青塘镇 | △ |
| 125 | 上北村侯邦村 | 汕头市澄海区隆都镇 | △ |
| 126 | 前美村 | 汕头市澄海区隆都镇 | △○● |
| 127 | 龙美村 | 汕头市澄海区隆都镇 | ▲ |
| 128 | 程洋冈村 | 汕头市澄海区莲下镇 | △▲● |
| 129 | 樟林村 | 汕头市澄海区东里镇 | △ |
| 130 | 隆城乡（隆城村） | 汕头市澄海区莲华镇 | △ |
| 131 | 下底村 | 汕头市潮阳区关埠镇 | △ |
| 132 | 柳岗村 | 汕头市潮阳区金灶镇 | △ |
| 133 | 东仙村（东仙社区） | 汕头市潮南区陇田镇 | ▲△ |
| 134 | 华瑶社区 | 汕头市潮南区陇田镇 | △ |
| 135 | 玉井社区 | 汕头市金平区鮀莲街道 | △ |
| 136 | 沟南社区（沟南村） | 汕头市金平区月浦街道 | △ |
| 137 | 凤岗社区（凤岗村） | 汕头市濠江区马滘街道 | △ |
| 138 | 石塘村 | 韶关市仁化县石塘镇 | △○● |
| 139 | 古夏村 | 韶关市仁化县扶溪镇 | △ |
| 140 | 恩村 | 韶关市仁化县城口镇 | △▲ |
| 141 | 夏富村 | 韶关市仁化县丹霞街道 | ▲ |
| 142 | 张屋村 | 韶关市仁化县周田镇 | ▲ |
| 143 | 新田村 | 韶关市南雄市乌迳镇 | △● |
| 144 | 鱼鲜村 | 韶关市南雄市南亩镇 | △ |
| 145 | 黄屋城村 | 韶关市南雄市百顺镇 | △ |
| 146 | 上朔村 | 韶关市南雄市油山镇 | △ |
| 147 | 周前村 | 韶关市始兴县城南镇 | △ |
| 148 | 白围村 | 韶关市始兴县罗坝镇 | ▲ |
| 149 | 长围村 | 韶关市始兴县罗坝镇 | ▲ |

续表

| 序号 | 名称 | 所属市县镇 | 文保级别 |
|---|---|---|---|
| 150 | 廖屋村 | 韶关市始兴县罗坝镇 | ▲ |
| 151 | 黄塘村 | 韶关市始兴县马市镇 | ▲ |
| 152 | 东湖坪村 | 韶关市始兴县太平镇 | ▲ |
| 153 | 满堂围 | 韶关市始兴县楹子镇 | ▲ |
| 154 | 曹角湾村 | 韶关市曲江区小坑镇 | ▲● |
| 155 | 应山村 | 韶关市曲江区黄圃镇 | ▲ |
| 156 | 大桥村 | 韶关市乳源瑶族自治县大桥镇 | △ |
| 157 | 深源村 | 韶关市乳源瑶族自治县大桥镇 | △ |
| 158 | 南塘村（湖心坝村） | 韶关市翁源县江尾镇 | △● |
| 159 | 陈屋村 | 韶关市翁源县江尾镇 | ▲ |
| 160 | 八卦围 | 韶关市翁源县江尾镇 | ▲ |
| 161 | 楼子村 | 韶关市翁源县官渡镇 | ▲ |
| 162 | 户昌山村 | 韶关市乐昌市庆云镇 | ▲● |
| 163 | 石溪村 | 韶关市乐昌市黄圃镇 | △ |
| 164 | 大坪村 | 韶关市乐昌市梅花镇 | △ |
| 165 | 潭石村九栋十八井村 | 韶关市新丰县马头镇 | △ |
| 166 | 茶山村 | 梅州市梅县区水车镇 | △○● |
| 167 | 侨乡村 | 梅州市梅县区南口镇 | △● |
| 168 | 谢响塘村 | 梅州市梅县区南口镇 | △▲ |
| 169 | 竹香村 | 梅州市梅县区南口镇 | △ |
| 170 | 蕉坑村 | 梅州市梅县区南口镇 | △ |
| 171 | 瑶美村 | 梅州市梅县区南口镇 | △ |
| 172 | 瑶上村 | 梅州市梅县区南口镇 | △ |
| 173 | 锦鸡村 | 梅州市梅县区南口镇 | △ |
| 174 | 铅畲村 | 梅州市梅县区南口镇 | △ |
| 175 | 桃源村 | 梅州市梅县区桃尧镇 | △ |
| 176 | 桥溪村 | 梅州市梅县区雁洋镇 | △ |
| 177 | 石楼村 | 梅州市梅县区雁洋镇 | △ |
| 178 | 松坪村 | 梅州市梅县区雁洋镇 | △ |
| 179 | 雁下村 | 梅州市梅县区雁洋镇 | ▲ |

续表

| 序号 | 名称 | 所属市县镇 | 文保级别 |
|---|---|---|---|
| 180 | 铜琶村 | 梅州市梅县区松口镇 | △ |
| 181 | 大黄村 | 梅州市梅县区松口镇 | △▲ |
| 182 | 梅教村 | 梅州市梅县区松口镇 | △▲ |
| 183 | 南下村 | 梅州市梅县区松口镇 | △▲ |
| 184 | 小黄村 | 梅州市梅县区松口镇 | △▲ |
| 185 | 圳头村 | 梅州市梅县区松口镇 | △ |
| 186 | 桃宝村 | 梅州市梅县区松口镇 | △ |
| 187 | 富坑村 | 梅州市梅县区松口镇 | △ |
| 188 | 石溪村 | 梅州市梅县区白渡镇 | △ |
| 189 | 横江村 | 梅州市梅县区松源镇 | △ |
| 190 | 罗田上村 | 梅州市梅县区梅南镇 | △ |
| 191 | 玉水村 | 梅州市梅江区城北镇 | △ |
| 192 | 石寨村 | 梅州市蕉岭县南磜镇 | △○● |
| 193 | 南磜村 | 梅州市蕉岭县南磜镇 | △ |
| 194 | 逢甲村 | 梅州市蕉岭县文福镇 | ▲ |
| 195 | 芳心村 | 梅州市蕉岭县三圳镇 | ▲● |
| 196 | 大地村 | 梅州市蕉岭县蓝坊镇 | △ |
| 197 | 高思村 | 梅州市蕉岭县蓝坊镇 | △ |
| 198 | 刁田村 | 梅州市兴宁市石马镇 | △● |
| 199 | 柿子枰村（善述围） | 梅州市兴宁市罗岗镇 | △ |
| 200 | 河西村 | 梅州市兴宁市叶塘镇 | △ |
| 201 | 上长岭村（侧桥村） | 梅州市兴宁市新陂镇 | △ |
| 202 | 周兴村 | 梅州市兴宁市刁坊镇 | △ |
| 203 | 星耀村 | 梅州市兴宁市径南镇 | △▲ |
| 204 | 鸡公侨村 | 梅州市兴宁市龙田镇 | △▲ |
| 205 | 龙盘村 | 梅州市兴宁市龙田镇 | △▲ |
| 206 | 汤一村进士第 | 梅州市兴宁市坭陂镇 | △▲ |
| 207 | 和新村 | 梅州市兴宁市宁中镇 | △ |
| 208 | 凤凰村 | 梅州市五华县岐岭镇 | △▲ |
| 209 | 夏阜村（西门寨） | 梅州市五华县横陂镇 | △▲ |

续表

| 序号 | 名称 | 所属市县镇 | 文保级别 |
| --- | --- | --- | --- |
| 210 | 老楼村 | 梅州市五华县横陂镇 | ▲ |
| 211 | 大布村 | 梅州市五华县水寨镇 | ▲ |
| 212 | 上坝村 | 梅州市五华县水寨镇 | ▲ |
| 213 | 花旗村 | 梅州市五华县长布镇 | ▲ |
| 214 | 黄埔村 | 梅州市五华县华城镇 | ▲ |
| 215 | 城镇村 | 梅州市五华县华城镇 | ▲ |
| 216 | 塔岗村 | 梅州市五华县华城镇 | ▲ |
| 217 | 寨顶巷村 | 梅州市五华县河东镇 | ▲ |
| 218 | 璜溪村（邹家围） | 梅州市丰顺县丰良镇 | △ |
| 219 | 埔北村 | 梅州市丰顺县埔寨镇 | △ |
| 220 | 埔南村 | 梅州市丰顺县埔寨镇 | △ |
| 221 | 埔西村 | 梅州市丰顺县埔寨镇 | △▲ |
| 222 | 塔下村 | 梅州市丰顺县埔寨镇 | ▲ |
| 223 | 新楼村（种王上围） | 梅州市丰顺县汤南镇 | △▲ |
| 224 | 龙上古寨 | 梅州市丰顺县汤南镇 | △▲ |
| 225 | 建桥村（建桥围） | 梅州市丰顺县建桥镇 | △ |
| 226 | 清溪村 | 梅州市丰顺县黄金镇 | △ |
| 227 | 车龙村 | 梅州市大埔县西河镇 | △● |
| 228 | 北塘村 | 梅州市大埔县西河镇 | △▲ |
| 229 | 汇城村 | 梅州市大埔县三河镇 | △ |
| 230 | 侯南村 | 梅州市大埔县百侯镇 | △ |
| 231 | 南山村 | 梅州市大埔县百侯镇 | ▲ |
| 232 | 侯北村 | 梅州市大埔县百侯镇 | △ |
| 233 | 旧寨里村松柏坑村 | 梅州市大埔县百侯镇 | △ |
| 234 | 龙岗村（龙岗村河头村） | 梅州市大埔县湖寮镇 | △ |
| 235 | 银滩村 | 梅州市大埔县高陂镇 | △▲ |
| 236 | 古田村 | 梅州市大埔县高陂镇 | △ |
| 237 | 党溪村 | 梅州市大埔县高陂镇 | △ |
| 238 | 坪山村 | 梅州市大埔县大东镇 | △ |
| 239 | 联丰村 | 梅州市大埔县大东镇 | △ |

续表

| 序号 | 名称 | 所属市县镇 | 文保级别 |
|---|---|---|---|
| 240 | 溪上村 | 梅州市大埔县茶阳镇 | △ |
| 241 | 花窗村 | 梅州市大埔县茶阳镇 | △ |
| 242 | 茅坪村 | 梅州市大埔县茶阳镇 | △ |
| 243 | 坎下村 | 梅州市大埔县枫朗镇 | △ |
| 244 | 上木村 | 梅州市大埔县枫朗镇 | △ |
| 245 | 下村村 | 梅州市大埔县大麻镇 | △ |
| 246 | 恭下村 | 梅州市大埔县大麻镇 | △ |
| 247 | 蕉坑村大水坑村 | 梅州市大埔县青溪镇 | △ |
| 248 | 上漳村 | 梅州市大埔县光德镇 | △ |
| 249 | 桃锋村 | 梅州市大埔县桃源镇 | △ |
| 250 | 桃星村 | 梅州市大埔县桃源镇 | △ |
| 251 | 凉庭村（丰泰堂） | 梅州市平远县东石镇 | △ |
| 252 | 畲脑村 | 梅州市平远县上举镇 | △ |
| 253 | 南台村 | 梅州市平远县石正镇 | △ |
| 254 | 梅畲村 | 梅州市平远县泗水镇 | △ |
| 255 | 文贵村 | 梅州市平远县泗水镇 | △ |
| 256 | 成文村 | 梅州市平远县泗水镇 | △ |
| 257 | 差干村 | 梅州市平远县差干镇 | ▲ |
| 258 | 仁居村 | 梅州市平远县仁居镇 | ▲ |
| 259 | 邦塘村 | 湛江市雷州市白沙镇 | △ |
| 260 | 潮溪村 | 湛江市雷州市龙门镇 | △● |
| 261 | 横山村 | 湛江市雷州市龙门镇 | ▲ |
| 262 | 东林村 | 湛江市雷州市南兴镇 | △● |
| 263 | 关新村 | 湛江市雷州市南兴镇 | △ |
| 264 | 新村 | 湛江市雷州市南兴镇 | ▲ |
| 265 | 周家村 | 湛江市雷州市纪家镇 | △ |
| 266 | 调铭村 | 湛江市雷州市调风镇 | △ |
| 267 | 禄切村 | 湛江市雷州市调风镇 | ▲ |
| 268 | 青桐村 | 湛江市雷州市英利镇 | △ |
| 269 | 昌竹园村 | 湛江市雷州市英利镇 | ▲ |

续表

| 序号 | 名称 | 所属市县镇 | 文保级别 |
|---|---|---|---|
| 270 | 北劳村 | 湛江市雷州市杨家镇 | △▲ |
| 271 | 洋上村 | 湛江市雷州市杨家镇 | ▲ |
| 272 | 鹅感村 | 湛江市雷州市北和镇 | △▲ |
| 273 | 霞街村 | 湛江市吴川市吴阳镇 | ▲ |
| 274 | 岭头村 | 湛江市吴川市黄坡镇 | ▲ |
| 275 | 樟山村 | 湛江市吴川市塘缀镇 | ▲ |
| 276 | 苏二村 | 湛江市遂溪县建新镇 | △○ |
| 277 | 双村村 | 湛江市遂溪县河头镇 | △▲ |
| 278 | 调丰村 | 湛江市遂溪县岭北镇 | △▲ |
| 279 | 东山圩村 | 湛江市开发区东山镇 | ▲ |
| 280 | 村内村 | 湛江市开发区东简镇 | ▲ |
| 281 | 宋皇村 | 湛江市开发区硇洲镇 | ▲ |
| 282 | 林寨村 | 河源市和平县林寨镇 | △○ |
| 283 | 大坝村 | 河源市和平县东水镇 | △ |
| 284 | 水背村 | 河源市和平县大坝镇 | △ |
| 285 | 北联村（北联兴隆村） | 河源市和平县热水镇 | △ |
| 286 | 群丰村 | 河源市紫金县水墩镇 | △ |
| 287 | 苏家围村 | 河源市东源县义合镇 | △▲ |
| 288 | 下屯村 | 河源市东源县义合镇 | △ |
| 289 | 仙坑村 | 河源市东源县康禾镇 | △ |
| 290 | 仙塘村南园村 | 河源市东源县仙塘镇 | △ |
| 291 | 夏田村 | 河源市连平县陂头镇 | △ |
| 292 | 大湖寨 | 河源市连平县大湖镇 | △ |
| 293 | 长沙村 | 河源市连平县隆街镇 | △ |
| 294 | 东坑村 | 河源市连平县隆街镇 | △ |
| 295 | 司前村 | 河源市连平县忠信镇 | △ |
| 296 | 黄岭村 | 河源市龙川县丰稔镇 | △ |
| 297 | 石寨村 | 汕尾市陆丰市大安镇 | △○ |
| 298 | 大楼村 | 汕尾市陆丰市潭西镇 | △ |
| 299 | 官田村 | 汕尾市陆丰市河西镇 | ▲ |

续表

| 序号 | 名称 | 所属市县镇 | 文保级别 |
|---|---|---|---|
| 300 | 迎云寨村 | 汕尾市陆丰市西南镇 | ▲ |
| 301 | 新厝林 | 汕尾市海丰县赤石镇 | ▲ |
| 302 | 水东村 | 云浮市云城区腰古镇 | △● |
| 303 | 五星村（大湾寨） | 云浮市郁南县大湾镇 | △▲● |
| 304 | 兰寨村 | 云浮市郁南县连滩镇 | △ |
| 305 | 倒流榜村 | 云浮市罗定市双东街道 | ▲ |
| 306 | 陀埇村 | 云浮市罗定市围底镇 | ▲ |
| 307 | 金滩村 | 云浮市罗定市㕔滨镇 | ▲ |
| 308 | 南门村（接霞庄又名赵家庄） | 珠海市斗门区斗门镇 | △▲ |
| 309 | 排山村 | 珠海市斗门区斗门镇 | △▲ |
| 310 | 荔山村 | 珠海市斗门区乾务镇 | ▲ |
| 311 | 虎山村 | 珠海市斗门区乾务镇 | ▲ |
| 312 | 南屏村 | 珠海市香洲区南屏镇 | ▲ |
| 313 | 北山村 | 珠海市香洲区南屏镇 | ▲● |
| 314 | 会同村 | 珠海市高新区唐家湾镇 | ▲ |
| 315 | 淇澳村 | 珠海市高新区唐家湾镇 | ▲ |
| 316 | 白石村 | 肇庆市端州区黄岗街道 | △ |
| 317 | 杨池村 | 肇庆市封开县罗董镇 | △ |
| 318 | 汶塘村 | 肇庆市封开县南丰镇 | ▲ |
| 319 | 大屋村 | 肇庆市广宁县北市镇 | △● |
| 320 | 福兴村 | 肇庆市广宁县北市镇 | ▲ |
| 321 | 石屋村 | 肇庆市广宁县北市镇 | ▲ |
| 322 | 石桥岃村 | 肇庆市广宁县江屯镇 | ▲ |
| 323 | 黄坪村里仁村 | 肇庆市广宁县南街镇 | △ |
| 324 | 孔洞村 | 肇庆市怀集县凤岗镇 | △ |
| 325 | 扶溪村 | 肇庆市怀集县大岗镇 | △● |
| 326 | 邓屋村 | 肇庆市怀集县中洲镇 | △ |
| 327 | 大浪村 | 肇庆市怀集县坳仔镇 | ▲ |
| 328 | 何屋村 | 肇庆市怀集县梁村镇 | ▲ |
| 329 | 水口村 | 肇庆市怀集县冷坑镇 | ▲ |

续表

| 序号 | 名称 | 所属市县镇 | 文保级别 |
|---|---|---|---|
| 330 | 安华村 | 肇庆市怀集县诗洞镇 | ▲ |
| 331 | 金林村 | 肇庆市德庆县官圩镇 | △▲● |
| 332 | 古蓬村 | 肇庆市德庆县永丰镇 | △▲ |
| 333 | 罗洪村 | 肇庆市德庆县悦城镇 | △▲ |
| 334 | 武垄村 | 肇庆市德庆县武垄镇 | △▲ |
| 335 | 黎槎村 | 肇庆市高要区回龙镇 | △ |
| 336 | 槎塘村 | 肇庆市高要区回龙镇 | ▲● |
| 337 | 樟村 | 肇庆市高新区城区街道 | ▲ |
| 338 | 宁宅村 | 肇庆市四会市城中街道 | ▲ |
| 339 | 铁坑村 | 肇庆市四会市罗源镇 | ▲ |
| 340 | 旭日村（又名五村） | 惠州市博罗县龙华镇 | △▲● |
| 341 | 大田村 | 惠州市博罗县湖镇镇 | ▲ |
| 342 | 湖镇村（湖镇围） | 惠州市博罗县湖镇镇 | ▲ |
| 343 | 吉水围村 | 惠州市博罗县公庄镇 | ▲ |
| 344 | 墨园村 | 惠州市惠城区横沥镇 | △ |
| 345 | 岚派村 | 惠州市惠城区芦洲镇 | ▲ |
| 346 | 茶园村 | 惠州市惠阳区秋长街道 | △ |
| 347 | 周田村 | 惠州市惠阳区秋长街道 | △ |
| 348 | 霞角村 | 惠州市惠阳区良井镇 | ▲ |
| 349 | 绳武围村 | 惠州市龙门县龙华镇 | △ |
| 350 | 功武村 | 惠州市龙门县龙华镇 | △▲● |
| 351 | 鹤湖村 | 惠州市龙门县永汉镇 | △▲● |
| 352 | 范和村 | 惠州市惠东县稔山镇 | △▲ |
| 353 | 皇思扬村 | 惠州市惠东县多祝镇 | △▲ |
| 354 | 溪美村 | 惠州市惠东县铁涌镇 | △ |
| 355 | 古一村（象埔寨） | 潮州市潮安区古巷镇 | △▲● |
| 356 | 龙湖寨 | 潮州市潮安区龙湖镇 | △ |
| 357 | 井里村 | 潮州市潮安区浮洋镇 | △ |
| 358 | 李工坑村 | 潮州市潮安区文祠镇 | ▲ |

续表

| 序号 | 名称 | 所属市县镇 | 文保级别 |
|---|---|---|---|
| 359 | 尚书村 | 潮州市湘桥区铁铺镇 | ▲ |
| 360 | 桂林村 | 潮州市湘桥区铁铺镇 | ▲ |
| 361 | 石圳头村 | 潮州市湘桥区铁铺镇 | ▲ |
| 362 | 八角楼村 | 潮州市湘桥区铁铺镇 | ▲ |
| 363 | 大城所村（大埕所城） | 潮州市饶平县所城镇 | △ |
| 364 | 大榕铺村 | 潮州市饶平县浮滨镇 | ▲ |
| 365 | 西岐村 | 揭阳市榕城区仙桥街道 | △● |
| 366 | 槎桥村 | 揭阳市榕城区仙桥街道 | ▲● |
| 367 | 月湄村 | 揭阳市揭西县东园镇 | △● |
| 368 | 井美村 | 揭阳市揭西县大溪镇 | ▲● |
| 369 | 德安里村 | 揭阳市普宁市洪阳镇 | △ |
| 370 | 溪南古村 | 揭阳市普宁市梅塘镇 | △ |
| 371 | 长美村 | 揭阳市开发区渔湖镇 | △▲● |
| 372 | 新林村 | 揭阳市惠来县鳌江镇 | ▲ |
| 373 | 新李村 | 揭阳市惠来县鳌江镇 | ▲ |
| 374 | 河田村 | 揭阳市惠来县惠城镇 | ▲ |
| 375 | 京陇村 | 揭阳市惠来县仙庵镇 | ▲ |
| 376 | 雷浦村 | 揭阳市揭东县炮台镇 | ▲ |
| 377 | 孔美村 | 揭阳市惠来县隆江镇 | △ |
| 378 | 文明村 | 茂名市信宜市镇隆镇 | △ |
| 379 | 书房咀村 | 茂名市化州市文楼镇 | ▲ |
| 380 | 小良村 | 茂名市茂港区小良镇 | ▲ |
| 381 | 祥坡村 | 茂名市茂港区小良镇 | ▲ |
| 382 | 安良堡村 | 茂名市高州市曹江镇 | ▲ |
| 383 | 西园村阳江雅韶十八座 | 阳江市阳东县雅韶镇 | △ |
| 384 | 大澳渔村 | 阳江市阳东县东平镇 | ▲ |
| 385 | 水寨村 | 阳江市阳春市岗美镇 | ▲ |
| 386 | 大洲村 | 阳江市阳西县织篢镇 | ▲ |

# 索引

| 序号 | 名称 | 所属市县镇 | 本书章节 | 页码 |
|---|---|---|---|---|
| 1 | 石峡遗址 | 韶关市曲江区马坝镇 | 第一章第一节 | 006 |
| 2 | 银洲遗址 | 佛山市三水市白坭镇 | 第一章第一节 | 008 |
| 3 | 茅岗遗址 | 肇庆市高要市金利镇 | 第一章第一节 | 009 |
| 4 | 灶岗遗址 | 佛山市南海市九江镇 | 第一章第一节 | 009 |
| 5 | 宝镜湾遗址 | 珠海市金湾区高栏港经济区 | 第一章第一节 | 009 |
| 6 | 叠石山遗址 | 深圳市南山区茶光村 | 第一章第一节 | 009 |
| 7 | 洲仔城址 | 韶关市乐昌市城西南 | 第一章第一节 | 010 |
| 8 | 罗围城堡遗址 | 韶关市始兴县太平镇罗围村 | 第一章第一节 | 010 |
| 9 | 狮雄山遗址 | 梅州市五华县华城镇塔岗村 | 第一章第一节 | 010 |
| 10 | 罗州古（故）城 | 湛江市廉江市河唇镇龙湖村 | 第二章第一节 | 046 |
| 11 | 新会会城古城 | 江门市新会区 | 第三章第一节 | 085 |
| 12 | 揭阳古城 | 揭阳市榕城区 | 第三章第一节 | 087 |
| 13 | 广州古城 | 广州市越秀区、荔湾区 | 第三章第二节 | 095 |
| 14 | 潮州古城 | 潮州市湘桥区 | 第三章第二节、第八章第三节 | 098 |
| 15 | 雷州古城 | 湛江市雷州市 | 第三章第二节 | 107 |
| 16 | 佗城古镇 | 河源市龙川县 | 第三章第三节 | 113 |
| 17 | 佛山古镇 | 佛山市禅城区 | 第三章第三节 | 115 |
| 18 | 赤坎镇 | 江门市开平市 | 第三章第三节 | 120 |
| 19 | 水东村 | 云浮市腰古镇 | 第二章第三节、第四章第一节 | 138 |
| 20 | 橡安村 | 云浮市罗定市罗镜镇 | 第二章第三节 | 081 |
| 21 | 塱头村 | 广州市花都区炭步镇 | 第四章第一节 | 127 |
| 22 | 钟楼村 | 广州市从化区太平镇 | 第四章第一节 | 130 |
| 23 | 大旗头村 | 佛山市三水区乐平镇 | 第四章第一节 | 132 |
| 24 | 槎塘村 | 肇庆市高要市回龙镇 | 第四章第一节 | 141 |

续表

| 序号 | 名称 | 所属市县镇 | 本书章节 | 页码 |
|---|---|---|---|---|
| 25 | 蚬岗村 | 肇庆市高要市蚬岗镇 | 第四章第一节 | 142 |
| 26 | 黎槎村 | 肇庆市高要市回龙镇 | 第四章第一节 | 146 |
| 27 | 桃溪村 | 汕头市潮阳区峡山镇 | 第四章第一节 | 150 |
| 28 | 象埔寨 | 潮州市潮安区古巷镇 | 第四章第一节、第六章第二节 | 152 |
| 29 | 龙湖寨 | 潮州市潮安区龙湖镇 | 第四章第一节、第六章第二节 | 155 |
| 30 | 五星村 | 云浮市郁南县大湾镇 | 第四章第一节 | 158 |
| 31 | 前美村 | 汕头市澄海区隆都镇 | 第四章第一节 | 161 |
| 32 | 潮溪村 | 湛江市雷州市龙门镇 | 第四章第一节 | 165 |
| 33 | 东林村 | 湛江市雷州市南兴镇 | 第四章第一节 | 167 |
| 34 | 自力村 | 江门市开平市塘口镇 | 第四章第一节 | 168 |
| 35 | 侨乡村 | 梅州市梅县区南口镇 | 第四章第一节 | 170 |
| 36 | 大岭村 | 广州市番禺区石楼镇 | 第四章第二节 | 175 |
| 37 | 逢简村 | 佛山市顺德区杏坛镇 | 第四章第二节 | 175 |
| 38 | 歇马村 | 江门市恩平县圣堂镇 | 第四章第二节 | 178 |
| 39 | 周前村 | 韶关市始兴县城南镇 | 第四章第二节 | 180 |
| 40 | 黄塘村 | 韶关市始兴县马市镇 | 第四章第二节 | 180 |
| 41 | 广海卫城 | 江门市台山市广海镇 | 第四章第二节 | 186 |
| 42 | 大鹏所城 | 深圳市龙岗区大鹏镇 | 第四章第二节 | 186 |
| 43 | 光二大屋 | 云浮市郁南县连滩镇西坝石桥头村 | 第五章第一节 | 198 |
| 44 | 弘农旧家 | 潮州市湘桥区 | 第五章第一节 | 203 |
| 45 | 继善楼 | 梅州市梅县区雁洋镇桥溪村 | 第五章第一节 | 215 |
| 46 | 棣华居 | 梅州市梅县区白宫镇富良美村 | 第五章第一节 | 219 |
| 47 | 仁厚温公祠 | 梅州市梅县区丙村镇群丰村 | 第五章第一节 | 219 |
| 48 | 奉政第 | 湛江市雷州市纪家镇周家村 | 第五章第一节 | 226 |
| 49 | 职方第 | 佛山市顺德区北滘镇碧江村 | 第五章第二节 | 228 |

续表

| 序号 | 名称 | 所属市县镇 | 本书章节 | 页码 |
|---|---|---|---|---|
| 50 | 许驸马府 | 潮州市湘桥区 | 第五章第二节 | 230 |
| 51 | 南华又庐 | 梅州市梅县区南口镇侨乡村 | 第五章第二节 | 232 |
| 52 | 光禄第 | 梅州市大埔县西河镇车轮坪村 | 第五章第二节 | 233 |
| 53 | 可园 | 东莞市莞城区 | 第五章第二节 | 235 |
| 54 | 小画舫斋 | 广州市荔湾区 | 第五章第二节 | 236 |
| 55 | 余荫山房 | 广州市番禺区南村镇 | 第五章第二节 | 237 |
| 56 | 清晖园 | 佛山市顺德区大良镇 | 第五章第二节 | 238 |
| 57 | 瑜园 | 广州市番禺区南村镇 | 第五章第二节 | 241 |
| 58 | 西塘 | 汕头市澄海区樟林镇塘西村 | 第五章第二节 | 241 |
| 59 | 西园 | 汕头市潮阳区棉城镇 | 第五章第二节 | 243 |
| 60 | 莼园 | 潮州市湘桥区下平路 | 第五章第二节 | 244 |
| 61 | 泰安楼 | 梅州市大埔县湖寮镇龙岗村 | 第五章第二节 | 245 |
| 62 | 花萼楼 | 梅州市大埔县大东镇联丰村 | 第五章第二节、第六章第二节 | 246 |
| 63 | 道韵楼 | 潮州市饶平县三饶镇南联村 | 第五章第二节、第六章第二节 | 246 |
| 64 | 满堂围 | 韶关市始兴县隘子镇 | 第五章第二节 | 248 |
| 65 | 儒林第 | 韶关市新丰县梅坑镇大岭村 | 第五章第二节 | 251 |
| 66 | 上岳村 | 清远市佛冈县龙山镇 | 第六章第二节 | 264 |
| 67 | 卿罡村 | 清远市连州市保安镇 | 第六章第二节 | 264 |
| 68 | 陈慈黉府第群 | 汕头市澄海区隆都镇前美村 | 第六章第二节 | 273 |
| 69 | 陈家祠 | 广州市荔湾区中山七路 | 第六章第三节 | 280 |
| 70 | 南社村 | 东莞市茶山镇 | 第六章第三节 | 284 |
| 71 | 留耕堂 | 广州市番禺区沙湾镇北村 | 第六章第三节 | 289 |
| 72 | 旭日村 | 惠州市博罗县龙华镇 | 第八章第三节 | 366 |

# 参考文献

[1] 蒋祖缘,方志钦主编. 简明广东史[M]. 广州:广东人民出版社,1993.
[2] 方志钦,蒋祖缘主编. 广东通史(古代上册)[M]. 广州:广东高等教育出版社,1996.
[3] 方志钦,蒋祖缘主编. 广东通史(古代下册)[M]. 广州:广东高等教育出版社,2007.
[4] 司徒尚纪. 广东文化地理[M]. 广州:广东人民出版社,1993.
[5] 吴郁文. 广东经济地理[M]. 广州:广东人民出版社,1999.
[6] 张争胜,等. 广东地理[M]. 北京:北京师范大学出版社,2016.
[7] 曹劲. 先秦两汉岭南建筑研究[M]. 北京:科学出版社,2009.
[8] 吴松弟. 南宋人口史[M]. 上海:上海古籍出版社,2008.
[9] 陈国灿. 南宋城镇史[M]. 上海:上海人民出版社,2008.
[10] 曾昭璇,曾宪珊. 宋代珠玑巷迁民与珠江三角洲农业发展[M]. 广州:暨南大学出版社,2009.
[11] 谭棣华. 清代珠江三角洲的沙田[M]. 广州:广东人民出版社,1993.
[12] 陆琦. 中国古建筑丛书——广东古建筑[M]. 北京:中国建筑工业出版社,2015.
[13] 陆琦,唐孝祥,廖志. 中国民族建筑概览——华南卷[M]. 北京:中国电力出版社,2007.
[14] 周霞. 广州城市形态演进[M]. 北京:中国建筑工业出版社,2005.
[15] 朱光文. 岭南水乡[M]. 广州:广东人民出版社,2005.
[16] 陆元鼎,魏彦钧. 广东民居[M]. 北京:中国建筑工业出版社,1990.
[17] 陆琦. 中国民居建筑丛书——广东民居[M]. 北京:中国建筑工业出版社,2008.
[18] 陆琦. 广府民居[M]. 广州:华南理工大学出版社,2013.
[19] 潘莹. 潮汕民居[M]. 广州:华南理工大学出版社,2013.
[20] 林凯龙. 潮汕老屋[M]. 汕头:汕头大学出版社,2004.
[21] 深圳博物馆编. 南粤客家围[M]. 北京:文物出版社,2001.
[22] 梁林. 雷州民居[M]. 广州:华南理工大学出版社,2013.
[23] 陆琦,陈家欢. 广东围居[M]. 北京:中国建材工业出版社,2017.
[24] 陆琦. 中华古村落 广东卷[M]. 南京:江苏凤凰教育出版社,2018.
[25] 肖旻,林垚广. 桥溪——华南乡土建筑研究报告[M]. 南京:南京大学出版社,2011.
[26] 陆琦. 岭南造园与审美[M]. 北京:中国建筑工业出版社,2005.
[27] 陆琦. 岭南私家园林[M]. 北京:清华大学出版社,2013.
[28] 李穗梅. 广州旧影[M]. 北京:人民美术出版社,1998.
[29] 广东省立中山图书馆编. 羊城寻旧[M]. 广州:广东人民出版社,2004.
[30] 李栓科主编. 发现广东100个最美观景拍摄地[M]. 北京:北京联合出版公司,2018.
[31] 杨豪. "广府人"考略——广东汉族来源考之一[J]. 广西民族学院学报(哲学社会科学版),1996(01).
[32] 徐杰舜. 广府人的形成及人文特征——华南汉民族族群研究之四[J]. 广西民族研究,2000(04).
[33] 赖琼. 唐至明清时期雷州城市历史地理初探[J]. 湛江师范学院学报,2004(04).
[34] 蒋祖缘. 明代广东的省城与府城建设[J]. 广东史志,1999(02).
[35] 吴水田,司徒尚纪. 岭南疍民舟居和建筑文化景观研究[J]. 热带地理,2011(05).
[36] 潘莹,段佳卉,施瑛. 环境选择视角下的广东汉民系传统聚落选址与景观格局分析[J]. 建筑遗产,2019(05).

[37] 刘志伟. 地域空间中的国家秩序——珠江三角洲"沙田-民田"格局的形成[J]. 清史研究, 1999（02）.
[38] 陈亚利, 陆琦. 珠江三角洲传统水乡聚落营居秩序研究[J]. 南方建筑, 2018（05）.
[39] 杨展辉. 岭南水乡形态与文化研究[D]. 广州：华南理工大学, 2006.
[40] 陈亚利. 珠江三角洲传统水乡聚落景观特征研究[D]. 广州：华南理工大学, 2018.
[41] 张以红. 潭江流域城乡聚落发展及其形态研究[D]. 广州：华南理工大学, 2011.
[42] 何韶颖. 清代广州佛教寺院与城市生活[D]. 广州：华南理工大学, 2012.
[43] 林冬娜. 揭阳古城历史公共空间形态特征与保护策略研究[D]. 广州：华南理工大学, 2018.
[44] 陈小凡. 潮州古城发展演变及保护研究[D]. 广州：华南理工大学, 2010.
[45] 邱衍庆. 明清佛山城市发展与空间形态研究[D]. 广州：华南理工大学, 2005.
[46] 张红霞. 佛山市祖庙东华里历史街区保护与更新研究[D]. 广州：华南理工大学, 2007.
[47] 王珍珍. 明代广东海防卫所空间特征研究[D]. 广州：华南理工大学, 2019.
[48] 孙莹. 梅州客家传统村落空间形态研究[D]. 广州：华南理工大学, 2015.
[49] 梁林. 基于可持续发展观的雷州半岛乡村传统聚落人居环境研究[D]. 广州：华南理工大学, 2015.
[50] 林琳. 当代粤西乡村聚落空间环境提升研究[D]. 广州：华南理工大学, 2018.
[51] 王仲伟. 乡村审美视角下乡村风貌营造策略研究——以珠三角地区乡村为例[D]. 广州：华南理工大学, 2018.
[52] 张喆. 从化市传统村落岭南特色语汇研究[D]. 广州：华南理工大学, 2013.
[53] 陆琦, 梁林, 张可男. 传统聚落可持续发展度的创新与探索[J]. 中国名城, 2012（02）.
[54] 陈家欢, 陆琦. 乡愁视角下乡村景观的营造策略[J]. 南方建筑, 2017（06）.
[55] 陆琦, 谭皓文. 价值评定对历史村落转型再利用的指导作用——广州市从化松柏堂街区改造思索[J]. 新建筑, 2011（06）.
[56] 陆琦, 陈家欢. 多村联动发展模式下的乡村规划特征与实践[J]. 新建筑, 2016（04）.

# 后 记

随着近年来对传统建筑文化的关注，以及保护意识的加强，越来越多的人们加入到岭南地区传统城镇与乡村聚落的研究中，本书编写的许多内容是华南理工大学建筑学院民居建筑研究所、城乡聚落民居与景观研究团队多年来的成果。《中国传统聚落保护研究丛书　广东聚落》虽说完稿，但要系统地将广东传统聚落总结出来并非易事，当初想从专业学术性角度让读者对广东传统聚落有所认知，恐怕未能胜任，只能描绘出大致轮廓，要深入了解广东聚落的产生、由来、演变、发展，或从历史学、建筑学、民俗学等更专业的角度去剖析显然是达不到的。相信会有更多的专家、学者来弥补本书的缺失。

在撰写工作中得到了华南理工大学建筑学院民居建筑研究所的支持和帮助，在编写过程中，潘莹教授对全书框架提出很好的建议，增强了逻辑性和条理性，使其更为完整清晰。陈亚利、陈家欢等博士研究生参加了部分章节的初稿编写，林琳博士，段佳卉、邢启艳、李丰延、冯舒殷博士研究生，以及林榕、梁欣颖等硕士研究生参加资料收集和梳理工作。传统聚落保护实践项目的许多资料由廖志总工、施瑛副教授提供。陆元鼎教授对书稿全文进行了审阅并提出修改建议。全书摄影照片除署名外均为作者拍摄，还有许多插图、照片来源书籍，有一部分来源网络，在此一并表示衷心感谢。本书存在的疏漏与不足，望专家、读者及相关人士批评指正。

图书在版编目（CIP）数据

中国传统聚落保护研究丛书. 广东聚落 / 陆琦著.
— 北京：中国建筑工业出版社，2021.7
ISBN 978-7-112-26065-2

Ⅰ.①中… Ⅱ.①陆… Ⅲ.①乡村地理—聚落地理—研究—广东 Ⅳ.①K928.5

中国版本图书馆CIP数据核字（2021）第066096号

本书在对广东省传统聚落深入调研的基础上进行了梳理分析，通过自然地理环境、历史人口南迁、民族融合汇入、社会经济生产、宗族管理制度、人文审美习俗等聚落演化的生成要素，剖析了广东地区城镇聚落的格局形态、乡村聚落的类型特点、聚落民居的组群空间以及乡村聚落建筑功能与景观构成，系统地总结了广东各地区传统聚落空间形态与文化特色。在当代发展的需求下，提出了广东省传统聚落的保护传承理念与策略方法。本书可供建筑、城乡规划、风景园林、人文地理、文物保护等相关专业的读者及文化旅游爱好者参考阅读。

扫一扫
观看本卷聚落视频资源

责任编辑：贺　伟　胡永旭　唐　旭　吴　绫　张　华
文字编辑：李东禧　孙　硕
书籍设计：付金红　李永晶
责任校对：王　烨

中国传统聚落保护研究丛书
# 广东聚落
陆琦　著

\*

中国建筑工业出版社出版、发行（北京海淀三里河路9号）
各地新华书店、建筑书店经销
北京锋尚制版有限公司制版
北京富诚彩色印刷有限公司印刷

\*

开本：889毫米×1194毫米　1/16　印张：27　插页：9　字数：705千字
2022年12月第一版　2022年12月第一次印刷
定价：**298.00元**（含视频资源）
ISBN 978-7-112-26065-2
（36755）

**版权所有　翻印必究**
如有印装质量问题，可寄本社图书出版中心退换
（邮政编码100037）